Gudrun Klein
Zum Verhältnis von Kunst und Realität
in drei Romanen
Angus Wilsons

W0236530

Künstler und Künstlerin in ihrer Lebenswelt:

Zum Verhältnis von Kunst und Realität in drei Romanen Angus Wilsons

Gudrun Klein

1990

Werner J. Röhrig Verlag
St. Ingbert

CIP-Titelaufnahme der Deutschen Bibliothek

Klein, Gudrun:
Künstler und Künstlerin in ihrer Lebenswelt: zum
Verhältnis von Kunst und Realität in 3 Romanen Angus
Wilsons / Gudrun Klein. – St. Ingbert: Röhrig, 1990

(Saarbrücker Hochschulschriften; Bd. 13: Anglistik)
Zugl.: Saarbrücken, Univ., Diss., 1989

ISBN 3-924 555-44-3

NE: GT

© by Werner J. Röhrig Verlag
Postfach 1806, D-6670 St. Ingbert

Umschlag: Satz & Weiss, Saarbrücken
Herstellung: MVR-Druck GmbH, Köln
Printed in Germany 1990

ISBN 3-924 555-44-3

Die vorliegende Arbeit ist die überarbeitete Fassung der Dissertation, die unter dem Titel *Künstler in ihrer Lebenswelt: Angus Wilsons Hemlock and After (1952), No Laughing Matter (1967), Setting the World on Fire (1980)* der Promotion vom 24.7.1989 zugrundelag.

An der Entstehung dieser Arbeit wie am schließlichen Promotionsverfahren haben viele Menschen in unterschiedlicher Weise Anteil gehabt und genommen; ihnen allen danke ich sehr herzlich.

Ich möchte die Arbeit denjenigen zueignen, die daran auch als Lebensprozeß teilhatten.

Gudrun Klein
Saarbrücken, im Februar 1990

Inhaltsverzeichnis

1. Einführung in den Kontext der Arbeit

1.1. Aspekte der literaturwissenschaftlichen Diskussion nach 1945

Die hier vorgelegte Analyse des Verhältnisses von Künstlern und einer Künstlerin in deren Lebenswelt in drei Romanen von Angus Wilson ist das Resultat eines Verstehensprozesses. Dieser ist selbst eingebunden in Lebens- und insbesondere auch in Verstehensprozesse allgemeinerer Art. Einen Romantext zu deuten ist ohne Bezug auf das eigene Realitäts- und Fiktionalitätsverständnis unmöglich. Aus der vielfältigen und fortdauernden literaturtheoretischen Diskussion nach dem Zweiten Weltkrieg über das Verhältnis von Kunstwerken, insbesondere sprachlichen Kunstgestalten und Realität, greife ich im Folgenden nur wenige Beispiele auf. Die Auswahl ist durch meine eigenen methodischen und thematischen Schwerpunkte bei der Analyse der Werke Wilsons und der Sekundärliteratur zum *oeuvre* bestimmt. Die Beispiele mögen zeigen, daß in solchen Diskussionen das Verhältnis Kunst - Realität einerseits recht allgemein reflektiert wird; zum anderen aber, daß in diesem Verhältnis augenscheinlich implizierte Juxtaposition hie Kunst, da Realität nicht aufrechtzuerhalten ist. Denn: gleich, welche theoretischen Positionen bezüglich dieses Verhältnisses inhaltlich im Einzelnen vertreten werden; alle Kritiker heben in unterschiedlichen Pointierungen hervor, daß Kunst immer schon als Teil der Realität zu betrachten ist; daß insbesondere sprachliche Kunstwerke nur im Zusammenhang von Sprach- und anderen Zeichensystemen hervorgebracht und verstanden werden können; daß dieses Verstehen immer in Kontexten geschieht, die nicht selbst Gegenstand der eigentlichen Interpretation sind, welche schließlich artikuliert wird.

Mark Schorer schreibt in seinem Aufsatz "Technique as Discovery", [1] daß der Autor aus dem Lebens'material' vermittels des Sprachmaterials einen sprachlichen Kunstgegenstand gestaltet. Dieser wird dann von Rezipienten gedeutet, wobei die Aufmerksamkeit sich mehr auf das Lebens'material' oder mehr auf dessen Gestaltung durch Sprache richten kann. Nach Schorer ist indes wesentlich, daß sich die Bedeutung der Gesamtgestalt eines Textes durch beides gemeinsam - Material und Sprachgestaltung - konstituiert. Erst die besondere Weise der sprachlichen Gestaltung macht nach Schorer einen Text zu einem literarischen Kunstgegenstand. Es ist für Schorer ein Gegenstand, dessen Produktion wie Rezeption eine nur diesem eigentümliche Erkenntnis vermittelt: dem Verfasser beim Schreiben, dem Lesern beim Lesen. Schorer fundiert somit die künstlerische Sprachkreativität im Lebensvollzug und weist dem Sprachakt Erkenntnisfunktion zu, wobei er in diesem Aufsatz das Augenmerk auf den Bereich der Sprache konzentriert, also betont, daß es eine Spracherkenntnis ist, welche dann den Lesern durch die Sprachgestalt auch zu einer Lebenserkenntnis verhelfen kann; letzteres läßt Schorer unausgeführt.

Die Auffassung von Wolfgang Iser, wie sie sich z.B. zuletzt wieder formuliert findet in seiner Arbeit über Sternes *Tristram Shandy*, paßt in wesentlicher Hinsicht zu Schorers Überlegungen. [2] Grundsätzlich gilt laut Iser, daß jedes Erzählen extratextuelle Bezüge - d.h. solche, die auf die nicht künstlerisch gestaltete Wirklichkeit verweisen - enthält; ferner, daß, selbst wenn eine mimetische, hier: nachahmende, Absicht bezüglich dieser extratextuellen Realität seitens des Autors vorliegt, der Text nie in diesen extratextuellen Bezügen aufgeht. Iser fundiert jedoch ausdrücklich die besondere Wirkungsfunktion literarischer Werke in extratextuellen Bezügen; denn für ihn besteht die besondere Funktion literarischer Texte darin, daß sie erlauben, die nicht-literarische Realität anders als zuvor sehen zu können. Insofern richtet Iser sein Augenmerk gerade auf die Wechselwirkung zwischen Sprachgestalt und Lebensvollzug, wie sie bereits bei Schorer angesprochen, aber nur bezüglich der Spracherkenntnis ausgeführt wurde.

W.J. Harvey supponiert in seinem Buch *Character and the Novel* [3] die Lebensrealität als autonom und zugleich als Teil der Erzählwelten. Für ihn besteht kein Zweifel, daß im Akt des Deutens von Romanen ständig Bezüge zwischen der jeweils eigenen Lebensrealität der Lesenden, deren Selbstverständnis und dem, was der literarische Text mit seinen Figuren als 'Charakteren' anbietet, hergestellt werden; ja, daß der Verstehensakt im Alltag dem Vorgang entspricht, wie man auch fiktive 'Charaktere' versteht.

Scholes und Kellogg beschreiben in ihrem Buch *The Nature of Narrative* [4] die Vorgeschichte und Entwicklung der narrativen Kunst unseres Kulturkreises. In ihrem Kapitel über die Bedeutung literarischer Texte unterscheiden sie zwischen der je realen Lebenswelt und den erfundenen, von Autoren geschaffenen Textwelten. Dabei gehen sie davon aus, daß die Deutung und damit auch die Bedeutung der Textwelten eine Funktion der Beziehung zwischen beiden ist; d.h. also, daß es immer schon eine direkte, durch Weltwissen und Sprache vermittelte Beziehung zwischen Autoren, dem jeweiligen Text und den jeweiligen Rezipienten gibt:

> Meaning, in a work of narrative art, is a function of the relationship between two worlds: the fictional world created by the author and the "real" world, the apprehendable universe. (p.82)

Sie betonen im Verlauf ihrer Analyse auch nicht-sprachlicher Kunstwerke, daß man die 'Sprache' der Kunst historisch verstehen bzw. sich aneignen muß, wenn man ein Werk in seiner Eigenart verstehen möchte. Der Erwerb der Kenntnis der jeweils involvierten 'Sprachen' oder Zeichensysteme wird bei Kellogg und Scholes als fortwährender Verstehens- und Lernprozeß vorgestellt, wobei jedoch hinsichtlich historisch tradierter Zeichensysteme die Betonung darauf liegt, etwas bereits Gesichertes zu 'erwerben'. D.h. der Rezeptionsprozeß ist gedacht als Aneignungsprozeß eines für sich bereits 'Gegebenen' und nicht z.B. als eines sich im Aneignen immer wieder anders Konstituierenden. Isers Ansatz ist demgegenüber wesentlich prozeßhafter konzipiert. [5]

Robert Alter hebt in seinem Buch *Partial Magic.The Novel as Self-Conscious Genre* [6] einen besonderen Aspekt des Verhältnisses von Realität und Kunst hervor. Er sucht zu zeigen, daß die Tradition des Romans mindestens seit der Renaissance nachweislich einen Aspekt der 'Künstlichkeit' des Erzählten in sich enthält. Damit meint Alter den von Autoren bewußt und konsistent eingesetzten Gebrauch von selbstreferentiellen Erzählstrategien auch der mimetisch scheinenden narrativen Kunst. Dieser Gebrauch läßt nach Ansicht Alters das Verhältnis zwischen Textwelt und Realität als problematisch erkennen:

> A self-conscious novel, briefly, is a novel that systematically flaunts its own condition of artifice and that by so doing probes into the problematic relationship between real-seeming artifice and reality. [7]

1.2. Aspekte der Sekundärliteratur zu Wilsons *œuvre*

Meine eigene Interpretation der Romane von Wilson steht u.a. im Kontext der zuvor dargestellten Reflexionen, wobei ich nicht beanspruche, einer bestimmten Auslegung des Verhältnisses Text - Realität zu folgen. Da die Arbeit auch voraufgegangene Analysen und Deutungen der Werke Wilsons reflektiert, gilt einigen von ihnen nun mehr meine Aufmerksamkeit. Es geht mir dabei nicht um einen Forschungsbericht, sondern um den Versuch, einschlägige Interpretationen als Kontext meiner eigenen Arbeit vorzustellen und dabei methodisch wie thematisch Schwerpunkte der Sekundärliteratur und meiner Arbeit zu verdeutlichen. [8]

1.2.1. Mimetische und autorintentionale Ansätze

Eine Gruppe von Arbeiten über Wilsons Texte, hauptsächlich aus der Zeit bis Ende der 60er Jahre, läßt sich wie folgt kennzeichnen:

1.) Wilsons Texte werden in diesen Interpretationen als mehr oder minder künstlerisch gelungenes Deutungsangebot zum Verständnis der textexternen Realität der englischen Gesellschaft, auf welche sich diese Texte nach Meinung der Verfasser beziehen, verstanden.

2.) Die Grenzen zwischen Erzähltraditionen einerseits, in die Wilson eingeordnet wird, und der jeweiligen nichtliterarischen Realität, die diese Rezipienten in den Texten zu erkennen meinen, andererseits sind fließend. D.h. es finden sich in diesen Rezeptionen keine der Juxtaposition Realität - Fiktion entsprechenden, klaren Korrelate.

3.) Die Kritiker erheben den Anspruch, in den Texten die Intention des Autors erfaßt zu haben. U.a. supponieren sie mit diesem Anspruch die Vorstellung, man könne eine bestimmte Textdeutung als die gültige fixieren, deren Geltung durch den Hinweis auf die Autorintention eigens legitimiert erscheint. Beide Vorstellungen kann man aus heutiger Sicht verstehen als Produkt des Weltverständnisses wie des Textverständnisses der Kritiker zu einer bestimmten Zeit, in der bestimmte Interpretationsnormen wirksam sind, die im Verlauf des Diskurses durch andere Normen abgelöst werden.[9]

Ian Scott-Kilvert beginnt seine Beschreibung des ersten Romans von Wilson in seiner Arbeit "Angus Wilson"[10] damit, die Erzählweise in *Hemlock and After* aus seinem Verständnis der zuvor veröffentlichten Kurzgeschichten heraus zu deuten. Stilistische wie inhaltliche Aspekte fügen sich nahtlos in das Realitätsverständnis Scott-Kilverts, wenn er sagt, daß Wilson zuerst und vor allem Satiriker sei.[11] Scott-Kilvert sieht Wilson als ganz genau beschreibenden Autor, sowohl in dessen Wiedergabe von textextern vorkommenden Sprachklischees, als auch in seiner entblößenden Darstellung der Fassade realen gutbürgerlichen Sozialverhaltens:

> The prime object of his attack is the façade of middle-class values and manners, the hollowness of the respectability, the decorum and the apparently 'progressive' virtues, which can mask hypocrisy, meanness, immaturity ... above all, cruelty. (p.43)

Hier zeigt sich, daß Scott-Kilvert glaubt, die Realität der 'middle-class values' mitsamt deren Scheinhaftigkeit zu kennen, als deren Bloßstellung er den Text autorintentional deutet.[12] Scott-Kilvert registriert, daß die Erzählweise von *Hemlock and After* den Eindruck von Spannungen vermittelt. Erzähltechnisch legt Scott-Kilvert dies kritisch so aus, daß es in diesem Roman eine allzu verschiedenartige Präsentationen der Figuren und der Handlung gebe, als daß daraus ein überzeugendes Bild entstehen könne. Es gebe insgesamt in diesem Roman weder "a common focus" noch "unity of vision" (p.48). Gerade die Kritik an der mangelnden 'Einheit der Vision' läßt seine Orientierung an der 'klassischen Interpretationsnorm' im Sinne Wolfgang Isers erkennen.[13] Negativ gegen *Hemlock and After* gewendet heißt es u.a. bei Scott-Kilvert:

> a satire on contemporary corruption, spiritual, intellectual and moral, but a satire in which society is seen neither whole nor steadily. (p.47)

Als Beispiel mißlungener Ganzheitlichkeit gelten Scott-Kilvert die Figuren Bernard Sands und Vera Curry. Vera Curry kann ihn nicht überzeugen, weil sie nach seiner Meinung wohl anfangs realistisch gezeigt und insoweit noch überzeugend sei; im Romanverlauf aber werde sie schließlich gänzlich unrealistisch und damit unglaubhaft - "topples over into absurdity" (p.48). Bei Bernard Sands findet Scott-Kilvert einen direkten Bezug zum Autor Wilson. Die Sympathie des Autors mit seiner Autor-Figur werde zwar sichtbar, könne aber weder den Mangel an einer ganzheitlichen Sicht erklären, noch die gerade auch in dieser Hauptfigur verkörperte Sozialkritik überzeugender machen. Scott-Kilvert deutet solche Mängel zum einen als Aspekt eines noch nicht ausgewogenen Erstlingswerks. Zugleich sieht er in diesen erzähltechnischen wie semantischen Aspekten autor-biographische Elemente und erhebt dabei seine eigene Erwartungshaltung unreflektiert zum kritischen Maßstab, dem das Kunstwerk nicht genügt. Lobend betont Scott-Kilvert gleichwohl Wilsons erzählerische Leistung; "a new climate of feeling" habe Wilson verbunden mit

> a peculiar blend of compassion and disgust, a sense that it is weakness and failure which makes people interesting (p.43).

Vor allem habe er als erster in der englischen Literatur in diesem Roman Tabuthemen - gemeint ist besonders die Homosexualität (pp.42f) - künstlerisch behandelt. Dieses Lob wird indes durch die Kritik am ästhetischen Gegenstand im Sinn der Hypothesen Scott-Kilverts konterkariert. Das ist insofern bedeutsam, als es gerade die inhaltlich besonders brisanten Aspekte des Romans sind, die mit dieser Behauptung des Mangels an Überzeugungskraft belegt werden. Ich schließe aus diesem Sachverhalt, daß mit dem unreflektiert bleibenden ästhetischen Urteil zumindest unter anderem ein gerade nicht ins Bewußtsein gehobenes ethisches vermittelt worden sein könnte.

Walter Allen läßt in seinem Buch *Tradition and Dream. The English and American Novel from the*

Twenties to our Time[14] keinen Zweifel daran, worin der Mangel der Werke Wilsons, deren Brillianz er zugleich anerkennt, zu sehen ist. Nicht nur für *Hemlock and After*, sondern für alle frühen Romane und Geschichten Wilsons gilt nach Allen, daß sie den Rang ernstzunehmender, beispielhafter Gesellschaftsdarstellung verfehlten, weil die Präsentation 'gestört' werde durch "compulsions from the world of private fantasy below" - solche der Person des Autors nämlich (p. 272). Vera Curry ist auch für Allen unglaubwürdig als "principal embodiment of evil" in *Hemlock and After*.[15] Seine Begründung lautet nicht unähnlich derjenigen Scott-Kilverts, Vera Curry gleiche als Figur in ihrer Kraft und Komik unmittelbar nur Dickens' Figuren, sie werde zur Karikatur und könne daher keine moralische Plausibilität haben. Allen findet ferner, daß Bernard seinerseits unerklärt bleibe, weshalb der Roman nicht als repräsentativ für die Gesellschaft gelten könne, die zu kritisieren er offensichtlich ansetze (p.271). Ausdrücklich lobt auch Allen Wilsons Mut, das Thema der Homosexualität im Kontext der 50er Jahre behandelt zu haben. Aber auch diese positive Einschätzung wird unterminiert durch Allens abschließendes Urteil. Sowohl für *Hemlock and After* wie für die späteren Romane gelte, so Allen, daß Wilson zu fasziniert sei von 'Obszönität' und 'Vulgärem'. Beides ist für Allen in der Kunst wie in der Realität gleichermaßen anstößig und letztlich größerer Aufmerksamkeit nicht wert:

> Vulgarity remains vulgarity, and obscenity obscenity, no matter with what *trompe-l'œil* illusionism they are reproduced, and they are no more bearable to read about for long than they are endurable for long in actual life, ... (p.273).

Eindeutig ist hier ein Urteil als allgemeingültig ausgesprochen, das ein sowohl ästhetisches wie zugleich ethisches und geschmackliches Werturteil ist.

In Bernard Bergonzis *The Situation of the Novel*[16] wird Wilsons *œuvre* als ein typischer Ausdruck 'englischer Präokkupationen' im Stil traditionellen Erzählens gesehen, deshalb sei es für die Entwicklung des *genre* letztlich ohne Interesse. Bergonzi bezieht in sein Urteil ausdrücklich auch Wilsons Roman *No Laughing Matter* ein, den er kritisiert, weil selbst dieser komplex scheinende Roman keine "ideas" enthalte und nichts anderes als die breiter angelegte Darstellung dessen sei, was Wilson, der "novelist of manners", von Beginn an schrieb.[17] Dieser Befund deckt sich im Wesentlichen mit dem, was Rubin Rabinovitz schon etwas früher in seiner Arbeit *The Reaction Against Experiment in the English Novel 1950-1960*[18] ausführte. Rabinovitz hält Wilson für keinen besonders interessanten Autor, da dessen Werke durchweg sowohl thematisch wie erzähltechnisch repetitiv seien, Rabinovitz findet den in den Texten ausgedrückten Humanismus nicht überzeugend, da er unrealistisch pessimistisch sei.

Es erübrigt sich, an dieser Stelle im Einzelnen den Nachweis zu erbringen, wie die Einstellung und Erwartungshaltung dieser Kritiker hinsichtlich der Realität wie der Literatur ihre Lesart der Texte bestimmen, wie ihr scheinbar ausschließlich auf den jeweiligen ästhetischen Gegenstand zielendes Urteil durchdrungen ist von teils ethischen, teils geschmacklichen, teils aus der Literaturgeschichte und der Literaturkritik tradierten Normerwartungen und entsprechenden Wert-Kriterien.

In dieser Gruppe kann man die beiden Arbeiten von Cockshut und Cox als zueinander gehörend ansehen, weil sie sich auf ganz ähnliche thematische Aspekte des *œuvre* Wilsons jener Jahre konzentrieren. Wie die bereits genannten Kritiker Allen und Scott-Kilvert sieht auch A.J.O. Cockshut in seinem Aufsatz "Favoured Sons:The Moral World of Angus Wilson"[19] eine Inkongruenz in der Darstellung von *Hemlock and After*. Er glaubt eine "moral confusion" im Roman ausmachen zu können, deren sich der Autor offenbar nicht bewußt sei (pp.54-58). Sie besteht für Cockshut darin, daß Bernard Sands in der Achtung seines Autors um so höher 'steige', je deutlicher er in seiner eigenen Selbsteinschätzung und im Ansehen der Gesellschaft des Romans 'sinke'. Wilson, so Cockshut, vermöge trotz der Hinweise auf Sokrates nicht, Sands' moralische Überlegenheit überzeugend zu machen (ebda.). Vor allem bemängelt Cockshut, wie sehr ästhetische und intellektuelle mit moralischen Urteilen vermischt würden- "we cannot tell where one begins and another ends" (p.59). Cockshut weist schließlich das Konzept des Humanismus, das im Text - beispielhaft verkörpert durch Bernard Sands - hergezeigt werde, als nicht überzeugend zurück.

Es fehle diesem Konzept im Text an der nötigen Klarheit. Ferner wirke dieser Humanismus unglaubhaft, da deutlich ein Abscheu gezeigt werde, der mit Humanismus nicht vereinbar sei; schließlich handle es sich um einen gänzlich hoffnungslosen Humanismus, der deshalb nicht zukunftsweisend sein könne (pp.59f). Auch in dieser Kritik werden die an den Text herangetragenen Erwartungen, mitsamt den zum abweisenden Urteil führenden Normen, offenkundig. Besonders aufschlußreich aus meiner Sicht ist dabei – neben der auch hier sichtbaren Zurückweisung der zentralen Figur – der Einwand, der Text erlaube keine klaren Unterscheidungen zwischen Ästhetik und Moral. Dies ist eine Kritik, deren Grundlage man durchaus als Teil der Textwelt erachten kann. Aber genau die Textelemente, die die Grundlage für ein solches negatives Urteil bilden, können ebenso zum Argument für ein lobendes Urteil gemacht werden. Dann nämlich, wenn man beispielsweise annimmt, daß die Erwartung solcher klaren Unterscheidungen selbst problematisch ist.

Cockshuts Position teilt auch C.B. Cox in seiner frühere Arbeiten zusammenführenden Studie The Free Spirit: A Study of Liberal Humanism in the Novels of George Eliot, Henry James, E.M. Forster, Virginia Woolf and Angus Wilson.[20] Er beruft sich ausdrücklich auf Cockshut in seiner Erörterung der frühen Texte Wilsons, wenn er bemerkt, Wilson zeige Ekelgefühle in seinen Werken, die sich mit der Vorstellung des Humanismus nicht vereinbaren ließen.[21] Das, was Wilsons Texte an Humanismusanspruch zweifellos aufweisen, ist für Cox ein hoffnungslos depressiver Humanismus. Es ist ein Humanismus, der zu Cox' eigenem, christlich geprägten Konzept des Humanismus nicht paßt. Ebensowenig kann er das Konzept der Individualität anerkennen, das er in den Texten zu erfassen glaubt. Anstelle der Einzigartigkeit des Individuums gebe es bestenfalls ein Konglomerat aus 'Posen'. Dies wiederum entsteht nach Cox dadurch, daß in den frühen Texten Wilsons meist die 'Persönlichkeit' "a mask" (p.118) sei, bzw. "a false assumption of rôles" (p.119). Freiheit, so meint Cox, im Sinne der Ideale eines Henry James, habe in Wilsons Werken allgemein "emptiness" Platz gemacht. Wilsons realistischer Sinn erlaube nur die Position, wie sie sich im Verlauf des Romans Hemlock and After zeige, nämlich, daß es nichts gebe außer "the suffering, the power of evil, and the failure of most human aspirations" (p.122). Cox sieht als zentrales Thema in Hemlock and After "the proper use of power and responsibility" (p. 129). Da aber weder die Deutungsmuster eines Marx noch eines Freud, die er für grundlegend für Wilsons Weltanschauung hält, dazu führen könnten, daß der Einzelne Verantwortung und Kontrolle in seinem Leben übernehmen könne, müsse es zu jener Paralyse kommen, für die Bernard Sands ein Beispiel sei. Auch Cox registriert eine Spannung im Textgefüge; auch er sieht eine derartige Textambiguität als Ausdruck des ungeklärten Humanismus-Konzeptes des Autors an (pp.137f). Inhaltlich deutet er gewisse Spannungen der Hauptfiguren als solche zwischen emotionalen Konflikten und intellektuellen Einsichten. Dabei verallgemeinert Cox die "fear of action" der Figur Bernard Sands' auf einen textexternen Horizont hin. Für Cox ist sie sowohl Symptom als auch Bestandteil eines von ihm supponierten und kritisierten Humanismus der englischen Gesellschaft nach 1945 (pp.133f).

Kurt Schlüter versucht in Kuriose Welt im modernen englischen Roman. Dargestellt an ausgewählten Werken von Evelyn Waugh und Angus Wilson[22] nachzuweisen, daß es Wilson in Hemlock and After und späteren Romanen darum gehe, eine "kuriose Welt" zu zeigen. Schlüter entdeckt in den Texten Wilsons wie in denen Waughs die "Lust am Kuriosen" (p.7) als Gestaltungsprinzip, das allerdings erst in The Old Men at the Zoo zu einer ersten vollen Entfaltung komme, während in Hemlock and After Ansätze zu sehen seien.[23]

Die unterschiedliche Präsentation des Kuriosen bei den Figuren dieses Romans ist für Schlüter einerseits ein Merkmal ungenügend sicheren Gebrauchs des gewählten Ausdrucksmittels. Zugleich deutet er diesen Sachverhalt inhaltlich. Die Unterschiede seien der Versuch, das 'Kuriose' in Abstufungen darzustellen, wobei Schlüter zu erkennen glaubt, daß bei Wilson "das Kuriose nicht nur für das harmlos Abseitige, sondern auch für das Bestialische und Verbrecherische" stehe, wofür Vera Curry repräsentativ sei (p. 131). Er erklärt schließlich die unterschiedliche Figurenpräsentation darstellungs- wie rezeptionsfunktional: das "Nebeneinander von ausführlichen Exzentrikern und solchen Menschen, die ähnliche Neigungen haben", deute die reale, allgemeine menschliche Gefährdung "durch Exzentrizität" an (p.135). Schlüter sieht Bernard Sands als eine Figur mit Ansätzen zum typischen Wilsonschen Exzentriker; er hält ihn für "eine Vorstufe zu dem Motiv der absurden Philanthropie" der späteren Texte (p.136). Insoweit teilt Bernard die Qualitäten der übrigen Figuren in *Hemlock and After*, wie beispielhaft die der Mrs Curry und der Celia Craddock, die Schlüter als typisch ansieht für das 'Kuriose', um das es bei Wilson gehe (pp.129-136). Kein Zweifel besteht für Schlüter darin, daß in *Hemlock and After* Homosexualität als "Abartigkeit" gilt, weshalb Bernard der 'unreife Mann' sei, als der er sich im Gespräch mit Ella kurz vor seinem Tod erweise (bes. p.136).

Schlüter bemüht sich um die literaturgeschichtliche Fundierung seines Begriffs des Kuriosen; er sucht ferner im Vergleich zweier *œuvre* eine vorwiegend literarisch motivierte Parallelisierung und Kontrastierung zu leisten. Diese eigentlich literaturwissenschaftlichen Aspekte aber sind durchsetzt von Weltwissen und Wertvorstellungen, die gerade nicht literaturwissenschaftlich begründet sind. Schlüters Beschreibung und Beurteilung der Figuren Celia Craddock, Vera Curry und insbesondere Bernard Sands zeigen, daß es sich hierbei um keineswegs ausgewiesene ethische und geschmackliche Aspekte und Urteile handelt. Wie andere Arbeiten zeigen, kann etwa von der dem Text eingeschriebenen 'eindeutigen' 'Abartigkeit' und 'Unreife' Bernard Sands' mitnichten gesprochen werden. Vielmehr ist Schlüters Urteil allenfalls ebenso möglich wie ein anderslautendes, eines z.B., in welchem die Rolle des Außenseiters ethisch positiv und die Homosexualität gerade nicht als Abartigkeit im ethischen Sinn eingeschätzt wird.[24] Derartige gegensätzliche Deutungen eines Textes lassen sich erklären als Resultat der je besonderen Verknüpfung von vorhandenen - womöglich unstrittigen - Textdaten mit dem den Rezipienten und Rezipientinnen eigenen Weltbild. Als womöglich unstrittiges Textdatum kann beispielsweise gelten, daß Bernard Sands im Textgefüge eine Außenseiterposition einnimmt und daß Vera Curry eine Gegenspielerin ist. Aber bereits eine ausführlichere Beschreibung dieser Daten enthält Annahmen und Urteile, die nicht zu den Textdaten gehören.

1.2.2. Sprachkritische Ansätze

Diese Ansätze fallen, chronologisch betrachtet, in eine Zeit, in der weitere Werke Wilsons vorlagen, die möglicherweise eine neuartige Fragestellung seitens der Kritik nahelegten. Zugleich kann man annehmen, daß der gewandelte Fragehorizont auch von anderen Faktoren abhängt, wie beispielsweise den Personen, die sich am Diskurs beteiligen, sowie von geänderten Fragestellungen in den literarkritischen Diskursen selbst. In diesen Arbeiten ist jedenfalls ein gewisses Problembewußtsein der Kritiker und Kritikerinnen hinsichtlich des Verhältnisses Kunst - Realität und des in beiden wirksamen Mediums der Sprache erkennbar.

Jonathan Rabans Arbeit *The Technique of Modern Fiction. Essays in Practical Criticism*[25] ist der Versuch, sowohl den Ort zu bestimmen, den der englische und der amerikanische Roman der Nachkriegszeit in den jeweiligen realen Gesellschaften mit ihren vielfältigen Medien einnimmt, wie zugleich dessen Eigenart zu beschreiben. Dabei geht es Raban auch darum, das Besondere jedes Textes als Teil des Besonderen der literarischen Sprache im Kontext des Alltags, in dem Sprache verwendet wird, herauszustellen.[26] Seine These zur Sprachgestalt lautet, daß es eine Unterscheidung zwischen Inhalt oder Gegenstand und Form nicht geben könne; was wir vom Gegenstand, einer Figur beispielsweise, wissen, so Raban, sei nichts anderes als sprachlich gestaltete Form "Fiction, by definition, creates what it describes" (p.135). Für Raban steht des weiteren außer Frage, daß das, was sich in Romanen der Nachkriegszeit sprachlich gestaltet findet, viele textexterne Bezüge aufweist. Die Autoren, deren Texte Raban z.T. analysiert, verwenden Sprachtypen, die sowohl dem nichtliterarischen Lebensalltag wie der eigentlich literarischen Tradition entnommen sind und als solche auch von Rezipienten erkannt werden (sollen). Daraus ergibt sich für ihn die Frage, welche Funktion jede Passage eines Textes im gesamten Roman hat; ob sie z.B. eine mimetische, was für Raban heißt, auf die textexterne Realität verweisende, nicht aber notwendig diese nachahmende, Funktion hat oder nicht.

Für Raban ist die einleitende Passage aus *Hemlock and After* ein Beispiel dafür, wie eine spezifische Diktion mehrere Funktionen gleichzeitig erfüllen kann.[27] Die Figur Bernard Sands gewinne, so Raban, durch die Diktion dieser Passage, im Verbund mit weiteren Sprachmitteln, die Wilson einsetze, textintern eine ironische Qualität. Diese zwinge den Leser, sowohl sein textinternes Sprachverständnis wie sein Verständnis der Figur zu revidieren. Schließlich gewinne der Rezipient durch die besondere Situierung, den sozialen Kontext, in den eine Figur wie Sands gebettet werde, und durch den Rekurs auf eine bestimmte Sprache auch eine neue Sicht der textexternen Wirklichkeit, welcher diese Sprache ursprünglich entnommen sei (ebda.). Diese rezeptionstheoretische These begründet Raban mit der produktionstheoretischen Behauptung, daß eine solche textinterne Präsentation des Sprachmaterials auch eine Geisteshaltung, einen bestimmten historischen und sozialen Kontext, mitteile, der seinerseits nicht explizit thematisiert werde (p.144). Dieses Verständnis Rabans zeigt an, daß 'die Realität' selbst als ein durch Sprache vermittelter Erfahrungshorizont gedeutet wird, der sich durch die, möglicherweise besondere, Spracherfahrung 'Roman' verändert.

Norman Page zählt Wilson in seiner Arbeit *Speech in the English Novel* zu den Gegenwartsautoren, die sich bei der Gestaltung ihrer Texte von der aus dem 18. Jahrhundert überkommenen Tradition, Darstellungselemente des Theaters in ihre Prosa zu integrieren, inspirieren ließen (vgl. z.B. p.25). Das heißt, er legt theatralische Erzählelemente im Werk Wilsons, im Unterschied zu anderen Kritikern, vorwiegend und allerdings wenig detailliert, literaturgeschichtlich und nicht in erster Linie inhaltlich figurenspezifisch aus. Ein weiterer Hinweis ist seinem Ansatz zu entnehmen, der in der Rezeption von Wilsons *œuvre* kaum beachtet worden ist. Kein Text, so sagt Page, auch der, welcher augenscheinlich Alltagssprache mimetisch reproduziere, leiste eine tatsächliche Reproduktion gesprochener Sprache. Noch die 'realistischsten' Dialoge eines Dickens seien vielmehr artifizielle Konstrukte: sie wirkten zwar mimetisch, bei genauerer Betrachtung erwiesen sie sich indes als höchst selektive Kondensate allgemein verfügbarer Sprachelemente.[29]

Guido Kums versucht in seinem Aufsatz "Reality in Fiction: *No Laughing Matter*"[30] gleichfalls dem Verhältnis Realität – Sprache am Beispiel dieses Romans auf die Spur zu kommen. Zunächst stellt er zwei Konzepte zum Verhältnis Literatur – Realität als relevant für das Verständnis von *No Laughing Matter* heraus. Es handelt sich s.E. um Konzepte, die sich gegenseitig ausschließen, beide gleichwohl auf diesen Text anwendbar seien. Das eine besage, daß bestimmte literarische Texte das Wesen der textexternen Realität nicht nur überhaupt erfassen, sondern sogar angemessener erfassen könnten, als andere Diskursformen, beispielsweise die Geschichtsschreibung (s.p.523), das andere besage demgegenüber, daß ein Roman auf nichts anderes als sich selbst verweise, also keinerlei textexternes Korrelat habe (bes.p.524). Die Erläuterungen Kums' zu diesen Konzepten zeigen ein statisches Vorstellungsmuster: die Literatur befindet sich gleichsam auf einer – räumlich gedachten – Seite, die der Alltagsrealität, der sogenannten 'empirischen Welt', gegenüberliegt. Beide Bereiche erscheinen getrennt voneinander, aber verbindbar durch die Sprache, genauer: durch deren 'referentielle Kraft'. Das erste Konzept nutze, laut Kums, diese Verbindung zum Zwecke der besseren Verständigung darüber, was die Alltagsrealität sei, im zweiten Konzept verharre die Sprachkunst auf jener anderen Seite, ohne sich um die Alltagsrealität zu kümmern:

> If, for those who believe the novel to be exemplary for reality, the referential power of the novel transcends the latter and throws a bridge across to empirical reality, then the referential power in this 'autonomous' conception is not transcendental but limited to the linguistic complex of the novel. References here are not from the novel to the empirical world, but from the novel to itself. (p. 524)

In Wilsons *No Laughing Matter* werde nun, so Kums, der Anschein der Referenz auf reale textexterne Korrelate kombiniert mit dem Anschein, daß eben derselbe Realitätsbezug in Frage gestellt werde:

> ... the impression of realism in this novel is contradicted by very important formal aspects and techniques which force us to question the possibility of a relation between reality and the representation of that reality in the novel. (p. 525)[31]

Alle die mimetische Referenz negierenden Textelemente dieses Werkes, zu denen er insbesondere die Rollenspiele der Familie Matthews zählt (pp. 527–529), suggerieren, laut Kums, daß der Text ausschließlich auf sich selbst und auf keinerlei textexterne Realität verweise und dies entgegen dem Anschein des Gegenteils (pp.529f). Kums sieht die Möglichkeit zur Auflösung dieses dem Text eingeschriebenen Widerspruchs in der Eigentümlichkeit der Sprache selbst. Sprache, so meint Kums, sei das einzige Ordnungsinstrument, das der Mensch habe, um sich die chaotische, die nicht bekannte und nicht erkannte, Realität verständlich zu machen – "Reality is only known reality in so far as we have transmuted it into language. …" (p.530) In seinen Argumenten gewinnt die Hypothese einer grundlegend statischen Dualität zwischen einem Bereich jenseits von Sprache und einem Bereich, in welchem Sprache fungiert, im Verbund mit seinem Begriff der Ordnung besonderes Gewicht. Die nichtsprachliche Realität ist für Kums ein Chaos. Ferner supponiert Kums, daß auch die Erfahrungswelt ein Chaos sei. Deren Ungeordnetheit ist relative Ordnung gegenüber dem nichtsprachlichen Chaos, und diese relative Ordnung wird durch die Alltagssprache gestiftet. Diese Ordnung wiederum setzt er der 'totalen Ordnung' der erfundenen Welt entgegen. Relativ geordnete Alltagsrealität und total geordneter sprachlicher Kunstgegenstand sind durch das ihnen gemeinsame Medium Sprache verbunden und getrennt durch den Grad ihrer Ordnung. Diese Ordnung setzt Kums in seinem Aufsatz schließlich mit 'Verständlichkeit' ineins. Diese Verständlichkeit ist Teil der Eigenart der Sprache selbst. Die Sprache hat nämlich, wie Kums ausdrücklich sagt, zugleich eine notwendig intersubjektive Seite, welche es dem Menschen erlaube, seine Vorstellungen von Realität anderen mitzuteilen und sie so auch verständlich zu machen. Literatur, so Kums' These, ist eine intersubjektive Mitteilung über eine subjektive Realitätsvorstellung, gestaltet im intersubjektiven Medium, das notwendigerweise immer schon auf textexterne Kontexte verweise (p.530).

In seiner späteren Arbeit *Fiction, or the Language of Our Discontent. A Study of the Built-in Novelist in Novels by Angus Wilson, Lawrence Durrell and Doris Lessing*[32] kommt Guido Kums nochmals auf das Verhältnis Realität – Kunst zurück, und zwar am Beispiel der Figur der Autorin Margaret Matthews in Wilsons Roman *No Laughing Matter*. Seine Interpretation der Figur der Autorin erweist sich nun als Ergebnis seiner eigenen, vor allem auch inhaltlich spezifischen Erwartungen, die er an die Literatur heranträgt, sowie seines Begriffs der Realität, der nun auch ausdrücklich den Bereich des Metaphysischen als eines möglichen Sinnzentrums für die innerweltliche Realität enthält. Nur solche Literatur sei "a meaningful expression of reality", so Kums' Auffassung, die eine Referenz auf die reale Welt erlaube und nicht ihre eigene Autonomie zu behaupten suche. Kums sagt über die Autorin Margaret Matthews, sie versuche nicht, die Komplexität des Lebens zu verstehen und sehe daher, wie reale 'moderne Künstler' auch, das Leben als "a self-contained experience which does not refer to any metaphysical reality which would endow it with a basic pattern …". Die Konsequenz für ihre Werke sei daher: "… Her characters are lost in a jungle of existence …" (p.36). Daraus entwickelt Kums auch das Urteil, Margaret sei als Autorin gescheitert, denn sie sei künstlerisch wie menschlich über ihre anfänglichen Konflikte nicht hinausgekommen. Er unterstellt einen Mangel an 'philosophischer Haltung' Margaret Matthews', den er zugleich für einen Mangel des realen Autors Wilson, wie für einen ernstlichen Makel – "a serious deficiency" – des Romans selbst hält (p.37). Kums kommt im Angesicht der im Text sichtbaren, komplexen Ironien zu dem Schluß, Wilsons Lebensphilosophie scheine darauf hinauszulaufen, daß der Roman zwar auf des Autors realer Erfahrung basiere, als fiktive Welt aber eine gänzlich in sich abgeschlossene, eigene 'Welt' und damit, zumindest implizite, nach seiner eigenen These, keine 'meaningful expression of reality' sei.

Jean Sudranns Aufsatz, "The Lion and the Unicorn: Angus Wilson's Triumphant Tragedy"[33], enthält die These, daß es eine diesem Romantext selbst eingeschriebene Frage gebe, die der Text wiederum selbst beantworte. Die Frage, so Sudrann, werde durch den Erzähler in diesem Roman eingangs aufgeworfen: wie der Romanschriftsteller verfahren müsse, wenn die höchste Vollendung des künstlerischen Realismus – das Erfassen von Realität durch eine Kamera – ihre Aufgabe, den realen Augenblick zu verewigen, verfehle (p.392). Die Antwort laute: jede Figur in diesem

Roman schaffe sich ihren Sinn der Lebens-Wirklichkeit von Moment zu Moment. Der Roman selbst sei Wilsons eigene Antwort auf jene Frage. Die komplexe Strukur des Textes führe dem Leser vor, daß vor allem die Erzählkunst zeigen könne, wie der Mensch sich durch bewußte Sinngebungen seine Wirklichkeit schaffe:

> The complicated structure of the whole novel's narrative represents Angus Wilson's attempt to answer that question. In like manner, each member of the Matthews family asks what growing up is, what life means. ... each creates his own answer. Thus the question the author poses in his opening paragraphs, ... can be answered only through the art of the narrative. Indeed, he and his characters alike are asking the same question: how do we know what is real? And the novel keeps answering: man makes his reality by self-conscious creation. (p.392)

Sudrann sieht in den diversen Theaterinszenierungen der Figuren Erzählbeispiele, diesen Sinn-Stiftungsprozeß als Teil der Realitätsschaffung anschaulich zu machen (pp.392f). Sie glaubt, der Roman zeige durch die Vielfalt von unterschiedlichen Beispielen "the varieties of ways in which contemporary art defines the contemporary scene." (p.393)

James Gindin hält, trotz gewisser Einschränkungen bezüglich des frühen *oeuvre* Wilsons, diesen für einen der bedeutendsten englischen Autoren der Nachkriegsliteratur. Dieses Urteil zeigt sich sowohl in seiner Arbeit *Postwar British Fiction. New Accents and Attitudes*, wie vor allem in *Harvest of a Quiet Eye. The Novel of Compassion*.[34] Die besondere Leistung Wilsons als Schriftsteller besteht für Gindin darin, daß Wilson wie niemand sonst in der englischen Nachkriegsliteratur versucht habe, das englische Bürgertum mit seinen Eigenarten, aber dabei zugleich eine verallgemeinerbare Haltung zu Individuen überhaupt künstlerisch darzustellen.[35] Besonders gelungen erscheint ihm *No Laughing Matter*, da in diesem Roman eine "social chronicle" (*Harvest*, p.291) der realen geschichtlichen Epoche seit Beginn dieses Jahrhunderts mitsamt einem angemessenen Bild der Individuen geboten werde. Gerade dieser Roman zeige durch die Textstruktur eine der Realität selbst gemäße Weltsicht. Gemäß sei sie, da es eine einerseits offene, zugleich andererseits aber hinreichend komplex geordnete Erzählweise sei (z.B., p. 301). Auch bei Gindin deutet sich eine Vorstellung von Ordnung vs. Ungeordnetem an, wobei aber die Interaktion zwischen beiden Polen als Aspekt sowohl der fiktiven Welt wie der realen Alltagserfahrung gesehen wird. Gindin bejaht insbesondere die Auffassung vom Individuum, wie er sie schon in Wilsons frühen Romanen ausmacht. Der Autor zeige stets, wie Individuen in größere Zusammenhänge eingebettet seien. Die diversen politischen, sozialen oder historischen Ereignisse wirkten stark auf die 'private' Existenz des Einzelnen ein, wobei das, was den Einzelnen auszeichne gegenüber den ihn beeinflussenden Faktoren aber immer noch zu erkennen sei (z.B., p.291).

In seiner Arbeit *Possibilities. Essays on the State of the Novel*[36] versucht Malcolm Bradbury zunächst vor allem die historischen Wandlungen des Verständnisses der Funktion des Romans als *genre* nachzuzeichnen, wie sie sich ihm seit der Moderne darstellen. In diesem Zusammenhang sieht er in Wilsons Roman *No Laughing Matter* einen einerseits bemerkenswert gelungenen, zugleich jedoch in seiner Struktur irritierenden Versuch, realistische und nichtrealistische Darstellungsformen zu integrieren. Er bezieht in die kurze Analyse dieses Romans einen Rückblick auf *Hemlock and After* ein. Aus beiden Darstellungen werden Bewunderung wie Irritation über Wilsons Werk als Teil von Bradburys eigener Sicht beider Textwelten einerseits und seines Weltverständnisses andererseits erkennbar.[37] Bradbury sucht, wie beispielsweise schon Scott-Kilvert vor ihm, vergebens in Wilsons Romanen eine bestimmte Einheitlichkeit; stattdessen, so anerkennt und beklagt Bradbury zugleich, erhalte man brilliante Darstellungen, z.B. moralischer Konflikte, aber in einer Präsentation der Mimikry, die das Fazit aufdränge, "all motives are impure, human action is puppet-like, absurd." (p.213, aber auch passim Bradburys Kapitel zu Wilson). Die schon im Frühwerk erkennbare Einsicht, so Bradburys Deutung, daß alles menschliche Handeln 'leer' sei und aus nichts anderem bestehe als aus der Theatralik der Äußerlichkeit, werde in *No Laughing Matter* zum Strukturprinzip des Textes. Das Leben selbst, so Bradbury, werde gezeigt als "performance", wobei die Gesellschaft das "theatre" sei, in dem jeder Masken trage, indes ohne daß es noch etwas außer diesen 'Verhüllungen' selbst gebe. Das 'Selbst', das der Mensch sei, sei die

Täuschung - "The self we live with is counterfeit". Der Autor, so Bradbury, schaffe Gestalten, die diese Täuschung wiederum täuschend nachmachten und damit vorführten als Realität (p.214 und passim). Bradburys Fazit im Angesicht der Tatsache, daß die multiplen Perspektiven gegen Ende dieses Romans einer einheitlicher realistisch wirkenden Präsentation gewichen sind, lautet, es gebe keinerlei Balance, keine Synthese. Er begründet dies mit der Eigenart des Autors und dessen in seinen anderen Werken gleichfalls sichtbaren Unsicherheit der Präsentation (pp. 228f). Da für Bradbury große Kunst die von ihm gewünschte und erwartete Balance erreicht, ist zu folgern, daß dieser Roman keine solche ist (pp. 229f).

Zu Beginn der 80er Jahre findet sich mit Neil McEwans Arbeit *The Survival of the Novel. British Fiction in the Later Twentieth Century* [38] eine Kritik, die ausdrücklich Stellung bezieht gegenüber vielen voraufgehenden Kritiken. McEwan wendet sich in seiner Auslegung von *No Laughing Matter* - und im Hinblick auf Wilsons *œuvre* allgemein - u.a. sowohl gegen Bergonzis Behauptung, *No Laughing Matter* enthalte keine Ideen, wie gegen Bradburys Bedenken gegenüber dem nicht gelungenen 'Ganzen' dieses Werks. Er ist m.W. der erste Kritiker, der den häufig wiederholten Vergleich mit Dickens' *œuvre* für nur bedingt aussagefähig erklärt. Dies erläutert McEwan mit einem Argument, das einen zeitgeschichtlichen Bezugsrahmen impliziert, in dem die Literatur als Teil der Realität verstanden wird. McEwan sagt, daß - nicht nur bezüglich *No Laughing Matter* - der Vergleich zu Dickens nur insoweit erhellend sei, als das, was in Dickens' Erzählwelt(en) als 'normal' gesetzt erscheine, in Wilsons Erzählwelt(en) gerade das 'un-Normale' sei. Er macht diese Behauptung fest an der Einstellung zur Sexualität, wie er sie in der Erzählwelt von *No Laughing Matter* erkennt:

> The 'Dickensian' in his work is meant to be seen and used as a means of interpretation. By Dickens's criteria, Marcus' theatricality is abnormal ... Yet by criteria Marcus and Rupert share, the asexuality of Dickens's characters is abnormal. (p.68)

Das heißt, wenn man schon die Textwelten beider Autoren miteinander vergleicht, wozu die Texte selbst Anlaß geben, muß man die ihnen inhärenten Normen vor dem Hintergrund auch der verschiedenen textexternen Lebenswelten begreifen, auf die sie womöglich verweisen. McEwan sieht in *No Laughing Matter* eine Erzählwelt, in der Wilson in einer der realen Gegenwart, auf die der Text verweise, gemäßen Weise die Geschichte des Romans als *genre* effektiv als Geschichtsschreibung nutze. Dies gelinge u.a. durch den erfolgreichen Gebrauch unterschiedlicher Stile und Erzählmethoden (bes.pp.71-75). Das heißt, daß ein Roman wie *No Laughing Matter* die allgemeine reale Geschichte einer bestimmten Epoche anschaulich machen kann, indem sich der Autor die spezifische Tradition der Literatur gestaltend aneignet und diese wiederum als Teil der Geschichte transparent werden läßt.

Die drei Monographien zu Wilsons *œuvre*, Jay L. Halio, *Angus Wilson*, Peter Faulkner, *Angus Wilson: Mimic and Moralist* und Averil Gardner, *Angus Wilson*, [39] gehören methodisch zu der ersten, stark mimetisch und autorintentional argumentierenden Gruppe der Sekundärliteratur. Die darin vorgelegten Werkanalysen werden nicht nur ständig direkt auf Wilsons Biographie bezogen; alle Deutungen stützen sich überdies oft ausdrücklich auf Wilsons eigene Aussagen. Zwar unterscheiden sich diese Rezeptionen sowohl durch den auch zeitlich bedingten verschiedenen Umfang der behandelten Werke wie auch in gewissen Einzelheiten ihrer Auslegung, insgesamt gewinnt man jedoch durch die neueren Arbeiten keine wesentlich anderen Einsichten in Wilsons Werk als jene, welche die erwähnten Kritiker und Kritikerinnen vortrugen. [40]

2. Aspekte des vorliegenden Interpretationsansatzes

2.1. Aspekte meines Verstehenshorizontes[1]

Jedes Verstehen ist immer ein ordnender, selektiver und insoweit reduktiver Zugriff auf Etwas, das diesen Zugriff übersteigt. Zumindest in dieser Hinsicht gleicht das Verstehen eines Textes dem des Versuchs, z.b. sich selbst, andere Menschen, sowie die textexterne Realität überhaupt zu verstehen; denn auch dieser bewußte Zugriff ist reduktiv gegenüber allem zu einer bestimmten Zeit gerade nicht (Be)-Greifbaren. Jeder Zugriff ist ein Versuch, die Komplexität eines Textes zu ordnen, so daß sie begreifbarer und in gewissem Maß 'brauchbar' erscheint, 'brauchbar' für das, was man sich z.B. von einer erfundenen Welt für das eigene Leben jeweils erwartet. Die aktive Rezeption eines Textes gehört nach meinem Verständnis zu dem, was man nach Ludwig Wittgenstein ein 'Sprachspiel' nennen kann. Nach Wittgenstein ist ein Sprachspiel eine bestimmte, regelhafte Lebensform; eine Lebenspraxis, zu der jeweils bestimmte Sprachhandlungen konstitutiv gehören. Die Interpretation eines Textes ist nach meinem Verständnis einzureihen in das Sprachspiel, das Stanley Cavell als das des 'imagining or supposing' bezeichnet. Sobald sich diese Interpretation einfügt in den Diskurs um das Resultat dieses Imaginationsprozesses, ist sie Teil des Sprachspiels der Literaturkritik.[2] Wittgenstein hat in verschiedenen seiner Arbeit *Über Gewißheit* zum Problem des Wahrheitsanspruchs in sprachlichen Äußerungen Stellung genommen. Für meinen Argumentationszusammenhang interessant ist die Untersuchung des Kontextes wahrer Sätze. Dabei rekurriert Wittgenstein u.a. auf die Entstehung des Weltbildes eines Kindes:

> ... das Kind lernt eine Menge Dinge glauben. D.h. es lernt z.B. nach diesem Glauben handeln. Es bildet sich nach und nach ein System von Geglaubtem heraus und darin steht manches unverrückbar fest, manches mehr oder weniger beweglich. Was feststeht, tut dies nicht, weil es an sich offenbar oder einleuchtend ist, sondern es wird von dem, was darum herum liegt, festgehalten.[3]

Verallgemeinernd heißt es an anderer Stelle:

> ... Aber mein Weltbild habe ich nicht, weil ich mich von seiner Richtigkeit überzeugt habe; auch nicht weil ich von seiner Richtigkeit überzeugt bin. Sondern es ist der überkommene Hintergrund, auf welchem ich zwischen wahr und falsch unterscheide.

Und: "Die Schwierigkeit ist, die Grundlosigkeit unseres Glaubens einzusehen."[4] Angesichts dieser Unbegründbarkeit gibt Wittgenstein als Kriterium der Gewißheit die Bereitschaft an, nach diesen nicht letztbegründeten Gewißheiten zu handeln: "Sichere Evidenz ist die, die wir als unbedingt sicher *annehmen*, nach der wir mit Sicherheit ohne Zweifel *handeln*."[5] Jedes Handeln, auch jedes Sprachhandeln, so verstehe ich Wittgenstein, beruht auf einem seinerseits nicht wahrheitsfähigen Grund: "Wenn das Wahre das Begründete ist, dann ist der Grund nicht *wahr*, noch falsch."[6] Angewandt auf die Sprachspiele literarischer Interpretation und Literaturkritik läßt sich festhalten, daß auch diese Kommunikation durchsetzt ist mit Glaubenssätzen, deren Überzeugungskraft nicht garantiert werden kann, so daß es um den Sinn und die Geltung des Gesagten einen fortwährenden Verständigungsprozeß zwischen den an diesem Spiel Beteiligten geben muß. Während im Diskurs um eine vorgelegte Interpretation die Vergewisserung im Dialog grundsätzlich unter bestimmten Voraussetzungen möglich ist, geschieht die Sinnkonstitution eines literarischen Textes bestenfalls als ein 'einseitiger Dialog' mit einem Text; eine dialogische Vergewisserung um Sinn und Geltung kann es zwischen Text und Leserinnen und Lesern nicht geben. Die Notwendigkeit, als Teil des Sprachspiels Literaturkritik, Sinn und Geltung immer wieder dialogisch zu sichern, ist insofern immer geprägt durch dieses Moment prinzipieller Ungesichertheit des Sprachmaterials selbst. Bei meiner eigenen Interpretation der drei Texte habe ich im übrigen unterstellt, daß, insofern die Figuren der erfundenen Textwelten realen Personen analog verstanden werden können, die hier formulierten Verstehensbedingungen auch textintern relevant sind.[7]

Zur Beschreibung und Veranschaulichung meines Untersuchungsgegenstandes verwende ich schließlich den von Norbert Elias geprägten Begriff der Figuration. Norbert Elias beschreibt in seinem Werk *Über den Prozeß der Zivilisation. Soziogenetische und psychogenetische Untersuchungen*[8] das Verhältnis von Einzelperson und Gruppierung. Er versteht es als dynamisches, historisch sich entwickelndes, unlösliches Wechselverhältnis. Was das soziale, gesellschaftliche 'Element' eines Individuums ist und was das Individuum zu einem Individuellen macht, sind nach Elias, "...verschiedene, aber untrennbare Aspekte der gleichen Menschen...".[9] Norbert Elias nennt die sozialen Gruppierungen, die sich aus einzelnen Menschen konstituieren und ihrerseits Gesellschaften bilden, 'Figurationen'. Er veranschaulicht diesen Begriff durch das Bild des gesellschaftlichen Tanzes. Ein solcher Tanz bedarf stets vieler Einzelner, ohne auf je Bestimmte angewiesen zu sein; d.h. es gibt einen Tanz nur, wenn es Menschen gibt, die ihn auszuführen gelernt haben und bereit sind, sich demgemäß regelhaft zu verhalten, bzw. die gemeinsam neue Regeln entwickeln. Das heißt u.a., daß jede Gesellschaft sich aus einzelnen Individuen konstituiert, daß diese aber im gerade beschriebenen, eingeschränkten Sinn im Verlauf der Geschichte einer bestimmten Figuration auch austauschbar sind.[10] Das Wechselverhältnis zwischen Individuen und ihren Figurationen manifestiert sich nach Elias' Vorstellung beispielhaft in der geistig-seelischen Verfassung der Individuen, in ihren Verhaltensweisen und keineswegs zuletzt in ihrer Arbeit.[11]

2.2. Aspekte meiner Textinterpretation

Die Romane, die in der vorliegenden Arbeit interpretiert werden, sind als Erzählungen von realen Figurationen zugleich Bestandteile ebensolcher Figurationen. In diesen realen Figurationen wird Kunst als Teil der Lebenswelt betrachtet und behandelt, insofern man sie z.B. veröffentlicht, vermarktet und rezipiert. Als literarische Kunstwerke sind diese drei Texte potentielle Angebote an reale Leser und Leserinnen, neben den vorhandenen Deutungsmustern aus dem Bereich der Wissenschaft, der Historiographie, der Medien usf., die vielfältigen Deutungsangebote aus dem Bereich der Kunst als wirksame, sinnstiftende Angebote ernstzunehmen. Insofern ist jede Deutung dieser Texte selbst ein Ausdruck dessen, was nach meiner Lesart auch in den drei fiktiven Welten anschaulich gemacht wird: realer Ausdruck des Anspruchs nämlich, Kunst sei wesentlich für das Leben. Das gilt selbst dann, wenn diese Romane von Rezipienten und Rezipientinnen als uninteressant oder redundant erklärt werden.

Das Textpotential aller drei Romane wird m.E. nicht unangemessen reduziert, wenn ich in Anlehnung an Johan Huizingas Ausführungen zum Spiel unterstelle, daß die Texte eine Einladung an Leserinnen und Leser enthalten, ihre Welten als 'ernsthaftes Spiel' zu imaginieren, sowie, sich auf dieses Spiel einzulassen, so imaginativ wie möglich an ihm teilzunehmen.[12]

Ein Merkmal aller drei Textwelten ist die teils auktoriale, teils personale Erzählperspektive.[13] Stanzels Hinweise zum Modus solchen Erzählens gilt es für Wilsons Textwelten besonders hervorzuheben. Stanzel sagt, daß sich in der auktorialen Erzählweise "...eine klare Distanzierung des Erzählers von der dargestellten Welt" ausdrücke (p.21), daß solches Erzählen als Gestaltetes etwas über die Gestalt selbst mitteile, was nicht notwendigerweise eigens thematisiert werde; schließlich, daß diese Erzählsituation eine deutlich humorvolle, ironische Präsentation (p.23) und ein komplexes Spiel von "Sein und Schein" (p.24) erlaube. Auch Stanzels Verweis darauf, daß es beim personalen Erzählen insbesondere auf den Aspekt 'szenisch vorgeführter' Welt ankomme, bedarf hinsichtlich dieser drei Textwelten einer neuerlichen Würdigung.[14]

Alle drei Romane enthalten die erzählperspektivische Distanz eines räumlich-szenischen Mediums, das rein sprachlich anschaulich gemacht wird. Dieser Perspektive dient bereits der jeweilige Titel. Keiner der drei Romantitel erlaubt eine eindeutige Bestimmung dessen, was der Erzählgegenstand ist. Die semantische Mehrdeutigkeit dieser jeweils ersten Textinformationen gehört zu den Charakteristika aller drei Textwelten und verweist implizit auf ihre offene und komplexe

Struktur. Dieser Offenheit und Distanz entspricht der vielfache Wechsel von personaler und auktorialer Erzählweise. Diese Erzählhaltung ermöglicht es Leserinnen und Lesern, sich dem Gegenstand des Erzählten zu nähern, ohne je den Beobachterstandpunkt darüber aus dem Blick zu verlieren. Die räumlich-szenische Darstellungsweise, in der insbesondere das jeweilige *ambiente* sowie der Sprach- und Kleidungshabitus der Figuren charakterisierende Funktion gewinnen, stützt den Eindruck, es handle sich um kunstvolle und zugleich 'lebensnahe' 'Inszenierungen' von Geschehnissen, deren räumliche wie zeitliche Koordinaten ebenso wie ihre Protagonisten und Protagonistinnen sprachlich konstituiert werden. Das Oszillieren des Erzählstandpunktes läßt sich so inhaltlich zugleich als Repräsentation der Vorstellungen von Subjekt und Objekt, Nähe und Distanz, Vertrautheit und Fremdheit deuten.

Die Figuren im ersten und letzten Roman – Hemlock and After und *Setting the World on Fire* – werden als "characters" bezeichnet, während sie in *No Laughing Matter* mit den Begriffen "players", "supporting roles" und "cast" in der Rangfolge ihrer Bedeutsamkeit bezeichnet werden. Die genannten Merkmale, gemeinsam mit thematisch verschieden gestalteten Textdaten, lassen es als sinnvoll erscheinen, historisch tradierte Bedeutungsnuancen der Begriffe 'character' und 'player' interpretatorisch anders als bislang zu nutzen. Der Begriff des 'character' wie der des 'player' wie nicht zuletzt der der 'Person' setzt die Zugehörigkeit des Einzelnen zu Figurationen voraus. Die Kontexte für 'character' und 'player' sind entweder reale Lebenskontexte alltäglicher Art oder aber Teil festlicher, dem Alltag enthobener Aktivitäten oder schließlich eben jene von erfundenen Textwelten, in denen sie vorkommen; aber auch deren Sinnhaftigkeit und Geltung wird erst aktuell in je realen Lebenskontexten, beim Lesen von Romanen im Leseakt, beim Betrachten einer Inszenierung im Akt des Zuschauens.[15] Aus der Begriffsgeschichte von 'character' ergibt sich, daß damit in realen Lebenskontexten das je Besondere einer Person gemeint sein kann, das diese von anderen unterscheidet. Dabei ist zu unterscheiden, ob diese Person bezüglich gewisser Merkmale als Repräsentant oder Repräsentantin einer Gruppe fungiert oder ob ihre Merkmale der Auszeichnung des Besonderen dienen; beides impliziert jedenfalls Wertvorstellungen positiver oder negativer Art und supponiert das Sozialgefüge, in dem sie Geltung haben. Wertvorstellungen sind im weitesten Sinn Vorstellungen der Sittlichkeit, oder dessen, was im Englischen entweder mit 'moral' oder mit 'ethos' bezeichnet wird, worunter die "Gesamtheit der akzeptierten und durch Tradierung stabilisierten Verhaltensnormen einer Gesellschaft" zu verstehen ist.[16] Dabei ist es wichtig zu beachten, daß der Moralbegriff sowohl ein deskriptives wie ein präskriptives Moment in sich birgt; deskriptiv wird 'Moral' bzw. 'moralisch' gebraucht, wenn etwas allgemein als "zum menschlichen Verhalten gehörend bzw. dieses betreffend" gesehen wird. Wertend wird der Begriff nur im positiven Sinn gebraucht, bzw., wenn der Mangel ausgedrückt wird, so z.B. durch Begriffe wie 'Unmoral' oder 'a-moralisch'. In diese Tradition der Begriffsbildung fügt sich die spezielle Vorstellung vom 'Charakter' als Figur eines Kunstwerkes ein. Dieser spezielle Gebrauch des Begriffs ist wiederum selbst ein wesentlicher Teil der lebenspraktischen Realität, z.B. historisch dadurch, daß es eine Tradition gab, in welcher der Literatur die Funktion zugewiesen wurde, den menschlichen Charakter zu 'bilden'.[17]

Die in der Regel chronologische Szenenfolge der drei Erzählwelten suggeriert im Verbund mit der Darstellung der Figuren als sich allmählich verändernde Personen den Eindruck sowohl von Kontinuität als auch von Wandel. Dieser Eindruck wird in allen drei Texten ferner gestützt durch die Tatsache, daß viele Szenen gewisse sprachliche Begriffs- und Bildmuster aufweisen, die durch Denotation, Konnotation, Assoziation und gelegentlich ausdrücklich aufgrund gewisser Erzählerkommentare miteinander in Beziehung gesetzt werden können. Die Rekurrenz gewisser Wörter und Bilder schafft so den Eindruck von Ähnlichkeit und Vielfalt, Identität wie Differenz dessen was erzählt wird. Meine Interpretation folgt bei der Herstellung des Sinns des Dargestellten in erster Linie solchen Sprachmustern der drei Textwelten.

Die drei Romantexte enthalten außer den Begriffen 'character' und 'player' weitere Elemente, die anzeigen, daß alle drei Romane eingebettet erscheinen sollen in eine sie umfassende, allgemeinere Wirklichkeit. Zu Beginn sowohl von *Hemlock and After* wie von *Setting the World on Fire* finden sich auktoriale Hinweise, die dazu dienen, das Erzählgeschehen in eine bestimmte historisch-soziale Realität zu plazieren. Die Ereignisse in *Hemlock and After* werden zeitlich auf den Sommer 1951 festgelegt. Die "principal characters" werden nach der Reihenfolge ihres Auftretens genannt und sind erkennbar als Figuren, die realen Menschen der englischen Gesellschaft, vorwiegend der gehobenen (Bildungs-)Bürgerschicht, in mancher Hinsicht gleichen könnten.[18] Im Fall von *Setting the World on Fire* liegt eine andere Art der auktorialen Einbettung in einen größeren Rahmen vor. Der Erzähler situiert vor dem eigentlichen Romangeschehen den Ort und die Zeit des Geschehens der erfundenen Welt inmitten der realen Geschichte und Gegenwart Englands, wobei der historische Zeitrahmen die Herrschaftszeit von Henry VIII bis 1967 umfaßt.[19] Auch ohne eine vergleichbare auktoriale Vorinformation zeigt *No Laughing Matter*, daß eine textexterne Wirklichkeit als Bezug evoziert wird, die man durch das Erzählgeschehen selbst als die reale historische Epoche des 20. Jahrhunderts – vom Beginn bis 1967 – mit einem gewissen europäischen und speziell britischen Schwerpunkt erkennen kann.

Die Figuren der beiden Künstler und der Künstlerin in den drei Textwelten, verstanden als Erzählung von realen Personen in realen Lebenswelten, haben sowohl explizit wie implizit Probleme mit ihrem eigenen Selbst- und Weltverständnis. Diese Probleme lassen sich einerseits als individuelle und ineins damit auch als soziale Konflikte verstehen. Auf der Ebene des Textes als Kunstgegenstand kann man sie des weiteren als selbstreferentielle Textsignale deuten. So gesehen sind es dann Probleme und Gedankengänge, die den Roman als Erzählgegenstand – das Fiktive selbst – ins Bewußtsein der Leserinnen und Leser zu heben vermögen, ohne daß deshalb der Anspruch der Realität der Figuren als Personen aufgegeben werden müßte. Im Gegenteil: wenn man diese Aspekte als zueinander gehörig liest, so zeigt sich an ihnen beispielhaft, daß diese Textwelten die Idee der Person enthalten; daß diese Idee der Person, wie alle übrigen Textfacetten, zugleich Teil der Erzähltradition ist, der die Texte zugehören; daß es entsprechende Aspekte auch in der textexternen Welt geben könnte, ohne daß es sich um ein mimetisches Verhältnis dieser Aspekte handeln müßte; daß die erfundenen Aspekte, dank des Sprachmediums und der Imagination der Rezipientinnen und Rezipienten, auch im Alltag wirksam werden können.

In allen drei Romanen wird die Lebensgeschichte der Künstler bzw. Künstlerin als Teil einer familiären wie gesellschaftlichen Figuration erzählerisch anschaulich gezeigt. In *Hemlock and After* ist Bernard Sands, der Schriftsteller und Homosexuelle, schon ein älterer Mann, der seine eigene Lebensentwicklung, seine Einbindung in Familie, Freundeskreis und bildungsbürgerliche Öffentlichkeit in der Erzählgegenwart neu zu betrachten beginnt. Die Fragen, die sich ihm aufdrängen, betreffen sowohl die herrschende Einstellung zur Kunst, insbesondere zur Literatur, wie das vorherrschende *ethos* der Menschen, insbesondere auch bezüglich der Entfaltung ihrer Sexualität. Bernard Sands glaubt zu Beginn, es sei ihm vergönnt, seiner Gesellschaft zumindest bezüglich der Funktion der Literatur für die Zukunft seine eigenen Vorstellungen diktieren zu können. Im Verlauf der Erzählgegenwart begreift er indes, daß er für diesen anfänglichen Triumph als Schriftsteller in seinem Lebensvollzug eine insgesamt bedenkliche Anpassung an die herrschenden Lebensregeln leistete. Diese Anpassung hatte ausgesprochen destruktive und nur in mancher Weise reparable Implikationen sowohl für ihn selbst wie für seine Frau, seine Familie und Freunde. Die Regeln von Leben und Kunst neu zu entwerfen, um sie alsdann einer Figuration auch nach als lebensnotwendig plausibel zu machen, ist Bernard Sands nicht (mehr) stark genug. Er stirbt, ehe er sich dieser Aufgabe wirklich widmen kann. Seine Frau, Ella Sands, die im Vergleich zu Bernard Sands in der Erzählgegenwart eine bemerkenswert gegenläufige Entwicklung durchmacht, bildet einen wichtigen Gegenpol zu seiner Lebensgeschichte. Diese Juxtaposition selbst ist ein sowohl inhaltlich wie strukturell bedeutsames Textmerkmal, das sich auch in den beiden anderen Romanen beobachten läßt.

Im erzähltechnisch kompliziertesten Roman, *No Laughing Matter*, beschränkt sich meine Analyse darauf, zu zeigen, wie bei Margaret Matthews die Selbstentfaltung als Frau wie als Autorin ineinandergreifen und inwieweit sie Teil der Lebenswelt sind. Dabei trage ich vor allem der Tatsache

Rechnung, daß es sich um eine Frau handelt; ein Aspekt, dem in der Sekundärliteratur kaum Beachtung geschenkt worden ist.[20] Die Tatsache, daß Margaret eine Frau ist, ist indes gerade auch unter dem Aspekt der Textgestaltung interessant. Denn diese macht in komplizierterer Weise als z.B. *Hemlock and After* anschaulich, wie in der erfundenen Welt die Vorstellungen davon, wer die Person ist, geprägt werden durch die herrschenden Sinnangebote der Figurationen, denen die Personen angehören. Der Roman macht anschaulich, wie sich das gesellschaftlich vorfindliche Deutungsmuster der Rollen von Mann und Frau im Verlauf der Erzählgegenwart langsam wandelt; wie die Personen verschiedenen Gebrauch von solchen Rollenangeboten machen; und wie stark dabei gerade auch Deutungsmuster aus dem Bereich der Literatur einwirken in die Selbstdefinitionen der Personen. Wesentliches Moment der Sinnstiftung der Familie Matthews ist das spielerische Stilisieren der eigenen Identität durch bewußtes Rollenspiel. Die Selbstdramatisierungen des Elternpaares Matthews, dessen Lebensgeschichte den 'Hintergrund' der eigentlichen 'Hauptpersonen' – der sechs Kinder des Ehepaares – bildet, werden gezeigt als allmählich zunehmende Erstarrungen in bestimmten Rollenmustern. Das Rollenspiel der Matthews-Kinder – genannt "The Game" – ist deren Versuch, mit ihrer oft schmerzlichen Lebensrealität spielerisch so umzugehen, daß sie diese Realität ertragen können. Dieses Spiel bildet im Hinblick auf Margaret Matthews' Entfaltung zur Schriftstellerin ein vermittelndes Element zur Funktion der Literatur als Kunst im eigentlichen Sinn.

In *Setting the World on Fire* ergibt sich eine konfliktträchtige Spannung zwischen dem jungen Künstler Piers Mosson und seinem Bruder, Tom Mosson, der – funktional analog zur Figur der Ella Sands in *Hemlock and After* – eine existenziell unabdingbare Gegenposition zum Künstler bildet. Diese Spannung wird lebensgeschichtlich durchsichtig als Spannung zwischen zwei gegenläufigen Lebensentwürfen, die die Brüder jeweils verkörpern: Piers ist ein unabweislich viril gefärbter Drang nach künstlerischer Selbstverwirklichung eigen, Tom ein ebenso unabweislich feminin gefärbter Drang zu einer unauffällig in das Sozialgefüge eingebetteten Selbstentfaltung. Eingeschrieben in diese gezeigte Lebensgeschichte ist ein sozialer Figurationenkonflikt, insofern die Brüder väterlicherseits einer bestimmten aristokratischen Tradition angehören, während sie mütterlicherseits bürgerlicher Abstammung sind. Diesen unterschiedlichen Figurationen korrespondieren unterschiedliche Wertvorstellungen bezüglich des Sinns des Lebens, die zeitweilig unvereinbar scheinen. Diese Unvereinbarkeit führt zunächst dazu, daß die Brüder, die zu Beginn der Erzählgegenwart das Haus des Vaters sowohl im konkreten wie zugleich metaphorischen Sinn betreten, dieses Haus verlassen. Sie bringen damit ihre Solidarität mit dem Lebensmuster der Mutter zum Ausdruck, ehe sie schließlich als Hausherren in das Vaterhaus zurückkehren können. Dieses väterliche Haus versinnbildlicht architektonisch die Möglichkeit der Einheit von Gegensätzen. Die beiden Brüder identifizieren sich jeweils mit einem dominanten Aspekt der in baulicher Konkretion vorliegenden Deutungsmuster. Die familien- und architekurgeschichtliche Einbettung der Lebensgeschichte der beiden Brüder wird konturiert durch den noch weiteren geistes- und kunstgeschichtlichen Rahmen, den das Motiv vom Fall des Phaethon bildet. Piers identifiziert sich mit dem Bild des Phaethon als des wagemutigen, himmelstürmenden kreativen jungen Mannes, während eben diese Qualitäten Tom gerade erschrecken. Der Umgang der Brüder mit diesem tradierten Deutungsmuster wird sinnlich faßbar vorgestellt als Teil ihrer psychischen Eigenart wie als Teil der Ausgestaltung des väterlichen Hauses. Dieses Muster wird handlungsmäßig ferner genutzt durch die Inszenierungen, die Piers Mosson als angehender und gegen Ende des Romans etablierter Theater-Regisseur vornimmt. Auf der Ebene des Textes als Kunstgegenstand wiederum fungieren diese Inszenierungen als eine der anschaulichsten selbstreferentiellen Facetten dieser Neugestaltung verschiedener, in der Kunstgeschichte unserer Hemisphäre vorfindlicher Motive und Kunstgestalten.

Die Problemfacetten der beiden Künstler und der Künstlerin werden durch den Kontext ihrer jeweiligen Lebensgeschichten sowohl anschaulich gemacht wie thematisiert und relativiert. D.h. die spezifischen Merkmale der erfundenen Welt gewinnen nur bedingt verallgemeinerbaren

Status vor dem Palimpsest der Geschichte und Geschichten, auf welchen die Texte als Kunstgestalten verweisen.

Alle drei Textwelten enthalten thematisierte Spannungen zwischen Produktion und Destruktion, die sich in vielfältigen, begrifflich und bildlich veranschaulichten Sprach- und Handlungsmustern ausdrücken. Alle drei Textwelten schließen mit dem Blick mindestens einer Person auf eine ungewisse, aber behutsam hoffnungsvoll antizipierte Zukunft. Dieser Blick schließt stets die Erinnerung an Gewesenes ein. Die Künstler und die Künstlerin wünschen sich vor allem anderen, die Rezipienten und Rezipientinnen ihrer Kunstgestalten zuinnerst zu bewegen, sowie ihre eigene Vergänglichkeit durch unvergängliche Kunstwerke zu transzendieren. Selbstreferentiell verstanden ist dies eine den Texten eingeschriebene Hoffnung, daß sich die Leserinnen und Leser dieser drei Romane in die Bewegung des zeitlichen wie räumlichen Hin und Her ein- und von dem Erzählten bewegen lassen. Die textinternen Rezipienten und Rezipientinnen verhalten sich sehr unterschiedlich zu den Sinnangeboten der Künstlerin und der Künstler. So kann man schließlich die unterschiedlichen Rezeptionen der drei Texte als realen Ausdruck eben dieses dargestellten Musters deuten.

3. Interpretation von *Hemlock and After*

3.1. Aspekte der Figurationen dieser Lebenswelt

3.1.1. Einleitung

Dem Schriftsteller Bernard Sands kommt im Gefüge der gezeigten Figurationen dieses Romans eine zentrale Rolle zu, ohne daß dies eigens thematisiert würde. Vielmehr läßt es sich schon durch die Anordnung der Figurenliste, durch bestimmte Kapitelüberschriften, sowie durch die Gliederung des Textes erkennen. Die Figurenliste, die der eigentlichen Erzählung vorangestellt ist und in welcher die Hauptpersonen in der Reihenfolge ihres Auftretens genannt werden, beginnt mit Bernard Sands als dem "novelist". Das erste Kapitel beschäftigt sich unter der Überschrift "The Prophet and the Locals", mit Bernards Sands' Beziehungen zu zwei seiner wesentlichen Figurationen: seiner Familie und den unmittelbaren Nachbarn der Sands' in der Gemeinde Little Vardon. Der Tod Bernards bildet im Textgefüge eine gewisse Zäsur, insofern der Erzähler diesem Tod in Buch III einen Epilog folgen läßt. Dieser Epilog bündelt skizzenhaft bestimmte Eigenarten der gezeigten Figurationen unter der Perspektive, welche Wirkungen Leben und Werke des Schriftstellers in diesem sozialen Gefüge hatten und weiterhin haben könnten.[1] Der strukturellen Exposition des Schriftstellers entspricht die inhaltlich und thematisch sich entwickelnde, zunehmend offenkundiger werdende Differenz zwischen Bernard Sands und den meisten Menschen in seiner Lebenswelt. Diese Differenz betrifft ihre vor Bernard Sands' Tod unvereinbar scheinende Auffassung vom Wesen des menschlichen Lebens und von der Funktion der Kunst in dieser Gesellschaft. Bernard Sands entwickelt ein ausgesprochen ganzheitliches Verständnis vom menschlichen Leben und versucht diesem Anspruch auch zu genügen. Zu diesem ganzheitlichen Anspruch gehört die volle Entfaltung seiner sinnlich-sexuellen Identität, ferner, die konsequente Ausübung seiner geistig-kreativen Kräfte, insbesondere sein Bemühen, ethische Einsichten in seine Lebenspraxis zu integrieren. Er versteht seine Aufgabe als Künstler so, daß seine Einsichten in das Wesen der Menschen, wie in die Eigenarten seiner Gesellschaft durch entsprechende literarische, essayistische und expositorische Texte allgemein zugänglich und bekannt gemacht werden müssen. Dank einiger teilweise ironisch-distanzierter Charakterisierungen aller Beteiligten in prägnanten Handlungskonstellationen seitens des Erzählers ist ersichtlich, daß diese Ansprüche Bernard Sands' an sich und seine Gesellschaft die zentralen Konflikte der Romanhandlung bilden. Während Bernard in einer ganz bezeichnenden Weise zu Beginn des Romans einig ist mit seiner Gesellschaft, obgleich er selbst ironischerweise gerade dabei auf seiner Differenz zu ihr besteht, spürt er allmählich den Verlust lebensnotwendiger Gemeinsamkeit mit seiner Gesellschaft. Insbesondere mittels gewisser thematischer Motivstränge und entsprechender Erzählerkommentare ist zu erschließen, daß diesen Erzähl-Ironien selbst ein Lebensverständnis eingeschrieben ist, welches mehr mit der Perspektive des Schriftstellers gemein hat, als mit derjenigen der gezeigten Figurationen. Daher kann, relativ zu den Figurationen, Bernard Sands' kurz vor seinem Tod avisierter Lebensentwurf als der menschengemäßere und zugleich als der zukunftsträchtigere betrachtet werden.[2]

Der in der Gemeinde Little Vardon gelegene, aus dem 18. Jahrhundert erhaltene Landsitz Vardon Hall kann von seinen Besitzern nicht mehr mit privaten Geldmitteln unterhalten werden. Nach Bernard Sands' Vorstellungen soll dieser Landsitz die Zukunft der Literatur in dieser Gesellschaft sichern helfen. Der Roman beginnt mit der triumphalen Genugtuung des Autors, dem es nach jahrelangen, ihn teilweise demütigenden Bittgängen gelungen ist, Vardon Hall als künstlerisches Zentrum zur Verfügung gestellt und durch öffentliche Körperschaften für einige Jahre finanziert zu bekommen.[3] Die Eröffnung dieses Kunst-Zentrums ist insoweit die Klimax der Handlung des Romans, als sich in ihr die Konflikte zwischen Künstler und Lebenswelt enthüllen. Sie markiert den Niedergang des Autors in der öffentlichen Wertschätzung.[4] Um diese Klimax angemessen zu verstehen, ist es daher unerläßlich, die Beteiligten in ihren vom Erzähler gezeigten Eigentümlichkeiten zu erkennen. Diese Gruppenidentität einerseits sowie die Eigentümlichkeit einiger herausragender Einzelpersonen gilt es zunächst zu analysieren, ehe die Eigenarten des Künstlers und seiner Frau dargestellt werden.

3.1.2. Die 'locals', die Bildungsbürger und ihre Haltung zu Bernard Sands und seinem Vardon Hall Projekt

Die Nachbarn der Sands' in Little Vardon einerseits sowie die Bildungsbürger in London, bzw. aus dem Umkreis der Universitäten andererseits sind die wesentlichen Bezugsfigurationen für Bernard und Ella Sands. Deren Lebenseinstellungen, Verhaltensweisen, Überzeugungen und Meinungen bilden den 'Hintergrund' des Geschehens, zugleich aber sind sie aktiv beteiligt an eben diesem Geschehen. Beide Figurationen dieser Lebenswelt kann man als patriarchalisch geordnet bezeichnen. Im Text finden sich vor allem durch die Informationen der Figurenliste sowie in I.1. und II.3. einige typische Merkmale einer solchen Gesellschaftsordnung. Diese Textaspekte können, wie andere, verstanden werden als Hinweis auf möglicherweise entsprechende Merkmale und Traditionen der textexternen Realität der englischen Gesellschaft jener Zeit mitsamt deren Geschichte, ohne daß dies thematisiert werden müßte. Ein wesentliches Merkmal dieser erfundenen patriarchalischen Ordnung ist die strikte Trennung und hierarchische Strukturierung der Lebensaufgaben und -bereiche von Mann und Frau. Die Lebenssituation der 'locals' von Little Vardon bietet ein anschauliches Beispiel. Die Männer gehen ihrem Beruf in der Großstadt nach. Sie bekleiden Ämter und verrichten Aufgaben, die als bedeutend angesehen sind. Die Frauen versehen derweil zuhause, im ländlich-idyllischen Little Vardon, die mit geringerem Sozialprestige verbundenen häuslichen und familiären Pflichten. Sie beteiligen sich dabei durchaus aktiv an der Förderung der Karriere des Mannes, insbesondere gelten alle bildungsbetonten Hobbies sowie die soziale Kontaktpflege als diesem Ziel förderlich.[5] Teil dieser säuberlich geschiedenen Lebenssphären mitsamt ihren unterschiedlichen Selbstentfaltungspotentialen von Mann und Frau ist die 'intime Fremdheit' der Geschlechter.[6] Diese bildet einen fruchtbaren Boden für diverse Frustrationen vor allem auch der Frauen, die offenbar weder durch Urlaubsabenteuer, noch durch den Erwerb neuer Statussymbole abgebaut, ja, nicht einmal erfolgreich ganz kaschiert werden können. Teil dieser machtvollen, in unterschiedlicher Weise beide Geschlechter auch behindernden Tradition, sind Vorstellungen von Männlichkeit und Weiblichkeit, von Stärke und Schwäche, von Mündigkeit und Unmündigkeit.[7] Das Beispiel der strikten Unterscheidung zwischen Erwachsenen und Kindern macht im Textgefüge eher unauffällig anschaulich, wie ein Sachverhalt – hier: der in der Kindheit naturgemäßen Unmündigkeit – zugleich gebraucht wird zur Legitimation von Einstellungen und Handlungsweisen, die nicht 'von Natur aus gegeben' und legitim sind.[8]

Bernard Sands und Ella Sands besitzen schon lange gemeinsam ein Haus in Little Vardon. Während Ella seit etwa 10 Jahren vollkommen zurückgezogen in diesem Haus lebt und eine alle Nachbarinnen und Nachbarn befremdende Krankheit auskuriert, verbringt Bernard Sands einen Großteil seiner Zeit in seinem Appartement in Londons Stadtviertel Bloomsbury, wo er u.a. seine guten Kontakte zum bildungsbürgerlichen 'establishment' pflegt. In dieser Aufteilung in zwei Lebenszentren spiegelt sich das Lebensmuster der Nachbarn.[9] Am Beispiel der sozialen Integration der Familie des Sohnes der beiden, James Sands, in die dominanten Figurationen werden sowohl die Verbindung wie die Differenz zwischen den Sands' sr. und diesen veranschaulicht. Daß das Ehepaar Sands jr. die Erziehungsmaxime "you must learn to obey" (p.119) auf andere Lebensbereiche überträgt, daß insbesondere auch der Jurist James Gerechtigkeit mit Rache –"primitive retribution"(p.234) - gleichsetzt, wenn Ungehorsam gegen Recht und Ordnung zu ahnden ist, macht sinnfällig, wie weit konkrete 'natürliche' Verbindungen zwischen beiden Familien und den Figurationen reichen. Dieselben Sachverhalte markieren nämlich zugleich inhaltlich prägnante soziale Konfliktlinien zwischen den alten Sands' und allen anderen.

Die kleine Feier im Haus der Sands' jr. in I.1. findet zu Ehren des Sieges von Bernard Sands um die Nutzung von Vardon Hall statt. Diesem Sieg ging ein Konkurrenzkampf mit den 'locals' voraus, der mit der Zusage an Bernard Sands für beendet erklärt wurde.[10] Diese Festivität eröffnet eine Perspektive auf einen Konflikt, der erst beim großen Fest "Up at the Hall" zutagetritt. Der Romanverlauf zeigt, daß der anfänglich scheinbar überwundene Interessenkonflikt weiter besteht und die Interaktionen der Beteiligten prägt. Der Erzähler charakterisiert die Kontrahenten dieses Konflikts. Dem anschaulichen Porträt des Siegers Bernard Sands, der genüßlich seinen Triumph und den Weg nach oben Revue passieren läßt (pp.9-11), folgt eine kurze Begegnung Bernards mit seiner Frau Ella (pp.11-13). Teil dieses ersten Porträts ist aus der Leseperspektive die Einsicht, daß Bernard im stillen Selbstzweifel hegt und daß er sich im Grunde von seiner Familie und seiner Gesellschaft isoliert fühlt, ohne daß ihm dies bereits ausdrücklich bewußt wäre. An dieses anfängliche Porträt schließt sich die Begegnung mit seinen Nachbarinnen und Nachbarn an (pp.15ff).[11] In Bernard Sands' teils aggressiv-überheblichen, teils herablassenden Reflexionen wird sichtbar, daß ihn tiefes Mißtrauen und eine gewisse Verachtung erfüllt gegenüber seinen Konkurrenten um Vardon Hall. Diese Haltung hängt unmittelbar mit dieser Konkurrenz, insbesondere mit der Einschätzung seiner Rolle als Autor und der Funktion der Literatur in dieser Gesellschaft zusammen. Direkt vor der Begegnung mit den 'locals' heißt es in Bernards Gedanken:

> ...his own young,...would even forget some of their hostility to him and accord him grudging respect if he were only to act the great Panjandrum, the Grand Old Man of Letters. As for their friends, his own dear neighbours, the mass of business and professional commuters to London who formed the 'gentry' of Vardon, they would, no doubt, forgive even literature if he offered them some sign of 'living up to his position'. (p.15)

Nicht die Literatur interessiert die anderen, sondern die spezifische Rolle, die er im Sozialgefüge spielt, bzw. spielen soll; so jedenfalls nimmt Bernard sich und diese Figuration wahr. Was ihm in der konkreten Begegnung entgegenkommt, reflektiert etwas von dieser Haltung, sowohl im wörtlichen, wie im übertragenen Sinn. Der Erzähler leitet Bernards Überlegungen zur Begegnung mit den Party-Gästen mit den Worten ein: "As if to give his thoughts a concrete reality, a confused babble of careful bonhomie greeted Bernard..."(p.15). Das heißt, soweit den spezifischen Gedankengängen Bernard Sands' an dieser Stelle überhaupt ein eigenständiges, objektives Korrelat zukommen soll, läßt es sich im Verhalten der 'gentry' ihm gegenüber finden: ein undeutliches Murmeln behutsam-höflichen Wohlwollens klingt ihm entgegen. Wenig später beschreibt der Erzähler, was unter der Formulierung 'living up to his position' inhaltlich zu verstehen ist. Er charakterisiert die 'Position' der 'gentry' gegenüber dem Sieger der Konkurrenz um Vardon Hall. Dieses Porträt erhellt zunächst, daß das Mißtrauen wechselseitig ist und im Falle der Nachbarschaft gänzlich unreflektiert bleibt. Bernard ist dieser Gesellschaft fremd, da er keine ihrer Anschauungen und Prioritäten teilt; im übrigen aber auch wenig Anstrengungen unternimmt, sich ihnen verständlich zu machen. Nichts wäre den Nachbarinnen und Nachbarn angenehmer als sein Bekenntnis, einer der Ihren zu sein. Für diese Anpassung würde man ihn gern wenigstens im stillen in seinen Eigenarten tolerieren; ja, man hätte Grund, sich über sie auch weiter zu mokieren und erhaben zu fühlen, ohne durch sie bedroht zu sein:

> Though Bernard was instinctively distrusted by the local gentry, as, with the disappearance of the last few estates, the mixed collection of commuting civil servants, barristers, and stockbrokers, and a smaller intermingling of local farmers felt themselves to be, they yet enjoyed the presence of a public figure among them. If only he had lived up to his position, ... had specialized in ... a 'philosophy of life' that took you above everyday things, they would not have minded his talking over their heads, would even have welcomed the reassertion of their prejudices in terms that were a bit out of their depth. They would have liked affirmation of their private conviction that the grievances ... they felt against a changing social order should be considered the reawakening of spiritual values. As for the faint rumblings of sexual unorthodoxy, many of them would have been glad to evidence breadth of mind, so long as the testimony was not asked too publicly. ... If only he wouldn't pour out all this undergraduate rubbish, would be a little more responsible, in fact. ... (pp.17f)

Offenkundig ist Bernard gerade nicht das, was der Begriff der 'bonhomie' nahelegt: er ist kein 'bon homme' des Typs der 'gentry'; wäre er einer, so wären sie weder so ratlos, noch so mißtrauisch, sondern hießen ihn willkommen.[12] Was sie voneinander trennt, ist diese Andersartigkeit.

Was sie zugleich eint, ohne daß es ihnen bewußt wäre, ist die wechselseitige Angst und Gering-schätzung. Die identische Wortwahl des Erzählers mit der in Bernard Sands' Gedankengängen erlaubt den Schluß, daß es sich um objektivierte Merkmale der Gruppe handelt, die Bernard subjektiv angemessen erfaßt hat. Zugleich veranschaulichen Verbindung wie Differenz schon hier den latenten Konflikt zwischen dem Künstler und dieser Figuration.[13] Die gesellschaftliche Macht, die der Sieger in I.1. augenscheinlich hat, wird unterminiert durch die faktische Macht der Mehrheit über den Außenseiter. Die Normalität der Mehrheit ist ihr wichtigstes Machtinstrument im unein-gestandenen Interessenkonflikt mit dem Außenseiter. Normal ist ihre geistige Indolenz, die der Er-zähler andeutet, ohne sie explizit zu thematisieren, wenn er ihre 'Lebensphilosophie' in Anfüh-rungszeichen setzt. Normal ist, daß anstelle des Bemühens um Verständigung mit dem anderen die Verteidigung tradierter Haltungen und Vorurteile gegen jeglichen Wandel der Verhältnisse tritt; normal ist das Vereinnahmungsangebot an den anderen, insbesondere auch bezüglich seiner Kunstvorstellungen und seiner Rolle als Künstler; normal ist nicht zuletzt der Anspruch, daß diese Normalität der Mehrheit, die bezüglich der Homosexuellen die legale Norm gegen die Minderheit bildet, nach Gutdünken gegen den Angehörigen der Minderheit geltend gemacht wird. Es ist die-ser 'selbstverständliche' Anspruch auf ethische Normalität, der den anderen zum 'abnormalen' Menschen macht, der die 'Notwendigkeit' legitimiert, diesen wegen seiner Abweichung von der Norm zu bestrafen. So wie Kinder absoluten Gehorsam gegen elterliche Autorität lernen sollen, so soll der 'Unreife' sich 'zähmen' lassen; erweist er sich als 'unverantwortlich', so ist Strafe fällig.[14] Diese Haltung der 'primitive retribution' wird durchsichtig als Abwehr der Gefahr, die Bernard Sands für die 'locals' verkörpert: die Gefahr geistiger Kraft ebenso wie die Gefahr einer Minderheit, die die Lebensgewohnheiten der Mehrheit, insbesondere ihre Vorliebe für klare Grenzziehungen, schon durch ihre bloße Existenz in Frage stellt. Die uneingestandene, aber aus der Leseperspektive offenbare Militanz der 'locals' gegen Bernard Sands und das Vardon Hall Projekt geht hervor aus einem Erzählerkommentar, der die Angst der 'locals' vor dem sozialen Wandel verbindet mit dem Projekt. Der Erzähler erklärt, warum die Rede immer wieder auf Vardon Hall kommen mußte, da dieses Projekt allen Beteiligten am Herzen lag: "The topic of Vardon Hall was too close to the hearts of everyone. ..." (p.19) Darauf erläutert er, was das für die 'gentry' heißt. Sie sehen in diesem Projekt das neueste Symbol des Wandels ihrer Lebensgrundlage, der sozialen Welt, die ihnen ebenso vertraut wie zugleich unbekannt ist. Der Sieg Bernards, die dro-hende Realisierung seines Kunstprojekts, ist eine existenzielle Katastrophe für die unterlegenen Kontrahenten, die sich hier als wahre Kombattanten gegen jeglichen Wandel erweisen:

> It was the latest symbol of the war they were waging against a changing world. The war that, like the Cold War, was so frightening because so unfamiliar, so bound up with the ordinary process of living. One day the earth would tremble underneath your feet and noth-ing happened, the next day would seem so calm and yet the social seismograph registered an earthquake. (p.19)

Hier wird sinnfällig, wie die geistige Indolenz als 'Basis' der Lebens'position' der 'locals' - die Erde, auf der sie sich so sicher und zugleich so bedroht fühlen, unterminiert wird durch das, was Bernard Sands und sein Projekt symbolisieren, unterminiert durch Gegenkräfte, die 'unter der Erde' wirken wie die Eruptionen des heißen und beweglichen Erdinneren, das die Kruste zum Ber-sten bringen kann. Die Ängste wie die Militanz entbehren nicht der Komik. Zur Komik wie zur Bri-sanz der Militanz dieser Gruppe gehört, daß sie die Kunst, vor allem ein derartig ungewohntes Zukunftsprojekt, als tatsächlich gefährlich ansieht. Damit unterstellt sie nämlich genau das, was sie in ihrer 'Lebensphilosophie' gerade zu 'bändigen' sucht mit der Erwartung, die Kunst möge sie ein 'bißchen über ihren Alltag erheben': die Kraft der Kunst, etwas qualitativ anderes zu leisten, als sie in ihren Vorurteilen zu bestätigen und diese auch noch als geistige Leistung auszugeben. Anders formuliert, die Kraft der Kunst, ihr wahrhaftig den Boden unter den Füßen ihrer 'Position' zu entziehen, revolutionär im Sozialgefüge zu sein wie ein Beben, das die Erde erschüttert. Um diese komische, wie zugleich gefährliche, paradoxe Spannung geht es im Romanverlauf. Die Klimax dessen, was sich hier 'ankündigt' und als 'leises Zittern' 'spürbar', als 'schwaches Grollen' 'hörbar' ist, erfüllt sich für die Protagonisten beim großen Fest in II.3.. Aus der Leseperspektive entfaltet sich so von diesem Beginn her ein komplexer Motivstrang des Erzählten; er enthüllt in II.3. die Explosivität der gegenläufigen Interessen. Ist Bernard nicht bereit, den *status quo* im Sinne der 'locals' zu bestätigen, so besteht die Gefahr, daß er mitsamt seinem Projekt zum 'Stellvertreter' für alles Bedrohliche überhaupt wird, wie ein Aspekt des Begriffs 'symbol' bereits hier insinuiert. Aus der Leseperspektive erweist sich zugleich, daß er selbst mit seiner Eigenart und seinem Projekt jene Gefahr für den *status quo* ist und so auch zum Sündenbock für die Gesellschaft wird.

Vardon Hall war von Bernard Sands im stillen konzipiert als ein Ort für die Kunst – vor allem für junge Autoren, die ihre eigenen literarischen Talente entfalten lernen sollten. Es sollte ein Ort inmitten der Gesellschaft sein, getragen von ihr – sichtbar gemacht durch die Finanzierung wie das *ambiente* selbst – jedoch zugleich gänzlich frei von Einmischungen durch Autoritäten, gleich welcher Art. Diese Vorstellung deckt sich, wie Bernard wohl weiß, überhaupt nicht mit den Erwartungen der Figurationen. Die Vertragspartner haben offenkundig gänzlich verschiedene Vorstellungen vom Inhalt ihres Vertrags. Die Eröffnungsfeier sollte aber eben diesen Vertrag zwischen Bernard Sands, den jungen Literaten und der Öffentlichkeit festlich bestätigen; sie wird zum Fest der Dis-Harmonie.[15] Alle, so zeigt der Erzähler, sind an der profunden Erschütterung der avisierten Harmonie aktiv beteiligt. Da sind die Erwartungen der 'locals' an den Außenseiter. Sie wollen von ihm endlich ein öffentliches Bekenntnis zu ihrer Identität; sie erwarten, daß er sich als ihr Vertreter in Bereichen zeigt, in denen sie sich nicht heimisch fühlen. Er soll im übrigen mit einer unterhaltsamen Rede wiedergutmachen, was ihnen durch seine offenkundige Inkompetenz bei der Organisation des Festes an Unannehmlichkeiten widerfuhr (p.153, vgl. Kontext). Für Augenblicke schien er zu sein, was sie erwarteten: Botschafter ihrer 'Lebensphilosophie', die symbolische Verbindung zwischen allem, was ihnen besonders wertvoll erscheint in ihrer Welt und Schutzwall gegen alles Andersartige. Doch er erweist sich für einen Moment fast als Symbol der Bahn, die in ihren Fahrten konkret verbindet, was der 'gentry' doch getrennt erscheint:

> He seemed, at that moment ..., so distinguished, ... so familiar a figure – to be the country's own ambassador to the great world outside, the link between a live and important district with all that was best in English life today, a barrier between a tranquil, age-old countryside and the muddy flood of modern life outside. He was almost a symbol of the commuting trains that took so many of them each day to play their part in the busy life of London and brought them back to replenish their souls with the keen breezes of field and hill. (p.153)

Bernard enttäuscht die Erwartungen mit seiner Rede: "Bernard made no mention of this local aspect of his scheme." (ebda.) Der Erzähler erklärt zu den Ereignissen beim Fest allgemein, daß alle Gäste, die sich in der einen oder anderen Weise unbefriedigt fühlten; die ihr Wohlbefinden beeinträchtigt sahen, durch praktische Unzulänglichkeiten, das Wetter oder die diversen Reden; oder auch durch Ereignisse, Stimmungen, Gerüchte, die nicht unmittelbar mit dem konkreten Verlauf des Festes zusammenhingen, zur Entlastung ihrer unangenehmen Gefühle auf jeweils eigene Weise dafür Erklärungen und Schuldige suchten und fanden. Diese Methode der Selbstentlastung, so deutet der Erzähler an, hat eine weit hinter die Gegenwart zurückreichende Tradition (pp. 146f). Die lächerliche Inkongruenz zwischen Anlaß und Reaktionen, die fehlende Bereitschaft zur Selbstkritik und Selbstverantwortung werden offenbar als gefährliche Eigenart, wenn sie mit Macht einhergeht. Schließlich wird hier durchsichtig, daß das, was in I.1. als 'bonhomie' bezeichnet wurde, was an anderen Stellen auch 'zivilisiertes' Verhalten genannt wird, keine tragfähige Verbindung zwischen den Mitgliedern dieser Figurationen ist. Vielmehr ist es eine ebenso oberflächliche wie brüchige Schicht, die nun aufgebrochen ist und das darunter wirksame, explosive Gemisch aus Verschiedenartigkeit und Gleichartigkeit der Beteiligten zutagetreten läßt (p.147, sowie Kontext). Der Eklat zwischen Künstler und Figurationen wird so aus der Leseperspektive zum Symbol für den tatsächlichen Dissens ihrer Interessen und Eigenarten wie für die Korrespondenzen, die noch immer bestehen. Teil dieses 'Bebens' als einer erzählerisch erhellenden Klimax ist inhaltlich die Einsicht in die herrschenden Feindbildmechanismen. Die Figurationen machen sich ihre eigenen Vorurteile und Lebenshaltungen praktisch nirgends bewußt. Es bleibt Bernard Sands vorbehalten, zu einer neuen Selbsterkenntnis vorzudringen, die teilhat am Eklat. Welche Folgen dieses 'Beben' und die Erschütterung der 'Position' Bernards hat, zeigt Buch III.

3.1.3. Ein Mann der 'gentry': Hubert Rose

Die Lebensgeschichte wie der Selbstmord des Hubert Rose werden sowohl handlungsmäßig wie thematisch der andersartigen Entwicklung des Künstlers sowie, in Variation hierzu, auch der von Ella Sands kontrastiert. Man kann zunächst Hubert Roses Karriere selbst als Indiz dafür ansehen, daß Männer wie er wenn nicht geschätzt, so doch von dem sozialen Gefüge getragen werden, da jede Karriere immer auch ein Ausdruck sozialer Anerkennung ist. Diese allgemeine Behauptung wird gestützt durch spezifische Texthinweise zum Aufstieg und Gebaren dieses Mannes. In I.1. heißt es: "If Hubert was not liked, he was felt to be all right."(p.23) Der Erzähler beschreibt in I.5. anhand eines anderen ehrgeizigen jungen Mannes, Terence Lambert, worauf es in dieser Gesellschaft ankommt, wenn man Erfolg haben will: es bedarf der Härte, der Entschlossenheit und vor allem des Talentes, zumindest den Anschein zu erwecken, man sei zum Erfolg prädestiniert (p.93). Ein anschauliches Beispiel hierfür bieten die Geschäftsgepflogenheiten von Hubert Rose und seinen Berufskollegen:

> They had discussed ... a neat plan for flooding a small competitor,... with orders beyond the power of his commission. It had been a scheme close to everyone's heart, and they had adjourned to the Metropole ... in a haze of *bonhomie*. ... (pp.133f)

Diese Art der Konkurrenz, so zeigt das kleine Beispiel, ist aus der Perspektive derjenigen, die unbedingt die Starken sein wollen, selbstverständlich. Teil der Selbstverständlichkeit ist, daß derlei Praktiken illegal sind. Aus der Leserperspektive erscheint dies als latent tödlicher Mechanismus der Vereinnahmung, bzw. Vernichtung derjenigen, die sich als die Schwächeren zu erweisen haben. Kann man einen Geschäftskonkurrenten nicht dadurch zur Aufgabe der Konkurrenz bewegen, daß man ihn kauft; sich also durch diesen Akt, konkret wie metaphorisch gesprochen, bereichert, so muß man ihn zur Selbstaufgabe nötigen, indem man ihn durch Vorspiegelung falscher Stärke von seiner 'wahren' Ohnmacht 'überzeugt' (pp.133f und Kontext). Möglich sind solche Praktiken der 'bons hommes' aufgrund des unbedingten Willens zu möglichst unangefochtener Macht, ungeachtet der möglichen destruktiven Konsequenzen auch für andere. Diesen Mechanismus erhellt der Erzähler im vorausgehenden Porträt (p.133). Zu den Berufskollegen und denen, die Hubert Roses politischen Karriere dienen, gehören Männer, die selbst keine sichere Position haben. Sie hoffen, soweit sie nicht direkt den Aufstieg anstreben, durch entsprechende Dienste von seinem Aufstieg indirekt zu profitieren. Andere, die zwar bereits gesellschaftlich recht mächtig sind und seine fragwürdigen Seiten erkennen können, lassen ihn gewähren. Sie trösten sich mit ihrer Überlegenheit, ihn durchschaut zu haben, fühlen sich gefeit vor den Folgen seiner menschenverachtenden Verhaltensweisen, daß Dritte Schaden nehmen könnten, interessiert sie nicht. Wieder andere hätten durchaus die Macht, ihn in die Schranken zu weisen. Ihnen fehlt es an Stärke, ihre Selbstachtung offensiv zu schützen, ja, sie sind ihm sogar dankbar, wenn er ihr Selbstwertgefühl nicht allzu sehr demütigt. Niemand also in der nächsten Umgebung Hubert Roses, aus welchen subjektiv guten Gründen auch immer, sieht sich veranlaßt, ihm Widerstand entgegenzusetzen. Das Janusgesicht des Hubert Rose, leutselig, verbindlich und zugleich brutal-verächtlich zu sein, ist das der Öffentlichkeit zugewandte Gesicht. In ihm spiegeln sich die Interessen Gleichgesinnter-Männer zumal.

Diesem Porträt entspricht Hubert Roses eigene Auffassung, wie sie sich beispielsweise nach Bernards Rede in II.3. findet. Er bekennt, daß er sich selbst verachtet (p.180). Er glaubt, in Bernard einen Gesinnungsgenossen gefunden zu haben, insoweit sie die Einsicht verbinde, gewisse Akte der Erniedrigung seien unabdingbar, wenn man oben bleiben, bzw. dorthin kommen wolle: "I'm glad that you should see how deeply one must go under in order to come up again." (p.180)[16] Hubert Rose brüstet sich gelegentlich seiner Geringschätzung der Schwächeren dieser Gesellschaft. Er erklärt anderslautende Bekundungen seiner Parteifreunde zu hohlen Phrasen: "cant" (p.134 und Kontext). Seine eigenen Worte"... a moment when national unity is, to put it very mild-ly, a life-and-death matter" (p.135) sind so eine der textironischen Entlarvungen derartiger Be-schwörungen. Der Handlungskontext dieser Worte, vor allem jedoch die sprachlich-situativen Rekurrenzen der Erzählung veranschaulichen, daß Männer wie Rose beispielhaft den auf Spaltun-gen, insbesondere auf der Hierarchie der Macht basierenden *status quo* verkörpern und vertei-digen. Dieser öffentlichen Seite korrespondiert ein gleichfalls gespaltenes Inneres; und auch die Pole dieser Gespaltenheit bilden eine Einheit.

Das Intimleben des Hubert Rose gewinnt im Kontext der Veranschaulichung seiner Berufspraktiken die Funktion, ein mögliches Extrem zu enthüllen, das die Schattenseite des Janusgesichts der Öffentlichkeit bilden kann.[17] Hubert Rose kann sexuelle Lust nur erleben, wenn er minderjährige, unberührte Mädchen defloriert. Pädophilie aller Art ist in dieser Figuration illegal. Die Begründung für eine derartige Gesetzesnorm ist vernünftig: Minderjährige sollen, insbesondere im Intimbe-reich, vor Übergriffen durch Erwachsene geschützt werden. Hubert Rose gehört zu Vera Currys Kunden; sie hat ihm ein 'passendes Liebesobjekt' verschafft. Elsie Black stammt aus Kreisen der materiell Schwachen dieser Gesellschaft.[18] Solche Mädchen sind in dreifacher Hinsicht (poten-tielle) Opfer: als Minderjährige unterliegen sie der Verfügungsgewalt von vormundsberechtigten Personen; als Mädchen gehören sie zum in dieser Gesellschaft so verstandenen 'schwachen Ge-schlecht', was sie zugleich angeblich 'von Natur aus' der Verfügung des Mannes unterstellt; nicht zuletzt ist ein solches Mädchen auch das Opfer der herrschenden, männlich dominierten Konkur-renz, in der sich, wie gezeigt, Hubert Rose erfolgreich weiß. Offenbar genügt solcher Erfolg jedoch nicht; denn seine Sexualphantasie veranschaulicht, daß ein unberührtes Mädchen für ihn die bequemste Möglichkeit ist, endlich das zu sein, was er gern auch im Beruf wäre: konkurrenz-los allmächtig. Der Akt der Defloration ist einmalig und unwiederholbar. Er gewährt Lust an der Allmacht, der Verfügungsgewalt; in dieser spiegelt sich die brutale Seite des Janusgesichts. Der Leutseligkeit analog ist die Sehnsucht, diese Brutalität im Eindringen in die eigene Vergangenheit, in eine imaginierte kindliche Unschuld, zu vergessen. Diese Unschuld ist repräsentiert in der Vor-stellung weiblicher, sexueller Unberührtheit, zu der es vorzudringen gilt. Dieser Drang erweist sich als unersättlich, da er vernichtet, was er zu erlangen sucht; also auch wiederholen muß, was er zugleich beenden möchte.[19]

Deutlicher als in der Geschäftskonkurrenz enthüllt sich in Huberts devianter Sexualphantasie ein auch dem öffentlichen Leben inhärenter unersättlicher, tendenziell vernichtender Drang.[20] Als Bernard Sands Hubert Rose in III.1. (pp.204ff) zur Rede stellt,[21] beruft sich Hubert Rose auf be-stimmte Selbstverständlichkeiten seiner Figurationen hinsichtlich des Umgangs mit Schwachen. Die Tatsache, daß niemand sich wirklich um Wohl und Wehe der Mädchen schert; daß niemand danach fragt, ob das, was normalerweise z.B. in der Ehe geschieht, im Sinne der Frauen ist, gibt Hubert Rose in seinen Augen die Legitimation, seine Bedürfnisse zu verteidigen (bes. p. 206). Er weiß wohl, daß sein Anspruch ethisch illegitim ist; wie sein Appell an Bernard belegt, er habe gemeint, es bestünde Übereinstimmung zwischen ihnen, ethische Aspekte aus dem Spiel zu las-sen (p.205 "the level below good and evil").[22] Bernard Sands widerspricht Hubert Rose bezüg-lich der herrschenden Selbstverständlichkeiten nicht. Wohl aber entgegnet er ihm, daß aus der kritikwürdigen Normalität der Gesellschaft, wie aus seiner, Bernards, eigenen fragwürdig schei-nenden Position in ihr, keineswegs die Legitimation für Hubert Roses Tun folgt. Allein die Tatsa-che, daß es ein Gesetz zum Schutz der Minderjährigen vor derlei Übergriffen gibt, bestätigt, daß auch die Gesellschaft diesen Schutz im Prinzip für richtig hält. Das Gesetz, so zeigt die Drohung Bernards, Hubert Rose notfalls tatsächlich bloßzustellen, repräsentiert die Formulierung dieses Ideals, dem es im Alltag Folge zu leisten gilt. Dieses Gesetz zu ignorieren ist ein Scheinprivileg der 'bons hommes' des Typs Hubert Rose, die es durch ihre Praxis erst zu "cant" machen.

Der Erzähler beschreibt das tadellose Verhalten dieses 'Edwardian Gentleman', als er schließlich zum Polizei-Verhör erscheinen muß. Die Geschäftsmäßigkeit, sich von der Haft mit ihren Unan-nehmlichkeiten freikaufen zu können, gehört zur Normalität gemeinsamer 'overglaze' ebenso wie die Konsequenz, die der 'gentleman' zieht:

His behaviour to the police was as polite, as insolent and as Edwardian as to any of his ordinary callers. His calmness was superb. Despite the seriousness of the charge the police felt justified in not opposing bail. (p.233)

Schon der Beginn öffentlicher Bloßstellung -"the unnecessary crossing and dotting of t's and i's" -, wie es in II.3.(p.149) in bezeichnendem Kontext heißt, führt zu Huberts Tod. Wie seine Sexualphantasie anzeigt, sucht er "the dark oblivion" (p.137), so erweist sich der Selbstmord als eine mögliche Konsequenz dieser heillosen Lebenshaltung. Die Tatsache, daß die Ehefrau des Juristen, Sonia Sands, ihre vorherige Bewunderung des Hubert Rose 'vergessen' hat, erwähnt der Erzähler ausdrücklich (p.235). Ihre Erleichterung ob dieses Todes ist aus der Leseperspektive nachvollziehbar. Mit Hubert Roses Selbstmord ist - im Sinne der Konkurrenzmechanismen - auf bequeme Weise ein lästiger Konkurrent ihres Ehemannes um den Parlamentssitz der Partei 'verschwunden'. Sein *exitus* offenbart, daß es für einen Mann wie ihn bequemer ist, sich das Leben zu nehmen, anstatt sich der Auseinandersetzung um die Widersprüche des eigenen Lebens zu stellen. Hubert Rose ist eines der Beispiele, wie sich Einzelne scheinbar freiwillig richten für etwas, für das alle an diesem Leben Beteiligten Mitverantwortung tragen.[23] Der Schlußkommentar des Erzählers deutet weitere Aspekte dieser janusgesichtigen Figuration an. Hubert Rose ist in guter Gesellschaft einsam geblieben:

He seemed a curiously lonely figure in his Edwardian tight trousers and brocade waistcoat, swaying in so ungainly a manner amidst the vast stretches of steel and glass. (p.233)

Dieses konkrete Bild der Todessituation kann man verstehen als Sinnbild der Lebensgestalt Hubert Roses, die in der Gestalt des Bernard Sands erst ihre volle Kontur gewinnt. Die Inkongruenz zwischen zukunftsorientiertem *intérieur* und vergangenheitsverhafteter Kleidung kündet von der nicht in Einklang gebrachten Lebenshaltung dieses 'gentleman'. Seine zwei Ausdrucksformen seiner 'Liebe zur Vergangenheit' - Kleidung und Sexualpraxis - passen zugleich in sein modernes *ambiente*, insofern es dieser 'Liebe' wie diesem Raum an wahrer Lebendigkeit mangelt.[24]

3.1.4. Ein Mann der Bildungsbürger: Charles Murley

Ähnlich wie im Fall Rose, gibt es auch zum Erfolgstyp des "civil servant" aufschlußreiche Hinweise des Erzählers. Unmittelbar ehe Charles Murley in I.5. die Szene der Party seiner Geliebten, Evelyn Ramage, betritt, findet sich das erwähnte Porträt des Terence Lambert (pp.93f). Am Beispiel dieser stigmatisierten Gruppe von jungen Homosexuellen angehörenden Ehrgeizigen beschreibt der Erzähler diskret gewisse Merkmale der Arrivierten der Mehrheit (I.5.,p.94).[25] Nicht so sehr inhaltliche Aspekte des jeweiligen Berufes faszinieren sie, sondern die alltäglichen Auseinandersetzungen um Strategien und Positionen nehmen ihre Aufmerksamkeit gefangen:

Like any other ambitious person whose work might have seemed more intrinsically interesting, it was really the day-to-day manoeuvres which absorbed his whole interest,... (p.94)[26]

Gefühle, Bedürfnisse und Interessen, die dem entgegenstehen, müssen irgendwie bewältigt werden. Murleys Bewältigung besteht darin zu glauben, er habe ein Privatleben, in dem er seine eigentlichen Interessen ausleben könne, während sein Beruf seine Pflichterfüllung der Gemeinschaft gegenüber sei.[27] In I.5. wird zunächst (pp.98f) ein Teil von Charles' 'zivilisiertem' Innenleben als Aspekt seines Privatlebens sichtbar gemacht. Der Junggeselle besucht seine langjährige Geliebte, die regelmäßig Parties gibt, um jungen Homosexuellen unauffällige Kontakte mit Arrivierten wie Charles oder Bernard Sands zu ermöglichen.[28] Sowohl Charles' sexuelle Interessen wie sein Konkurrenzverhalten weisen dieselben Merkmale auf, die die 'gentry' und, im Extrem, Rose auszeichnen. Charles hat ein fragiles männliches Bild der Stärke, dem die tendenziell geringschätzige, herablassende Einstellung dem 'schwachen Geschlecht' und all jenen gegenüber, die in diesen Figurationen zu den Schwachen zu zählen sind, korrespondiert. Der 'Ex-Beau' der Zwanziger Jahre, wie er genannt wird (p. 98), zeigt sich als alternder 'Don Juan', also als ein Mann, der sich seiner Attraktivität durch die Verfügbarkeit von Frauen versichern muß und den das Altern beunruhigt, da es ihm diese Selbstbestätigung zunehmend erschwert. Junge Homosexuelle bedrohen aus seiner Sicht seine Liebhaberposition (pp.98f). Charles Murleys Wahrnehmung seines weiblichen Lustobjekts zeigt, daß ihn nicht die Frau als eigenständige Person, sondern nur wenige Facetten ihrer Attribute, die seiner Selbstbespiegelung dienen, faszinieren:

> ... the appeal of her little, painted clown's face with the ridiculous pencilled eyebrows ... was still sufficient to make him feel a handsome young aesthete again ...(pp.98f).

Außerdem ist hier erkennbar, daß die Frau in erster Linie als Relikt seiner Jugend fungiert. Dem entspricht seine ingrimmige Wut darüber, daß die Konkurrenten das intime Territorium seines langjährigen Liebeslebens mit der Frau betreten, das ihm allein vorbehalten schien: "...that they should associate themselves with his long traditional love-making with her was intolerable." (p.98). Bei seinen Konkurrenten glaubt er zu sehen, was aus der Leseperspektive seine eigene Liebhaberposition kennzeichnet: kaum verhülltes, patronisierendes, tendenziell die Würde der Frau negierendes Verhalten - "perfunctory, ill-concealed patronage..." (p.99). Murleys Vermutung, die Homosexuellen achteten Evelyn nicht, erweist sich überdies als Verschleierung seiner Angst um seine eigene Zukunft, wobei offenbleibt, inwieweit die Vermutung für sich betrachtet Geltung hat:

> That she seemed so infatuated with these ninnies as to see nothing disrespectful in their treatment of her was the worst feature. It suggested to him that like so many of his contemporaries ... she was slipping downhill. ... Evelyn's decline seemed to signpost the lonely road ahead. (p.99)

Diesem Gedankenmanöver bezüglich der Frau korrespondiert der Mechanismus des Feindbildes bezüglich der Konkurrenten. Im stillen sind sie für ihn 'kindisch', 'unreif', 'minderwertig'; nach aussen zeigt er 'zivilisierte Toleranz', d.h., er wähnt sich höflich und zuvorkommend, wenn er diese Meinung nicht in Worte faßt: "...privately he thought all homosexuals, except one or two very old friends, inadequate and second-rate, though civilized tolerance forbade him to say so..." (ebda.). Sein Sprachgebrauch ist durchsichtig als Teil der sozial verfügbaren Stereotypen der Wahrnehmung und Beschreibung Homosexueller durch die Mehrheit.[29] Daß es Charles' Karriere ist, die ihm solche (potentielle) Destruktivität gegen andere ermöglicht, deutet sich an in der Erinnerung an seinen Aufstieg, den er mißt am Niedergang gewisser seiner Freundinnen und Freunde. Früher neidete er ihnen ihre Freiheit heftig; diese aber führte sie ins soziale Abseits; so ist er heute froh um seine Position, die ihn vor solchem Schicksal bewahrt:

> He alone, of course, had a proper stable career at the Treasury and he smiled to think how much he had once envied them their freedom. ... (p.99 und Kontext)[30]

Hier schimmert die Erinnerung an das eigene jugendliche Selbst auf, das der alternde Mann in III.2. - in Bernard verkörpert - 'wiederbeleben' möchte.[31] Charles' Genugtuung ob seiner Sicherheit wird begleitet von seiner nostalgisch-selbstmitleidigen Gefühlslage:

> Nevertheless, even if he was in no danger of slipping, his memories and his real affections lay with these friends, and Evelyn's decline seemed to signpost the lonely road ahead. (p.99)

Bernard ist einer von diesen alten Freunden Charles'. Schon sein erster Gedanke an Bernard signalisiert Charles' Schwierigkeiten, Bernards gegenwärtige Position und Haltung zu akzeptieren: "Bernard's behaviour he felt as the worst blow of all." (p.99) Diese Stimmung prägt die gesamte Beziehung in der Erzählgegenwart.[32] Die Beziehung erweist sich als Konfrontation zweier Jugendfreunde, deren Lebenswege, ganz wie Murley es vorher denkt, im Kontext des Sozialgefüges unterschiedliche Richtungen anzeigen. Sie verkörpern Alternativen; ihr Streit geht um deren Berechtigung in diesem Gefüge, in der Gegenwart und voraussehbaren Zukunft. Nähe und Distanz der beiden Freunde und ihrer Lebenskurven werden in der Abfolge und der Weise der Kommunikation sinnfällig gemacht, ohne dies zu thematisieren.[33] Nach dem gleichsam intimen Treffen unter alten Freundinnen und Freunden, denen es, wie es heißt, leicht fällt, "in old loyalties and old phraseology" zu verfallen (p.101), erfolgt die Auseinandersetzung der beiden Männer in der relativen Öffentlichkeit ihres Herren-Clubs; eine Auseinandersetzung, die verdeutlicht, wie sehr Berufs- und Privatleben *de facto* durch einander geprägt sind, weshalb eine wirkliche

Verständigung der beiden Männer auch unmöglich scheint. Danach trennen sich ihre Wege unwiderruflich. Sie begegnen sich nicht mehr persönlich. Bernard und Ella erhalten von Charles jeweils einen Brief nach dem Fest. In beiden artikuliert Charles gewisse Forderungen, Bernards und Ellas Verhalten und Rolle in der Gesellschaft betreffend. Bernard muß nach der Lektüre dieses Briefes zum ersten Mal in dieser Geschichte weinen. In derselben Nacht stirbt er. Murley wird im Epilog zum Sachwalter des Projekts. So wird augenscheinlich die Position der Stärke, die Charles im Brief formuliert, als die 'Richtige' bestätigt, Bernard als der 'Verlierer' gezeigt. Dieser Augenschein trügt. Darum ist es notwendig, die Interaktionen etwas genauer zu betrachten.

Wie Charles Murley lebte Bernard Sands lange Jahre im Glauben einer erfolgreichen Spaltung in Privatleben und Berufsleben. Bernard, der früh um seine homoerotischen Bedürfnisse wußte, heiratete Ella Pendlebury, zeugte zwei Kinder und widmete sich ansonsten seiner Karriere[34] Das heißt, er suchte die soziale Anerkennung um den Preis der Negierung existenzieller emotionaler und sexueller Bedürfnisse. Anders als Charles riskierte Bernard beruflich schließlich den Sprung ins Ungewisse. Er wechselte vom sicheren Beruf des Lehrers in die ungesicherte Existenz des freien Schriftstellertums. Diesen ehrgeizigen Kampf um die neuerliche berufliche Anerkennung, so sieht es in I.1. aus, hat er für sich entschieden. Diskret begann er schließlich auch, seine sexuelle Identität zu entfalten. Teil dieser Selbstentfaltung ist sein Bemühen, jungen Homosexuellen zu helfen, den beruflichen Weg in die Gesellschaft zu finden. Im übrigen schreibt er auch Texte, in denen er gegen die Diskriminierung Homosexueller Stellung bezieht. Teil seiner Diskretion ist die Tatsache, daß er in der Erzählgegenwart die Ehe mit Ella noch nicht gelöst und sich bis zum Eröffnungsfest auch nicht öffentlich als Homosexueller zu erkennen gegeben hat.[35]

Charles bringt Bernard uneingestanden Mißtrauen, latente Verachtung, vor allem aber die unreflektierte Enttäuschung darüber entgegen, daß Bernard nicht dem Bild entspricht, das Charles so 'selbstverständlich' ist. Bernard seinerseits hat gleichfalls Gründe, in Charles weniger einen Freund als einen Gegner zu erkennen. Charles kann Bernard erst begrüßen, nachdem er sich abgewandt hat und Terence, Bernards Freund, aus dem Blickfeld verschwunden ist (s.p.99). Diese unauffällige Information markiert den 'privaten' Dissens der beiden. Schon die erste Äußerung Charles' signalisiert die Gegnerschaft und erhellt deren (auch öffentliche) Bedeutung: "...so you got the money out of us after all" (p.99). Charles gehört zu den Mächtigen, Gunst und Geld Gewährenden, Bernard zu den Schwachen, die um Anerkennung und Unterstützung Bittenden. Bernards Kritik am Sachverstand Copperwheats, desjenigen, der kraft seines Amtes entscheidungsbefugt war, wehrt Charles ab mit einem Hinweis, der gleichfalls unauffällig, aber aus der Leseperspektive deutlich markiert, was Teil des unausgesprochenen Konflikts ist: Bernard ist bemüht die Zukunft der Literatur zu sichern, der Sachwalter des öffentlichen Interesses angeblich Kenner einer Periode der Vergangenheit, der 'Augustans' (pp.99f).[36] Im Streitgespräch im Club fällt erstmals der Begriff der Macht. Charles hält Bernard vor, er mache zuviel Aufhebens um Machtfragen: "You fuss too much about power..." (p.104). Bernard, der sich gedemütigt und zugleich ohnmächtig fühlte, angesichts der herablassenden, verständnislosen Haltung der Autoritäten, muß sich vom Freund sagen lassen, daß das hinsichtlich der bestehenden Machtverhältnisse unwesentlich ist. Eine Demütigung kann Charles ebensowenig erkennen, wie er versteht, was Bernard an der Autoritätsausübung so aufregt.[37] Den amtsüblichen Machtgebrauch verteidigt er in seiner (aus der Leseperspektive vertrauten) herablassend-wohlwollenden Manier. Er konzediert die Kritikwürdigkeit, ohne den status quo in Frage stellen zu lassen, geschweige denn, ihn selbst in Frage zu stellen:

> ...I'll grant you a slight inclination to misuse power, and it disgusts me. But what you seem to get so excited about appears to me the simple and proper use of authority. Naturally they were cautious of a scheme like yours, they have to look after large sums of public money or college funds. If the idea looks like succeeding in a year's time, they'll see that it goes on succeeding, but they can't take risks. I really can't see why you should expect them to.'
> (p.105)

Charles' Hinweis, es sei 'angemessener Gebrauch der Autorität', Bernard gegenüber 'natürlich vorsichtig' zu sein, erweist sich aus der Leseperspektive als Teil jener Selbstverständlichkeiten, die die Mehrheit, die Starken, durchweg beanspruchen gegenüber denen, die schwach sind, bzw. es zu sein haben, damit die Starken ihre Position, im doppelten Wortsinn, behaupten können. Noch etwas macht Charles' Argumentation durchsichtig. Die abwartend-beobachtende Haltung der Autoritäten erweist sich als nur scheinbar unangreifbar vernünftig; schließlich werden öffentliche Gelder verwaltet, also muß man umsichtig und verantwortungsbewußt handeln. Unausgesprochen bleibt, daß das Abwarten impliziert, daß zwar Bernard für den Erfolg verantwortlich zeichnen soll, daß aber die nämlichen Autoritäten sich das Urteil darüber, was als Erfolg zu gelten hat, 'selbstverständlich' allein vorbehalten. Ihre Kriterien, so zeigt dieser Schlagabtausch, haben mit denen des Künstlers kaum etwas gemein; in Frage stellen darf sie der Künstler aber eben auch nicht. Schon die Formulierung Copperwheats im Brief an Bernard in I.1. läßt anklingen, was zum wahren Dissens zwischen Künstler und Figurationen gehört. Es heißt abschließend:

...I have inevitably been deeply impressed by the importance which you attach to the scheme in relation to the future of English letters. ... (p.10)

Nicht von der Kunst selbst ist er so 'tief beeindruckt', sondern 'unausweichlich' nur davon, daß Bernard mit solcher Emphase von der Notwendigkeit eines derartigen Projekts überzeugt war. Dessen Zweifel, die sich in II.3. offenbaren, bieten daher gleichfalls 'unausweichlich' ausreichend Grund, das Projekt in Frage zu stellen; sein Tod erweist sich als ein guter Anlaß, die im Brief getroffene Vereinbarung nach eigenem Gutdünken umzusetzen. Niemand, so scheint es, kann diese Haltung der Kunst und dem Künstler gegenüber anstößig finden, gerade auch nicht der Freund des Künstlers. So gewinnen Charles' Worte, er könne nicht verstehen, warum Bernard etwas anderes erwarte, eine ironisch-bittere Qualität; denn sie unterstreichen, daß Männern wie Murley die eigene Position, die materielle wie die geistige, die sie bedroht sehen durch Außenseiter wie Sands, wichtiger ist als alle Einsichten, die dieser Mann vertritt und verkörpert; sie sind unfähig, auch nur dessen Hoffnung zu verstehen, daran möge sich etwas ändern. Das nächste Manöver ihrer Argumente enthüllt sogleich etwas von der unausgesprochenen Grundlage des Dissens. Bernard Sands spricht von seiner natürlichen Disposition zur Anarchie und gesteht, die Wertschätzung zwischen ihm und den Autoritäten werde zunehmend geringer, ein Sachverhalt, dem der äußere Eindruck widerspreche, man komme ganz gut miteinander aus:

I suppose I'm naturally anarchic,' Bernard said with a certain satisfaction. 'I'm not particularly happy with those in authority, although I get on with them all right. And I don't think they like me, really. It gets worse rather than better as I grow older.' (p.105)

Genau in diesem Moment tauchen plötzlich die Ressentiments des Mächtigen auf, die zu kaschieren zu seiner 'zivilisierten Toleranz' gehört:

Charles was about to remark on the penalties of second-rate aberrations in middle life, but he checked himself. 'You lecture them too much,' he said laughing. '...You try to teach these people what they know perfectly well but prefer to forget.' (p.105)

Wer, wie Bernard, sich ungeniert seiner anarchischen Bedürfnisse rühmt, hat Strafe verdient von den Herrschenden. Aus ihrer Sicht gebührt ihm nicht nur Mißtrauen und Geringachtung, vielmehr muß man ihn in die Schranken weisen. Die Stelle des aufkeimenden Bedürfnisses nach 'primitive retribution' nimmt der zivilisierte, argumentative Dissens ein. Bernard erinnert die Mächtigen an ihre fragwürdigen Seiten; die Mächtigen, so Murleys Gegenposition, wissen längst um solche und haben das Recht, sie zu vergessen. Also ist Bernard auch als Mahner überflüssig. Genau dieselbe Haltung vertritt Charles nach dem Fest in seinem Brief an Bernard. Dort heißt es u.a., Bernard sei allein verantwortlich, wenn man ihn als brandgefährlichen Nihilisten erachte; wenn er in seiner Rede auf der Forderung insistiert habe, daß Menschen eigenständig denken sollten, dürfe er sich nicht wundern, wenn man ihm dies verüble (p.210). Im übrigen diene es dem Gemeinwohl im Alltag viel besser, die Herrschenden schlafen, bzw. im Dämmer zu lassen, anstatt sie aufzurütteln; noch dazu viele von ihnen ja um ihre eigene Beschränktheit wüßten (ebda.). Daß Bernard Charles im Gespräch im Club auch noch an seine – Bernards – relative Freiheit gegenüber Autoritäten erinnert, macht aus der Leserperspektive vollends verständlich, warum Charles sofort den ethischen Anspruch auf Aufrichtigkeit abschmettert mit der herabsetzenden Behauptung, es sei ein

Ausdruck der Flucht vor Verantwortung. Ganz im Sinne seiner selbstmitleidigen Gefühle stilisiert er sich dagegen zum Märtyrer am Dienste des Gemeinwesens, der langweilig sei, während Künstler wie Bernard der Lust der Freiheit frönten:

> I rather dislike all that cant about honesty. That's what I can't stand about Gide. You people want the pleasures of authority without any of its penalties. (pp.105f und Kontext)[38]

Schon der Gebrauch des Begriffs 'cant' insinuiert, auch diesen Anspruch als falsches Pathos zu deuten. Charles' Insistieren auf dem notwendigen Zusammenhang zwischen Lustempfinden und Strafe deutet ferner auf seine rachsüchtigen Neigungen. Aber zu alledem kommt Charles' klare Antwort auf eine klare Frage des Freundes. Bernard möchte wissen, ob Charles für seine künstlerischen Interessen Zeit finde, worauf dieser bekennt, es falle ihm schwer, sich von seiner Arbeit zu lösen:

> It could be frightfully interesting, but one's kept so infernally busy, and, then again, once you're in on what's happening, it's difficult to cut loose. (p.106)[39]

Charles Murley nennt seine Lust an der Herrschaftsausübung im Schatzamt im Brief an Bernard Sands beim Namen. Er ist nicht zum Fest gekommen, weil ihn seine andere, die wohl letzte Geliebte, die Herrschaft, das Regieren, nicht hat kommen lassen:

> I regretted so much that I could not be at the opening of Vardon Hall, but government, perhaps my last mistress, is also the most insatiate. (p.210)[40]

Die Regierungsmacht, Charles' Position und wofür sie steht, ist metaphorisch bezeichnet als unersättliche Frau: aus Sicht des Mannes ist nicht er unersättlich in seinem Hunger nach Bestätigung und Herrschaft, sondern das Objekt seiner Lust ist es. Dieses ist schuld und macht ihn und seine Liebe zur Kunst zum Opfer. Diese männliche Selbstentlastung enthüllt aus der Leseperspektive, was sie argumentativ verschleiert. Gänzlich absorbiert durch seine Manöver, hat sich Charles, in ironischer Umdeutung seiner Berufsbezeichnung, zum 'höflich auftretenden Diener' der herrschenden Verhältnisse gemacht. Geopfert hat er seine Freiheit von herrschenden Vorstellungen und seine Interessen für die Kunst.[41]

Die Briefe an Ella und Bernard, so sagt der Erzähler in II.3. (p.149) ausdrücklich, schreibt Charles in Unkenntnis der Fakten. Er fühlt sich zu dieser Aktivität motiviert durch die Gefahr, von der er sich ein Bild macht anhand der Geschichten und Erklärungen, der sich verdichtenden Gerüchte einiger wichtiger Gäste (ebda.). Bernard Sands hat demnach die Erwartungen der Gäste enttäuscht. Er hat zugelassen, daß man nun auch offiziell seine Homosexualität zur Kenntnis nehmen muß. Er hat den Enthusiasmus für das Projekt vermissen lassen, der von ihm nicht wegen der Sache, sondern deshalb verlangt war, weil 'bedeutende Personen' sich herbeigelassen hatten, ihn zu unterstützen. Bernard Sands' Ruf und damit indirekt das Ansehen seines Freundes stehen ebenso auf dem Spiel wie das Projekt. Die Briefe, so sagt der Erzähler außerdem, sind von großer Bedeutung für die Zukunft von Ella und Bernard.[42] Wie im Dialog mit Bernard wiederholt Charles in beiden schriftlichen Äußerungen das bekannte Wechselbad aus freundlicher Herablassung und tadelnder Zurückweisung. Er verlangt von Bernard die Wiederaufnahme der Rolle, die Bernard bis dahin spielte. Die Rolle desjenigen nämlich, der im Machtgefüge allezeit als der Schwächere verfügbar ist und dabei gelegentlich den Stärkeren etwas ihnen Genehmes darbieten darf. Charles will den versteinerten Alltag, den er für 'das Beste' hält und erhalten wissen will, gern bereichert sehen durch die Unterhaltung mit etwas Besonderem, das nur ein wenig jenseits des Alltäglichen liegen soll:

> Don't you see that they recognized as I could have told them all along, that here at last someone in their petrified world – a petrification, mind you, that works for the best in everyday matters – was doing something a bit outside the routine day-to-day business, a bit of extra, Sunday fancy-work which was both imaginative and practical? ... (p.210)

Bernard soll seine alte Rolle wieder spielen, die Charles vertraut ist: "put on a show as I know you can." (p.211) Es ist diese Erwartung an den Künstler, der Bernards Selbstzweifel und seine noch inhaltlich unbestimmte, aber grimmige Entschlossenheit zu widerstehen, in I.1. gilt: "...he must never allow them to feel they were indulging a court jester." (p.9) Charles' Plädoyer zur Rettung des Projekts im Sinne seiner Position gipfelt in der Mahnung an Bernard, er habe kein Recht, die jungen Autoren allein zu lassen mit einer utopischen Vision, die er verheißungsvoll vor ihrer Nase habe baumeln lassen, um sie ihnen wieder zu entreißen (p. 211). Um der jungen Autoren willen, so Charles' Meinung, solle Bernard seinen Gewissenskonflikt um seine sexuelle Identität, um welchen es angeblich geht, vergessen, denn niemand interessiere sich dafür. Außerdem soll Bernard Charles' tradiertes Bild von ihm mit der Rückkehr zum alten Spiel öffentlich bestätigen: "I wish I had been right"(p. 211).[43] Sein Plädoyer im Brief an Ella bestätigt, daß es um die Fortschreibung der Charles liebgewordenen Positionen geht. Aus der Leseperspektive zeigen sich die ambivalenten Gefühle des alternden Mannes, der durch die ihm so wichtige Versteinerung hindurch die Reize jugendlicher Ideale spürt. Sie aktiv verwirklichen zu helfen ist nicht sein Ziel. Bernard soll versuchen, seine Autorität im Sinne der Tradition wieder zu gebrauchen. Dafür soll Ella ihn zu neuem Leben erwecken: "Do more than urge him to life; make him live again." (p.213)

Diese Revitalisierung ist unmöglich. Bernards Weinen nach dem Erhalt des Briefs ist aus der Leseperspektive verstehbar als eine Anerkenntnis der Grenzen seiner Macht, angesichts der unfairen Konkurrenz, die man ihn wieder zwingen möchte. Charles fordert von ihm etwas in der Pose der Scheinstärke im Sinne der tödlichen Konkurrenz der 'bons hommes': er glaubt, er habe Macht genug, Bernard diese Rolle aufzuzwingen. Bernards Tod markiert u.a. auch die Grenze der Macht der Starken. Die Funktion der Figur des Charles Murley enthüllt sich aus der Leseperspektive als Veranschaulichung solcher Posen der Scheinstärke. Während gilt, daß die Forderungen für Bernard in III.1. 'beyond the power of his commission' sind, gilt zugleich, daß sein Tod nicht das Ende der Geschichte ist. Ella versucht, nach Bernards Tod Charles zur Rettung des Projektes zu bewegen. Charles Murleys Verwaltung von Vardon Hall zeigt, daß, wie Charles zuvor befürchtet, damit der ignorante 'arriviste' angekommen ist: "If he [i.e. Bernard] doesn't use the authority that becomes him, all the little jacks-in-office and the ignorant a r r i v i s t e s will sin." (p.213) Charles ist endlich in der Position, die er 'am besten' findet - entgegen seinen Beteuerungen. Die Vereinnahmung der Kunst für die Interessen der Mächtigen, ihre Prostitution im Sinne derer, die sie bezahlen und sich ihrer bedienen zur Entlastung von den Bürden ihres Alltags, scheint, vorerst zumindest, gesichert - entgegen Ellas guter Absicht. Eine 'Sünde' ist dies nur, wenn die Ideale gelten, die Charles allenfalls beschwört, aber nicht selbst lebt.[44]

3.2. Das *ethos* der Liebe in dieser Lebenswelt

3.2.1. Vera Curry und Ella Sands

Vera Curry wird in ihrem *ambiente* zuhause gezeigt in I.2., dem Kapitel mit der vieldeutigen Über-schrift "Country Matters".[1] Zunächst ist diese Überschrift eine ironisch-diskrete Verhüllung des Gegenstandes, den das Kapitel offenlegt: unterschiedliche Formen der Kontaktaufnahme zum Zweck der Befriedigung sexueller Interessen am Beispiel der Minderheit der Homosexuellen und der Klientel der Mrs Curry. Zum zweiten nimmt der Titel Bezug auf die im Text als gegenstandslos gezeigte Unterscheidung zwischen Land- und Stadtkultur. Zum dritten deutet das Verhältnis Titel, Kapitel, wie das der anderen Abschnitte des Romans auch, auf die vorherrschende sprachliche Gewohnheit, ethisch kritikwürdiges sowie tabuisiertes Verhalten sprachlich zu kaschieren. Als Teil der Erzählhaltung ist es zugleich ein selbstreferentielles Moment des ironischen Wechsel-spiels von Verhüllung und Enthüllung. "Country Matters" läßt sich nicht zuletzt verstehen als lite-rarische Anspielung, die unauffällig den Zusammenhang zwischen literarischen Texten einerseits, sowie zwischen solchen und jeweiliger textexterner Lebensrealität andererseits anzudeuten ver-mag, ohne dies zu thematisieren.[2] In Shakespeares *Hamlet*, Akt III,[3] unmittelbar vor Beginn des 'play within the play', das nach Hamlets Plan die Schuld des Königs Claudius am Mord von Ham-lets Vater zweifelsfrei offenbaren soll, sucht Hamlet einen geeigneten Platz, von wo aus er un-auffällig König und Königin während der Aufführung beobachten kann. Nachdem er glaubt, gute Gründe zu haben für seinen Verdacht, daß Ophelia, die Frau die er liebt, ihn verraten hat, indem sie sich für das Ränkespiel Vaters Polonius und König Claudius' gegen ihn instrumentalisieren ließ, provoziert er sie mit einer für sie anstößigen, wie zugleich unverständlichen Frage: "Lady, shall I lie in your lap?" Er beschämt sie noch mehr, wenn er fragt: "Do you think I meant country matters?" Dies ist, wie Eric Partridge ausführt, eine direkte Anspielung auf eine auch textextern gängige Umschreibung des Koitus, die zugleich ein übliches, aggressives Wortspiel auf den Na-men des weiblichen Sexualorgans, 'cunt', ist.[4] In E.A.M. Colmans *The Dramatic Use of Bawdy in Shakespeare* wird der 'pudendal pun' gleichfalls bestätigt. Colman interpretiert, indem er gewisse Deutungen Freuds anwendet, Hamlets Sprachgebrauch als ausdrücklich feindselig gegen Ophelia sowie als Teil seiner latenten Feindseligkeit gegen die Mutter, die wenig später offen zutagetrete.[5] Sprachhandlungen, so zeigen solche literarischen Textstellen, drücken u.a. Haltun-gen zu Handlungen und Personen aus. Im Fall dieses Abschnitts der erfundenen Romanwelt ist so schon allein die Überschrift ein Hinweis auf die herrschende, mindestens latent gewalthaltige Ein-stellung zur weiblichen und zur homoerotischen Sexualität in dieser patriarchalisch strukturierten Gesellschaft. Diese Haltungen und Handlungsweisen sind, wie die voraufgehenden Analysen zeigen, eng verbunden mit dem in dieser Lebenswelt vorherrschenden allgemeinen Selbst- und Weltverständnis. Der diskrete Hinweis auf die Tradition läßt sich somit deuten als ironisches Signal, sich wenigstens einige literarische wie historische Aspekte solcher Haltungen bewußt zu machen - zumindest als Leserin oder Leser.[6]

Der Erzähler beschreibt zunächst Vera Currys sanftes, rundes, weiches Äußeres, dann folgen Hinweise sowohl auf ihre Wertvorstellungen, wie auf ihren Musikgeschmack, ehe an einigen Beispielen ihr Sprachgebaren sowie einige Facetten ihrer Wohnungseinrichtung in den Blick genommen werden. Bei der Beschreibung der Sprachgewohnheiten insinuiert der Erzähler, man gewinne den undeutlichen Eindruck, Vera Currys Worte drückten ein fast religiöses Gefühl der Harmonie aus, enthielten höhere Werte im Leben, auch da, wo es nur um Unscheinbares gehe:

> Love and smiles and cosiness were what Mrs Curry most believed in. She had never cared
> for jazz music, though she occasionally permitted herself a little ragtime for old times' sake,
> but there *was* an old dance tune of which she was very fond, it seemed to her to express so
> much that was valuable in life. Somehow, when she sang the words, 'Sweet Love nest, all
> cosy and warm', one got the feeling that there was something religious, or if not religious,

what the Americans call 'ethical', a feeling of higher Values× and robins' nests in hedgerows and mottoes in poker work in the simple words.(p.41) [7]

Vera Currys Arbeitstugenden, ihr geschäftlicher Erfolg auch während ihres Gefängnisaufenthaltes wie die Tatsache, daß sie, ungeachtet des Urteils ihrer Nachbarn und Nachbarinnen, sie sei 'impossible' (p.20), zu den Gästen des Festes in II.3. gehört, zeigen Vera Currys soziale Integration an. Ihre Spachgewohnheiten wie ihre Einstellung zu ihrer Klientel machen aus der Leseperspektive deutlich, daß Vera Curry dasselbe Janusgesicht der Figurationen herzeigt wie die Männer, denen sie dient. Ihr weiches Äußeres, ihre Beschwörung der Harmonie sind die öffentlich zur Schau getragenen Merkmale derselben Leutseligkeit, ihre nostalgischen Lieder dieselbe Selbstvergewisserung durch den Zugriff auf bestimmte Facetten der Vergangenheit, wie sie etwa die 'gentry' auszeichnet; oder wie sie, sozial anders gestaltet, einen Bildungsbürger wie Murley kennzeichnen. Vordergründig teilt der Erzähler in I.2. die Haltung derjenigen, die Vera Currys *ambiente* zwar geschmacklos finden, zugleich aber neugierig auf das sind, was sie zu bieten hat; sich also auch, trotz des zweifelhaften Geschmacks dieser Frau, ihrer Gastfreundschaft bedienen und sich nur zu bereitwillig über ihre Zweideutigkeiten mokieren, ohne den Sinn ihrer Worte im Kontext ihres eigenen Handelns zu betrachten:

So it was, indeed, with many of the slow, precise, cooing words that came from those little rounded lips. Sometimes, for example, she would give Ron's arm a little pinch and 'Naughty boy', she would say, 'he's just a bundle of fun.' There were only two choices open to the hearer, either he might take it as a pretty, playful expression of some general beauty in human nature and the world around, or else it was a statement of such extreme obscenity that the mind reeled before it. Mrs Curry's words could never be taken in any ordinary sense. This strange, double motif was carried out in much of the decoration of her house. (p.41)

Dient der Erzähler hier dem Augenschein des simplen dualistischen Weltbildes der Hörer der Vera Curry, so enthüllt er zugleich im Gefüge der gesamten Geschichte, inwiefern Vera Curry, ihre Gestalt, ihre Worte, ihre Schmuckgegenstände, ihr Haus, vor dem 'Hintergrund' dieser Geschichte, eine vorherrschende Haltung verkörpern, also stellvertretend stehen für die, die sie teilen und perpetuieren wollen. Entgegen den Hörgewohnheiten ihrer Klientel gilt aus der Leseperspektive, daß Worte, wie im 'poker work', immer in Kontexte eingebettet sind; daß sie mit den Kontexten ihre Bedeutung verändern; daß die Neigung, gerade in tabuisierten Bereichen wie der Sexualität, 'Zweideutigkeiten' zu vermuten, diesen Differenzen nicht hinreichend gerecht wird. Wenn Vera Curry, in Vorfreude auf ihre kommende Rache an Bernard Sands wegen dessen Sieg in der Konkurrenz um Vardon Hall sagt "... 'Oh! Well, it takes all sorts of love to make the world go round.'" (pp.45f), bedeuten ihre Worte etwas anderes, als wenn Bernard Sands in II.3. sagt, "It's love... that makes the world go round." (p.179) Nicht nur sind beide Aussagen möglicherweise verschiedenen literarischen Traditionen und Kontexten entnommen, sie sind auch in dieser erfundenen Welt in verschiedenen Situationen von verschiedenen Menschen mit verschiedenen Interessen und Haltungen gesagt, weshalb sie auch – entgegen dem Augenschein – nicht notwendig dasselbe bedeuten. [8] Vera Currys Behauptung, in dieser Lebenswelt sei Liebe eine treibende Kraft, wobei sie für sich reklamiert, auch im Dienst der Liebe zu wirken, ist zutreffend und falsch zugleich. Vera Curry dient der Liebe, die in ihren Figurationen offenbar gut gedeiht, so daß die Aussage, sie habe etwas übrig für Kriege, da zu Kriegszeiten ihre Dienste besonders gefragt seien, ironisch erhellt, welche Haltung ('mood') diese Gesellschaft auch bezüglich der Liebe bestimmt (p.44). Auch zu ihrer gezeigten Toleranz gegenüber Homosexualität (z.B. II.3., p.157) gehört ihre Bereitschaft, die gesellschaftliche Kriminalisierung für ihre Zwecke zu instrumentalisieren. [9]

Im Hinblick auf die *Hamlet*-Anspielung kann man diese Szene, mitsamt dem damit verbundenen Sprachgebrauch, funktional analog dem 'play within the play' in *Hamlet* verstehen. Was in der Tragödie Shakespeares an mörderischem Machtwillen des Königs und implizite an – aus Hamlets Sicht verwerflicher – Sinnlichkeit der Mutter zutage tritt, tritt durch den Erzähler veranschaulicht in dieser Szene in I.2. über Vera Curry zutage. Der Erzähler erweist sich in I.2. als bezüglich des Geschmacks der Vera Curry irritiert scheinender, womöglich in die Bereitschaft zur Verurteilung Vera Currys verstrickter Betrachter einer Szene, die etwas offenbart, dessen Bedeutung erst durch die Geschichte klar wird. Das Urteil über die Protagonistinnen und Protagonisten bleibt, wie im Fall des Shakespeare-Dramas, eine Aufgabe der Betrachter und Betrachterinnen jenseits der erfundenen Welt. Wie in einer chinesischen Puppe werden im Text so vermittels weniger bildhafter Details - etwa 'poker work', etwa der Erscheinung Vera Currys - Anschauungen vom gesamten Gegenstand dieser Geschichte evoziert. Diese Textgestalt tritt wiederum nur durch den Kontext hervor, auf welchen die Sprachelemente immer schon verweisen. Was für das Detail gilt, gilt zugleich für das Ganze; es ist, was es ist, nur durch das jeweils andere und umgekehrt.[10]

Um Ella Sands', wie indirekt auch Bernard Sands' Haltung zu Vera Curry zu verstehen, ist es nötig, eine Passage näher zu betrachten, in welcher der Erzähler die Vorgeschichte der Eheleute Sands charakterisiert. Diese Vorgeschichte wird erläutert im Kontext des Kapitels II.1., das unter der Überschrift "Confidence and Confidences" steht. Die erzählerische Aufmerksamkeit ist auf Ella und ihre Familiengeschichte gerichtet. Ihre Vorgeschichte erscheint im Kontext des gesamten Textes als wesentlich für ihre gegenwärtige Erkrankung, für die Ichspaltung, als welche man Neurosen psychologisch verstehen kann.[11] Bernard, der Teil derselben Vorgeschichte ist, erscheint erzählerisch unauffällig eingebettet in diesen Kontext.[12] Ella wird gezeigt als eine Frau, die versuchte, sich vom Vater zu lösen und frei zu sein von dessen Lebenslügen.[13] Der Vater von Ella und Bill Pendlebury war Pfarrer und pflegte sowohl von der Kanzel wie zuhause bei Tisch Enthaltsamkeit, insbesondere auch sexuelle Enthaltsamkeit, sowie weitere, aus der christlichen, wie der klassischen Tradition entnommene Ideale, bzw. Tugenden zu predigen, die er selbst indes nicht beachtete. Ella lernte zu praktizieren, was der Vater predigte. Mit Freuds, aus der Literaturgeschichte adaptiertem, Sprachgebrauch kann man sagen, gemeinsam mit Bernard sowie im Einklang mit herrschenden Vorstellungen auch in ihrem Bekanntenkreis sublimierten Ella und Bernard alle sinnlich-emotionalen Bedürfnisse nach bestem Vermögen:[14]

> Ella had early emancipated herself from the God of the rectory, but she had replaced him by a personal deity compounded of various aesthetic and hygienic preferences and general sexual coldness which she called Discrimination. It had been, in the twenties and thirties, the common deity shared by herself and Bernard; by its worship they hoped to keep their vision clear for a more sensitive experience of life; on its altar they had sacrificed the intimacy of their children. Mrs Curry's name and reputation had dimly penetrated Ella's neurotic absorption as the archetype of blasphemous Lack of Discrimination. (p.116)[15]

Diese quasi religiöse Verherrlichung ästhetisch-geistiger Fähigkeiten beider Eheleute in den 20er und 30er Jahren wird hier unmißverständlich als Verrat an den natürlichen emotional-sinnlichen Bedürfnissen beider Ehepartner wie an jenen ihrer Kinder dargestellt. Im einzigen einigermaßen vertrauensvollen Dialog, den letzten, den die Eheleute - in III.1. unter der Überschrift "In Sickness and in Health"- führen, bestätigen sie diesen Befund, wenngleich eher indirekt.[16] Ellas Worte über ihr Versäumnis als Eltern sind im Lichte dieser Erzählerbeschreibung auch eine Diagnose der Ehebeziehung. Sie waren verbunden durch das, was 'common sense' ihnen nahelegte; was ihnen mangelte, war Liebe; dieser Mangel machte sie alle einsam (p.215 und p. 216). Sich nicht zu lieben, sich nicht gegenseitig zu vertrauen, sondern einseitig einem bestimmten 'Erhabenen' zu dienen, ist ein Ausdruck ihrer beider angstbestimmten Selbstentfremdung.[17] Die Ehe, die sie führten, bezeichnet Ella kurz und bündig als Mutter-Kind-Verhältnis (p.114 und p.227).[18] Die damit gegebene wechselseitige Einseitigkeit der Selbstentfaltung mündete bei Ella in die Neurose und ermöglichte zugleich Bernards Karriere. Dieser Kontext erhellt Ellas Haltung gegenüber Vera Curry. Ihr Verdikt "... Why! she's perfectly foul!'" (p.116), enthüllt den u.a. sexualfeindlichen Hintergrund der Lebenseinstellung des Ehepaares Sands sr.. 'Foul' ist ein Wort, das Krankheiten, stinkende Materie, Schmutz und alles, was den Sinnen jeweils als abstoßend erscheinen kann, bezeichnet.[19] Daraus ergibt sich dann auch die Werthaltung, die das Unangenehme oder irgendwie Gefährliche als etwas ethisch Böses ansieht, bzw. es zu einem solchen erklärt. Da das Wort 'foul' außerdem etymologisch mit lateinisch pus verbunden ist, was auf den Zusammenhang zur weiblichen Sexualität und damit zum Stichwort 'country matters' mit dessen Konnotationen hinweist, wird aus der Leseperspektive Ellas Haltung deutlich als Teil ihrer eigenen Lebensproblematik. Daß Ellas Werturteil gegen Vera Curry unmittelbar mit ihrem eigenen entfremdeten Selbstverständnis zusammen-hängt, geht aus ihrer Entwicklung im Roman hervor. Schon hier betont der Erzähler, daß sich Ella plötzlich 'fast' wieder 'lebendig' fühlt, wenn sie gegen Vera Curry innerlich ihr Urteil fällt: "Ella almost lived again as she used this final curse in the commination service of the religion she had shared with Bernard."(p.116) Teil der allmählichen Genesung Ellas ist die Tatsache, daß hier über-haupt wieder Aspekte der Außenwelt zu ihr durchdringen; daß es im übrigen Vera Curry mit ihrem Gewerbe ist, die sie so animiert, ist eine der vielen ironischen und zugleich komischen Pointen des Textes. In III.1. findet sich die Erklärung, worin Ellas Ichspaltung bis dahin bestand und wie der nächste Schritt ihrer Genesung aussieht. Zum ersten Mal hat sie sich, so heißt es in Ellas eigener Reflexion, ihrem inneren 'Nichts', dem 'Abgrund' dessen, was man als ihr Unbewußtes bezeichnen könnte, überlassen, hat bewußt ihren Willen und ihre Bewußtseinsakte für einen Augenblick sus-pendiert, hat für Momente also das preisgegeben, was sie bis dahin ausschließlich als ihr 'Ich' angesehen hatte.[20] Ein Leben lang hatte sie diesen Augenblick gefürchtet: glaubte sie doch, vernichtet zu werden, sich zu verlieren im Dunkel ihres Innenlebens. Da erlebt sie plötzlich das Gegenteil, nur dadurch, daß sie sich diesem aussetzte, kann sie seit Jahren erstmals wieder glauben, mit anderen Menschen zusammenleben und auch lieben zu können:

> ... Surely and deliberately, in her symbolic world, she had braved the annihilation of crevasse and icy ocean, had stepped out from the safety edge into the void, and remained herself. Beside the terror of that step, the surrender of her will, the deliberate courting of annihilation, life, when she returned to it, seemed a small problem. Her will and her power, she knew, were equal to anything it might offer. ... she wanted only an object, a task, a duty, or a call on her love to live again fully in the world around her... (pp.206f).

Ella hat sich damit gleichsam selbst das Leben neu geschenkt, das zu leben sie ein Jahrzehnt nicht mehr wagte, jedenfalls nicht unter den ihre Würde vernichtenden Bedingungen an Bernards Seite. Erst nach Bernards Tod kann sie von dieser Selbstvernichtung und der zunehmenden Nicht-achtung Bernards Elizabeth gegenüber sprechen:

> ... I thought I had nothing. ... Or perhaps I was afraid of losing myself. I nearly did, you know, later. At any rate, Bernard was so wanted everywhere, and there didn't seem much point in me. He had his work and his friends. ...(p.227)

Die Selbstverständlichkeit, mit der Bernard sich der Verfügbarkeit seiner Frau bediente, um seine Karriere zu verwirklichen, ist hier in ihrer ganzen Gefährlichkeit offenbart. Aus ihrer relativ weni-ger großen Selbstentfremdung heraus begegnet Ella Vera Curry in III.1. zum ersten Mal persönlich. Der Erzähler macht unauffällig kenntlich, daß Ella in dieser Person auch der eigenen Vergangen-heit, ihrer Lebens- und Liebesproblematik, begegnet. Seine Worte deuten an, daß Ella noch lernen muß zu begreifen, daß zu leben und zu lieben eben keine 'simple' Aufgabe ist. Noch ist sie in ge-wisser Weise die alte Ella, wie es treffend heißt: 'she remained herself'. Ellas Gedanken münden in die Konfrontation mit Vera Curry mit den Worten: "Mrs Curry's visit was not, perhaps, the call on her love that Ella sought; nevertheless it proved a step on the road." (p.207) Durch diese eher subtile Ironie macht der Erzähler anschaulich, daß Ella ganz allmählich Schritte auf dem Weg zu einem besseren Leben finden kann. Der wichtigste Schritt ist ihr Vertrauen in ihr eigenes Vermö-gen, wie es schon in I.1. heißt (p.12); ganz langsam nimmt ihre Lebenslust wieder zu, bis zum Zeit-punkt nach Bernards Tod, da Ella sich darauf zu besinnen beginnt, wer sie in Zukunft ohne Ber-nard sein könnte. So fragwürdig ihre Haltung Vera Curry gegenüber einerseits auch in III.1. ist (p.207), so wesentlich ist zugleich, daß sie selbstverständlich unerschrocken und unbeeindruckt deren Erpressungsversuch zurückweisen und damit Vera Currys Machtgrenze markieren kann (pp.208f). Es gelingt Ella im Epilog, etwas von der Komplexität des Lebens anzunehmen, indem sie anerkennt, daß ihre gute Absicht, ein Mädchen wie Elsie Black dadurch vor Übergriffen zu schüt-zen, daß Vera Curry ins Gefängnis kommt, nicht das gewünschte Resultat zeitigt; daß der Ver-such, das Richtige zu tun, eine komplizierte und im Resultat keineswegs eindeutige Angelegenheit ist (p.235). Sie ist, indem sie sowohl diesen Versuch unternimmt, wie indem sie Eric hilft, sich von dessen Mutter zu befreien, ein Stück zu sich selbst gekommen. Dabei sind ihre Motive durchaus 'unrein'- denn sie bleiben durchmischt mit Selbstschutzmotiven: wenn Ella Vera Curry bestrafen läßt, so bestraft sie die Frau, die dem Mann in seinen zweifelhaften Verfügungswünschen über Frauen dient. So wird Vera Curry stellvertretend auch für Ellas eigene Lebenshaltung gestraft, während Frauen wie Ella und die Männer, die sich dieser Frauen bedienen, verschont bleiben.[21] Ellas Verdikt, Vera Curry sei das Urbild des Mangels an Unterscheidungsvermögen, liest sich im Textgefüge daher als eines von vielen komplex ironischen Textsignalen: Vera Curry dient dem, was in Ellas Weltbild einst zu negieren war; im übrigen liegt Vera Curry in der Tat nichts an den feinsinnigen Unterscheidungen solcher Gebildeten wie Ella Sands. Sie bleibt für Frauen wie Ella Sands eine Verkörperung der 'bösen Frau'. Dieses Verdikt wird relativiert, obgleich aus der Leseperspektive gilt, daß Vera Curry ethisch Kritikwürdiges tut.

3.2.2. Vera Curry und Bernard Sands

Vera Curry wird in der Figurenliste eingeführt als "Mrs Curry", "a lady of many interests". Fragt man sich angesichts der ganz einseitigen Machtinteressen Vera Currys, die das Romangeschehen offenbart, warum sie mit dieser Bezeichnung eingeführt wird, so ergeben sich folgende Bedeutungsmöglichkeiten. 'Mrs' steht zum einen wohl für die ebenso höfliche, wie zugleich weitgehend unbestimmte, soziale und altersmäßige Bezeichnung der Frau. Die Tatsache, daß nirgends ein Hinweis vorkommt, der sie als verheiratet oder verwitwet ausweist, legt es nahe, dies als weiteren Rückgriff auf die Sprach- und Kulturgeschichte zu deuten, wie er in 'Country Matters' vorliegt. 'Mrs' ist dann eines von vielen Textsignalen, die anzeigen, daß diese 'lady' einer sehr alten Tradition angehört; nicht nur durch die Berufe, die sie ausübt, sondern auch als literarischer Typus.[22] Beide Aspekte dieser Frau deuten mithin an, was sich in Murleys Bezeichnung von 'government' als 'mistress' inhaltlich nachweisen ließ: die Herrschaft solcher Frauen über Männer des Typs, die solches behaupten, ist ein reziprokes Verhältnis, in welchem die Macht der Frauen aus den durch die weibliche Machtausübung verschleierten Interessen der Männer resultiert. Eine solche 'mistress' übernimmt in dem hier veranschaulichten Sozialgefüge Stellvertreter-Funktionen, inklusive der Sündenbock-Funktion, wie gerade der Prozeß gegen Vera Curry offenlegt. Vera Currys vielfältige Funktionen werden inhaltlich veranschaulicht in ihrer Rolle als Frau und Chefin des 'ältesten Gewerbes', als Geldverleiherin und gelegentliche Liebhaberin ihres Angestellten Wrigley. Diese Frau wird gezeigt als 'mistress', deren Prädikat 'a lady of many interests' ironisch ankündigt, daß sie vielen unterschiedlichen Interessen gleichzeitig dient. Die Juxtaposition zu den Sands', insbesondere auch zu Bernard Sands, gewinnt durch diesen 'Hintergrund' eine andere Bedeutungsdimension, als dies bislang in der Textrezeption gesehen wurde.[23]

Vera Curry hat gegen Bernard Sands in der Konkurrenz um Vardon Hall eine Niederlage erlitten. Da sie sowohl um Bernards Homosexualität weiß, wie im übrigen das Stigma kennt, das eine so merkwürdige Krankheit wie die der Ella Sands bedeutet, fühlt sie sich recht gelassen in der Erwartung, ihre Gelegenheit zur Rache werde sich schon finden (p.46). Beim Fest nutzt Vera Curry die Chance, den "prospect of fun" (p.145) auf ihre Weise zu realisieren. Die bekannte Trinkfreudigkeit der Arbeiter und insbesondere der Mrs Wrigley kommt ihr dabei entgegen. Sie versorgt alle reichlich mit Whisky, so daß die Bedienung mit Tee und Häppchen ganz zusammenbricht. Der Erzähler bemerkt dazu ausdrücklich, daß es solche unliebsamen Aktivitäten gab. Auch weist er als nicht gänzlich abwegig die Möglichkeit zurück, daß es boshafte Handlungsweisen gewesen sein können, die zu Bernards Niedergang beitrugen; aber er betont, dies sei nicht zu beweisen. Wesentlicher erscheint, daß allein eine solche Vermutung, bzw. derartige Überzeugungen, die mögliche und wünschenswerte distanziert-kritische Betrachtung sowohl seitens der nächsten Verwandten Bernards wie seitens seines Vertrauten Terence behinderten:[24]

> Whether or not, in fact, there was some concerted plot, however humble and amateurish, to assist the fates in their accomplishment of Bernard's disaster, it is impossible to say, but, as the afternoon wore on, some of those most concerned... became convinced that there was deliberate enmity at work, and this conviction did not assist them in remaining coolheaded. (p.148, sowie Kontext)

Wie im Falle der Auseinandersetzung mit Charles Murley gilt es auch in der Juxtaposition Bernard Sands' und Vera Currys, die wechselseitigen Stellvertreter-Funktionen ihrer jeweiligen Position sowohl als Teil der erfundenen Welt wie als Teil der Erzählhaltung zu erkennen. Bernard Sands wird in der Figurenliste als erster genannt in seiner Rolle als Romanautor: "a novelist". Die Bedeutung dieses Begriffes beinhaltet, neben der geläufigen Berufsbezeichnung, Verfasser von Romanen zu sein, im gängigen Sprachgebrauch inzwischen obsolete Bedeutungsaspekte. Zum Beispiel den, ein Neuerer zu sein; wie auch den, ein Neuling in etwas zu sein.[25] Während es so scheint, als gehe es ausschließlich um seine Berufsbezeichnung, zeigt der Text anschaulich, daß alle diese Facetten zum Verständnis der Figur des 'novelist' relevant sind. Während in der Figurenliste seine eigentlich sozialen Rollen als Ehemann, Vater und Liebhaber nur indirekte Erwähnung finden, zeigt seine Entwicklung, daß auch diese unlöslich verbunden sind mit dem, was er beruflich repräsentiert. Die vordergründig privaten Aspekte Bernard Sands' entfalten sich in Buch I, dessen 5. Kapitel den Höhepunkt hierzu bildet und den Fall Bernards schildert. Dieser Fall ereignet sich unter der vielsagenden Überschrift "Camp Fire Cameos". Das Bild der Kamee läßt sich zumindest u.a. lesen als die Umkehrung und Korrespondenz des Bildes der Einbrennarbeit, die in Vera Currys *ambiente* als sinnträchtig erschien. Die Kamee hebt gestalterisch etwas hervor, während in der Einbrennarbeit etwas eingeprägt wurde. Das Hervorgehobene ist plastisch sichtbar, das Eingebrannte, so jedenfalls in diesem Textbeispiel, ein sprachliches Motto, ein Schriftzug – also eine visuell viel weniger sinnlich greifbare Gestalt im Vergleich zur Kamee. Beide Gestalten bedürfen zur Entstehung der bildnerischen Kraft einer Person, die sie herausarbeitet, bzw. einbrennt; beide treten hervor, indem dem Material sichtbare Veränderungen zuteil wurden, das die Grundlage des herausgebildeten Gegenstandes bleibt. Kamee wie Einbrennarbeit sind also als Gestalten eine unlösbare Einheit von 'Rahmen' und 'reliefierter Gestalt' und verweisen auf den gestalterischen Impuls, aus dem sie hervorgegangen sind. Erzähltechnisch läßt sich die eindimensionale Qualität der Figur der Vera Curry, deren Analogon ein Einbrennarbeit sein könnte, als 'flat character' im Sinne Forsters deuten, während Bernard Sands als 'novelist' ein 'round character', versinnbildlicht in der Kamee, genannt werden könnte.[26] I.2. und I.5. bringen etwas von dem, was man auch als Subkultur der dominanten Kultur bezeichnen könnte, zum Vorschein. Wie sehr sie zugleich Teil dieser Kultur sind, offenbart das Spektakel in II.3. "Up at the Hall". Man kann sagen, daß, so wie in beiden Schmuckbildern der Charakter durch sein *ambiente* hervortritt, als das was er/sie ist, so verhält es sich mit den beiden Figuren, verstanden als menschliche Charaktere wie als erfundene Gestalten. In beiden Fällen gibt es keine Möglichkeit, die Charaktere aus der Verbindung mit ihrem Rahmen zu lösen, ohne damit den Charakter, bzw. den Rahmen selbst zu verändern.

Bernard hegt zu Beginn ausgesprochen autoritäre Erhabenheitsgefühle, die sich sowohl an der Präsenz seiner Ehefrau, insbesondere an deren Fragilität in ihrer Krankheit wie an Vera Currys Eigenart, der Bernard Sands reflektierend auf den Grund zu kommen sucht, brechen. Diese beiden Frauen und was sie verkörpern, bilden Grenzen der Macht dieses 'starken Mannes', als welcher der karrierestolze Autor zunächst in I.1. erscheint. In diesem Kontext reflektiert Bernard Sands seine relativ neue Vorstellung vom 'Bösen', wobei Vera Curry ihm einen konkreten Anlaß bietet (pp.11-14). Die nur indirekte Begegnung mit Vera Curry in I.1. ist sein erster Versuch, sich ein neues Bild von sich und der Welt zu machen. Das dringende Bedürfnis, sich etwas zu widmen, was es bislang in seinem Weltbild nicht gab, erschreckt und fasziniert ihn zugleich.[27] Bernard sieht Vera Curry nur im Vorüberfahren vor ihrem Haus im Garten sitzend. Sie ist ihm eine 'mountainous figure', die er nur unklar, kurz und eindruckshaft erfaßt: "Bernard received a blurred glimpse of her mountainous figure, seated in a cane chair..." (p.12). Was und wie Bernard sieht, läßt erkennen, daß es schon hier in der Darstellung nicht so sehr darum geht, wer und was Vera Curry 'an und für sich' ist, sondern darum, wie sie für diesen Mann und Autor in diesem Moment ist. Er erfaßt in ihrem Erscheinungsbild etwas Mehrdeutiges: sie erscheint ihm als ein Wesen, das zwar auf der Erde festgemacht ist, dessen eigentliches Medium aber die Luft ist "gigantic moored airship"; ihre Gestalt ist weich, aber ihre Augen, so glaubt er zu wissen, sind hart. Sie entzieht sich seinem Bemühen, sie aktiv erfassen zu wollen. Das einzige, was Bernard mit Sicherheit festhalten kann, ist ihre Haartracht: "famous crown of red-gold hair" (p.12). Bernard kann die Härte ihrer großen Augen nur erraten. Wie das Erzählerporträt in I.2. markiert er den Kontrast zwischen Veras weicher, fetter Gestalt und dem was, aus Bernards Sicht, ihr Wesen ausdrückt: ihr harter Blick. Das Merkmal des Haares deutet subtil an, daß Bernard sie als gebildeter Autor assoziiert mit tradierten Vorstellungen der Aphrodite bzw. Venus archaisch-antik-klassischer Tradition.[28] Bernards eigene Vorgeschichte (s.o.), sein stark gestörtes Verhältnis zu Frauen, die ihm mütterliche Aspekte verkörpern, mitsamt der Konkurrenzsituation um Vardon Hall, bei der er irritiert feststellen mußte, daß man die Geschäfte der Vera Curry weniger kritisch betrachtet, als sein Anliegen um die Kunst, bildet den Kontext seines Versuchs, das Böse anhand dieser Frau definitorisch in den Griff zu bekommen.[29] Er widmet sich auf der Fahrt zur Party bei James im stillen dem zunehmend beängstigenden 'Bösen', das ihn so bedrängt, daß sein ganzes Weltbild zerstört zu werden droht:

> ... he settled down to consider the growing apprehension of evil that had begun, this summer, to disrupt his comprehension of the world. (p.13)

Vera Curry bietet sich ihm als geeignetes Symbol ganz 'selbstverständlich' an: "Vera Curry... was a cinch, of course, for a symbol." (p.13) Aus der Leseperspektive ist, wie bei anderen 'Selbstverständlichkeiten' dieser Lebenswelt auch, Vorsicht geboten. Darüber hinaus muß man hervorheben, daß Bernard nicht etwa denkt, Vera Curry sei tatsächlich das Symbol des 'Bösen'. Vielmehr ist sie ihm hier ein naheliegendes, geeignetes Mittel, mithilfe dessen er das Symbol, das er erst noch finden möchte, an das Gemeinte, nämlich das ihm noch gänzlich unklare Phänomen des Bösen, 'festbinden' könnte.[30] Das besagt, im Hinblick auf Vera Curry als Subjekt wie Objekt des Gezeigten, daß eine Frau wie Vera Curry traditionell – so auch in dieser Figuration, sowie an dieser Stelle vom Autor Sands – benutzt wird, um das 'Böse', was immer es sei, an ihr 'festzumachen'. Das heißt aus der Leseperspektive ferner, daß Bernards Sprachgebrauch veranschaulicht, wie dies funktioniert. Es gibt kein eindeutig etabliertes Korrelat zwischen dem ethischen 'Gegenstand' Böses, dem Begriff vom Bösen und dieser Frau, bzw. einer Frau ihres Typs. Die Elemente: 'cinch'– Vera Curry, 'symbol' – 'evil' werden konventionell und zugleich habituell zueinander gefügt. Insofern Vera Curry die 'mistress', oder auch 'femme fatale' bestimmter Traditionsstränge repräsentiert, ist sie eine keineswegs eindeutig bestimmte, aber konventionell verfügbare Figur, die in diesem neu erfundenen Kontext auch in neuer Weise funktioniert.[31] Vera Curry ist auf der Ebene der Figuren schon an dieser Stelle gekennzeichnet als zwar naheliegendes Beispiel, aber zugleich dem Belieben desjenigen unterstellt, der sie so benutzt.[32] Nachdem Bernard sich selbst eingeräumt hat, sie sei bestenfalls etwas, woran man das 'Böse' zu Zwecken der Veranschaulichung 'befestigen' könne, fragt er nach möglichen Merkmalen, die das Böse selbst symbolisieren – 'stellvertreten' könnten. Er registriert ihre widersprüchliche Erscheinung und meint, das allein könne nicht als Attribut für das Böse gelten, es lasse sie höchstens als lächerlich erscheinen, also müßte noch mehr hinzukommen, um sie als Symbol des Bösen bezeichnen zu können:

> Nevertheless, it was not only the dramatic contrasts of her appearance – that alone would only have been ludicrous, nor could this evil be entirely explained by her lust for money and her more sympathetic, if more repulsive, lust for men. (p.13)

Deutlich stehen Bernards Geschmacksurteile und seine sexuellen Präferenzen im Vordergrund dieser Definitionsanstrengung: er mag Geldgier nicht, obgleich er die Macht, die mit Geld und Besitz verbunden ist, schätzt und selbst auch nach Gutdünken einsetzt. Er stört sich zwar nicht so sehr daran, daß sie lüstern ist, doch daß sie sich für Männer interessiert, stößt ihn ab.[33] Dann dringt er zu einer definitionsähnlichen Bestimmung seines Gegenstandes – des Bösen selbst – vor. Dabei bedient er sich eines der vielen möglichen Synonyme für 'evil', nämlich 'malice', das Boshafte, Bösartige, sodaß die Begriffsbestimmung eher tautologisch wirkt.[34] Bernard führt diesen Versuch einer Bestimmung nicht zu Ende, sondern läßt die Definition offen; und zwar genau in dem Augenblick, wo er sich selbst als Betroffener des Bösen empfindet, das Vera Curry und Sherman Winter, sein Konkurrent um Terence Lambert, für ihn selbst verkörpern:

There was beyond all this a sprawling waste of energy in malice for its own sake that could not be quite satisfactorily dismissed as thwarted power. It was not only accumulating disgust at the endless malevolence which fell in honeyed lovey-dovey words of beauty from her cupid's-bow lips that made him feel her to be a natural destroyer, pitted against life itself. Hypocrisy, though deeply distasteful to him, was not a necessary companion of his new conception of evil. He had felt it also recently in Sherman Winter, whose stock-in-trade ... was unconcealed bullying; and in others. ...(pp.13f)

Das heißt zunächst aus der Figurenperspektive, Bernard empfindet sich als Opfer der Boshaftigkeit solcher Menschen. Er findet hier keine andere Erklärung als die, seine Gegnerinnen und Gegner verschwendeten ihre Kraft um eines Lustgewinns willen durch Schaden, den sie anderen, ihm zumal, zufügen. Seine Definition 'malice for its own sake' und seine Betroffenheit zeigen an, daß er glaubt, niemand könne ihn berechtigterweise zum Ziel von Boshaftigkeit machen. Aus der Leseperspektive wird indes deutlich, daß Menschen seiner Umgebung durchaus Anlaß hätten, ihm 'Böses' zu wollen.[35] Bernard erkennt selbst im Romanverlauf z.B. als richtig an, daß Ella sich von ihm entfernte. Einerseits ist es der letzte Anstoß für ihn gewesen, sich zu seiner eigenen Identität als Homosexueller zu bekennen; andererseits macht die Erzählgegenwart anschaulich, daß Ella sich tatsächlich auch von seiner Bevormundung befreien muß, wenn sie als eigenständige Person leben möchte (s.o.). Bernard sieht es in III.1. als dringlich an, seine Ehe zugunsten einer offensiven Haltung (auch in der Öffentlichkeit) hinsichtlich seiner sexuellen Präferenz aufzugeben. [36] Bernard artikuliert in diesem Definitionsversuch gleichwohl etwas, das sich aus der Leseperspektive in einem anderen als dem von ihm hier zunächst wahrgenommenen Sinn als Gegenkraft zu dem erweist, was er 'gut' nennt. Bernard sieht in Vera Curry eine zerstörerische Kraft, die dem Leben selbst entgegengesetzt ist – "a natural destroyer, pitted against life itself". Insofern Bernard hier Ängste artikuliert, die er auf Vera Curry projiziert, kündigt sich an, daß sie ihm hier etwas verkörpert, was er als sein Eigenes im Romanverlauf erfassen, im Ansatz danach auch überwinden lernt. Im Textgefüge gewinnen diese Worte zwar durchaus die Bedeutung, daß auch Vera Curry beispielhaft für die zerstörerischen Kräfte dieser Lebenswelt steht. Gerade die Tatsache jedoch, daß Bernard Sands ein gestörtes Verhältnis zu mütterlichen Frauen hat, wozu sein gestörtes Verhältnis zu Aspekten der Schwäche, der Ohnmacht im Sinne der hier herrschenden Normen gehört, bestätigt im Verlauf des Romantextes, daß dieses Urteil über Vera Curry eben nicht im ethischen Sinn allgemeingültig ist, wie dies in der Rezeption immer wieder unterstellt, bzw. explizit behauptet wird.[37]

Zur Begründung ist auch der sprachliche Zusammenhang mit *Hamlet* heranzuziehen. Bernards Zugriff auf Sherman Winter, der homosexuellen Tunte – 'queen' – mitsamt der darin implizierten Herabsetzung, wie sein Romantitel *The Player Queen*, mit der Implikation, er habe darin erstmals 'Böses' zu zeigen versucht, signalisiert mehreres zugleich. Zum einen wird das Naheliegende deutlich, daß nämlich Begriffe wie 'queen' semantisch je nach Kontext Verschiedenes bedeuten. Zum zweiten zeigt sich die Kontinuität teils latenter, teils offener Herabsetzung des Weiblichen, gleich in welcher Gestalt, auch als Aspekt der sprachlichen und insbesondere literarischen Tradition. Insofern ist es aus der Leseperspektive besonders wesentlich, daß es der 'novelist' Sands ist, der diese Feindseligkeit artikuliert und anschaulich macht. So wenig eindeutig gesagt werden kann, ob Hamlets Urteil über seine Mutter, die Königin, in diesem Drama berechtigt ist; so wenig eindeutig ist, wie Ophelias Gehorsam gegenüber den herrschenden patriarchalischen Normen zu beurteilen ist, so wenig eindeutig ist hier Bernards Urteil über diese Frau. Im Kontext seines offenbar gänzlich einseitigen Urteils über mütterliche Frauen aber wird aus meiner Sicht eindeutig klar, daß es bei diesem Urteil nicht bleibt. Es wird in bezeichnender Weise durch den Verlauf der Geschichte relativiert, ohne daß die ethische Kritikwürdigkeit der Vera Curry oder auch des Sherman Winter damit geschmälert würde. An dieser Stelle fungiert Vera Curry als probater Sündenbock für Bernards noch ungeklärtes Verhältnis zu sich selbst, zu Frauen, zu Aspekten des Zerstörerischen in dieser Gesellschaft allgemein. In dem Maß, indem er zu diesen neuen Erkenntnissen vordringt, verliert sich seine Neigung, Sündenböcke zu suchen. So wird verständlich, daß er nicht Vera Curry angreift, sondern Hubert Rose zur Rede stellt und von seinem Tun abzubringen versucht. So wird weiter verständlich, warum er in III.1. Vera Curry allenfalls "a fertile imagination for evil" zuschreibt und hofft, er habe durch seine Aktion gegen Rose auch sie eine Weile unter Kontrolle bringen können - "I've checked her for a while" (p.214), nicht jedoch glaubt, man könne Gutes bewirken, wenn man sie einsperrt. Seine Begründung gegenüber Ella, die hier eine gewisse Neigung zur 'primitive retribution' zeigt, wenn sie erklärt "They ought to be punished...", markiert, trotz einer gewissen, durch den Erzähler als kritikwürdig gezeigten Scheu offensiv zu werden, einen von mehreren qualitativen Unterschieden zwischen Bernards Haltung und der der meisten anderen in diesen Figurationen:

> I am the last man with a right to act or to punish others. To protect the girl I have taken all the action that I have right to. A limited action, I know, but the only one that I can justify. I am not with the authority of the law, you know. (p. 217)

Dem naheliegenden Mißverständnis Ellas, er sage solches aus Angst vor eigener Bestrafung, begegnet Bernard mit den Worten, "People *pay*, that's all... Don't let us start talking of *deserving* to pay. ..." (p.217) Seine zwar zögerliche, aber deutliche Bereitschaft, Ella zu helfen, falls sie gegen seinen Rat eine Anzeige erzwingen sollte, wird durch seinen Tod gegenstandslos (gemacht).[38]

Bernard Sands vertritt, gerade auch in der Juxtaposition mit Vera Curry, einen qualitativ anderen Lebens- und Liebesbegriff, der insbesondere eine Absage an Vorstellungen der Rache enthält. Je nachdem, wie man Hamlets Entwicklung in Shakespeares Drama beurteilt, kann man zu dem Schluß kommen, daß es eine Parallele zu Bernard Sands' Entwicklung gibt. Hamlets Tod sowie das tödliche Ende der Königin und des Königs lassen sich verstehen als Finale der Handlung, die mit dem väterlichen Racheauftrag begann. Was sich erfüllt, ist indes nicht eindeutig Hamlets Ausführung dieses Auftrags, vielmehr eine Entwicklung, deren Gang Hamlet in Akt 5 nicht mehr selbst aktiv zu kontrollieren sucht, sondern als deren Teil er sich begreift. Wie immer man diese Haltung einschätzt, sie ist Teil des Dramas als eines erfundenen Geschehens, und das Fatum der Figuren ist auch das Fatum erfundener Figuren einer erfundenen Dramenwelt. Der Romantext enthält Hinweise, das Schicksal Bernard Sands' wie das der anderen Figuren als nicht allein von inneren Kräften ihres Wesens bestimmt zu verstehen. Vielmehr liegt es nahe, gerade auch die Signale aufzugreifen, die dieses Fatum als Teil einer neu gestalteten Geschichte von einem alten Stoff verständlich macht.[39] Vera Curry verschwindet nach Bernards Tod für eine Weile im Gefängnis, ehe sie ihre Tätigkeiten auch zuhause wieder aufnimmt. Bernard verschwindet, ohne deshalb gänzlich verschwunden zu sein. Seine 'Rückkehr' in III.2. markiert eine andere Gestalt des Beharrens, als die der Vera Curry. Diesen Ähnlichkeiten und Unterschieden gilt es, noch weitere Aufmerksamkeit zu widmen.

3.3. Der alte und der neue Humanismus des Bernard Sands

In dem bereits zitierten Porträt Bernards in I.3., unmittelbar vor dem Streit mit Elizabeth, der ersten direkten familiären Auseinandersetzung um sein Doppelleben, findet sich ein wichtiger Hinweis des Erzählers, der verständlich macht, daß Bernard in seiner eigenen Selbstentfaltung noch in einem bedenklich unharmonischen Zustand ist. Der Erzähler betont, daß Bernard erst seit relativ kurzer Zeit seine homosexuelle Identität zu entfalten begonnen hat. Dies bedeutet die Aufgabe, seine Persönlichkeit neu zu gestalten: das, was bislang ausgegrenzt und geleugnet wurde, muß mit dem in Einklang gebracht werden, was immer schon zur Entfaltung kommen durfte. Bernard ist, wie ausdrücklich unterschieden wird, von Natur aus jugendlich oder auch jungenhaft und ein ebenso natürlich älter gewordener Mann. Sein Bedürfnis, im Kontakt mit jungen Menschen sein Alter zu kaschieren, also verhaltensmäßig so zu tun, als sei er noch ganz jung, ist eine verfehlte Haltung, sowohl hinsichtlich seiner natürlichen Jugendlichkeit – oder: Jungenhaftigkeit– als auch im Hinblick auf die jungen Menschen. Weder Bernards selbstkritische Gaben, noch seine Gefühle sind bis hierher hinreichend sensibel entwickelt, als daß er bemerken würde, wann er die Grenze zur Absurdität überschreitet:

> His divergence from sexual orthodoxy, though comparatively recent, was by now sufficiently fused with his personality to condition his general behaviour. With younger people, in particular, his natural boyishness was accentuated by a paederastic desire to bridge the years, which sometimes disastrously overstepped the boundaries of absurdity, particularly when it was not set in its necessary emotional framework, and, more often than he guessed, even when it was. (p.54)[1]

Bernards eigene Worte an die Tochter – "Any attempt to merge two quite different social patterns is bound to have some embarrassing moments." (p.57) – bezeichnen die historische und soziale Seite des Problems. So gewinnt auch der von Bernard nicht ausgesprochene Gedanke eine umfassendere Bedeutung im Textgefüge, wenn es heißt, daß Personen, die soziale Veränderungen verkörpern, eine Strafe auferlegt bekommen:

> He was about to add a remark about the payment of living in a transition period, but he reminded himself that this was not a history class. (pp.57f)

Was Bernard als persönlichen Konflikt erleidet, ist (aus der Leseperspektive betrachtet) ein auch gesellschaftlich induzierter Konflikt, der resultiert aus der negativen Haltung der Figurationen dieser Lebenswelt Außenseitern gegenüber. Die Porträts des Erzählers ermöglichen es Leserinnen und Lesern den Zusammenhang zwischen Vergangenheit und Gegenwart in Bernards eigener Lebensproblematik zu erkennen. Bernards Versuch, seine Prioritäten durch "energetic absorption" zu realisieren (p.53), zeitigt Konsequenzen, die sich in der Erzählgegenwart ihm selbst nur z.T. offenbaren. Bernards Karriere war eine mögliche Alternative dazu, ein Unmündiger in der Verfügungsmacht anderer zu bleiben. Zuerst als Lehrer, dann als Künstler sich zu bewähren hieß für ihn, die Gesellschaft zur Anerkennung seiner Talente wie auch einer gewissen Autorität zu zwingen. Dabei machte er aber seine Frau zu einem nützlichen Verfügungsobjekt, negierte die natürlichen Bedürfnisse seiner Kinder; ja, empfand diese, wie er in III.1. einräumt, als Konkurrenz. In dieser Lebenshaltung, so kann man aus der Leseperspektive sagen, wurde er zwar ein Mann mit einer angesehenen Position, zugleich aber paradoxerweise ein 'Unmündiger'– einer jener 'disciples of negation', die in diesen Figurationen Macht ausüben, wie er es selbst in III.1. Hubert gegenüber formuliert.

Erst indem er sich seiner eigenen sowohl emotionalen wie intellektuellen und moralischen Fragilität – seiner 'littleness'– aussetzt, entsteht ganz allmählich etwas Neues. Er sagt im Gespräch mit seiner Schwester, als diese ihn für eine politische Kampagne gewinnen will (I.4.), womit sie anknüpft an gemeinsame Aktivitäten in den Dreissiger Jahren, er könne derzeit nicht mit Überzeugung öffentlich agieren; er sei mit etwas Unbedeutendem, das indes grundlegend sei, beschäftigt, seinem eigenen Selbst nämlich: "... for the moment, at any rate, I've got to work on quite little things which are basic – myself for example." (p.73)

Das vom Text vor allem in der Figur der Vera Curry konturierte Motiv der 'little things', erlaubt Lesern und Leserinnen eine komplexere Einsicht in das, was Bernard hier mitteilt, als es Bernard selbst bewußt wird. Es ist zunächst einmal eine ironische Spiegelung dessen, worüber auch seine Konkurrentin redet. Es spiegelt u.a. die herrschende latente Geringschätzung für alle 'Kleinen'. Zugleich wird das Selbst jedoch als grundlegend bezeichnet, womit ein *credo* zum Vorschein kommt, das eine andere Äußerung, die Bernard zugeschrieben wird, bestätigt. Gemeinsam bilden diese Äußerungen – sowie eine in II.2. (p.130) gleichfalls zum Kontext gehörende Frage – einen umfassenderen Begriffshorizont des Selbst: "one can live only as one is" , "... if one can be sure what people are." Was war Bernard, betrachtet nicht allein unter dem Gesichtspunkt seiner sozialen Position, sondern als jenes Selbst, das er so augenscheinlich als ein privates Ich versteht? Er definiert in I.3. Elizabeth gegenüber die Kontinuität seines Ich wie folgt:

> I didn't change because of that, at least not integrally. I remained a person who is kept working, kept alive, kept whatever you like, by emotional and physical contact. (p.59)

Er war und ist bis zu diesem Moment abhängig vom intimen Kontakt mit anderen Menschen. Mit Ella beschränkte sich, wie der Erzähler offenbart (s.o.), dieser Kontakt auf eine weitestgehend a-sexuelle Intimität. Insofern war Ellas "neurotic absorption" (p.116) Bernards Chance, sich bezüglich dieser Bedürfnisse neu zu entfalten. Er begann in derselben Weise, wie er über Ellas Dienstbarkeit verfügte, über seine jungen Liebhaber zu verfügen. Diese Verfügbarkeit erlaubte es ihm, seine "energetic absorption" (p.53) auf seine Arbeits- und Konkurrenzprioritäten im Sinne der herrschenden Lebensmuster gerichtet zu halten.[2] Die Tatsache, daß Ella ihn in gewisser Weise verließ, zwang ihn, sich neue Personen zu suchen. Die Abwehr der Krankheit Ellas in I.1., dem erzählerischen Auftakt der Geschichte dieses 'novelist', zeigt an, wie schwer es ihm fällt, sich mit Zeichen der Schwäche, der Ohnmacht und einer bestimmten Art der Abhängigkeit abzufinden. Während er erst in I.3. von seiner Verletztheit als Agonie sprechen kann (p.59), die Ellas Entfremdung ihm verursachte, zeigt sein Haß in I.1., daß diese Verletzung noch akut ist. Es ist die Stimmung des Siegers, die Haltung ('mood') des scheinbar selbstherrlich-allmächtigen Mannes, die sich an der Existenz dieser Frau bricht, in mehr als dem Sinn, der vordergründig die erste Begegnung der Eheleute kennzeichnet:

> The sound of his wife's voice broke the satisfaction of his mood. Watching her descend the stairs – her eyes blinking, her hands trembling slightly – he felt an exceptional hatred of the neurotic misery which cut her off from the rest of the world. He would have been so happy to have had her share in his triumph. (p.11)

Bernard hätte, wie die letzte Überlegung hier anzeigt, nichts dagegen, auch Ella wieder als 'nice, aquiescent audience' seiner Reden und Triumphe zur Verfügung zu haben wie einst. Seine entsprechenden, kritisch an den jungen Eric gerichteten Worte, gelten aus der Leseperspektive auch Bernard selbst. Auch die Kritik seiner Freunde, er predige mehr Ideale als er selbst zu leben vermag, ist im Textgefüge als zutreffend anzusehen (p.92, sowie Kontext). Ella war jahrelang auch nichts anderes, als 'a growing mind' 'to play sandcastles with', wie Terence die Belehrungen Bernards abschätzig beschreibt, ohne damit Bernards Integrität gänzlich zu leugnen und seinen guten Einfluß auf ihn zu bestreiten (p.95). Bernard gleicht bis II.1. in gewisser Weise dem predigenden Vater Ellas, von dem die Tochter glaubte sich erfolgreich gelöst zu haben, indem sie einen 'unreifen' jungen Mann heiratete, der sich der Kunst zu verschreiben begann.[3] Dieser Haltung korrespondiert sein emotionaler Wunsch, sich bedienen und als attraktiv und bedeutsam bestätigen zu lassen. Beides ist Ausdruck seiner noch nicht in den Blick genommenen, relativen Unmündigkeit, die u.a. das eheliche Verhältnis auszeichnet. Daß Ellas Worte Bernard auch kurz vor seinem Tod noch schmerzlich treffen – 'Bernard winced' – zeigt, daß er diesen 'wunden Punkt' seiner Identität noch immer spürt (p.214).

In der Beziehung zu Ella kommt ein wesentlicher Aspekt der grundlegenden, menschlichen Disharmonie zum Ausdruck, deren Bernard allmählich gewahr wird. Noch in I.3. glaubt Bernard sich gegen Elizabeths Anklagen verteidigen zu müssen, indem er Kritik an Frauen übt, die gern andere bemuttern. Die Rede ist von Evelyn Ramage. Die Worte Bernards weisen indes ebenso auf Ella wie auf ihn selbst, was Bernard in seiner herablassend-selbstgefälligen Bereitschaft, die Kritik auch Männern gelten zu lassen, nur theoretisch einzuräumen vermag. Er kritisiert Menschen, die sich nur auf eine Lebenshaltung als einzig sinnvolle konzentrieren; denn dies bedeute, daß man sein Potential nicht von innen heraus entwickele; so bleibe man zerbrechlich und in Gefahr, die Lebenslust zu verlieren:

> 'Poor darling Evelyn... has never built anything up inside of herself; the result is that at forty-five she's left standing, with a badge for being such a good scout, and a bagful of spare maternal impulses. It's the price that women, or men for that matter' – Bernard did not wish to ruin his case by antagonizing Elizabeth – 'pay in later life for being brittle and letting life bore them. It's the cardinal sin, I think, to let life bore you.' (p.55)[4]

Diese letzten Worte, so hebt der Erzähler unmittelbar anschließend hervor, sind Bernards derzeitiges humanistisches Glaubensbekenntnis. Es ist ein *credo*, dessen Angemessenheit Bernard zwar bereits begonnen hat in Zweifel zu ziehen; noch aber hält er nachgerade gewaltsam daran fest: "Bernard's humanism was not the less violently held because he had lately begun to doubt whether it was a totally adequate answer." (p.55) Aus der Leseperspektive ist dies zu verstehen als Hinweis, daß es ein latent gewalthaltiges und eben kein menschengemäßes *credo* des Humanismus ist.[5] Was sich ändert, wird u.a. durch seine Haltung zu Ella angedeutet. Bernard hegt noch in I.3. heftige Schuldgefühle Ella gegenüber. In einer Bernard sehr unangenehmen kurzen Begegnung mit seinem Schwager, unmittelbar nach der Auseinandersetzung mit Elizabeth, heißt es, was Bernards Gewissen brennend heiß berühre, sei die Insinuation, Ella könne womöglich ein passives Objekt anstelle eines aktiven Menschen sein:

> In Bernard's present state of remorse about his wife, any reference to her which seemed to imply that she was a passive object rather than an active human being touched his conscience with red-hot irons. (p.63)

Bernard begreift bis zu seinem Tod selbst nicht recht, was seine Schuldgefühle Ella gegenüber bedeuten, worin sein eigenes gewandeltes Weltbild kurz vor seinem Tod besteht. Aber schon in I.3. kann er zu Elizabeth sagen "My relations with Ella exist above ideas like defence or apology." (p.59) Was ihn mit Ella verbindet, zeigt sich aus der Leseperspektive in einem doppelten Sinn. Sie sind einander verbunden durch ihr Menschsein, wie durch das Ideal der Menschlichkeit, dem sie sich verpflichtet fühlen und handelnd zu genügen versuchen. Ihr wechselseitiger Wandel in der Erzählgegenwart zeigt, daß dieses Ideal auch alle die Aspekte der Menschlichkeit einschließt, die Bernard so vehement aus seinem Weltbild ausgeblendet hatte, wie die, die Ella am liebsten 'verschwinden' lassen wollte.[6] Es ist Bernards natürlichen Gaben eingeprägt, wie die Verbindung zu 'poker work' suggeriert, zu empfinden, daß es Unrecht ist, Ella wie ein Verfügungsobjekt behandelt zu haben, jenseits des Aspekts seiner homosexuellen Ausrichtung. Die Fähigkeit, in dieser Hinsicht Schuld zu empfinden, ist der emotional-sinnliche Aspekt dessen, was Bernard in III.1. erlebt und was ihn selbst erstaunt: daß zwischen ihm und einem Mann wie Hubert Rose keine Gemeinsamkeit herrscht, die den Umgang mit Menschen betrifft (p.190).

Schon der unmittelbare Kontext seiner heftigen Schuldempfindung in I.3. zeigt an, inwiefern Bernard Ella wie ein 'passives Objekt' behandelte. Bis kurz vor seinem Tod vermeidet er die direkte Aussprache mit Ella darüber, daß ihre Ehe für ihn inzwischen sinnlos geworden ist; daß diese Ehe deshalb, wie zumindest er begriffen hat, für beide gefährlich ist und beendet werden müßte. Daß er in II.1. nur indirekt mit ihr über seine Erfahrungen am Leicester Square sprechen kann, ja, Ella demonstrativ als ihm fremd behandeln muß (p.126), zeigt seine mangelnde Vertrauensbereitschaft dieser Frau gegenüber.[7] Was Bernard an Haß und Lieblosigkeit als Teil seines eigenen Wesens in I.5. erkennt, ist eines der 'neglected results' der ganzen Vorgeschichte seines Lebensweges auf der Suche nach Anerkennung seiner auch natürlichen Gaben in einer Gesellschaft, die wesentliche Aspekte seines Selbst ablehnt, ihn mit Strafe bedroht und sein Anliegen um die Zukunft der Kunst für zweifelhafte Zwecke vereinnahmt.[8]

Mit Bernards homosexuellen Freundschaften haben sich zwar wesentliche Dinge für ihn verändert, ebenso wesentliche, die der Veränderung bedürfen und deren Veränderung Gegenstand der

Erzählgegenwart ist, sind bis zu diesem Moment unverändert geblieben. Bernard ist es, der von sich sagt, er habe, als er seine Beziehung mit Terence begann, 'beschlossen', die herrschenden Vorurteile gegen Homosexuelle zu ignorieren (p.58). Was er indes in der Gegenwart durchlebt, ist aus der Leserperspektive verstehbar als Konfrontation mit einem zutiefst seine eigene Menschlichkeit berührenden Vorurteil gegen alles, was mit 'Schwäche', 'Femininität' im Sinne tradierter und hier herrschender Vorstellungen derselben zusammenhängt. Auf der Textebene wird diese schmerzhafte Auseinandersetzung anschaulich gemacht in den Konfrontationen mit dem, was Bernard als 'evil' bezeichnet und zu ergründen sucht. Bernard sinnt in I.5. (p.102f) nach über die sogenannte 'moral anaemia' der jungen Homosexuellen bei Evelyns Party. Die 'spivs' werden im stillen durch Bernards Gedanken dafür kritisiert, daß sie es nicht fertigbringen, von sich selbst als Personen einen Entwurf zu machen, der ihre Vergangenheit, Gegenwart und Zukunft zusammenfügen würde zu einer geistig-kreativen Gestalt. Nur so wären sie der Idee der Person gemäßer, die Bernard hegt:

> If the extremely intricate web of attenuated, self-conscious personal relationships which made up their lives had been spun in any meaningful shape, it would have required a moral system, however Machiavellian, whose working out would have been far beyond either their mental powers or the persistence of their concentration. They spun the web, in fact, with elaborate, meaningless, day-to-day threads, which fascinated Bernard by their complete lack of moral shape and their continuous personal, and therefore moral, consequences. (p.103)

Dieser Gedankengang ist indes zugleich auktorial vermittelt, wodurch zum einen Bernard selbst zum Objekt seiner Kritik gemacht wird und zum anderen bereits hier ein auch auktorial verbürgter Gestaltbegriff Kontur gewinnt, der erst in Bernard Sands' Rede sowie in seinen späteren Äußerungen als umfassend bedeutungsträchtig erscheint. Die Idee der menschlichen Person als einer sinnvollen Gestalt erhält eine zeitliche und soziale Facetten umschließende Dimension. Dieses Person-Verständnis wird als Ausdruck einer intensiven Anstrengung, eines sowohl geistigen, wie imaginativen Vermögens angesehen. Das Moralische ist unlöslicher Teil der Person. Inhaltlich-ethische Werturteile werden demgegenüber durch den spezifischen Gebrauch des Namens von Machiavelli als sekundär erkennbar. Das heißt, der Moralbegriff hier ist ein allgemein deskriptiver, der die Verwiesenheit jeder Person auf andere meint, ehe es darum geht, ob diese Beziehungen 'gut' oder 'böse' zu nennen wären; denn auch Beziehungen, auf die der Begriff des Machiavellischen zuträfe, verdienten Respekt, wenn sie dem hier avisierten Gestaltbegriff zugeordnet werden könnten. Die Kritik richtet sich gegen die geistig-kreative Bequemlichkeit der jungen Homosexuellen, wie sie der Erzähler in I.1. und II.3. gegen die Indolenz der 'gentry' richtet, die eigentlich menschlich-kreativen Gaben zur Selbst-Bestimmung zu vernachlässigen. Das geht hervor aus den dieser Passage voraufgehenden Reflexionen:

> They made among themselves small groups of intimates to provide each other protection against the toughness of society which their own climbing invited. Yet they were so constantly measuring the degree of affection which they could dispense to these chosen intimates without risking the charge of hiding conventionally and therefore ludicrously warm hearts beneath their tarty exteriors, that their deepest intimacies were themselves only shells. They pursued their complicated ambitions largely from a laziness which forbade less energetic ones. (pp.102f, sowie Kontext)[9]

In diesem Porträt ist dieselbe kritische Haltung erkennbar, die seitens des Erzählers allen Ehrgeizigen gilt (s.o.). Diese Aufstiegswilligen, so die Behauptung, sind auf dieselben Umgangsformen fixiert wie die an Konkurrenz und Machtpositionen orientierten Mitglieder der herrschenden Figurationen.[10] Dazu kommt die spezifische Kritik an den 'spivs': So zu leben, als gebe es nur die augenblickliche soziale Position in einer Gruppe, so zu leben, als zähle nur der äußere Eindruck, verfehlt die mögliche, eigentlich menschliche Lebensgestalt, zu deren Wesen das Moralische unlöslich dazu gehört.

Bernard fühlt sich hier als Helfer seiner noch recht neuen Freunde. Er erachtet sich als Mittler sowohl zwischen den Generationen wie zwischen denen, die gesellschaftlich stigmatisiert sind und den Etablierten. Diese Position hat er ja auch tatsächlich inne. Bernards Kritik an den 'spivs' betrifft ihre Weigerung, zu ihren intimsten Liebesbedürfnissen, ihren Herzen zu stehen, in ihrem Bemühen, in dieser Gesellschaft insgesamt, aber zugleich in dieser Subkultur nicht als 'lächerlich' zu gelten. Leserinnen und Leser vermögen unschwer die Beschreibung seines eigenen Mangels zu erkennen, der zu den 'neglected results' seiner Karriere und seines Doppellebens im Sinne der herrschenden Normen gehört. Der Text zeigt, daß Bernards Kritik hier berechtigt ist und die Person des 'novelist' einschließt. Sie ist Teil seines Wunsches, diesen jungen Männern nahe zu kommen, sich ihren Reizen zu widmen, ohne seinen Anspruch, kritisch zu sein, darüber aufzugeben. Bernards Gedankengänge an dieser Stelle enthüllen noch etwas anderes. Nicht Liebe zu diesen Jungen, wie er sie in seinen Gedanken als Ideal avisiert, motiviert ihn, sondern eher heftige Angst vor ihnen und ihrer Jugendlichkeit treibt ihn um, wie sie anders auch Murley zeigt. Die 'spivs' verkörpern, wie seine eigenen Kinder, Jugend, Attraktivität, Kraft, die Zukunft. Er fühlt sich für Augenblicke so bedroht von diesen 'Eindringlingen', daß er sie am liebsten eigenhändig vernichten möchte, ehe sie ihn vertreiben bzw. vernichten:

...with each year the 'queer', more *louche*, more cosmopolitan element drove out, like the tough tree rats whose grace disguises them as squirrels, the older, more indigenous, fauna. If it lasted a few years longer, thought Bernard, Terence would be scuttling over the side with the rest of the old order; he himself would remain to make havoc with the destructive invaders. (p.103)

Hier begegnen sich Bernards anfängliche, totalitäre Machtvision als Autor und seine tiefreichenden eigenen Ängste. Wie die 'gentry', wie Murley, ängstigt Bernard der Wandel, der sich vor seinen Augen vollzieht: der Generationenwechsel, der ihn älter, unattraktiv(er), ohnmächtig und schließlich überflüssig erscheinen läßt. Dieser durchaus menschlichen Angst, die man auch als Todesangst ansehen kann, ist indes ein gesellschaftlich induziertes, haßerfülltes Element eingezeichnet. Selbsthaß spricht aus ihm, wenn er nach der Angst sowie der Mordlust als Schutzreaktion meint, bitter 'entscheiden' zu 'müssen', es gehe nur darum, welche Sorte Ratte man sei – Ratten seien sie ja allemal: "It was after all only a question of which kind of rat you preferred to be, he decided bitterly." (p.103)

Dieser stumme, heftige Gefühlsausbruch ist eingebettet in den Versuch, mithilfe seiner Verstandeskräfte das Wesen der 'moralischen Anämie' bei den Jungen zu ergründen. Aus der Leseperspektive gehören beide Aspekte zueinander wie Kamee und Einfassung, Wort und Rahmen der Einbrennarbeit. Was Bernard hier denkt und wie sich seine Gefühle entladen, enthüllen gemeinsam sein eigenes Lebensdilemma. Gefühle und Gedanken gehören zueinander und treten zugleich in einen kaum überbrückbar scheinenden Widerspruch zwischen Liebe und Haß, Achtung und Verachtung; zwischen seinem Bemühen um auch intimen Kontakt, Zuwendung und Verstehen sowie der heftigen Abwehr dessen, was er so reizvoll findet. Sein Haß und vor allem auch seine Selbstverachtung sind die verinnerlichten Gefühle eines Menschen, dessen intimste Bedürfnisse mit einem Tabu und dem Stigma der Minderwertigkeit belegt sind. Während sein Versuch, die herrschenden Vorurteile zu 'ignorieren', eine bestimmte Art der Begegnung mit seinen homosexuellen Freunden ermöglichte, zeigt sich hier, daß Liebe, wie Bernard sie sich offenbar als Ideal vorstellt, nicht zwischen ihnen herrscht. Dazu bedürfte es offenbar anderer Voraussetzungen auch in dieser Subkultur. Während Bernard keinen Weg findet, seinen inneren Widerspruch in Einklang zu bringen, ist unverkennbar aus der Leseperspektive, daß dies auch ein Widerspruch seiner Figurationen ist (s.o.). Der Preis der Anerkennung ist die Negierung, bzw. die mangelnde Entfaltung dessen, was er hier mit 'warmen Herzen' umschreibt. Die Erwartung, diesen Konflikt allein lösen zu können, gehörte, hegte Bernard sie tatsächlich, in den Bereich der Allmachtswünsche, die Bernard in I.1. zeigt; sie wären als ähnlich verfehlt anzusehen, wie die Allmachtsansprüche eines Hubert Rose sind. Stattdessen findet Bernard zu einem menschlicheren Maß, mit seiner eigenen Kritikwürdigkeit und der der Gesellschaft umzugehen. Ehe ihm dies gelingt, muß er jedoch noch tiefer in sich hineinsehen; muß sich seiner besonderen 'Vergangenheitsliebe', als welche man diese haßvolle Zuneigung deuten kann, noch unausweichlicher aussetzen.

Bernard wartet am Abend nach der Party auf Terence, mit dem er wegen Sherman sprechen möchte. Er sinniert über den Zusammenhang zwischen dem Bösen einer Vera Curry oder eines Sherman Winter und den politischen Vernichtungsexzessen, die Europa mit Hitlers Namen verbindet. Er glaubt, es sei Leuten wie ihm noch möglich, solche Fragen zu stellen und diese Möglichkeiten zu erörtern, da er seine Phantasie noch nicht derart an das Bestehende gebunden habe, wie etwa Charles, der sich erhaben wähnt über die 'Minderwertigen' dieser Gesellschaft und keinen Grund sieht, die Frage nach dem Bösen ernstzunehmen (pp.107f). Ein junger Homosexueller, der sich Bernard kokett nähert, wird unter seinen Augen verhaftet. Man erwartet von Bernard, daß er bestätigt, belästigt worden zu sein. Bernard lehnt das ab. Diese faktisch ebenso solidarische wie zugleich die bestehende Ordnung nicht bestätigende Haltung, erscheint Bernard aber keineswegs als ethisch gut. Denn er hat etwas Schreckliches an sich erfahren, das unmittelbar zu einem Zusammenbruch, einem Herzanfall, führt. Er sucht sich gleich nach dem Geschehnis zu erinnern, was denn tatsächlich passierte. Er erinnert sich, gesehen zu haben, wie sich das Gesicht des gerade selbstsicher und kokett wirkenden jungen Mannes schlagartig veränderte. Aus dem selbstgewissen Homosexuellen wurde, unter dem harten Griff der Ordnungshüter, ein verängstigtes, den Tränen nahes Wesen:

> Bernard's eyes were riveted upon the face of the young man... His underlip was trembling, his eyes – over-large with terror – were on the point of tears. His arms were tightly held by the speaker. (p.108 und zuvor "...he was smiling in confident, sexy invitation" p.107)

Gerade noch war Bernard durch den Kopf gegangen, daß dieser junge Mann genau dem Stereotyp des Homosexuellen entspricht, über den sich Leute wie Charles so erhaben dünken (p.107). Bernard überkommt neuerlich Zerstörungslust. Was Bernard nun vollends vernichten möchte, ist diese dem Stereotyp der Mehrheit entsprechende Art der Schwäche, diese auch gesellschaftlich zu verantwortende Selbstunsicherheit eines noch jungen Mitglieds der Minderheit.[11] So spürt Bernard Lust, der nicht von ihm inszenierten Jagd selbst ein Ende zu machen. Es drängt ihn, die in der öffentlichen Ordnung ausgedrückte Verachtung der 'Minderwertigen', die sich zeigt als Notwendigkeit, diese Menschen aus dem öffentlichen Leben auszugrenzen, sie 'verschwinden zu lassen', durch Vernichtung des Opfers eigenhändig zu vollenden:

> ... it was neither compassion nor fear that had frozen Bernard. He could only remember the intense, the violent excitement that he had felt when he saw the hopeless terror in the young man's face, the tension with which he had watched for the disintegration of a once confident human being. He had been ready to join the hounds in the kill then. (p.109)

Bernard fragt sich ganz erschrocken kurz darauf, was ihn zur Besinnung brachte. Es war die Tatsache, daß in dem Gesicht des Polizeidetektivs keine Zerstörungslust, sondern die trockenhölzerne Routine zu sehen war. So fühlt plötzlich er sich als der Böse. Seine Worte gegenüber Charles, daß er und die Staatsmacht nicht miteinander harmonieren, gewinnen für ihn einen düsteren Wahrheitsgehalt. Die Staatsdiener tun ihre Pflicht, er aber ist der eigentlich Zerstörerische, die Gefahr:

> It was only when he had turned to the detective that his sadistic excitement had faded, leaving him with normal disgust. But what had brought him to his senses, he asked himself, and, to his horror, the only answer he could find was that in the detective's attitude of somewhat officious routine duty there was no response to his own hunter's thrill. Truly he thought, he was not at one with those who exercised proper authority. A humanist, it would seem, was more at home with the wielders of the knout and the rubber truncheon. (p.109, dazu die Gesichtszüge des Detektivs, p.107 "the deadness of his wooden features")

Wo es nur Sieg und Niederlage, nur Erhabene und Minderwertige, nur Jäger und Gejagte gibt, wollte Bernard sich auf Seiten der Starken finden, um, wie er anfangs hofft, von da aus den Bedrohten, den jungen Künstlern und den jungen Homosexuellen, zu helfen. Während es Bernard so scheint, als müsse er sich nun selbst richten; den Anspruch, aufgrund eigener moralischer Integrität, ein Recht darauf zu haben, seine Gesellschaft in Frage zu stellen, aufgeben; einräumen, daß nicht er im Recht ist, sondern die, die den 'rechten Gebrauch von der Autorität' machen, ergibt die Darstellung sowohl hier wie im Kontext der übrigen Geschichte ein anderes Bild.

Solchen jungen Homosexuellen ist, so wie Bernard es bislang tat, nicht weiter zu helfen. Was verschwinden muß, ist der Mangel an eigener Achtung, den die kokette Schale nur ungenügend kaschiert. Was Bernard begründetermaßen enragiert, ohne daß er selbst dies verstehen würde, ist die scheinbare ethische Legitimation derjenigen, die Jagd machen auf Homosexuelle. Das Bild der Jagd deutet an, daß dem Wesen der Menschen im Sinne des Person-Begriffs, der oben bereits skizziert wurde, Gewalt angetan wird, wenn das Verhältnis zwischen Homosexuellen und Ordnungshütern eines von Hunden und Jagdwild ist. Es korrespondiert dem Bild der Ratte ebenso, wie es die anderen sprachlichen Stereotypen der 'Minderwertigen' reflektiert (s.o.).[12] Aus Bernards Ahnung des Bösen - 'apprehension' - in I.1. folgt dieser Zusammenbruch: es ist die tatsächliche 'disruption' - das Zerbrechen - seiner bisherigen Weltsicht, der zuvor vermeintlich umfassenden 'comprehension of the world'. Die 'Kruste' seiner Selbstverständlichkeiten ist aufgebrochen, hat sein Innerstes, aber für Leser und Leserinnen auch Teil des Inneren dieser Gesellschaft, enthüllt. Bernard bricht zusammen, da sein Herz versagt. Das Herz, traditionell der 'Sitz' des Lebens und der Liebe, das, was zu entfalten er die 'spivs' innerlich auffordert, das, worin der Erzähler den Mangel seiner Ehe mit Ella lokalisiert, ist zu schwach, um diese Herausforderung an seine ganze Person, sein geistiges Vermögen und seine Emotionen nach seinem Lebenskampf noch einmal auszuhalten. Dieser Zusammenbruch ist konkret und zugleich metaphorisch zu deuten. Es ist ein Herz, dem wesentliche Zeit die Lebenswärme fehlte, ein Mangel, der den der Gesellschaft reflektiert im Umgang mit ihren Unmündigen, mit ihren Minderheiten. Erst indem Bernard (anders als Murley und andere) dies durchleidet, sich davon erschüttern läßt und es nicht nur mit seinem Verstand zu (be)greifen und zu kontrollieren sucht, kann sich etwas ändern. Bernards Erklärungsversuch wird durch den Text selbst als seine eigene Deutung erkennbar ('the only answer he could find'), die nicht identisch ist mit dem, was seine Geschichte herzeigt. So gilt, daß er tatsächlich nicht eins ist mit denen, die hier Autorität ausüben. Es gilt, daß ihm (anders als jenen) damit die Haltung zutiefst vertraut ist, die zu Herabsetzung, Ausgrenzung, ja, Vernichtung führt/führen kann. Erst dadurch wird er zu einem wahren Humanisten, einem, der Menschen wirklich so wie sie sind anschauen lernt. Bernard hat (aus der Leseperspektive) hier die 'Unschuld' des Humanisten verloren, der meint, Böses gebe es nicht. Diese erzählerische 'massacre of innocence' (p.133 und Kontext) ist die Voraussetzung für ein angemesseneres Menschenbild, ein Bild, das der Vielschichtigkeit der Menschen näher kommt. Erst jetzt gerät Bernard wirklich inhaltlich in direkte Opposition zur Gesellschaft: wäre er 'at one' mit den gesellschaftlichen Institutionen, würde er die herrschenden Diskriminierungen auch weiterhin teilen. Der Fortgang der Geschichte zeigt, daß zutrifft, daß sich Bernard, indem er sich weigerte, den Erwartungen an seine Autoritätsausübung in seiner Position in I.1. zu entsprechen, ein Stück Freiheit auch der Imagination erhalten hat. Der Dialog mit Ella in II.1., mehr noch aber seine Rede in II.3. zeigen, daß er nicht aufgegeben hat, die Selbstverständlichkeiten der Mehrheit, aber auch seine eigenen, in Frage zu stellen. Geschieht dies in II.1. noch aus einer Haltung der Angst vor Ella, so hat er in II.3. bereits einen Teil dieser Angst verloren. Insbesondere seine Redeweise in II.3. ist eines von mehreren Indizien, daß er tastend etwas zu finden beginnt, was Charles' Kritik an ihm in I.4. bereits aus der Leseperspektive ankündigt: er hört auf, autoritär den Wissenden zu spielen, und fängt an, mit deutlich gezeigter Selbst-Ungewißheit zu fragen - fragend anderen eine neue Richtung für mögliche Antworten anzudeuten.[13]

Bernard fragt Ella in II.1., was sie mit kranken Pflanzen tut, die sie geschenkt bekommen hat. Lohnt es sich, etwas 'Krankes' am Leben zu erhalten, es vor dem Untergang zu bewahren "... is it worth saving?" (p.125) Ellas Antwort kommt ohne Zögern: wenn es ein solches Geschenk schon einmal gibt, sollte man es auch pflegen - "Once the wretched thing is here, one's rather committed." (p.125) Ellas Auffassung gilt ihr also unabhängig von der Möglichkeit, das Geschenk könnte von Beginn an nicht 'vollkommen gesund' gewesen sein. Was in dieser Aussage vordergründig als Ellas Anpassung an soziale Konventionen ihrer Figuration erscheint, ist zugleich aus der Leseperspektive eine grundsätzliche Aussage zum Menschen: gleich, was der Mensch 'an und für sich' 'ursprünglich' ist, ist er ein lebendiges Wesen, ein 'Geschenk', ein Gegebenes, mit dem darin implizierten Anspruch auf entsprechende Fürsorge.[14] Ella formuliert mithilfe vorgegebener Ordnungsmuster sowohl einen Unterschied zwischen nützlichen und schönen Pflanzen - 'right things' und 'flowers' - sowie zwischen diesen und Unkraut. Sie beansprucht bei den schönen Pflanzen eine gewisse eigene Entscheidungsfreiheit, gemäß welcher sie sich auch zu handeln bemüht. Unkraut ist das, was das Schöne und das Nützliche am Wachstum hindert, nur insoweit es dies tut, muß es entfernt werden:

> 'Perhaps I'm not ruthless enough.' 'With weeds?''...well, only because they stop the right things from growing.'
> 'You're very sure about the right things'... 'Well yes,... I suppose I am. But I don't follow *quite* blindly, you know.' (p.125)

Ellas Worte, es gebe Blumen, die sie absolut scheußlich - ekelhaft - findet, weshalb sie versuche, sie erst gar nicht im Garten zu haben, sind ein Echo der Worte, mit denen sie Vera Curry 'perfectly foul' findet. Die Charakteristika Vera Currys werden durch den Verweis auf die 'fette Gestalt' vom Text zusätzlich evoziert:

> Some flowers are absolutely foul. Double begonias, for instance, or prize dahlias. Any of those fat, waxy things. But then I never have them in the garden. (p. 125)

Diese Geschmacksfrage sowie die gärtnerische Ordnungsvorstellung Ellas werden in Buch III auf die Probe gestellt. Ella versucht, Vera Curry aus 'ihrem Garten' zu entfernen, ihre direkte Begegnung mit Vera Curry endet entsprechend der hier artikulierten Entschlossenheit, sie 'nie' im eigenen Garten zu haben. III.1. und III.2. zeigen sinnfällig, daß, was im Garten mit Blumen möglich und dem eigenen Geschmack gemäß erlaubt sein mag, so nicht auf Menschen übertragen werden kann; ferner, daß das, was einzelne Menschen in ihrem privaten Bereich durchzusetzen vermögen, nicht ohne weiteres für die Gesamtheit einer Gesellschaft gilt. Bernard spricht in II.1. indirekt von seinem Bösen, seiner Zerstörungslust. Ella ist solche Lust gänzlich fremd. Sie erwidert mit dem Bekenntnis zu der Anstrengung, seltene Blumen auch unter widrigen Umständen gedeihen zu lassen:

> 'Don't you ever get a kick when you forget to water those precious gentians of yours and *they* die?' he asked.
> Ella looked surprised. 'I never *do* forget. ... 'It's far too difficult to get them to grow at all in this wretched garden.' (pp.125f)[15]

Bernards Worte, Ellas Haltung weiche von den Konventionen ab, sei aber der rechte Gebrauch von Autorität (p.126), gewinnen durch die Entwicklung des Geschehens einen für diese Textwelt allgemein gültigen Sinn. Es gilt, das kostbare Geschenk des eigenen wie des fremden Lebens zu hegen und zu pflegen nach bestem Vermögen, auch wenn dies das Risiko einschließt, sich zu irren, Fehler zu begehen, ja, auch 'krank' zu sein, gleich ob in eher physischer oder eher moralischer Sicht.[16] Jeder Einzelne und jede Einzelne ist ein Besonderes, ein Individuelles, insoweit jede Person eine lebendige Gestalt ist, mit ganz eigentümlichem Vermögen und einem eigenen Recht, aber auch der Pflicht, zur Selbstentfaltung. Wo dieses Individuelle als Besonderes keine allgemeine Anerkennung findet in der Gesellschaft wie sie ist, bleibt zweierlei gleichzeitig zu tun: die Bemühung, sich selbst zu achten und zu hegen sowie die Umstände zu gestalten suchen, die ein entsprechendes soziales Zusammenleben ermöglichen. Als Bernard in III.1. bei einem seiner Spaziergänge - entgegen seiner Gewohnheit Schwachen zu helfen - zuschaut, wie ein Wiesel das Gehirn eines Kaninchens aussaugt, verspürt er wider Erwarten keine Lust an solcher Zerstörung des Schwächeren im Reich der Natur:

> Once, in defiance of his body's long-learnt urge to save the weak, he forced himself to stand by while a weasel sucked the brain from a quivering rabbit. What was one more rabbit compared to the satisfaction of the snakelike creature's tensed lust? But he could find no bond of kinship that recalled the brotherhood seal of Hubert's handshake. (p.190)

Zunächst ist zu betonen, daß Bernards spontane Neigung, dem Schwachen beizustehen, als ein Körper zugehöriges Vermögen bezeichnet wird: 'his body's urge'. Ferner, daß dieses Vermögen als ein leiblich-natürliches zugleich ein erlerntes, ein trainiertes - 'long-learnt'- Vermögen solidarisch bzw. hegend zu handeln ist. Überdies erscheint die Fähigkeit, beiseitezustehen und etwas zu betrachten, hier als eine aktive Anstrengung, die dem natürlichen Vermögen einzugreifen widersteht. Bernard erlebt also plötzlich einen wichtigen Unterschied zwischen der Ordnung der Kreaturen der natürlichen Umwelt – hier: Wiesel und Kaninchen – und der menschlichen Ordnung, ohne daß es ihm begreifbar wäre.

Aus der Leseperspektive ist klar, daß, was immer das Wiesel motiviert zur Tötung des Kaninchens nicht in Anspruch genommen werden kann zur Legitimation von Gewalt zwischen Menschen.[17] Bernard widmet sich nach dem Fest eine zeitlang nur seinem eigenen Innenleben und den Reizen der Natur, beispielhaft bei seinen Spaziergängen in III.1.; er braucht diese 'Ordnung der Dinge' als zeitweilige Erholung, aber auch als resignativen Rückzug von der Ordnung der menschlichen Dinge, von dem, was mit 'demands' und 'needs' der Menschen im Text bezeichnet wird (bes. p.189, p.206). Als Bernard erkennen kann, daß schlichte Passivität, Schweigen z.B., zu demselben Ergebnis führen kann wie Huberts aktive Verfügungsgewalt, handelt er. Genauer noch: als Bernard begreift, daß die ausschließliche Konzentration auf sein eigenes Leid sowie die Position ausschließlichen Beobachtens des Leids anderer eine aktive Verstrickung in dieses andere Leid bedeuten kann, ist er plötzlich fähig, seine Selbstzweifel beiseitezulassen und seine Angst, aus falschen Motiven zu handeln, zu überwinden (pp. 200f). Er leistet, wie ungenügend auch immer, Widerstand, sowohl gegen Hubert wie gegen Celia Craddock; öffnet sich dem Dialog mit Ella und sucht einen Ausweg aus dem Dilemma, in das ihn das Fest stürzte, ohne Murleys brieflich formuliertem Ansinnen zu folgen (pp.200-220).[18] Sein Handeln vor seinem Tod zeigt das Ineinanderwirken von sowohl ästhetischem, wie moralischem, intellektuellem, inklusive einem auch gesellschaftlich-politisch bewußten Vermögen. Die Auseinandersetzung mit Hubert Rose ist hierfür beispielhaft (pp.203-206). Bernard erfaßt zunächst mit emotionalem Einfühlungsvermögen Huberts Lebens-Dilemma. Dabei steht die Einfühlung deutlich in Spannung zu seinen ethischen und sonstigen intellektuellen Überzeugungen, denen er schließlich handelnd genügt. In der Wohnungseinrichtung Huberts sieht Bernard einerseits das Bemühen, jede individuelle Komplexität dadurch zu negieren, daß die Gegenstände des Raumes als vollkommen funktional transparent und deterministisch erscheinen, was, wie Huberts Äußerungen belegen, Huberts Haltung auch zu Menschen entspricht: "... no evidence of form that could not be explained by function. ..." (p.204 und Kontext) Bernard sieht eine Entsprechung, zugleich jedoch auch eine Gegenposition zu dieser vermeintlich offenbaren Transparenz. An der Wand hängt ein einziges Gemälde: eine mondbeschienene Landschaft des englischen Malers Samuel Palmer.[19] Bernard erfaßt zum einen den Kontrast zwischen dem modernen, funktionalen *ambiente* und diesem romantisch-düsteren Gemälde. Beide aber sprechen von der Sehnsucht nach einem Sinn, den eine präformierte Ordnung gewährleisten soll. Der Welt der Funktionalität der Gegenstände im Raum entspricht, zumindest gedeutet aus der Leseperspektive, die in Huberts Worten proklamierte kosmische Ordnung der 'Dinge', in der der Mensch seinen ihm fest vorgegebenen Platz, seine bestimmte Funktion hat; Palmers Bild deutet die christlich-göttliche Ordnung an. Huberts gesamtes lebenspraktisches wie zugleich ästhetisches *ambiente* spiegelt seine Lebenshaltung, in der er sich die Stelle der göttlichen Verfügungsmacht anmaßt, sobald es um die Funktion anderer Menschen in seinem Leben geht: "...Just man in his proper place among a lot of bigger things that serve their purpose. ..." (p.205) Dieser Haltung ist die Sehnsucht nach Erlösung eingeprägt in der Gestalt des Gemäldes eines religiösen Malers; artikuliert findet sie sich in Huberts Worten von "despairs and desires", die er meint,"below good and evil" mit Recht befriedigen zu dürfen (p.205). Die unaufhebbar scheinende Spannung kann in Huberts Fall nur zu Zerstörungen führen. Bernard ahnt voraus, was der Epilog bestätigt. Ein Mann wie Hubert zerstört sich selbst, wenn er nicht haben und damit zerstören kann, was er ersehnt:

> Only the desolate moonlit horror of a single Samuel Palmer summed up in coherent statement the world of its owner – the empty hopelessness of a desert universe which had almost wound down to its end. (p.204)

Die hoffnungslose Leere der Sehnsucht Huberts ist der Mangel, der diesen 'disciples of negation' als 'Motiv' innewohnt; der sie zwanghaft in Bewegung hält, weil sie sich aus geistiger Trägheit weigern, sich auf Alternativen einzulassen, wie Bernard es bezogen auf die 'spivs' erfaßt (s.o., p.103). Durch diese Textfacetten gewinnt Bernards Position gerade auch gegenüber der Hubert Roses ethisch das Profil, das ihn zum 'Propheten' macht und von anderen abhebt. Daß seine Wahrnehmungsfähigkeit anders funktioniert, als ihm selbst insbesondere anfangs bewußt ist, ist einerseits textironisch ein Aspekt seines Wandels als Person, zum anderen ein Aspekt seiner Eigenschaft als Schriftsteller, die einen für den Text auch selbstreferentiellen Aspekt enthält.[20]

Bernard spürt unmittelbar vor seinem Tod, daß sein anfänglicher Humanismus sich verändert hat, es ist etwas geschehen, was eigentlich nach neuer Gestaltung verlangt. Es gibt keine dualistischen Aspekte mehr, stattdessen eine Durchmischung von Elementen, die ihn befremden – oder auch: die ihm fremd waren – mit bekannten:

> Ella had returned to give him safety and comfort, but his conscience, his beliefs, his tattered humanism were now compounded through and through with alien motives and decisions. ... He had the letter to Charles to write. Taking up his pen, *Dear Isobel*, he wrote,... (p.219).

Er möchte zwar auch Charles antworten, er schreibt tatsächlich aber seiner Schwester. Das ist verstehbar als eine erste Antwort auf die Frage, wie ein Neues aussehen könnte. Ehe Bernard Charles, den männlichen Verfechter des Alten, der Erstarrung, überzeugen könnte, muß er auf die vertrauen können, die sein *ethos* anerkennen, auch wenn sie es anders verstehen als er selbst. Bernard möchte, daß auch Isobel Ideale und alltägliche Lebenspraxis miteinander in Einklang bringt und läßt so durchblicken, daß auch er diese Aufgabe nur unzulänglich erfüllte. Gerade bezüglich der Gesellschaft genügt die Belehrung, bzw. das 'Von-Oben-Herab-Reden' nicht. So bestätigt sich auch die entsprechende Kritik Charles' und der 'gentry' an Bernard, aber anders, als diese sie meinen (s.o.). Es gilt, die verschiedenen Formen der Selbstentfremdung zu überwinden, um den Idealen, an die Bernard immer noch glaubt, produktiv zum Durchbruch zu verhelfen. Bernard setzt seine Hoffnung darauf, daß das eigene unvollkommene Leben nachfolgende Generationen nicht davon abhalten wird, ihre Ideale selbst in die Tat umzusetzen. Bernard stirbt. Sein Tod ist ihm einerseits eine Erlösung von der Last dieser hier antizipierten neuen Lebensaufgabe. Es ist aber auch die stille Anerkennung, daß er, weil er lebt, altert und sterben muß. Ella hingegen wagt schließlich aufs Neue mit Menschen zu leben und besinnt sich dabei auch auf Bernards Bedeutsamkeit in ihrem Leben und dem der anderen. Sowohl Bernard wie Ella zeigen so, daß die 'Krankheit zum Tode', auch die erlittene und zugefügte Lieblosigkeit, unter günstigen Umständen wenigstens teilweise heilbar ist. Ob eine Gesellschaft von ihrer entsprechenden Krankheit genesen kann, bleibt offen, Zweifel erscheinen angebracht angesichts dessen, was der Epilog im Kontext des Gewesenen schildert.

3.4. Bernard Sands: 'the novelist as prophet - hemlock and after'

> All I have is a voice
> To undo the folded lie ...
>
> (W.H.Auden, *September 1, 1939*)

Das vom Text gleich zu Beginn gebotene Stichwort des 'prophet', die diversen Hinweise auf romantische Dichter wie auch auf den Philosophen Sokrates, insbesondere jedoch die Spannungen um Bernards Haltung gegenüber den Erwartungen an ihn als Schriftsteller erlauben, Bernards vielfältige Funktionen als 'novelist' in diesem Text anders zu sehen, als er und seine Umwelt es anschaulich machen.[22] Bernard Sands ist Subjekt seines Anspruchs, diese Gesellschaft mit kritischer Imagination zu betrachten und u.a. in seiner Kunst Aspekte seiner Lebenserfahrung zu gestalten. Zugleich ist er Objekt der Darstellung dieser Haltung und seiner Bemühungen. Buch I beginnt mit einem Satz, der diesen Doppelaspekt bereits sinnfällig macht und zugleich den Bezug zum zeitlichen wie geistesgeschichtlichen Horizont, in den diese Gestalt eingebettet werden kann, eröffnet. Nach Titel, Figurenliste und Kapitelüberschrift beginnt die Geschichte mit dem Satz:

> Of all the communications that Bernard Sands received on the day of his triumph the one which gave him the greatest satisfaction was the Treasury's final confirmation of official financial backing. (p.9)

Bernard Sands ist beteiligt an einem die Erzählgegenwart auf eine offene Vergangenheit hin umgreifenden, im Gang befindlichen Handlungs- und insbesondere sprachlichen Verständigungsprozeß. Ein Vorgang, der im Akt des Briefeschreibens und -erhaltens - 'communication by letters' - einen Ausdruck findet. Andere sprachliche Verständigungsprozesse gingen dem voraus und folgen ihm nach. Die Genugtuung desjenigen, der hier etwas erhält, schwindet schnell. Er hat bekommen, was er glaubte, mit Recht erwarten zu können. Was er erhält, erweist sich als keineswegs 'endgültige Bestätigung', sondern ist die 'letzte Bestätigung' der offiziellen finanziellen Unterstützung. Das heißt, was der Text hier ankündigt, erfüllt sich durch die Geschehnisse. So fungiert diese Aussage aus der Leserperspektive u.a. als textironischer Verweis auf das Kommende. Aber, ebenso wie Bernard Sands seine anfängliche Haltung mindestens z.T. revidiert und zwar aufgrund bestimmter Geschehnisse (s.o.), so gilt auch für diese aus der Leserperspektive getroffene Re-Vision des Textes, daß erst durch den Gang der Geschichte diese Bedeutungsnuance in I.1. als eine mögliche sichtbar wird. Verstehen und Werten geschehen also für Bernard Sands - wie in anderer Weise auch bei der Rezeption dieses Textes - durch Akte des Antizipierens gewisser Geschehnisse aufgrund eigener Vorstellungen und Haltungen; sind diese Geschehnisse eingetreten, so werden sie geprüft auf ihre Kongruenz mit dem Erwarteten, und entsprechend dem Ergebnis dieser Prüfung herrschen z.B. Genugtuung oder Frustration oder Mischungen wie etwa jene, die Bernard Sands zu Beginn zeigt. Unter Umständen erwachsen aus der retrospektiven Betrachtung eingetretener Ereignisse neue Vorstellungen und womöglich sogar neue Haltungen, wie es bei Bernard Sands teilweise zumindest der Fall ist. Dabei ist in allen diesen Ereignissen, Handlungen und Haltungen das Medium der geschriebenen und gesprochenen Sprache zentral.

Bernards anfänglicher Genugtuung ist ein Gefühl beigemischt, daß er eine Position der Autorität erreicht haben könnte, die seinem eigentlichen Anliegen nicht gerecht wird. Er wurde allmählich zum 'Grand Old Man of Letters', als welchen man ihn schließlich auch für respektabel hält. Dabei blieb er zugleich, was seiner Neigung zum selbstdramatisierendem Rollenspiel entgegenkommt, ein 'Grand Enfant Terrible'. Seine Selbstzweifel ob dieser Position und Autorität hängen unmittelbar damit zusammen, inwieweit es ihm tatsächlich gelungen ist, sich Respekt und Gehör zu verschaffen. Er beharrt auf seinem Anspruch, Selbstverständlichkeiten, 'Wahrheiten' zu hinterfragen. Er ist sich klar, daß man ihn gern in der Rolle des Hofnarren wahrnimmt und zeigt sich entschlossen, dem entgegenzuwirken. Er weiß, daß seine Neigung zur Theatralik kontraproduktiv sein kann für seine Mission, seiner Gesellschaft die notwendige Medizin zur Heilung der von ihm wahrgenommenen Krankheiten zu verabreichen, die diese gern als süßes Placebo aufnimmt:[23]

> If he had forced from the public and the critics respect and hearing for his eternal questioning of their best-loved 'truths', he must never allow them to feel they were indulging the court jester. They should continue to take from him exactly the pill they did not like, and take it without the sugar of whimsy. ... (p.9)[24]

Was Bernard spürt, aber nur aus der Sicht von Leserinnen und Lesern durch II.3. und III. deutlich wird, ist, daß seine Neigung zur Theatralik, seine Pose als 'Enfant Terrible' der Haltung der Gesellschaft, sich durch Hofnarren amüsieren, anstatt ernsthaft kritisieren zu lassen, exakt korrespondiert. Bernard muß in schmerzlicher Weise beide Posen, 'guises', wie es bereits anfangs bezüglich der diversen Posen der Autorität des Bildungs-Establishment heißt (p.9), aufgeben, die des 'Grand Old Man of Letters' und die des 'Grand Enfant Terrible'. Denn nur so kann er werden, was er nach dem diesem Text eingeschriebenen kunstgerechten 'plot' (p.148) im Textgefüge auch zu sein hat: der visionäre Künstler, der Prophet, wie ihn beispielsweise schon Shelley im Rückgriff auf eine lange Tradition beschrieb.[25] Bernard will seine Zweifel, ob er die notwendige Kraft habe, seinem Anspruch zu genügen, für sich behalten: "If on occasion he mistrusted his own powers, it was not a mistrust that he intended others to share." (p.9) Der Text macht anschaulich, daß er sie weder für sich behalten kann, noch daß er allein Zweifel an seiner Kraft. Was zunächst und augenscheinlich eine Aussage über Bernards Scheu ist, sich als unsicher zu zeigen, wird durch die öffentlichen Ereignisse als vieldeutige Aussage des Textes kenntlich. Durch II.3. und Buch III wird widerlegt, daß Bernard als Einzelner darüber verfügen kann, was andere über ihn wissen und von ihm wahrnehmen, es wird gezeigt, daß wechselseitig tiefes Mißtrauen herrscht. Dies erweist sich aus der Leseperspektive als wesentlicher Teil des Hindernisses, das Lebens- und Liebesideal, wie Bernard es im stillen und eher umrißhaft bereits vor II.3. avisiert, ehe er in II.3. in keineswegs eindeutigen Worten öffentlich davon spricht, gemeinsam mit seiner Gesellschaft zu realisieren. Angst und Mißtrauen bilden den wesentlichen Teil der gemeinsamen Basis von Figurationen und Künstler, es ist eine unfruchtbare Grundlage für jene Vision fruchtbarer Gestalt, wie sie dem Text als Ideal eingeschrieben ist. Das Kapitel II.3. macht anschaulich, wie weit Bernard sein Publikum 'zwingen' kann, ihn zu respektieren und ihm zuzuhören. Es markiert prägnant Grenzen des Verständigungsprozesses, von dem Bernard eben nur ein Teil, wenn auch, bezüglich der Literatur in dieser Gesellschaft, ein wesentlicher ist. Es zeigt, mit den Worten von I.1., "how far his deep convictions would carry him against the world of Kafka's 'they'." (pp.9f) So wird durchsichtig, daß eben diese 'tiefen Überzeugungen', soweit sie Teil der Überzeugungen der Mehrheit sind, ihn in den Untergang führen, den Bernard in II.3. so unausweichlich vor sich sieht. Der Erzähler läßt wenig Zweifel darüber aufkommen, worin Bernards eigenes Ungenügen in dieser Situation besteht. Seine Haltung wird gezeigt als die negative Kehrseite seiner anfänglich so demonstrativ zur Schau getragenen Selbstsicherheit:

> Bernard himself undoubtedly saw all the fragments, the threads of evil which had been weaving in and out of his thoughts ..., work together before his eyes, in the hard bright colours of the afternoon sunlight, into a huge tapestry of obscene horror. ... Yet it was not an external picture of concerted enemies he saw, but the reflection of his own guilt ... . Against its inevitable issue in his own destruction he could not, must not, raise any protest. Among this whole crowd ... he thought himself alone, the coward who had refused to face the dual nature of all human action, whose ... cloak of ... humane, individual conduct had fallen to pieces in one moment under the glaring neon searchlight of that single sordid test of his humanity in Leicester Square. He had failed the test and must take its consequences. (pp.148f)

Wer solche einseitigen Selbstbilder hegt, muß untergehen, wenn das Ideal gelten soll, das solcher Einseitigkeit entgegensteht und dieser Textwelt eingeschrieben ist.[26] Es erfüllt sich ein Schicksal für Bernard, das man als psychogenetische Konsequenz wie als textironische Konsequenz im mehrdeutigen Wortspiel von 'conviction' und 'issue' im Kontext der Motivmuster interpretieren kann. Es ist formuliert in den Worten der einen Gegengestalt, Hubert Rose, der beim Fest ja meint, es sei gut, daß auch Bernard begriffen habe "how deeply one must go under, in order to come up again" (p.180, bes. auch der weitere Kontext der Äußerungen Huberts).[27]

Im ersten kurzen Dialog mit Ella läßt Bernard erkennen, daß er eigentlich Teil einer verödenden Kultur, ja, deren herausragender Vertreter geworden sein könnte. Er spricht von seinem Vardon Hall Projekt als einem möglicherweise fruchtbaren Gebiet in einem Bereich, der ihm selbst wie eine weithin unfruchtbare Wüste erscheint; diese ist, wie er selbst dabei anklingen läßt, die Karriere zur Eminenz, im Doppelsinn des Hervorragenden: "..in a way it's the first new field for so long in the barren stretches of eminence's desert." (p.11) Schon hierdurch gewinnt die anfängliche Gabe des Anwesens an ihn einen anderen Sinn, als den ursprünglich sichtbaren. Diese Gesellschaft ist selbst kaum fruchtbar, wie Murley es in III.1. bestätigt ('petrified') und die eigentümliche Fruchtbarkeit einer Vera Curry es veranschaulicht. Was diese Gesellschaft Bernard Sands gegeben hat, ist ein 'estate' einst auch materiell mächtiger Personen, deren Macht über die Jahre geschwunden ist, weshalb das Anwesen im Verfall begriffen ist. Rettung soll kommen durch den Autor, der diesen 'estate' restaurieren soll und zwar so, daß sich die jetzt Mächtigen wohl und in ihren Erwartungen bestätigt fühlen (s.o.). Die Gäste beim Fest sind schockiert nicht nur über den 'primitiven Zustand' der in der Rekonstruktion befindlichen Anlage, sondern auch darüber, daß die Künstler nicht das sind, was man erwartete:

> The primitive state of the reconstruction operations alone was a great shock to many who had expected a running organization, with tame poets and artists, to spring full grown before their eyes. (p.146)

Unauffällig, aber aus der Leserperspektive doch erkennbar, gewinnt so der Landsitz mitsamt seinem unfertigen Zustand und seiner Vorgeschichte eine tiefere Dimension, als die Beteiligten es wahrzunehmen bereit oder in der Lage sind.[28] Zur Realisierung der von der Gesellschaft vom Autor erwarteten Rettung dieses Landsitzes hat man ihm Geld zugesichert, mit der expliziten Hoffnung, er werde es so einsetzen, daß sie zurückerhalten, worauf sie ein Recht zu haben glauben (s.o.).[29] Die Gesellschaft bekommt in II.3., worauf sie ein Recht hat, nicht mehr und nicht weniger: einen halbfertigen Zustand eines Projektes, das zu vollenden nicht in der Macht des Autors Sands liegt, wenn gilt, was sein Ideal und das dem Text eingeschriebene Lebens- und Kunstideal eigentlich ist. Ein Ideal, in dem die Eigenverantwortung, der aktive Enthusiasmus für die eigene Lebendigkeit und analog hierzu für die Lebendigkeit der Kunst, der Literatur zumal, wesentlich sind.[30] Bernard Sands nimmt sich in I.1. fest vor, er werde nicht in autoritärer Manier den jungen Autoren Wertvorstellungen aufoktroyieren; stattdessen sollen sie von ihm etwas von jener Anarchie bekommen, die ihn einst in seiner Jugend faszinierte:

> There would be none of the neo-authoritarianism, none of the imposition of dogmatic spiritual values upon the writers ... . Very well, he decided, he would give them ..., something of the anarchy which had so fascinated him in his youth. (pp.14f)

Wie bei anderen 'Beschlüssen' des Autors trifft im Textverlauf zu, was er sagt; zugleich entfaltet sich aber ein anderer Sinn, als der zunächst offenbare. Sir Lionel Dowding kritisiert den Autor Sands in II.3., weil er den rechten Ton der Autorität zur Motivierung der jungen Talente vermissen lasse, wobei er sich auf bedeutende Autoren des 19. Jahrhunderts beruft (p.150). Bernards resignative Delegation der Verantwortung für das Projekt an die jungen Talente gehört zu seinen einseitigen Tendenzen seiner Selbstverurteilung, seiner 'conviction'. Dennoch spricht er aus innerer Überzeugung, wenn er erklärt:

> If it's really needed it will survive ... . If it turns out to be of use to you, you'll fight for it. If it doesn't, clear out before the weeds start to grow in the paths ... (p.150).

Es wäre eine 'comfortable evasion of duty', von der Bernard in seiner Rede spricht (p.155), würden die jungen Autoren sich vom alten Sands vorführen lassen, was der zukünftige Sinn der Literatur und was die Gestalt eines solchen Projekts zu sein habe. Würde andererseits Bernard Sands bei seiner Resignation bleiben, anstatt sich darum zu bemühen, bei der Gestaltung der Zukunft zu helfen, wäre dies seinerseits eine 'comfortable evasion of duty', die er, wie zumindest ansatzweise sichtbar in III.1., nicht begeht. Bernard avisiert vielmehr hier ein Stückchen Herrschaftsfreiheit auch von seiner Autorität im Sinne seines Jugendideals; diese Vision vollendet sich durch seinen Tod. Damit ist die aktive Herrschaftsmöglichkeit des Autors und Mannes zu Ende; alle sind nun frei, zu tun, woran sie glauben. Eben dies wird in III.2. anschaulich gemacht. Die Gesellschaft hat die Autoren, die sie verdient, die Autoren den Ort, wie sie ihn zu dieser Zeit glauben gestalten zu können, indem sie sich von Murley und Seinesgleichen verwalten lassen. Ob sich dies ändern wird, bleibt offen.

Bernards Fatum ist also eines, das er und seine Gesellschaft nur zum Teil selbst herbeiführen, es ist zugleich eines, das den Textelementen selbst noch in einem anderem Sinn eingeschrieben ist. Im Sinne der Motivstränge der Vorankündigung des 'disaster' nämlich, das sich in II.3. erfüllt, kann man sagen, hier vollendet sich das, was die 'Stimme' des 'poeta creator', die so alt ist, wie die Stimme Jehovas im Alten Testament, von der der Erzähler in II.3. in eben diesem Kontext spricht, andeutete:

> The confluence of world crisis and lovely weather, in particular, threw into sinister highlight the sense of individual impotence, as though both personal happiness and personal disaster burst unannounced from outside, like the fair promises and curses of the Mosaic Jehovah. (p.147)[31]

Was einerseits eine Katastrophe ist und schließlich auch Bernards Tod mitbedingt, ist andererseits auch ein Triumph. Die Katastrophe ist zum einen die unwiderlegliche Erfahrung Bernards, sich nicht verständigen zu können, wahrhaft uneins mit der Gesellschaft zu sein, mit der er doch auch 'unity' ersehnt (p.25), sowie sein Gespür dafür, daß seine kreativen Kräfte nahezu erschöpft, seine Kraft zur Vision erlahmt sind. So erklärt er Bill Pendlebury gegen Ende des Festes: "At the moment, I see Nothing behind nothing." (p.185) Das Nichts, das er sieht, ist ein Aspekt des Anarchietraums der Jugend, wenn man diese Sehnsucht auch vor der Gegengestalt Roses deutet als einen Ausdruck der Todessehnsucht, der Flucht vor der Last zu leben, wofür Bernards 'state of mind' in I.4., wie schließlich in III.2. durchaus Anlaß bietet (p.67, p.220).[11] Es ist die Leere dessen, der spürt, daß er zum Hervorbringen neuer Werke wie zum Lösen der menschlichen Probleme, deren er gewahr wurde, mehr Kraft braucht, als er hat (p.188). Sein Triumph liegt indes in der Botschaft seiner Worte, die zu hören im Sinne der dem Text eingeschriebenen Lebens- und Liebesvision, wenn überhaupt, nur Ella gelingt. Das wiederum hängt eng zusammen mit der Vorstellung der Vertrautheit, die in dieser Gesellschaft so zentral ist, sowohl als vorherrschender Mangel wie als Bindung und Verbindung der beiden Eheleute Sands sr.. Diese Vertrautheit, wie der Mangel derselben gehören zu den Grundlagen der Verständigungsmöglichkeiten, wie sie in II.3. deutlicher als andernorts im Text veranschaulicht und sinnbildhaft verständlich werden.

Die Ereignisse des Festes werden aus der Retrospektive geschildert. Der Erzähler fügt Bernards Haltung und insbesondere seine Rede in einen aufschlußreichen Kontext. Zuerst werden Deutungen des Geschehens berichtet, die als Resultate voraufgehender Ahnungen dargestellt sind. Dabei enthält sich, wie bereits oben gezeigt, auch der Erzähler selbst nicht gewisser Kommentare, sobald er in ausschnitthaften Szenen das lebendig werden läßt, was sich ereignete, wozu seine Deutungen und die der Beteiligten Perspektiven auch der Beurteilung bilden. Der Erzählaufbau (bes. pp.145-155), im Verbund mit dem das Stichwort 'living up to his position' aufnehmenden Titel 'Up at the Hall', veranschaulicht somit den Prozeß des Wahrnehmens und Verstehens eines zentralen Ereignisses im Sinne meiner zu Beginn des Kapitels gegebenen Erläuterungen. Die Beteiligten gehen zum Fest mit bestimmten Vorstellungen; ihre Wahrnehmungen sind unmittelbar geprägt von diesen, und es bleibt den Lesern und Leserinnen vorbehalten, sich schließlich selbst ein Urteil zu bilden über die hier zum Teil szenisch erzählerisch vermittelten Vorgänge. Der Höhepunkt des Festes sind die diversen Reden prominenter Personen; ihm folgt der unterhaltsame Teil, der zugleich den Niedergang Bernards beschleunigt, da gewisse Personen aus dem Kreis seiner homosexuellen Freunde lustvoll den Geschmack der Bürgerinnen und Bürger provozieren. Nirgends wird die ebenso komische wie in gewissem Sinn auch tragische Situation des wechselseitigen Unverständnisses zwischen dem Künstler und seiner Gesellschaft anschaulicher als in diesen Szenen. Dabei erhellt der Erzähler, daß Bernard nur eine Person neben anderen ist, die nicht so verstanden werden, wie sie es selbst vielleicht mein(t)en. Ferner wird klar, daß Mitteilungen und ihr Verstehen an grundlegende - im Sprachgebrauch des Textes 'primitive' bzw. 'basic' - Voraussetzungen gebunden sind, die hier nur ungenügend erfüllt sind bzw. werden (bes. pp.152-155), so daß das Resultat als Katastrophe erscheint - 'disastrous'. Grundlegend, so der Erzähler, ist z. B. die praktische Voraussetzung, daß nicht nur die Prominenz es bequem haben sollte, sondern daß Redner und Zuhörende in gewissem Maß derselben Stimmung, jedenfalls so aufeinander eingestellt sein sollten, daß sie aufmerksam füreinander sind. Des weiteren ist grundlegend, daß die Medien, die sie gebrauchen, intakt und weithin vernehmbar sein müssen. Das Medium der Sprache ist zwar grundlegend, aber keineswegs unproblematisch; setzt es doch insbesondere bei den Zuhörenden einen gewissen Bildungs- und Erfahrungshorizont voraus, wenn nicht der Eindruck entstehen soll, es würde gänzlich Verschiedenes zugleich gesagt. Während gerade die Mehrsinnigkeit aus der Leseperspektive als wesentliches Moment des Mediums Sprache selbst anschaulich wird, ist diese Einsicht den Zuhörenden keineswegs 'selbstverständlich'. Zu den Medien, die in dieser konkreten Situation als ganz ungenügend gezeigt werden, gehören die Lautsprecher; die Instrumente also, die das gesprochene Wort verstärken und allen denen zugänglich machen sollen, die nicht im selben Raum sind wie der Redner selbst. An diesem Nachmittag funktionieren gerade diese Verstärker nicht, sodaß die Botschaften überhaupt nur wenige Ohren erreichen. So kommt es, daß der eigentliche Höhepunkt, der Vortrag neuester Gedichte durch ein junges Talent, den Dichter Greenlees, auf totales Unverständnis stößt. Selbst jene Zuhörenden, die im selben Raum mit ihm sind und ihn in seiner unauffälligen Erscheinung sehen können, ahnen nicht, mit wem sie es zu tun haben, geschweige denn begreifen sie, was Gegenstand dessen ist, was an ihr Ohr dringt. Denen, die im Garten weilen, bleibt selbst ein solcher Eindruck verschlossen:

> Few of those inside the house, and none of those in the garden, ever fully grasped that he was reciting from his own works. The words that came to them were therefore peculiarly incomprehensible. (p.155, sowie voraufgehender Kontext, pp.151-155)[33]

In diesem Kontext sind Bernards Haltung und Rede eingebettet. Es gibt offenkundig sowohl subjektive wie objektive Probleme der sprachlichen, insbesondere auch der literarischen Kommunikation. Dabei sind die beteiligten Menschen, die Medien, der Ort wie die Zeit mit ihren jeweils konkreten Bedingungen sowie den damit verbundenen historischen Perspektiven gleichermaßen wesentlich. Aber das erzählerische Interesse richtet sich in erster Linie auf die Weise, wie die Personen mit solchen Bedingungen umgehen. Der Erzähler läßt anklingen, daß Bernard etwas anderes ist, als die Zuhörenden erwarten und ihnen vertraut ist. Er scheint jene vertraute Figur des Botschafters wie des Schutzes zu sein, den die 'gentry' in ihm sieht. In Wahrheit ist er - so der Erzähler - 'fast' ein Symbol des mobilen Vehikels, das Stadt und Land verbindet, das die 'gentry' im Alltag hin- und herbewegt, sie in ihrer Immobilität mobil sein oder mindestens erscheinen läßt: "He was almost a symbol of the commuting trains...".(p.153) Aber nicht diesen Aspekt, den der Erzähler als 'local' bezeichnet, erwähnt Bernard in seiner Rede. Ihm geht es um etwas, das wie sein Medium, die Sprache nämlich, über die 'contemporary scene' hinausreicht, wie es in den Rezensionen seines Romanes bereits in l.1. textironisch heißt (p.14).[35] Sein ursprüngliches Motiv erwähnt Bernard sogleich. Das neue Vardon Hall sollte ein Ort der Vermittlung und Verbindung sein in einer Situation, in der das Verhältnis von Kunst und Gesellschaft, Kunst und Wissenschaft, Einzelnem und Gesellschaft für Bernard alarmierend gespalten ist:

> He could not... but consider deeply the motives that had led to the inauguration of the new Vardon Hall. The needs of the arts in an age poised between private patron and state, the difficulties of housing, of leisure, of solitude in England today, the gulf between scholarship and creation, the absence of a meeting ground for writers, the dangers of coterie art, the hopes for a new humanism, all these seemed so clear, and yet, and yet,... (p.153).

Ein Aspekt, der jedenfalls aus der Leseperspektive in diesem Sinne gedeutet werden kann, liegt Bernard besonders am Herzen: die Frage der Qualität der meisten Kunstgestalten seiner Tage vor dem Horizont großer Literatur der Vergangenheit und seiner Hoffnung auf ebensolche der Zukunft. Der Erzähler läßt keinen Zweifel daran, daß die Worte Bernards im Freudschen Sinne zweideutig sind, daß Bernard also u.a. seine sexuellen Präferenzen mitteilt, während er etwas anderes mitzuteilen beabsichtigt:

> ... occasionally he fell into unconscious *double-entendres*. 'So much that has been written would have been better left unprinted'... 'One can pay too dearly for what one picks up in the Charing Cross Road, and not only in cash, but in more lasting ills.' (p.153)

Die am wenigsten aufmerksamen Zuhörer - so erläutert der Erzähler - meinen gar, es werde, da Bernard fortwährend den Begriff 'motive' gebraucht, ein geheimnisvolles Verbrechen erörtert:

> He seemed quite unable to leave the subject of motive, so that the more inattentive of his audience got the impression that they were involved in a discussion of some mysterious crime. (ebda.)[36]

Einerseits, so ist Bernards Worten zu entnehmen, ist er recht sicher, daß wenig von der gegenwärtigen Literatur von Dauer sein wird, daß sie einem Vergleich mit großen Texten der Vergangenheit nicht standhalten wird. Dennoch bekennt er sich ausdrücklich zu der Notwendigkeit, im Schaffen diese Perspektive der Dauer ernstzunehmen. D.h., er sieht vor allem unter diesem Gesichtspunkt die besondere Funktion der jungen Autoren. Wenn überhaupt, können sie die Hoffnung auf dauerhafte Kunst einlösen. Für dieses Bemühen, für diese Möglichkeit, etwas dauerhaft Wertvolles zu schaffen, verdienen sie Liebe und Achtung seitens der Gesellschaft. Nur eine solche Haltung kann zugleich, so sein Glaube, die Gesellschaft, bzw. die retten, die solches glauben:

> If the scheme failed, if the young writers ceased to write, it was of small acount in time. ...So much that has been written would have been better left unprinted... .If I seemed to be warning poets against an eternal valuation of their work, do not please suppose that I do not value a single verse of it more highly than anything any one of you here is ever likely to create. We are not given many chances of justifying our existences, but respect for the poet is one. If you are lucky enough to meet a young poet, love him very much, hold him very close to you, you may yet be saved. (pp.153f)[37]

Was dem Publikum so eindeutig als Freudsche Enthüllung erscheint, ist aus der Leserperspektive mehr als dies. Bernard beschwört hier einen Liebesbegriff der Tradition, in dem Liebe und Leben unlöslich verbunden sind, in dem nicht nur die homoerotische Beziehung mündiger Männer, sondern auch die heterosexuelle Bindung, sowie vor allem sowohl sinnlich-sexuelles, wie zugleich geistig-intellektuelles Vermögen, die eigentlich vermittelnde Kraft zwischen Menschen und dem Bereich des Göttlichen, des Guten und Schönen gemeint ist.[38] Ausdrücklich erwähnt der Erzähler, daß Bernard über seine ganz persönliche, schmerzliche Erfahrung spricht, in Worten, die augenscheinlich niemand verstehen kann:

> Occasionally, too, Bernard seemed to reach a personal level that held no communication for his audience. 'There is always the possibility', he said, 'that our most heroic self-sacrifice - and the conviction if it comes is a horrible one - may only be a comfortable evasion of duty.' (p.154)

Aus der Sicht von Leserinnen und Lesern ist diese vieldeutige Passage mehr als sein Eingeständnis, sein Leben z.T. aus falschen Motiven erschöpft zu haben, mehr als das Bekenntnis, Opfer zu sein und verursacht zu haben, was einer Pflichtverletzung gleichkommt, mehr als seine Überzeugung, er sei verurteilt, wenn nicht von den anderen, so doch vor seinem eigenen Gewissen, wie er es am Ende des Tages Bill gegenüber bestätigt (pp.185f). Es ist der persönliche Aspekt des sich anschließenden *credo* einer ganzheitlichen Kultur, analog zum Ideal eines ganzheitlichen Lebens und Liebens, einer Kultur der Ganzheitlichkeit, zu der nicht nur die umfassende Sinnlichkeit, sondern auch der Tod gehört, das Sterbenmüssen, die Dekadenz im konkreten Sinn, zu dem die Reflexion wie das Handeln gehören und zwar des Einzelnen wie der Gesellschaft insgesamt, einer Kultur, in der Gesetze als Ausdruck des Gewissens fungieren, dessen Kraft man sich auch beugt, in der Kunstgestalten (analog solchem Gewissen) zu sehen sind als Ausdruck des eigentlich kreativen Vermögens einer Gesellschaft, Ideelles im mehrfachen Wortsinn zu gestalten dank der Menschen, deren besonderes Vermögen es ist, Literatur zu schaffen, weshalb gerade auch diese Liebe und Achtung verdienen:

For the rest, the speech dwelt mainly on defeat and the saving power of evil. 'No culture that reposes on resistance and strength alone can survive,' Bernard urged. 'No culture that doesn't accept its own decadence is real. I trust I shall not be convicted of false *mystique* if I dwell on the sweetness of the forces that oppose us, on the renewed life that may come from the capitulation to their primitive power.' (p.154)

Diese zweifellos rätselhaften Worte können aus der Lesesicht im Kontext der Motivmuster - insbesondere 'scheme', 'issue', 'soul', 'shape' - als jenes *credo* gedeutet werden, das Bernard als Visionär auszeichnet und seine Gefährlichkeit für die erstarrte Lebenshaltung der meisten seiner Mitbürger ausmacht. Während fast alle Zuhörenden wieder nur einen Bedeutungsaspekt seiner letzten Äußerungen zu erfassen vermögen, in diesem Fall den, der ihre Ängste vor dem politischen, äußeren Feind mobilisiert (p.154), ist Ella plötzlich zu Leben erwacht und hört in einer Weise aufmerksam zu, daß ihre Lebendigkeit im Vergleich zur Aufgeregtheit der anderen Gäste komisch unecht wirkt (pp.154f). Bernards Worte, die Ella aufnimmt, ohne daß man aus der Leseperspektive weiß, wie im Einzelnen sie diese versteht, haben offenbar Kraft, sie zu beseelen; bei anderen bewirken sie jedenfalls Aufregung (s.o.). Das läßt sich verstehen als Bernards eigentlicher 'act of incendiarism', von dem Murley im Brief spricht, ohne sich selbst davon bewegen lassen zu wollen. Bernard deutet seine Rede selbst nachmittags als Rede, die sich auf das Bewegende Prinzip selbst bezog: "My speech, Isobel dear, ... related to the soul, and I apologize to you all now for treating you to so unsuitable a topic." (p.173)[39] Als die junge Kommunistin Louie Randall sich eher verächtlich über das bourgeoise und daher todgeweihte Projekt mokiert, kommt es zu einer kurzen Auseinandersetzung um die Bedeutsamkeit des Projektes. Bernards ganzheitliches *ethos* wird scheinbar widerlegt durch eine einseitig gegebene Antwort auf eine einseitig gestellte Frage:

'You're fooling yourself ... . You see as clearly as anyone that all this ... is death. You're just frightened to take on the job of living, that's all.' ...
'I judge trees by their fruit', she said. Bernard narrowed his eyes... 'And I by their shape', he said.
'Oh Lord! Art for Art's sake. Thank God! you *aren't* going to speak at the Peace Meeting, with your personal messages and your personal morals.' (p.173)

Bernard vertritt die Vision eines tradierten Gestaltbegriffs, der den herrschenden Dualismus, den auch der Erzähler gelegentlich benutzt, umgreift zugunsten einer ganzheitlichen Vision. Dabei ist wichtig, daß diese Vision nur fragmentarisch überhaupt thematisiert wird; so, wie das Anwesen eine nur teilweise Re-Konstruktion bleibt. Auch hierin liegt ein Teil der Zukunftsoffenheit, die dem Text eingeschrieben ist. Leserinnen und Leser können erkennen, daß Baum-Gestalt und Baum-Frucht nicht die hier insinuierten Gegensätze sind. Der Baum, der Dichter dieses Bildes, ist so gestaltet, wie ihn seine Natur geformt hat; das heißt, wie fruchtbar er ist, hängt von seinen natürlichen Gaben und davon ab, wie seine Umgebung ihn gedeihen und fruchtbar sein läßt. Stirbt er, müssen seine 'Geschöpfe', die literarischen Texte und dieses Projekt, ihre Fruchtbarkeit erweisen durch das, was sie wiederum sind und was andere aus ihnen machen. Offenbar paßt das, was Bernard zu sagen hat und wie er es sagt, nicht in seine Zeit und Gesellschaft. Insofern ist auch sein Projekt Vardon Hall zur Unzeit in die Freiheit einer eigenen Existenz als noch unvollkommenes Geschöpf der Zukunft entlassen worden.

Der Triumph seines Falls wird in ironischer Weise festgehalten im Zeitungsbericht über das Fest am nächsten Tag. Zwar weiß der Reporter nicht genau, was er auf sein Bild bannt, aber sein Photo der weinenden Ella trägt die vielsagende Überschrift: "Novelist's wife weeps at husband's triumph" (p.184). Bernards Sterbemoment greift die Mehrsinnigkeit dieser 'pyrotechnics' des Textes auf, in der paradoxen Spannung des Versinkens im 'rot-glühenden Dunkel', im Schimmer des 'Lebens' der 'dying embers' (p.220). Die Schlußworte Ellas zeigen an, daß die Bedeutung und die Wirksamkeit eines Mannes wie Bernard von denen abhängt, denen er etwas bedeutet hat. Elizabeth, die Tochter, sieht seine Wirkung hauptsächlich in seinen Texten. Die Formulierung 'to be something to someone' im Verbund mit dem Begriff des Selbst als Person, wie er anschaulich wurde, zeigt, daß für den Einzelnen mit dem Tod die Grenze erreicht ist, aktiv an der eigenen

Sinngebung mitzuwirken. Der Sinngebungs- und Sinnfindungsprozeß geht aber so lange weiter, wie Menschen ihn in der einen oder anderen Gestalt praktizieren. Er schließt auch die Personen ein, die nicht mehr leben, deren Leben und Werke insoweit jedoch wirksam bleiben. Mit Murleys Bild zu Bernards Projekt gesprochen wurden Leserinnen und Lesern nicht nur der visionäre Dichter mit seinen 'Früchten', sondern sämtliche Gestalten als nicht existierende Personen vor Augen geführt und wieder entzogen. Was aus ihnen wird, hängt jeweils ab vom Zusammenspiel des Sinnpotentials der Worte dieses Textes und der Imagination von Lesern und Leserinnen.

4. Interpretation von *No Laughing Matter*

...the impulse to write a novel comes
from a momentary unified vision of life.[1]

4.1. Aspekte des Inhalts und der Komposition des Romans

In diesem Roman wird schwerpunktmäßig die Entwicklungsgeschichte der 6 Kinder des Ehepaares William und Clara Matthews erzählt. Die Lebensgeschichten aller 6 Kinder - in der Reihenfolge ihres Alters handelt es sich um Quentin, Gladys, Rupert, Margaret, Sukey[2] und Marcus - werden entfaltet im Rahmen des familiären Figurationsgefüges einerseits und des historischen und gesellschaftlichen Gefüges Englands im Kontext Westeuropas, bzw. der Welt insgesamt andererseits. Zur Figuration der Familie gehören neben Vater und Mutter die Mutter des Vaters, Mrs Matthews, genannt Granny Matthews, die Tante der Mutter, Miss Rickard, genannt Aunt Mouse, sowie die Haushälterin Henrietta Stoker, genannt Regan. Die Erzählung erfolgt im Rahmen des Bildes einer Theaterinszenierung, in welchem die Geschwister Matthews die Hauptrollen spielen. Eltern, Großmutter und Tante sowie der Haushälterin sind Neben-, den übrigen Figurationen gleichsam Statistenrollen zugewiesen. Diese Zuweisungen fungieren einerseits als dramatische Textinformation, wonach im Vordergrund des erzählerischen Interesses die Matthews-Kinder in ihrer Lebensentfaltung stehen. Diese Unterteilung in Haupt- und Nebenrollen ist aber andererseits durch den Text veranschaulicht als relatives Beziehungsgefüge: jede Person fühlt sich selbst als Hauptperson ihrer Lebensgeschichte, der die diversen Nebenrollen zugeordnet sind. Dies veranschaulicht den Aspekt des subjektiven Wahrnehmungszentrums der Beteiligten und ermöglicht es aus der Leseperspektive, die Akte des Wahrnehmens, Beobachtens, Deutens wie Agierens als Teil der im Text realisierten Person-Vorstellung zu verstehen sowie diese zugleich als mögliche Veranschaulichung auch entsprechender realer Prozesse zu deuten.

Schon die einleitenden Bemerkungen des Erzählers evozieren etwas von diesem komplexen Sachverhalt. Buch I beginnt, nachdem in etwa der historische Zeitpunkt festgelegt ist, mit einer Beschreibung des Wechselspiels von Realität und gewissen Möglichkeiten ihrer Repräsentation an einem Beispiel. Vor dem Ersten Weltkrieg findet in London eine Ausstellung über den nordamerikanischen 'Wilden Westen' statt. Dieses Ereignis wird - so der Erzähler - publik gemacht durch das Medium des 'kinema', also jener Maschine, die zu Ende des 19. Jahrhunderts Szenen auf Zelluloid so zu bannen vermochte, daß sie lebensecht schienen.[3] Diese Filmausschnitte von der Ausstellung zeigen den interessierten Betrachterinnen und Betrachtern Teile der Ausstellung (vgl. pp.7f). Solche Ausschnitte - 'scenes' - vermitteln einen Eindruck von einer real stattfindenden Ausstellung, die ihrerseits einen Ausschnitt einer vergangenen Realität darzustellen versucht. Die Zuschauerinnen und Zuschauer des Films wie die Besucherinnen und Besucher der Ausstellung können sich so auf verschiedene Weise von der sequenzhaft zur Schau gestellten Realität ein Bild machen. Diese Aktivität bildet somit selbst einen Teil der aktuellen Lebensrealität. Die Imagination ist für diese besondere Aktivität das vermittelnde Moment, das es ermöglicht, sich eine solche Vergangenheit zu vergegenwärtigen: die Imagination derer, die die Ausstellung anbieten, derer, die dazu einen Film machen, und derer, die beides besuchen und anschauen. Instrumente der Vermittlung sind dabei Requisiten der Darstellungen ebenso wie die Medien der Sprache, der Bilder und der Musik.

In diesem Kontext führt der Erzähler die Familie Matthews ein. Eines heißen Julisonntags gehören auch sie zu den Besuchern der Ausstellung. Er insistiert auf der besonderen Bedeutung, die dem Medium des Erzählens zukommt, wenn es darum geht, eine wichtige Erfahrung der Vergangenheit, ein außergewöhnliches Ereignis zu erinnern und dem Vergessenwerden zu entreißen. Er betont, daß es unmöglich gewesen wäre, mittels anderer verfügbarer Medien - etwa des Films -

das Wesentliche, was sich an jenem Sonntag vor dem Krieg ereignete, als Familie Matthews diese Ausstellung besuchte, festzuhalten und für die Nachwelt aufzubewahren. Der Film hätte mit den damaligen technischen Mitteln wohl mehr schlecht als recht das Erscheinungsbild der Familie an jenem Nachmittag auf Zelluloid bannen können. Aber auch neuere mechanische Weisen der Aufbewahrung und Präsentation wären nicht in der Lage gewesen, das Wesentliche angemessen an die Nachwelt zu überliefern. Nur der Akt des Erzählens, so der Erzähler, kann der außergewöhnlichen Erfahrung des Glücks der Harmonie, die allen Beteiligten an jenem Tag für Augenblicke zuteil wird, Dauer verleihen, ohne dabei die Lebendigkeit der Familie preiszugeben:

> The Matthews family, as they came that hot July afternoon through the crowds..., might so easily have been frozen and stored away in the files of the National Film Institute. There Mrs Matthews' chic..., or Marcus' pear-shaped, altar boy's head and great dark Greco eyes, might have caught the attention of the costume designer, the lover of moments of good cinema, or the searcher for social types. But there was no such camera poised in waiting. And the loss in recall is probably not very great, since the ...life of an old film news strip would ill serve to dissolve the limbs into that delicious, sunbathed, pleasure-sated rhythm which alone could bring back the exact feel of that far-off afternoon. In any case, what no recording machine yet invented could have preserved was the pioneer happiness, the primitive dream that for some minutes gave to that volatile, edged and edgy family a union of happy carefree intimacy that it had scarcely known before and was never to know again. (pp.7f)

Gerade diese auktoriale Einlassung läßt sich lesen als Signal, daß Margaret im Figurationsgefüge der Geschwister besondere Aufmerksamkeit gebührt, da sie die Erzählkünstlerin der Familie ist, wobei ihre Zwillingsschwester Sukey eine auch diesbezüglich kontrastiv konturierende Gestalt gewinnt. Ferner lenkt sie das Augenmerk auf den Gebrauch der Imagination, das Hervorbringen und Nutzen von Bildern als einer eher statischen oder eher kreativ-dynamischen Weise mit etwas umzugehen, bzw. etwas festzuhalten. Nicht zuletzt wird erkennbar, daß der Erzähler der lustvollen Lebendigkeit eines kurzen Augenblicks eine so hervorragende Bedeutung einräumt: sie ist das Wesentliche jenes Tages und wert, im Erzählakt festgehalten - verewigt - zu werden.

Die Lebensgeschichten werden in 3 großen Erzählabschnitten dargestellt, die chronologisch aufeinanderfolgende Zeiträume umspannen, wobei der mittlere Abschnitt umfangmäßig den breitesten Raum einnimmt. Der Roman beginnt mit einer Episode vor dem 'Großen Krieg':"Book One: Before the War", daran schließt sich eine Erzählphase im Jahr 1919 an:"Book II: 1919", die in mehrere Einzelabschnitte untergliedert ist. In dieser Erzählspanne - wie in den folgenden bis 1946 - wechseln sich erzählte Abschnitte und solche Darstellungen ab, die die Gestalt einer Theaterinszenierung haben. Die Inszenierungen sind einerseits solche, in denen alle Figuren durch die Textgestaltung als Theaterfiguren eines Stücks anschaulich werden, das reale dramatische Vorbilder evoziert, andererseits solche, in denen vor allem die Matthews-Kinder selbst Inszenierungen gestalten und darin bestimmte Rollen übernehmen. Bei beiden Formen der Inszenierungen sind Leserinnen und Leser Zuschauer. Indes sind bei den familiären Inszenierungen die Personen des Romans ihrerseits selbst Akteure und Betrachter.

Die Tatsache, daß es nach dem Erzählabschnitt von 1946, also nach dem Zweiten Weltkrieg, keinerlei Inszenierungen mehr gibt, vielmehr der berichtend auktoriale bzw. darstellend personale Erzählmodus vorherrscht, deute ich als inhaltlichen wie gestalterischen Aspekt der Erzählung als einer literarischen Neuinszenierung einer vergangenen Epoche. Der Modus des Inszenierens entfällt in dem Moment, da die Matthews-Kinder endgültig Abschied nehmen von ihren Eltern und ihrem Elternhaus. Die bis zum Erzählteil 1946 veranschaulichten Inszenierungen lassen sich (analog den Szenen des 'kinema' des Erzählauftaktes) inhaltlich verstehen als szenische lebendige Vorführungen dessen, was an Rollenangeboten für Mann und Frau, Eltern und Kinder in dieser Figuration - u.a. durch die dramatische Literatur paratgehalten - vorhanden und verwirklicht ist. Es sind Inszenierungen, in denen die Familie als Familie mit ihren Hierarchien durchsichtig wird. Von diesen Inszenierungen deutlich abgesetzt sind die Selbstinszenierungen der jüngeren Generation in 'The

Game'. Interpretiert man die Inszenierungen der ganzen Familie, die der Text darbietet, als Zeichen einer auf vergangene Muster fixierten Ehe- und Familien-Konzeption, so sind die Rollenspiele der Kinder der bewußte Versuch, sich ernsthaft und komödiantisch zugleich von dieser erlebten und in vieler Hinsicht leidvoll-festgefahrenen Realität Entlastung zu verschaffen. Dieses 'Spiel im Spiel' der Familiengeschichte bleibt ein wichtiges Interaktionsinstrument der Geschwister, das erst nach dem Tod der Eltern seine kommunikative, aber darin sowohl identitätsstiftende wie -behindernde Funktion verliert. Beiden stilisierenden, unterhaltsam-komischen, aber in gewisser Weise auch relativ starren Lebensgestaltungen sind die Erzählteile schon vor 1946 - aber durchgehend danach - entgegengesetzt, in denen die Figuren als Personen stärker individualisiert erscheinen. Insbesondere die junge Generation erhält so durch die Textgestaltung selbst gegenüber den Vorfahren ein allmählich sich ausdifferenzierendes eigenständiges Profil.

Die Gestaltung von Buch III, der längsten und dichtesten Erzählperiode, suggeriert unauffällig die Zuspitzung dessen, was aus der Vorgeschichte der Familie und der sie tragenden gesellschaftlichen Figurationen angelegt erscheint. Das 'post scriptum' des Erzählers 'vollendet' die Ehe- und Familien-'Katastrophe', deren Täter und zugleich Opfer die Eltern Matthews sind. Diese Katastrophe ist Teil einer sie umgreifenden und zugleich weit größeren Katastrophe. Diese umfassendere Zerstörung findet ihren eklatanten Ausdruck im Antisemitismus der Faschisten Europas, insbesondere der Nationalsozialisten Deutschlands, sowie in anderer Weise im totalitären Stalinismus der Sowjetunion, die in Buch III szenisch beispielhaft aus einer dominant englischen Perspektive gezeigt werden. Buch IV, Teil 1 zeigt 1946 die letzte Begegnung aller Matthews-Kinder miteinander und mit ihrer gemeinsamen Vergangenheit. Teil 2 beschäftigt sich mit der Zeit 1956, vorwiegend unter dem Gesichtspunkt der politischen Nachwirkungen der Vorgeschichte. Buch V spielt im Jahr 1967. Es stellt den Übergang dar von der nunmehr alten Generation der Matthews-Geschwister zu ihren Nachkommen als denjenigen, die nun eine eigene Zukunft haben. Es macht zugleich offenkundig, wie die politischen Entwicklungen weltweit gegenüber der Vergangenheit im Wandel begriffen sind, wobei dieser Wandel durchaus nicht heißt, daß sich radikal Neues ankündigt, sondern daß, wie im Leben der Einzelnen, eine permanente Durchdringung von regressiven und progressiven Mustern im Gange ist. Ferner, daß die Vorstellung dessen, was Fortschritt und Rückschritt ist bzw. genannt wird, abhängig bleibt von denjenigen, die diese Begriffe gebrauchen. Die kulturellen Figurationen, in denen einige der Matthews-Geschwister ihren Lebensabend verbringen, machen klar, daß die Ehe- und Familiengeschichte, die ihr Leben prägte, nur eine Variante unter vielen anderen menschlicher Figurationen ist.

Es gehört zu den Eigenarten dieser spezifischen Figuration, sich die Einbettung der eigenen Existenz in einen umfassenderen Horizont nur zu einem geringen Teil bewußt zu machen. Vielmehr benutzen die Matthews diesen weiteren Horizont gleichsam selbstverständlich als Aktionsraum und sind verwundert über die sich herauskristallisierenden Konflikte, denen gegenüber sie sich als unbeteiligt, bestenfalls als Nebenrollen, Statisten oder gar Zuschauer begreifen. Teil des durch den Roman anschaulich gemachten umfassenderen Horizontes- so zeigen gewisse erzählerische Eigenarten- ist die Einbettung des Erzählten in einen Horizont der Geschichte des Erzählens und Dramatisierens, der selbst Teil der Geschichte dieser Menschen ist, welche hier anschaulich präsentiert wird. Als Erzähltes zeigt diese retrospektiv deutende Veranschaulichung, daß die Deutung eines je gegenwärtigen Seins und Geschehens immer schon Teil einer vorgängigen Aktivität des Sinn-Stiftens ist, die einerseits die Personen vornehmen, die aber immer auch Teil des Dargestellten selbst ist. Man kann die immer wieder ineinander fließende Erzählperspektive des Subjektiven und Objektiven als Ausdruck von auch realen Wahrnehmungsprozessen deuten; ebenso den Akt retrospektiven Schilderns als Ausdruck entsprechender Aktivitäten des Sinngebens in realen Lebenskontexten. Das Geschichten-Erzählen ist, wie entsprechende literarische Dramatisierungen, ein besonderer Sinngebungsakt neben anderen, weniger kunstvollen und komplexen Sinngebungsakten, wofür die Selbstreflexion der Beteiligten, der Dialog mit anderen, das Spiel ('The Game') beispielhafte Formen sind.

Die Schwierigkeit der erfundenen Personen, ihren vorgängigen Lebenskontext zu durchschauen, macht anschaulich, wie im Lebensprozeß die Personen sehender werden, als sie es zu Beginn waren. Dieses Sehen heißt indes nie, alles durchschaut zu haben; und dies kann, wie gewisse Textsignale anzeigen, auch für Leserinnen und Leser gelten, sofern sie sich in dem Gezeigten wiedererkennen können. Eine Weise, diese Problematik anschaulich zu machen, ohne sie diskursiv zu thematisieren, ist der schillernde Gebrauch der Vorstellung des 'Stoffes' und seiner 'Gestalt(en)': 'matter'. Der 'Stoff' der Figuren als Personen, ist ihr reales Leben mit all seinen komplexen Bezügen zu vorausgehenden Generationen. Es ist, wie der Titel suggeriert, nichts zum Lachen. Und doch ist jede einzelne Lebensepisode in vielfältiger Hinsicht komisch, auch für die Beteiligten. Dieser Stoff ist Leserinnen und Lesern dargeboten ausschließlich durch die Sprache. Deren 'Stoff' ist gänzlich 'unstofflich', d.h., die Verbindungen zwischen der Lebensrealität und dem Gestalteten stellen ausschließlich Leserinnen und Leser her, indem sie das angebotene Sprachmaterial aktiv imaginierend einbringen in die Lebens'materie', die sie zu erkennen in der Lage sind. Der Text evoziert viele verschiedene literarische Vorbilder, vornehmlich aus der europäischen Literaturgeschichte. Ihre Kenntnis können Leserinnen und Leser wiederum nutzen, um die Eigenart dieser neuen Kunstgestalt zu verstehen.[4]

Der Roman läßt sich, in Anlehnung an ein entsprechendes Bild, welches die Autorin Margaret Matthews gebraucht (p.195), lesen, als sei er eine große Symphonie. Die einzelnen Figuren sind dabei - Themen, Stimmen oder Instrumente(gruppen) der Komposition gleich - so durchgeführt und miteinander verbunden, daß jede Figur als Thema, Stimme oder Instrument immer schon Teil jeder anderen ist; daß sie gemeinsam, aber gerade durch ihre Verschiedenheit, ihre Unterscheidbarkeit und Interaktion das spannungsreiche, komplexe Ganze des Werkes konstituieren. Diese Aussage zur Textkomposition ist zugleich eine allgemeine Deutung der Vorstellung der Figur(en) als Person(en) dieses Textes. Denn auch auf dieser Ebene gilt, daß der/die Einzelne einerseits als je Einzelne unabdingbar und doch immer schon Teil eines 'Ganzen' sind; sie sind gleichermaßen irreduzibel und aufeinander verwiesen. Was immer die Schriftstellerin auszeichnet, bleibt so gleichrangig in das verwoben, was ihre Geschwister auszeichnet.

4.2. Das 'Disjunktive des Seins':[5] Margaret Matthews' Erfahrungen und Weltbild

4.2.1. Innewerden: Margaret Matthews' 'vergifteter Ursprung'

Nach dem 2. Weltkrieg treffen sich die Geschwister im Elternhaus, um den früheren gemeinsamen Hausstand endgültig aufzulösen. Alle sehen sich mit dieser Begegnung noch einmal der eigenen Vergangenheit konfrontiert. Margaret erlebt dabei eine unerwartete, intensiv kritische Innenschau, in welcher sie sich ihren Werdegang als Frau und als Künstlerin vergegenwärtigt.[6] Man kann diese Erfahrungen als sinnbildliche Veranschaulichung einer letzten gemeinsamen Vergegenwärtigung des Vergangenen verstehen. Hierfür bieten die sprachlichen Bild- und Situationsmuster Anlaß, die insinuieren, daß ein Abschied stattfindet von Menschen, Erlebnissen, Räumlichkeiten und Dingen, dem Schritte allmählicher Loslösung voraufgingen. Margaret hatte sich bis dahin im Grunde keine Gedanken darüber gemacht, inwieweit sie sich aus ihrer familiären Vergangenheit befreit hat. Schon 1919 ist ihr bewußt, daß sie sich von ihrem Elternhaus jedenfalls räumlich distanzieren muß, um ihrem Lebensziel, Autorin anspruchsvoller Literatur zu werden, näherzukommen (p.49). Aus der Erzählperiode 1935 ist zu entnehmen, daß der jungen Autorin insgeheim gewisse Zweifel kommen, ob ihre schöpferische Auseinandersetzung mit ihren Eltern in manchen ihrer Werke nicht allmählich unergiebig wird.[7] Für ihre alltägliche Lebensführung indes scheint sich eine derartige Frage nicht zu stellen. Eher spielerisch und nebenbei äußert Margaret 1937 ihrem Ehemann Douglas gegenüber als Begründung ihrer Loyalität mit ihrem Bruder Quentin: "Why, Quentin and I come from the same womb."(p.367) Sie insistiert gegen sein Unverständnis auf der Wichtigkeit familiärer Verbundenheit: "...'No, I won't have wombs dismissed with a little irony. ...'" (p.367)[8] 1946 begreift Margaret plötzlich, daß in mehr als einem Sinn ihre Familie - insbesondere ihre Mutter - sowie das, was sie verkörpern, die Matrix gerade auch ihres Lebens ist.[9] Nicht nur ihre leiblich-konkrete Lebensexistenz, sondern ihre ganze Individualität als Frau und als Künstlerin verdankt sich - wie Margaret hier zunehmend klarer wird - dieser Mutter als der prägenden Kraft der familiären Figuration sowie dieser Herkunft mit ihren eigentümlichen Merkmalen. Die konkrete Heimkehr in das Haus der Kindheit, die einsame Begegnung mit dem Ort intimster Geborgenheit - mit ihrem Schlafzimmer und ihrem Bett - enthüllen Margaret zum Teil, Leserinnen und Lesern indes in umfassenderer Weise, die keineswegs glänzenden 'Schätze', die dieser Ort und, in einem bestimmten Sinn, damit auch Margaret selbst in sich bergen.[10]

Margaret hört zunächst etwas von der zornigen Abrechnung, die ihr Bruder Marcus im Zimmer nebenan mit der Vergangenheit vornimmt. Spontan möchte sie sich ihrem jüngsten Bruder mitteilen; doch sie versagt sich diese Geste der Zuwendung. Mehr noch, sie nimmt sich vor, ihn nie merken zu lassen, daß sie um seinen Zorn, sein Leid weiß:

> The elegant, thin-faced, tall woman...in the next room heard him go and checked herself from calling him. He must never know that she had heard. (p.424)

Fast 20 Jahre später streiten sich beide Geschwister über ihre wechselseitigen Eigenheiten und beklagen nach dem Streit jeweils im stillen das mangelnde Verständnis des anderen (V.1967, pp.478f). Margaret spürt mit all ihren Sinnen eigentlich erst 1946 etwas von diesem Mangel. Er kündigt sich ihr eher unverfänglich konkret an. Kaum hat sie sich die Zuwendung zu Marcus versagt, wird sie der durchdringenden Kälte, die ihr intuitiv nur allzu vertraut ist und sie daher auch zutiefst irritiert, gewahr. Spontan greift Margaret zum Schutz vor dieser unangenehmen Kälte nach dem Muff der Mutter, den sie gerade gefunden hat. So selbstverständlich sie den Wunsch nach Zuwendung zu Marcus beherrschte, so selbstverständlich sucht sie Schutz vor der Kälte bei einem von der Mutter stammenden Gegenstand, der Wärme verheißt. Ebenso selbstverständlich ist es ihr, diese eigentlich sinnlich konkrete Kälte des lange verwaisten Hauses als eine sinnbildhafte Kälte zu deuten, die das Wesen ihrer Herkunft im engeren und weiteren Sinn - ihre Familie, Gesellschaft, geographische wie nationale Heimat - geradezu definiert:

> She picked up the seal muff that she had found among Her things and rubbed its sleekness against her cheek. ... anything that would soothe and soften her against the hideous cold of this her native land, of this her home, of this her cruelly cramped room. (p.424)

Für Margaret ist diese Kälte der Grund, weshalb sie schon in jungen Jahren der Heimat häufig den Rücken kehrte, um in südlicheren Gefilden eine bessere, eine wärmere Heimstatt zu finden. Sowohl die Entscheidung, in einem arabischen Land – genauer: in Ägypten – eine wärmere Heimat zu finden, die Margaret bereits vor dem Krieg gemeinsam mit Douglas traf,[11] wie die subtile Zurückweisung möglicher Vertrautheit mit Marcus, entspringen – so läßt sich aus der Leseperspektive sagen – derselben grundlegenden Erfahrung der einerseits konkreten, andererseits zugleich sinnbildlichen Kälte. Es enthüllt sich hier Margarets Eigenart, mit der sie bisher versuchte, ihr eigenes Leben im Angesicht einer ihr zutiefst problematischen Matrix zu gestalten. Margaret hat sich bereits recht früh vorgenommen, sich von ihrem 'Hintergrund' zumindest räumlich zu distanzieren, um die Frau werden zu können, die sie zu sein glaubt(e). Hier offenbart sich, daß es für sie an der Zeit ist, nicht länger vor der Eigenart ihres 'Hintergrundes' zu 'fliehen'; d.h. auch, sich nicht länger abzuwenden, sondern sich ihr wahrhaft auszusetzen, also genau hinzusehen, wenn denn diese Kälte ausmacht.[12] Wann immer Margaret bis zu dieser Zeit besonders wichtige Erfahrungen macht, so weiß man aus der Leseperspektive, spielt die Erinnerung an die Mutter, gelegentlich in Verbindung mit dem Vater, eine wesentliche Rolle. Margaret war sich dieses Sachverhaltes allenfalls insoweit bewußt, als sie solche Erlebnisse zumeist als mögliche neue schöpferische Aufgabe reflektierte oder es beim schlichten Rekurs auf Vergangenes beließ. Leserinnen und Lesern erschließt sich aus solchem Wissen in dieser Situation die sinnbildliche Bedeutung sowohl des Gegenstandes wie des spezifischen Umgangs Margarets mit dem Besitzrelikt der Mutter. Wie in vielen Textpassagen auch dieses Romans, handelt es sich erzählerisch sowohl um ein Beispiel erlebter Rede als auch um einen Aspekt der Erzählerperspektive, also um eine auch auktorial vermittelte und insoweit objektivierte Textaussage. Insofern kann man sagen, dieser Muff 'erzählt' von der Mutter, vom Verhältnis Mutter–Tochter, vom Fortwirken des Mutterbildes in ihrer Tochter Margaret, was in einem textironischen Verweis bereits in II.1919 angedeutet wird.

Der Muff der Mutter, so lassen sich die sprachlichen Eigentümlichkeiten dieser Textpassage zunächst allgemein deuten, steht hier stellvertretend für die Person Clara Matthews. Neben der graphischen Hervorhebung des Possessivpronomens ist es der semantische Umfang des Begriffs 'femininities', der diese Feststellung erlaubt. Es kann sich sowohl um Accessoires, die im allgemeinen von Frauen einer bestimmten Epoche benutzt bzw. getragen werden, handeln, mithin um einzelne benennbare Gegenstände, die zum Bild einer Frau beitragen, wie um weibliche Personen und deren Gestalt(ung/en) allgemein, also nicht um Teile des Erscheinungsbildes, sondern um ein ganzes Erscheinungsbild, von dem gesagt werden kann, es sei ein 'weibliches'.[13] Die Feststellung, derartige Muffs würden heute kaum noch getragen, verweist auf den historischen Wandel, dem auch weibliche Erscheinungsbilder, inklusive der oft modebestimmten Accessoires, die diese mit konstituieren können, unterliegen. Zum anderen enthüllt die Wortwahl 'quaint' neben dieser historischen Perspektive des Wandels noch etwas, das einen Bezug zwischen Accessoire und dem Wesen, der Eigenart dieser Frau, unauffällig suggeriert. Jedenfalls dann, wenn man auch den sprachhistorischen Wandel in die Textauslegung einbezieht. 'quaint' stammt – bei allen noch bestehenden Unklarheiten der etymologischen Entwicklungen im Einzelnen – vom lateinischen 'cognitum' ('known'); bezeichnet also etwas, was gewußt wird, was bekannt ist.[14] Solcher Sprachgebrauch insinuiert im Textgefüge die Einsicht, daß sprachgeschichtliche Entwicklungen den Zusammenhang zwischen Menschen, ihrem Erscheinungsbild und dem, was sie hervorbringen und sind, anzeigen. Ferner, daß die Wertung positiv–negativ häufig ein und demselben Sachverhalt zugesprochen werden kann, also immer auch von demjenigen bestimmt wird, der betrachtend oder betroffen urteilt. Für Clara Matthews wie für Margaret Matthews besonders aufschlußreich sind folgende Elemente der Begriffsgeschichte von 'quaint': eine heutzutage veraltete, eher positive Bedeutung, in der es von Menschen heißen kann, sie seien klug, geschickt, u.a. zeichneten sie sich durch besonders feinsinnigen Sprachgebrauch aus. Diesem veralteten Gebrauch korrespondieren die ausdrücklich negativ gemeinten Bedeutungen, mithilfe derer Menschen als gefährlich geschickt, im Sinne von "Cunning, crafty, given to scheming or plotting" charakterisiert werden. Analoge Bedeutungen betreffen sowohl Handlungsweisen, wie nicht zuletzt Gegenstände, von denen gesagt werden kann, sie seien geschickt gemacht. Schließlich gehören zu den veralteten Nuancen von 'quaint' die ästhetischen oder auch die Geschmacks-Urteile über Personen, ihre Erscheinungsweisen und die Resultate ihres Handelns.[15] Dabei lassen sich wiederum positive Merkmale, etwa der Eleganz, Schönheit und dgl., von negativen, etwa solchen, in denen das Fremde, Ungewohnte, Merkwürdige als ein irgendwie Befremdliches mitgeteilt wird, unterscheiden: "Strange, unusual, unfamiliar, odd, curious (in character or appearance)". Diese zuletzt erwähnten Nuancen haben sich weitgehend erhalten; so heißt eine auch jetzt geltende Definition von 'quaint', die hier in dieser Passage zuallererst in Betracht kommt:

> Unusual or uncommon in character or appearance, but at the same time having some attractive or agreeable feature, esp., having an old-fashioned prettiness or daintiness.

Leser und Leserinnen wissen, daß Clara sich selbst als 'dunkle Schöne' verstand; daß sie sich brüstete, mit 'cunning' die Probleme des Lebens zu meistern (vgl. bes. II.1919, p.79); daß sie vor allem ihrem jüngsten Sohn Marcus gegenüber hexenhaft-bedrohliche Züge annahm, wofür ihr auch vom Erzähler objektiviertes äußeres - gelegentlich 'zigeunerhaftes'- Erscheinungsbild zumindest u.a. als Zeichen gelten kann (passim I, II).[16] Durch derartige Bezüge ergibt sich, daß sich in diesem Muff etwas vom Wesen dieser Frau spiegelt - sowohl nach dem Bild, das diese von sich selbst entwarf, wie nach dem, das sich ihre Kinder von ihr mach(t)en, einschließlich dessen, welches der Erzähler mit eigenen Interferenzen zeichnet, wozu die literarischen Vorbilder ebenso gehören wie mögliche weitere überpersönliche Muster.[17]

Die Matthews-Kinder bemühen sich 1919 um die kleinen Kätzchen der Katzenmutter Leonora, welche soeben von einem Auto überfahren wurde. Marcus meint, Leonora wäre eine gute Mutter gewesen, worauf ihm Quentin recht heftig mit Worten erwidert, die alle erstaunen: "Dead mothers tell no tales" (p.66). Jetzt, da Clara tot ist, kann man sich nur noch unter gewissen Bedingungen ein Bild von ihr und ihrer Eigenart machen. Der Muff kann hier jedoch zu einem Spiegel bestimmter Eigenarten dieser Frau und Mutter werden, weil es eine diesem Augenblick 1946 voraufgehende damalige Gegenwart gibt, in der Clara selbst in Worten und Taten zeigte, wer und wie sie war. Die Deutung dieses Gewesenen bildet den 'Hintergrund' des gegenwärtigen Moments.

Der Muff der Mutter repräsentiert eine wichtige Eigenart Claras: es ist ein Gegenstand von reizvoll-geschmeidigem Äußerem, dessen Potential Wärme zu spenden gering ist, weil ihm keine Eigenwärme innewohnt. Er kann nur die Wärme, die der Schutzsuchende mitbringt, reflektieren und so erhalten. Ein Blick auf Clara in der Erzählgegenwart bis zu ihrem Tod bestätigt diese Einsicht.[18] Margaret wird also im Muff der Mutter die ersehnte Geborgenheit nicht finden, es sei denn, sie aktivierte ihre eigene Wärme. Diese wird sie jedoch erst dann wirklich entfalten können, wenn sie nicht länger in der gewohnten Weise auf die 'Erbschaft' der Mutter rekurriert. Der Rekurs selbst ist nämlich ein Teil ihrer ebenso konkreten wie zugleich sinnbildlichen Verbindung mit der Mutter. Teil dieser Erbschaft ist es darüber hinaus - so zeigt ihr Umgang mit dem Muff an dieser Stelle dezent an - so zu tun, als könne man das Angenehme, sei es einer Person, einer Handlung, eines Gegenstandes, haben bzw. nutzen, ohne sich mit dem Unangenehmen befassen zu müssen. Margaret sucht Wärme und Trost in der Geschmeidigkeit des Muffs; dabei nimmt sie den geradezu atemraubenden Geruch des Mottenpulvers zwar wahr, versucht ihn gleichwohl zu ignorieren. Ihr ist in diesem Moment nichts wichtiger, als durch die Berührung mit etwas Zärtlich-Weichem die Kälte abzuwehren. Es fällt auf, wie sie das Attribut der Glätte, der Geschmeidigkeit so denkt bzw behandelt, als sei es von dem Gegenstand, dessen Teil es ist, loslösbar: "its sleekness" streicht sie sich gegen ihre Wange. Gerade taktile Nähe bringt indes ein anderes Attribut des Gegenstandes unweigerlich mit sich: den intensiven Geruch von Kampfer nämlich. Dieses Attribut ist Margaret nicht nur unangenehm; es ist sogar einen Moment lang gefährlich; denn es nimmt den Atem. D.h. es behindert die wichtige Lebensaktivität, berührt das untrügliche Zeichen menschlicher Lebendigkeit. Margaret weigert sich in diesem Augenblick, dieser 'Spur', dieser 'ätherischen Aura' von etwas Lebensgefährdendem an diesem Muff, die eigentlich notwendige Aufmerksamkeit -'it must be noticed'- zu schenken. Es erscheint ihr um des anderen Ziels willen gerade unwesentlich, ist ihr gleichgültig: "...but she did not care". Für diese Deutung ist es unerheblich, ob man die Einfügung 'it must be noticed' als auktorial, oder als Zeichen der Aufrichtigkeit Margarets stärker in den Vordergrund stellt. Markant ist jedenfalls die Kongruenz zwischen diesem 'must' und Margarets unmittelbar voraufgehender Entschlossenheit, sich die Zuwendung zu Marcus zu versagen: 'he must never know'. In beiden Fällen drückt sich darin Kälte, die konsequent berührungsscheue, zwanghaft nach Trennung strebende Haltung aus, deren Margaret alsbald als Erbteil ihrer Herkunft und damit als Teil ihres eigenen Wesens innewird. Die Doppelung des Erzählaspekts weist dieses Erbe als ein Attribut Margarets als Person aus, ist – aus der Leseperspektive – ein Attribut der familiären und gesellschaftlichen Figuration, aus welcher Margaret kommt, sowie nicht zuletzt eine Spracheigentümlichkeit des Textes.

Zur Eigentümlichkeit der lebensgefährlichen Aura, für die Clara Matthews repräsentativ steht und die Margaret hier ignoriert, läßt sich noch Genaueres sagen: Der Kampfgeruch ist zunächst ganz banal zu erklären. Der Muff sollte vor Motten geschützt, also sein intakter Zustand vor der möglichen Zerstörung möglichst lange bewahrt bleiben. Der Gegenstand ist ein dem Menschen nützlicher oder attraktiver, unbelebter Gegenstand; die Motten sind das Lebendige, die das Leblose in seiner Existenz bedrohen und daher, aufgrund der vom Menschen gesetzten Zweckbestimmung, bekämpft, ja, möglichst vernichtet werden sollen oder müssen.[19] Da nun dieser Muff zugleich für seine Besitzerin steht, ergibt sich aus der Leseperspektive eine wichtige Einsicht in die vormalige Lebenspraxis der Mutter: Clara hat um ihrer Selbsterhaltung willen Maßnahmen getroffen, die sich in gelegentlich lebensgefährlicher Weise gegen die natürlichen Lebensinteressen anderer, solcher vor allem, die ihrer Machtbefugnis unterlagen – insbesondere ihrer Kinder – richteten. Stellvertretend für weitere Angaben mag die folgende Erzählerintervention dienen. Als Teil einer Regieanweisung beschreibt der Erzähler Claras Erscheinungsbild sowie ihre Verhaltensgewohnheiten insbesondere ihrer Familie gegenüber. Dabei hebt er hervor, wie entwaffnend geschickt sie sowohl durch ihr attraktives Äußeres als auch durch seltene Gesten der Freundlichkeit und Zuwendung ihre Lieblosigkeit ausdrückt. Die Angaben gehören zur Inszenierung "Parents at Play. A Lesson in Lamarckian Survival" in der Erzählperiode 1925:

> ... a good looking woman on the edge of fifty. ...She has legs of which any girl might be proud. With her Eton crop she might indeed be a boy from that school playing the heroine in a house play. But no boy ever had such woman's instinct for getting her own way by a devious, illogical and seemingly irrelevant course of words and action as Mrs Matthews. With her children, in particular, she has the great advantage that, having brought them up to expect her to act with consistent selfishness and egotism, they are always totally disarmed when she seeks the same ends by sudden shows of generosity and concern for others. (III.1., pp.208f)

Der Muff ist verstehbar als ein Zeichen des Alten, des Vergangenen, dessen, was in gewissem Sinn bereits tot ist, wie seine ehemalige Besitzerin; aber vor allem auch dessen, was in Margarets Mutter an Altem in einer Weise fortwirkte, so daß sie nicht wirklich leben konnte. Clara blieb, wie ihr Mann, gebunden an das Vergangene, sichtbares Zeichen hierfür: die materielle Abhängigkeit von der Tante bzw. der Mutter, die abgelöst wurde durch diejenige von den eigenen Kindern, welche zeitlebens die Eltern finanzierten. Wenn nun das Mottenpulver den leblosen Gegenstand vor dem Zerfall schützen soll, den Lebendiges zumindest beschleunigen würde, so heißt dies für Margaret und den noch lebendigen Wesen, daß sie sich einem solchen Gegenstand gerade nicht zuwenden sollte. Übertragen auf ihre eigene Lebenssituation bedeutet dies nämlich, in ihr gefährlicher Weise den Rückgriff auf eine Vergangenheit zu unternehmen, die sie, um ihres Lebens willen, dem Verfall überlassen muß. Der Hausverkauf signalisiert dies sinnfällig, wobei dieser gesamte Erzählabschnitt sichtbar werden läßt, daß eine derartige Geste nur dann auch eine persönliche Selbstbefreiung bedeutet, wenn die Beteiligten sich tatsächlich auch innerlich vom Vergangenen zu lösen vermögen, was die Geschwister ohnehin nur z.T. wünschen. Denen, die es versuchen, gelingt es in unterschiedlich weitreichendem Maß.

Betrachtet man sich nun 'Kampfer' noch etwas näher, so stellt man fest, daß das englische Wort 'camphor' ursprünglich dem arabischen Sprachraum entstammt und als Antiaphrodisiakum galt. Margarets Wunsch, in einem arabischen Land eine neue, ihr gemäßere Heimat zu finden, gewinnt so noch eine weitere Bedeutungsdimension. Zum einen kann man sagen, daß eben in demselben Gestus, in dem Margaret hier nach dem Muff der Mutter greift, die Wahl einer neuen Heimat der schutzsuchende Zugriff auf einen Kulturraum ist, der in einem subtilen Sinn mit ihrer ursprünglichen Heimat, der Mutter zumal, verbunden erscheint. Insofern ist auch der frühere Aufbruch zum neuen Ufer eine Rückkehr, wenngleich anderer Art, als die, welche sich 1946 vollzieht. Teil der lebensgefährdenden Lieblosigkeit der Mutter, so deutet der Kampfergeruch des Muffs diskret an, ist ihre Haltung zur Sinnlichkeit als Teil einer gesellschaftlichen und kulturellen Figuration. Denn, obgleich Clara durchaus sinnlich leidenschaftlich sein wollte, vermochte sie ihre Leidenschaft nur im Rahmen außerehelicher Verhältnisse zu erleben. Das heißt, sie war ein Leben lang gespalten in unterschiedliche Lebensfacetten, die zu vereinen ihr nicht gelang; wobei eine gewisse Herabsetzung der Sinnlichkeit als Teil der Strebung zur Selbstherabsetzung unverkennbar ist.[20] Ähnliches erfährt und widerfährt Margaret. In jungen Jahren sind ihr die eigenen sinnlich-sexuellen Bedürfnisse fast tabu. Dann kann sie sie als Teil ihres Lebens zulassen und lernt, sie in bestimmten Kontakten mit Männern lustvoll zu erleben. Dennoch bleibt ihr diese Lusterfahrung bis zum Ende ihrer Lebensgeschichte immer nur losgelöst von ihrem sonstigen Lebenszusammenhang möglich. Scheinbar zwangsläufig muß Margaret eine auf Trennung fixierte Haltung beibehalten, die sich hier in ihrem Gebrauch des Muffs äußert und als Teil der Matrix durchsichtig wird, der Margaret auch durch ihren Weggang aus der Heimat nicht entronnen ist. Margarets Wunsch, in einer Kultur den Lebensabend zu verbringen, in der Frauen keinen Platz im öffentlichen Leben haben, deren Platz im eigenen Haus ausdrücklich dem des Mannes untergeordnet ist, verweist auf eine weiterreichende Facette dieses familiären Erbes. Die allgemein menschliche Trennung der Geschlechter, d.h. die schlichte Tatsache, daß es überall Männer und Frauen gibt, erscheint geprägt von miteinander unmittelbar vergleichbaren Konzepten der dazugehörigen Geschlechterrollen. Margarets Heimat und ihre Wahlheimat sind in einem wesentlichen Sinn einander gleich: sie sind - die Wahlheimat offen, die alte Heimat weniger unmittelbar erkennbar - patriarchalisch organisiert. Beide weisen Mann und Frau u.a. unterschiedliche Freiräume sinnlich-sexueller Selbstentfaltung zu. Die Tatsache, daß Margaret eben dieses Zeichen des lebensgefährdenden Attributs ignoriert, läßt sich im Hinblick auf ihre Sehnsucht nach ganzheitlichem Sein als Versäumnis begreifen. Da sie auch später noch Sehnsucht nach einer anderen Haltung zeigt, kann man aus der Leseperspektive sagen, es gälte, sich der lebensgefährdenden Aura des Muffs bewußt zu werden, die mit dem geschmeidigen Auftreten verbunden ist. Margaret wird jedoch immerhin in der nun folgenden Innenschau klar, daß sie selbst an der Kälte, die ihr zutiefst unangenehm ist, teilhat. Diese Einsicht überkommt sie durch die körperliche Leidenserfahrung der Kälte. Sie spürt ihre eigene Erstarrung als zunehmende innere Leblosigkeit. Dabei sucht Margaret die Berührung mit ihrer Umgebung zu fliehen, ohne sie doch ganz meiden zu können: durch ihren Blickkontakt bleibt sie ihr erhalten. D.h. ihr Körper sucht Distanz, wobei das Kälte-Empfinden selbst Ausdruck der Distanz und Leblosigkeit ist, während ihr Blick die Verbindung gerade nicht aufgibt und insofern verstanden werden kann als das Wesensmoment Margarets, das ihre (wie immer gefährdete) Ganzheitlichkeit wie ihr Vermögen zur Zuwendung zu gewährleisten vermag.

Ganz selbstverständlich gewinnen in diesem Moment für Margaret die Gegenstände des Raumes, insbesondere ihr eigenes Bett und das ihrer Zwillingsschwester Sukey, sinnbildhafte Bedeutung. Die Einrichtungsgegenstände verkörpern gleichsam *in nuce* etwas von dem unterschiedlichen Wesen beider Zwillingsschwestern. Sie machen Margaret schlagartig bewußt, daß sie mit ihrer Eigenart in dieser Familie (im Verhältnis zu Sukey mit deren Eigenart) im Vorteil war:

> Already she felt frozen, aware of her thinness, aware of her bones, drawn in, every muscle tensed, shrinking from the chest of drawers, shrinking from her brass-headed bed, shrinking most of all from the other, the iron bedstead (so *she* had been the more richly treated!...).
> (p.424)

Da nun beginnt sich Margaret Rechenschaft zu geben von ihrem Werdegang als Frau wie als Künstlerin. Und zum ersten Mal ist ihr unabweislich der innere Zusammenhang deutlich zwischen dem, was ihr zunächst so selbstverständlich als die ihr äußerliche Kälte im umfassenden Sinn schien und ihrem eigenen Wesen, vor allem zwischem diesem Wesen und ihrer Kunst, wie sie sie in ihren jungen Jahren zu schaffen imstande war. Ohne falsche Nostalgie und bemüht um Aufrichtigkeit, zollt sie der 'Erbschaft' ihres 'Hintergrundes' Tribut.[21] Die Kälte der Mutter, der familiären Atmosphäre wie ihrer Heimat insgesamt, spiegelt sich in ihrem eigenen Wesen und fand, wie sie es nun begreift, Ausdruck in der scharfen Ironie ihrer ersten Werke. Wie selbstverständlich erkennt Margaret plötzlich in dieser Aggressivität den Ausdruck derselben virilen Selbstbehauptung, der ihr sowohl von der Mutter wie auch von Aunt Mouse immer schon so vertraut wie letztlich fragwürdig war. Ihr Versuch, sich als junge Frau wie als Autorin Raum und Anerkennung zu verschaffen, trägt also dieselben einseitigen, nach innen wie nach außen auf Spaltung drängenden Züge, wie sie sie zumindest in ihrer Kunst zu überwinden trachtet. Als Autorin spürte sie nämlich sehr bald, daß, entgegen der Meinung vieler Kritiker, die ihr Beifall spendeten und sie ermunterten, im einmal vertrauten Stil doch weiterzuschreiben, ein Wandel unabdingbar war, wollte sie ihrem Anspruch auf eine umfassend menschliche und zugleich dauerhafte Kunst treubleiben:

> Yet surely some honour, some piety was due to the log cabin where it had all begun and to the long-legged tomboy...who had started it all. From log cabin to P.E.N. Club. Of course it was all there in the early Carmichaels, this tension, this smallness, this snake coiled in upon itself ready to hiss – and it was just that hissing in those early stories that, for all the critics' praises, she couldn't bear. But all the same, as a saga composed to cock a snook at His thick, soupy self-content and Her endless acid-throwing self-assertion, it had been highly creditable for a gawky girl in her 'teens –... ...she had spent more than a quarter of a century since then trying to adapt her tongue to poetry, to attune the ear to deeper music than mere mimicry. The failure in human sympathy! –... (p.425)

Aus der Leseperspektive erschließt sich an dieser Stelle die Einsicht, daß Margaret als Frau diesen Wandel noch vollziehen müßte, den sie in ihrem teilweise fast verzweifelten Bemühen als Künstlerin zu verwirklichen sucht. Die Stelle bildet gleichsam den Grund zu der Vorstellung, der Reifeprozeß dieser Frau als Person sei demjenigen analog, den die Künstlerin als notwendige Entfaltung ihrer Eigenständigkeit als Autorin begreift. Als Schriftstellerin in der Lebensmitte gibt es für Margaret keinen Zweifel, daß sie sich den Bevormundungen ihrer Kritiker und bestimmten Erwartungen ihrer Leser entziehen muß um der Qualität ihrer Kunst willen. Sie bejaht die eigene Leistung, aus vergleichsweise ungünstigen Bedingungen zu diesem auch gesellschaftlich respektablen Erfolg gekommen zu sein. Sie weiß indes auch, daß ihre Kunst noch immer nicht dem entspricht, was sie als wichtig erachtet. Die Einsicht jedoch, daß da, analog zu einer wahrhaft humanen Kunst, noch etwas in ihr als weibliche Person, als ganzer Mensch, reifen muß; daß auch diese Reifung im Grunde nur gegen gewisse gesellschaftliche Haltungen möglich wäre, bleibt Margaret als solche verschlossen. Leserinnen und Leser vermögen aufgrund anderer Textstellen zu begreifen, daß ihre jugendliche – wie es der Begriff des 'tomboy' suggeriert, viril-einseitige – Weise sich zu behaupten, paradoxerweise gerade auch in dem, wie Margaret sich vom familiären Hintergrund löste, eine Anpassungsleistung an die herrschenden Verhältnisse war. Es trifft in einem Margaret nicht bewußten Sinn genau dasjenige auf sie selbst als Frau wie als Künstlerin zu, was sie in einem aufschlußreichen anderen Kontext 1937 als Erleuchtung erlebt.

Margaret begegnet während einer Schaffenskrise mehreren ihrer Geschwister bei einer antifaschistischen Kundgebung. Ihr Bruder Rupert, der inzwischen ein angesehener Schauspieler ist, bittet sie, am Abend die Inszenierung von Shakespeares *Twelfth Night* zu besuchen, weil er in einer kritischen Phase seiner künstlerischen Arbeit ist und von der Schwester ein aufrichtiges Urteil darüber erhofft, ob seine Darstellung der Figur des Malvolio gelungen erscheint.[22] Margaret stellt verwundert fest, daß die Figur des herablassend-autoritären, zugleich (lebens-)lustfeindlichen, in grotesker Weise auf die Gunst seiner Herrin hoffenden Dieners zugleich abstoßend und mitleiderregend sein kann, daß sein Verhalten unmittelbar mit seinem sozialen Gefüge verbunden ist:

> The lovesickness, of course, is as connected as the rest, an outcrop of that firm rock of consciousness of rank, of pride in his job. Oh, this *was* Malvolio. An odious creature, all the same, for work should be the least of life's values, when there were beauty and love to count beside it. ... (p.397)

Diese auch für ihr eigenes Leben aufschlußreiche Einsicht interessiert Margaret 1937, wie in etwas anderer Weise auch noch 1946, nur im Hinblick auf ihr kreatives Projekt, nicht jedoch im Hinblick auf ihre Person und ihre zwischenmenschlichen Probleme. Die Konsequenzen solcher Einseitigkeit ihres eigenen Blickwinkels bleiben Margaret hier wie dort verschlossen, aber sie leidet darunter. Aus der Leseperspektive kann 1946 unzweideutiger als in voraufgehenden Phasen gesagt werden, daß diese Einseitigkeit Teil des 'vergifteten Ursprungs' dieser Frau und Künstlerin ist. Das heißt, sie hat ihren Ursprung in einer einseitigen, auf Trennung fixierten Figuration, und entsprechend einseitig entfaltet sie sich als Künstlerin wie als Frau. 1946 wird nun ein ganz wichtiges inhaltliches Element dieses 'Erbes' der Einseitigkeit und Trennung transparent. Gerade im Hinblick auf die Vorgeschichte Margarets, die hier ja bereits bekannt ist, erweisen sich nämlich speziell ihre Erinnerungen an ihre gemeinsame Kindheit und Pubertät mit der Zwillingsschwester, die sie bislang konsequent aus ihrem Bewußtsein ausgeblendet hatte und die sie nun fast überfluten, als symptomatisch. Symptomatisch für eine Lebensgeschichte eines bestimmten Typs einer Frau in einer Gesellschaft, die patriarchalisch organisiert und- meist nur latent - bestimmten Aspekten des Weiblichen feindlich gesonnen ist. Margaret hat, um der Selbstverwirklichung in ihrer Familie und in dieser Gesellschaft willen, genau die Wesensaspekte bei sich selbst bestmöglich negiert, die ihrem Lebensziel hinderlich schienen. Hinderlich schienen ihr, aufgrund der Bedingungen, wie sie sie empfand, vor allem die Attribute, die sich mit ihrer Zwillingsschwester Sukey assoziieren lassen: insbesondere deren gelegentlich nahezu einfältige Dienstbarkeit sowie deren konsequente Orientierung an der Rolle als Hausfrau und Mutter. Schon früh spürte die heranwachsende Margaret, daß sie anders war; aber auch, daß sie in keinem Fall werden wollte wie Sukey. Diese Schwester, die allzu bedrohlich genau einen wichtigen Teil ihrer eigenen körperlich-sinnlichen Identität als heranwachsende Frau spiegelte, mußte sie konsequent aus ihrem Selbstbild und ihrem Verständnis weiblicher Identität allgemein verdrängen, um die Frau werden zu können, die sie zu sein meinte:

> To have grown up in that room, not noticing that hers was the brass. She had blotted out the iron bedstead and all that went with it; had remembered only sisterly confidences and giggles, had forgotten, but now they crowded in on her, the other images - long white legs a little blue with the early morning cold fighting their way into scruffy, crumpled woollen stockings, the first shaping of Sukey's breasts, her desparate neatness from the start with her rags, 'which of you girls has got hares in her drawers?' (that elaborate, silly sniggery school joke that had only been said to her Sukey). In all those years only glimpses of her sister as a living body - for she had managed by every elaboration of movement to avoid seeing this horrible intrusion of privacy, this beastly twin flesh that kept time with her times, that disgusted her with her own.
> Here had begun the Mouselike tightness, acidity, protective cattiness, sharpened claws and all the rest of it that had led to the P.E.N. White House. If instead she'd gone out, Martha-like as Sukey did, and got on with the job, perhaps her talent would not have been so thin, so acid, so poisoned at the source. (p.425)

Zunächst, so wird hier einsichtig, war Margaret sich in ihrer pubertären weiblichen Leiblichkeit selbst ekelhaft. Sie mochte ihren eigenen, auch sexuell reifenden Körper nicht; und zugleich, das zeigen auch die wenigen Hinweise in Buch II, faszinierte sie die Aussicht, einmal eine attraktive, auch sinnlich reizvolle Frau zu sein. Das allgemein herrschende Tabu, insbesondere auch die weibliche Sexualität betreffend, inklusive der Aura des 'Schmutzigen', 'Niederen', die der Sexualität anhaftet, deutet sich hier nur kurz an in dem Witz, der als Gemeingut zumindest einer Schulkultur erscheint. Es paßt sich ein in das kalte, auf Trennung angelegte zwischenmenschliche wie intrapsychische 'Klima' dieser Familie und der Gesellschaft, deren Teil sie ist. Diese beiden Zwillingsschwestern wuchsen wie selbstverständlich in diesen Denk- und Verhaltenstraditionen auf; und beide perpetuierten in je eigener Weise deren meist unausgesprochenen Regeln. Beide verkörpern, aus Sicht heutiger Leserinnen und Leser zumindest, geradezu beispielhaft zwei typische Alternativen weiblicher Werdegänge. Margaret repräsentiert einen virilen weiblichen Typus; eine Frau also, die sich durchzusetzen versteht mittels der Attribute, die eigentlich den Männern der Gesellschaft vorbehalten sind: insbesondere Geist, das Schöne und dgl. okkupierend sowie auch bestimmte Verhaltensmuster der Durchsetzung von Eigeninteressen. Sukey wird eine typisch 'weiblich-mütterlich-possessive' Frau, die ihr Selbstwertgefühl vorrangig aus dem 'Besitz' ihrer Söhne bezieht. Margaret setzt konsequent ihre kreativen Talente als Teil ihrer Selbstentfaltung ein, wobei ihre Werke einerseits gesellschaftlich zwar Anerkennung finden, andererseits ein Potential in sich bergen, das die vordergründige Anpassung an das Bestehende auf dessen Veränderung hin überschreitet. In einem gewissen Sinn ist diese kreative Bemühung Margarets zugleich ein Zeichen ihrer persönlichen Anstrengung, sich aus dem Erbe des Vergangenen zu sich selbst zu befreien. Sukey entwickelt die ihr eigenen schöpferischen Fähigkeiten, sobald sie sich gewiß sein kann, daß sie damit nicht die Erziehung ihrer Söhne gefährdet. Ihre unterhaltsamen Geschichten und Hörspiele zeigen dieselbe Analogie zwischen kreativen Werken und Lebenshaltung wie Margarets (andere) Gestalt: Sukey verharrt im einseitig mütterlich-possessiven Erbe ihrer Vergangenheit und ihre Texte bestätigen lediglich den herrschenden *status quo*; Margarets Emanzipation erreicht demgegenüber eine neue Qualität.

So unfaßlich Margaret hier die Tatsache auch ist, daß sie die Schwester und mit ihr auch einen Teil ihres eigenen Seinspotentials aus ihrem Leben buchstäblich wie im übertragenen Sinn verdrängte, so selbstverständlich und spontan bleibt ihr gleichwohl die Geringachtung für Sukeys Eigenart als 'Martha'.[23] Das ist um so bemerkenswerter, weil nirgends klarer als hier Margaret selbst die Kongruenz zwischen ihrem Wesen und ihrem Werk intuitiv erfaßt, und zwar so, daß sie die Einseitigkeit ihrer Kunstwerke beklagen und ihren 'vergifteten Ursprung' dafür verantwortlich machen kann. Während aus der Leseperspektive gerade durch das Sinnbild des Muffs offenbar wird, daß die Kälte, das Trennende, die Einseitigkeit von Margaret und Frauen ihres Typs ein historisch bedingtes und daher grundsätzlich wandelbares Attribut menschlichen – hier: spezifisch weiblichen – Seins ist, bleibt Margaret diesem ihrem Wesensattribut scheinbar unlöslich verhaftet. Auch ihre sachlich durchaus treffende Einsicht in die Matrix ihres Lebens als Quelle ihrer Werke enthüllt ihren ambivalenten Zugriff auf das Vergangene, dem ihr Griff nach dem Muff gleicht. Denn die Worte, die Margaret findet – 'poisoned at the source' – sind, wie sie sich erinnert, die Worte der Mutter. Gesprochen wurden sie in einer der vielen für Clara typisch aggressiv-verächtlichen Momente, da diese Frau ihre destruktiven Strebungen in ihren bisweilen auch im positiven Sinn treffenden Humor kleidet. In der Szene, die Margaret hier erinnert, macht Clara Sukey, das weiblich-runde, tumbe Wesen zum Ziel aggressiver Geringschätzung; dabei zeigt sich, daß Sukey mit ihrer nicht gut geratenen Sauce stellvertretend steht für alles, was Clara und ihresgleichen geringachtet. Wie bei anderen Gelegenheiten erweist sich aber auch, daß diejenigen, die sich erhaben wähnen, die angeblich so minderwertigen anderen brauchen; denn ohne sie gäbe es derlei Überhebung, aber auch die Dienstleistungen nicht, deren sich die Erhabenen wie Clara erfreuen. Die Weise, wie Margaret noch reflektiert, was von dieser Erinnerung wohl einst real, was die Übertreibung der Komik in 'The Game', was ihre kreative, dem Original getreue Gestaltung in einem frühen Text gewesen sein mag, zeigt ihre eigene Verstrickung in dieses Muster mütterlicher Wert- und Machthierarchie. Besonders pointiert erscheint dabei ihre spürbare Lust an der Verachtung des Gestaltlos-Tumben, dem ihr Vergnügen an derartiger Komik korrespondiert; jener Komik, die sie in ihren literarischen Werken zu überwinden sucht, weil sie sie als oberflächlich, einseitig und ihrem ganzheitlichen Menschenbild nicht gemäß erkannt hat:

> But then she remembered and began laughing until she had to sit down on her bed and wipe her eyes. No, no, never Sukey, stupid, limited Sukey the butt! The Countess came up the stairs bearing the little sauce boat in her hand: 'What is this revolting, pasty mess?' waving it in front of Sukey's rounded blue eyes, fortissimo dramatic. 'It looks like your Father's white soggy soul.' 'It's bread sauce, Mother.' 'Bread sauce! Ill-bred like all you Matthews children. Poisoned at the source!'... At least that was how the libretto ran when she and Rupert and Marcus had played it over a few times. Later when she'd Carmichaeled it, she toned it back to what was probably the original. Laughing still, she rose from the bed. 'No,' she said aloud, 'it was a life of desolation and I was priggish and prudish, but that was the start. Only the start, of course. ... (pp.425f)

4.2.2. Der Sonntag 1919: Ein erster Abschied

Margaret wird am frühen Sonntagmorgen im Jahr 1919, dem einzigen Tag aus der unmittelbaren Nachkriegszeit, der im Roman dargestellt wird, sehr unsanft aus dem Schlaf gerissen. Unter ihrem Schlafgemach tobt eine der Margaret wohlvertrauten, aggressiven Auseinandersetzungen zwischen ihren Eltern. Clara braucht, wie üblich, einen Sündenbock für erlittenen Schmerz: ihr derzeitiger Liebhaber, ein amerikanischer Offizier, hat sie in der Nacht verlassen, um nun, da der Krieg zu Ende ist, in seine Heimat zurückzukehren. Wie oft, bietet sich ihr Ehemann als zuerst verfügbares Ziel und Opfer ihrer Aggressionen an. Der zwanghaften Lust, ihre Frustrationen an diesem Mann auszulassen, korrespondiert dessen gleichfalls langgeübte, sanft-quälerische Haltung. An diesem Morgen kleidet er seine Schadenfreude in Gleichmut und Fürsorglichkeit und provoziert Clara nach den zwischen ihnen herrschenden Spielregeln zu einem ihrer heftigen Gefühlsausbrüche. Im Verlauf des Streits wirft sie ihm eine Zigarettendose an den Kopf, die jedoch, da sie ihr Ziel verfehlt, laut gegen die Wand kracht.[24] Sie zetert, welch ein Nichts aus ihm geworden sei, da noch nicht einmal ihr fortwährender, auch ihm wohlbekannter Ehebruch ihn verletzen könne: "I don't believe I've hurt you at all. What a ghastly little piece of nothing you've turned into." (p.48) Mit der lautstarken Beschimpfung, er, das rückgratlose Schwein ("you gutless swine" p.48), solle verschwinden, begleitet sie seinen Rückzug. Diese Geräusche sind es, die Margarets Schlaf stören. Obgleich Margaret mit ihren etwa 17 Jahren sich schon recht erwachsen und gewappnet fühlt für die gewalttätige Realität des elterlichen Ehelebens, überkommen sie doch sogleich intensive Ängste, wie sie sie seit ihrer Kindheit immer dann durchleidet, wenn sie mit dieser schmerzhaften Wahrheit direkt oder indirekt konfrontiert ist. Sie hat gelernt, wie sich beispielhaft in diesem Augenblick zeigt, derartigen Schrecken des Alltags vor allem mithilfe ihrer Wortkunst zu begegnen:

> A crash below her bed woke Margaret suddenly. And then came the Countess's screams to make her at once, as always, tense with renewed childhood terror. Slowly, practisedly she relaxed by means of the familiar stringing together of words. (p.49)

Zunächst ist offenkundig, daß diese reale Störung Margarets emotionale *Ver*störung aktiviert, die ein realer Teil ihrer Kindheitserfahrungen, ihres Gefühlslebens seit frühesten Tagen ist. Die sprachliche Darstellung zeigt ferner, daß diese emotionale Verstörung Margarets Lebendigkeit bedroht: sie wird buchstäblich starr vor Schreck. Diese Bedrohung macht Margaret zum passiven Objekt. Die Verstörtheit in Margarets Gefühlsleben ist also die Erfahrung des passiven Ausgeliefertseins an die Gewalttätigkeit der Eltern. Demgegenüber ist ihr Vermögen, durch Worte Verbindungen herzustellen, erkennbar als ein Aspekt dessen, was Margaret selbst als Teil ihrer Individualität erachtet; was ihr die Möglichkeit zurückgibt, sich lebendig und zugleich gelassen zu fühlen angesichts dieser langjährigen Bedrohung. D.h., die adoleszente Margaret sucht ihrer spezifischen Opfererfahrung als Kind durch ihr eigentümliches, zukunftsorientiertes Talent entgegenzuwirken. In diesem Bemühen, durch einen literarisch-schöpferischen Entwurf ihre innere Ruhe und Selbstbeherrschung wiederzugewinnen, taucht plötzlich eine Kindheitserinnerung auf. Zunächst läßt sich dies im Kontext der gewalttätigen Realität als Moment derselben deuten; eingebettet in einen höchst verstörenden Alltag ereignet sich etwas kostbar Seltenes. Margaret erinnert sich eines beglückenden Momentes inniger Begegnung mit ihrer Mutter in einem Augenblick, da sie sich als kleines Mädchen in Not befand und Geborgenheit und Zuwendung dringend brauchte. Sie war am Strand von Cromer, wo sie regelmäßig bei Granny Matthews die Sommerferien verbrachten, hingefallen und hatte sich verletzt. Die Mutter nahm sie in den Arm und vermochte es zumindest dieses eine Mal, der kleinen Margaret die Gefühle der Angst, der Verletzlichkeit und Versehrtheit zu nehmen und ihr stattdessen ein Gefühl des Geborgenseins zu schenken. Diese Erinnerung steigt in Margarets Bewußtsein auf als schrittweise Nach-Empfindung einer ganz konkreten, sinnlichen Erfahrung körperlichen Kontaktes mit der Mutter. Zunächst visualisiert sie die Vorstellung der nackten Schulter der Mutter, dann durchströmt sie die wohlige Erinnerung an die Berührung, welche in die köstliche Erfahrung eines Momentes gänzlicher Harmonie, fragloser intimer Begegnung mündet:

> Then through the words came a sudden intense vision of her mother's bare shoulder, and with it a sensation of rubbing her cheek against it, of being squeezed in her mother's arms, stroked by her mother's cool, long-fingered hands. It was when she had fallen down on the rocks at Cromer and cut her forehead (the scar was still there, but hidden under her fringe). Her mother had responded at once, had whispered and kissed away her fright. ... (p.49) [25]

Die gewalttätige Realität des elterlichen Lebens läßt Margaret gewiß sein, daß eine solche kostbare Intimität mit der Mutter nie wieder möglich sein wird. Die junge Margaret spürt auch, daß sie allein und von sich aus eine entsprechende Begegnung mit beiden Eltern im realen Lebensalltag weder durch Mitleid noch durch Liebe bewerkstelligen kann: "Pity, if not love, nagged her. But she would never be able to reach them, never." (p.49) Die emphatische Wiederholung des 'niemals' ist deutbar einmal als Ausdruck der unausweichlichen Gewißheit Margarets im Angesicht der harschen Realität, zum anderen als Zeichen der fortwirkenden emotionalen Sehnsucht Margarets nach solcher Begegnung, wobei diese Sehnsucht durchdrungen erscheint von einem Gefühl der Wehmut. Die Passage erhellt sinnfällig aus der Leseperspektive den Doppelaspekt des Objektseins und der Passivität sinnfällig, den Margaret so nicht erfaßt. Die Lieblosigkeit bewirkt die Bedrohtheit des Subjekts ähnlich wie die konkrete Erfahrung zu fallen und sich dabei eine Wunde zuzuziehen, die Zeit braucht zu heilen. Die geglückte Begegnung mit der Mutter zeigt an, daß es aus solchem Leiden eine Erlösung gibt. Gerade indem die verwundete kleine Margaret sich der tröstlichen Zuwendung der Mutter hingibt, also von sich aus spontan passiv wird, empfängt sie ein Gefühl gänzlicher Entspannung und Geborgenheit. Während die erste Erfahrung der Objekthaftigkeit, des Erleidens bedrohlich ist, ist die zweite lebenspendend, gerade auch für die Wiedergewinnung eigener Kraft nach dem Leiden. Die Antizipation eigenständiger, kreativer Arbeit läßt die Vergeblichkeit realer glückhafter Begegnung erträglich erscheinen und verspricht, die ungestillte Sehnsucht nach ihr auf einer anderen Ebene realen Lebens, im einsamen Akt des Schaffens von literarischen Werken zu erfüllen: [26]

> At least she could bring them to life again in words that were more complete, more understanding, more just to her own comprehension of them than the flat self-protective ironies of her Carmichael writing. (p.49)

Dies ist der produktive Aspekt des Subjektseins, der Aktivität, die Margaret als erwachsenwerdendes Individuum auszeichnet. Margaret beschließt die Trennung, die gegenüber den Eltern für sie notwendig wird, an diesem Morgen: "But first she must get away, far enough to be fair and just and creative. ..." (p.49) Diesem Entschluß ist indes ein destruktiver Aspekt inhärent. Analog den beiden Facetten der Objekthaftigkeit äußert sich der destruktive Aspekt der Aktivität, der Trennung(sabsicht) in Margarets konsequenter Abspaltung ihres leidvollen Opferseins. Auch dies zeigt der Sonntagmorgen sinnfällig, ohne derlei explizit zu thematisieren.

Margaret pflegt sonntags in die Rolle der hilfsbereiten kleinen Schwester und Tochter zu schlüpfen, die Geschwister und Eltern bedient, während die Zwillingsschwester in der Küche hilft. Clara läßt an diesem Morgen ihre Launen an Margaret aus, nachdem sie zuvor in Billy Pop einen ersten Sündenbock gefunden hatte. Diese Situation läßt sich deuten als sinnbildliches Moment, in dem der jungen Margaret intuitiv klar wird, daß sie sich von der Rolle der dienstbaren Tochter unbedingt lösen muß, wenn sie nicht ständig der Willkür mütterlicher Verfügungsgewalt ausgesetzt sein will. Ein spielerisches Wortscharmützel zwischen Mutter und Tochter um Margarets Rolle in der Familie und bezüglich der Sprachkomik Claras veranschaulichen den Konflikt. Claras unstreitiger Sinn für Sprachwitz erweist sich als Waffe und Schutzschild dieser Frau: sie provoziert mit ihren Sticheleien die Schwächere und reizt mit dem Argument zurück, es sei doch mangelnder Sinn für Humor, sich über solche Sticheleien zu ärgern. Margaret erweist sich diesem aggressiven Spiel nur teilweise gewachsen. Schließlich verweist die Mutter Margaret des Zimmers. Die Tochter sucht Trost in einem weiteren Textentwurf:

> 'Don't knock, Wendy. Bring my tea straight in – I can't stand the slightest noise this morning....'
> ...the Countess' thin face was all darkly smudged skin and Pharao-sized black eyes. She'll

tell my fortune, but it won't be a pleasant one.
'Dancing with all those little brats is giving you a permanent stoop, ... you'll look like a bat-
tered lamp post... Dear little Wendy. ...'
...Margaret felt free to skirmish.
'My name is not Wendy.' ...
'...Oh, Margaret, have some sense of fun.... If you can't laugh, take Billy's breakfast down to
him.... . I'd only just got to sleep after all the noise you children made upstairs last night. Toing
and froing! ... I've never heard such noise.'
Margaret made no answer and suddenly her mother shouted at her.
'No one's to pull that chain at night. No one. Do you understand? No one!'
... The Countess returned to her usual drawling ennui. 'Oh, really, Margaret! If you can't laugh
at that! "The Forbidden Chain"! Why the whole idea's too delicious. Sanitary inspectors
descending upon us. "Mother's inhuman order"... But perhaps with such constipated children
as I have. ...(Auslassung im Text) Yes, you are constipated, mentally and physically, all of
you... Oh, go away, Margaret. ... I require absolute silence...
... 'Now don't go being hurt. And, Margaret, silence means your father and Regan as well,
please.'
Making her way downstairs to her father's study, Margaret fixed accurately the little stream
of frothy spittle that had run from the side of the Countess' mouth. Later she would make a
phrase about it, connecting it perhaps with snakes and venom, and write the phrase down in
her notebook. (pp.51f)

Ganz im Sinne dessen, was Margaret 1946 begreift, erweist sich Claras Humor als Waffe zur Verteidigung des zerstörerischen *status quo*, während Margarets Hoffnung sich auf ihre andersartige
Wortkunst richten muß, da sie in dieser Matrix produktive menschliche Zuwendung nicht realisieren kann. Das bereits erwähnte Gespräch über die angemessene Pflege der Kätzchen vertieft die
Einsicht in diese problematische Lebensgrundlage der jungen Autorin. Es ist Margaret, die sich
wundert, wieso man sich so stark für solche eigentlich eher häßlichen Kreaturen engagiert. Zunächst ist nicht eindeutig, ob sie hier eher das Engagement der anderen registriert, oder ob gerade ihre eigenen Gefühle sie so erstaunt fragen lassen:

Margaret peered into the basket. 'Their heads are enormous and their bodies are like snakes.
They're like diseased weasels. I can't think why one should feel so protective towards
them.' (p.65)

Als Marcus kurz darauf die Tiere bedauert mit den Worten "Poor motherless things" (p.65), reagiert Margaret ebenso spontan wie kühl. Sie findet, ihre Geschwister und sie selbst seien eigentlich nicht dazu berufen, ausgerechnet aus dem Grund die Tiere zu bemitleiden, daß sie ihre Mutter
verloren: "'It's hardly for us to condole them on that score,' ...." (p.65) Spätestens sobald Rupert,
der Lieblingssohn Claras erklärt, vielleicht sähen die Kätzchen so gesund aus, gerade weil sie ihre Mutter verloren (p.66), wird aus der Leseperspektive offenbar, daß das Gespräch auch von
dieser menschlichen Mutter und ihren Kindern handelt. Margarets Worte gegen das Mitleid besa-
gen zum einen, daß sie sich, obgleich ihre Mutter ja noch lebt, emotional verwaist fühlt, das heißt,
daß die Lieblosigkeit der Eltern – der Mutter vor allem – ein mit dem Tod selbst vergleichbarer
Verlust für Margaret ist: eine lebensbedrohende Erfahrung des Mangels und ein zugleich unwider-
ruflicher Zustand des Getrenntseins. In eben diesem Aspekt emotionalen Leids und der Erfahrung
der Ohnmacht und Vergeblichkeit angesichts eines scheinbar unabänderlichen Schicksals, identifiziert sich Margaret hier kaum bewußt gefühlsmäßig mit den Kätzchen. Ihre Absage an Mitleid ist
zugleich die emanzipatorische Annahme dieses Faktums. Darüber hinaus kündigt sich in dem
kühlen Kommentar Margarets zum anderen das Destruktive der mütterlichen Matrix an. Wie
Margaret ihre Absage an die Möglichkeit der liebevollen Begegnung mit der Mutter hier ausdrückt, gleicht exakt bestimmten Äußerungsweisen Claras, wie dieselbe Situation ausweist. Clara gefällt sich an diesem Vormittag in der fürsorglichen Rolle der Mutter, die weiß, wie man den
Verlust der Katzenmutter angemessen ausgleicht: durch Sorge um die Geborgenheit der hilflosen
Kätzchen. Sie fordert auf, den Kätzchen ein Körbchen zu besorgen. Dabei sieht sie, daß ihre Kinder bereits eine entsprechende Schlafstatt für die Katzenjungen gefunden haben: das Körbchen
des früher verstorbenen Hundes der Familie. Clara erneuert sofort ihren Herrschaftsanspruch, den
ihre Kinder implizite hier überflüssig machten, indem sie herabsetzende Kritik übt und ein Lebens-

motto preisgibt, das sich aus der Leseperspektive als sinnträchtig erweist. Es sei verabscheu-
enswert sentimental, so verkündet sie, ausdrücklich den Ehemann mitsamt den Kindern dabei
herabsetzend, so am Alten zu hängen. Es sei viel gesünder, das, was einem lieb war und durch
den Tod verloren ging, schleunigst zu vergessen, anstatt sich an Erinnerungsrelikte des Verlore-
nen zu klammern:

> ...Get a basket from Regan. Not that awful old thing. Where *did* you children find it? Oh, it's
> Rag's basket! Whoever kept that? How disgusting and sentimental! That's your fault, Billy,
> you've taught them sentimentality. Now remember, all of you, when someone dies whom you
> love – it doesn't matter who it is, animal or friend – don't hang on. Love them and forget
> them! It's so much more healthy. ... Sukey had better deal with them. She likes being the little
> mother. (p.68 und Kontext)

Margaret, so zeigt ihre Äußerung über die Kätzchen, meidet auch nur den Anschein 'ungesunder'
Sentimentalität und hat die qualitative Differenz zum Mitleiden noch nicht erfaßt. Ihr selbstbewuß-
ter Akt der Emanzipation wird begleitet von der unbewußten Identifikation mit dem kritikwürdigen
mütterlichen Vorbild. Die demonstrative Verweigerung des Mitgefühls zeigt, daß sie auszulöschen
sucht ('blot out'), was sie und andere verbindet.

Gerade vor dem Hintergrund des Mottos der Mutter gewinnt Margarets Lebensaufgabe, wie sie
hier veranschaulicht erscheint, ein anderes Profil, als sie es selbst versteht. Beide Ehepartner
Matthews haben ihre Erinnerung an die eigene Vergangenheit nie preisgegeben, haben die Verluste ihrer Kindheit und Jugend nie überwunden und müssen so in wahrlich zwanghafter Weise das
Vergangene stets wiederholen. Nicht von ungefähr erinnert Clara an dieser Stelle, was für ein
wunderbar hübscher Junge ihr William einmal war (s.p.68). Ihrer beider 'Vergessen' ist nichts
anderes als das 'blotting out', von dem Margaret 1946 weiß und wovon sie als erwachsene Frau
erkennt, daß das Ausgeblendete all die Jahre ein auch in ihr selbst zerstörerisch wirksames
Moment war.

Margarets bewußt gewählter Lebensweg beginnt an diesem Tag 1919. Dieser Weg erweist sich
aus der Leseperspektive als Prozeß produktiver Trauerarbeit angesichts der schmerzlichen Realität. Andererseits ist Margarets Lebensvollzug auch der offenbare Ausdruck der ihr nur hier
1919 noch spürbaren Sehnsucht nach inniger Harmonie mit der Mutter, ein regressives Moment in
ihrem emanzipatorischen Anspruch. Für die widersprüchliche Gestalt des Lebens wie des Wesens
von Margaret steht der wiederkehrende Gebrauch des Bildes der Schlange in diesem Roman.
Margaret sagt an diesem Sonntag 1919 über die kleinen Katzen, ihre Leiber glichen Schlangen und
ihre Köpfe seien sehr, ja, verhältnismäßig zu groß (p.65). Margaret muß sich als Kind und junges
Mädchen viel abfällige Kritik über ihr Äußeres gefallen lassen muß. Es ist daher auch nicht ver-
wunderlich, daß sie ihren eigenen Körper wie ihre gesamte Erscheinung gelegentlich als häßlich
bzw. unattraktiv empfindet. Auch aus diesem Grund kann ihre Äußerung über die Kätzchen ohne
weiteres als Ausdruck dafür genommen werden, daß Margaret sich selbst in diesen kleinen Kreaturen sieht. Aus der Leseperspektive wird weiter verständlich, daß sie mit der disharmonischen
Gestalt, mit dem Mißverhältnis von Kopf und Körper unbewußt etwas wahrnimmt, was ihr eigenes
Selbst beschreibt: das noch nicht in eine angemessene Harmonie gebrachte Verhältnis nämlich
zwischen dem, was traditionell mit dem 'Kopf' assoziiert wird: Geist, Kreativität vor allem und
dem, was 'Körper' signalisiert: Emotionalität und Sinnlichkeit. Ihr Gebrauch des Wortes 'think' im
Gegensatz zum Gefühl, die Tiere schützen zu wollen, unterstreicht diese trennende Strebung,
ohne sie zu thematisieren. Sie registriert die Gefährdetheit dieser Kreaturen und sieht in dieser
Gefährdetheit zugleich eine Gefahr für andere, was diese Lebewesen krankmacht, kann andere
anstecken. Ihre Assoziation, der häßliche Speichel im Gesicht der Mutter sei ein geeignetes Sinnbild für die tödlich gefährliche Lieblosigkeit Claras, die sich in einem zukünftigen literarischen
Text angemessen mit dem Bild der Giftschlange veranschaulichen ließe, verbindet sich für Leser
und Leserinnen mit Margarets Diagnose der Schlange, die in ihr selbst lauert, bereit, anzugreifen
(p.424).

Die Sinnbildhaftigkeit des Sonntags wird suggeriert durch den schrittweisen Aufbau der Szenen dieses Tages, sie künden von den kommenden Schritten.[27] So gewinnt der Sonntag erzähltechnisch - aus der Retrospektive der ganzen Geschichte - eine vorverweisende Funktion für eben diese Lebensgeschichte. So erscheint die Determiniertheit der Ereignisse sowohl als Teil des deutenden retrospektiven Zugriffs wie als Teil der Inszenierung des Textes. Margarets Entwicklung enthält immer wieder Situationen, in denen Alternativen zu dem sichtbar werden, was sich als ihr Weg erweist. Diese Tatsache sowie vor allem auch die komplexe Vielschichtigkeit der Darstellung des Textes insgesamt, wirken dem Eindruck der lebenspraktischen Unausweichlichkeit, der Fixierung auf bestimmte Facetten entgegen.[28]

4.2.3. Die gescheiterte Rebellion der Matthews-Kinder: Ein 'Familien-Drama' - 'Eine Lektion in Lamarckistischer Vererbungslehre'

Die Matthews-Kinder nehmen sich am Vorabend zu diesem Sonntag 1919 bei einer Zusammenkunft im Kinderzimmer - 'nursery'- vor, durch ein vernünftiges Gespräch mit den Eltern, der Großmutter und Großtante eine bessere Absicherung ihrer eigenen Zukunft zu erreichen. Sie wollen möglichst wenig zum materiellen Unterhalt der Eltern beisteuern müssen, weil diejenigen, die überhaupt schon Geld verdienen, ihre Einkünfte lieber zur Verwirklichung eigener beruflicher Pläne verwenden wollen. Die Sorge der Ältesten gilt dabei auch der angemessenen Weiterbildung des Jüngsten, die sie gesichert wissen wollen. Das gemeinsame sonntägliche Mittagessen aller 3 Generationen scheint die geeignete Gelegenheit, dieses heikle Thema zu erörtern. Zwar machen sich die Geschwister wenig Illusionen über die Bereitschaft ihrer Eltern, derartige Neuerungen zu akzeptieren. Sie erkennen darin eine Art 'Kriegserklärung' an ihre Eltern, die sie indes in durchaus friedfertiger Manier vorzutragen und durchzusetzen wünschen. Sie erhoffen sich dabei die wohlwollende Unterstützung seitens der ältesten Generation. Die strukturellen Machtverhältnisse - die Abhängigkeit der Eltern von den Alten, und die Tatsache, daß diese z.T. auch die Ausbildung der Jungen direkt finanzieren - kalkulieren sie als Teil der Strategie, selbst einen Zuwachs an Unabhängigkeit zu gewinnen, bewußt ein. Dieser Plan ist der erste und, wie sich zeigt, einzige Versuch der Jungen, durch Solidarität gegen die von allen leidvoll erlebten Ungerechtigkeiten der Eltern eine Besserung der eigenen Lage zu erreichen. Dieser Ansatz mündet sowohl an diesem Abend, wie nach dem gescheiterten Versuch am Tag darauf, im altgewohnten Rollenspiel - 'The Game' -, das sie alle schließlich gefangen nimmt und ihnen ein trügerisches Gefühl der Gemeinschaft, ein zwar dringend notwendiges, letztlich jedoch nicht tragfähiges Empfinden der Harmonie vermittelt [29] D. h., das Spiel tritt an die Stelle der Erörterung ihrer Zukunftspläne sowie - nach dem Scheitern ihres Versuchs - an die der Erörterung möglicher Alternativen.

Der Text erlaubt Leserinnen und Lesern, das herrschende Lebensmuster zu verstehen, das die Rebellion der Kinder zum Scheitern bringen hilft. Es ist die Mutter, die in einer der üblichen inzestuös gefärbten Interaktionen mit ihrem Lieblingssohn Rupert, anläßlich einer ihrer bewußten Selbststilisierungen als Liebespaar, ihre Lebenshaltung ungeniert offenlegt (bes.pp.78f). Clara mußte in dieser Nacht von ihrem Geliebten für immer Abschied nehmen. Rupert erkühnte sich kurz zuvor außerdem, ein Mädchen nachhause zu bringen. Clara ist, wie sich zeigt, von beiden Ereignissen tief betroffen und sucht Schutz vor diesen realen Verletzungen ihres Selbstwertgefühls, die ihren Machtanspruch nachhaltig bedrohen. Sie möchte sich ihre Stärke bestätigen lassen durch die bewußte Verletzung der Interessen ihres Gegenübers. Ihr Ziel ist jetzt der 'schwache', weil an ihr hängende, jugendliche, den Versager-Ehemann ersetzende Helden-Sohn Rupert. Zunächst weist sie die Vermutung zurück, der Verlust des Geliebten schmerze bzw. verletze sie. Nein: nicht sie ist verletzt, sondern sie verletzt diesen Liebhaber. Sie erklärt ihn zum Nichts und behauptet, nie wirkliches Interesse an ihm gehabt zu haben. D. h. Clara negiert die Macht, die er über sie ausübt, indem sie auch ihre Gefühle leugnet. Anders gesagt: mit einem verbalen Streich 'vernichtet' sie den Mann als Verkörperung ihrer unerfüllt gebliebenen Wünsche ebenso wie diese Wünsche. Sie tut noch ein übriges: sie verkehrt die Realität in ihr Gegenteil. Sie behauptet, nicht er hat sie verlassen, sondern sie hat ihn in den 'Tod' geschickt. Mit dieser List, so betont sie, ist es ihr gelungen, ihre Stärke und Macht zu erhalten, und so braucht sie auch nicht zu trauern - wo Nichts ist, ist Trauer wahrlich gegenstandslos:

> Oh Rupert, how much you have to learn. It's cunning, darling heart, cunning all the time. It's two people and one of them's going to be hurt. That absurd little Yank thought he'd got me on a string, but I played him like a fish, Rupert. And now that it amuses me I've thrown him back into the Atlantic where he belongs. Don't think I'm grieving for him, my dear. I long ago learned to treat empty trifes for what they are. (p.79)

Dann sucht sie, Rupert diese Methode schmackhaft zu machen: auch er soll ein unverletzlicher Held und als solcher werden wie sie. Das kann er nur, indem er lernt, die Nichtigkeiten des Lebens als entsprechend nichtswürdig zu behandeln. Clara sagt ihm auch sogleich, was zu den vielen Nichtigkeiten gehört - das 'kleine Ding', seine neue Freundin z.B.:

> You'll have to learn to do the same, Rupert. One's either born into this world as a conqueror or one's not. You and I were. But it isn't simple... It's a battle, a very old battle. In which we conquerors don't get hurt. The casualties are the little things, people like that red-haired girl you brought back here. ...(p.79)

Die Aussicht, ein Eroberer und unverletzlich zu sein, ist Claras Verheißung für diesen Lieblingssohn, der dafür ihr als Ersatz für ihre, wie sie es nennt, 'verlorene Jugend' jetzt und in Zukunft dienen soll. Erweist Rupert sich als dieser Mann, so ist die Harmonie mit der Mutter gewährleistet, und das heißt: alles bleibt, wie es ist. Sich dieser Verheißung der Stärke hinzugeben, so zeigt gerade diese Stelle *in nuce* an, heißt, sich der Macht eines Stärkeren zu unterwerfen und damit die präformierte Machthierarchie anzuerkennen und faktisch fortzuschreiben. Psychisch bedeutet es eine Zwangshaltung, wofür die faktischen Machtverhältnisse in dieser Mutter-Sohn-Beziehung paradigmatisch gelten können. Es ist ein Spiegelbild dessen, was auch in der Ehe mit Clara und William geschieht, wie die Rollenstilisierung der beiden anzeigt und wie es die entsprechende Rollenübernahme Ruperts in 'The Game' bestätigt: Rupert spielt die Rolle des Vaters. Jede dieser Beziehungen zeigt das Doppelgesicht dieser Frau mit ihrer- auch ihrer eigenen Sehnsucht nach Erfüllung - tödlich gefährlichen Lebenshaltung. Ihre selbsterklärte "voracious love of life" (p.11) heißt, daß sie die darin enthaltene Sehnsucht nach Liebeserfüllung nie erreichen kann, weil es sich um eine 'gefräßige' Haltung handelt: sie 'frißt auf', was zu 'besitzen' wünscht. Ruperts Lebensgeschichte zeugt von den auch destruktiven Auswirkungen auf jemanden, der sich dieses 'Gift' der Mutter nie bewußt macht. Seine Bindung an Clara bleibt in einer erkennbar destruktiven Weise Teil seines Lebens sowohl in der Ehe mit Debbie, die um seinetwillen ihre eigene Schauspiel-Karriere aufgibt, wie im Beruf als Schauspieler.[30] Sowohl durch die Lebensgeschichte Claras in der Erzählgegenwart, wie durch ihre eigene Selbstdeutung wird klar, daß sie mitnichten 'zur Herrschaft' 'geboren' wurde. Ihre Vorgeschichte weist sie als verletzliches kleines Mädchen aus. Dieses Mädchen lernte die Verluste, die es zu erleiden hatte, nur so zu ertragen , wie es die erwachsene Frau in starrer Fixierung auf ein altes Muster vorzeigt: aus dem liebessehnsüchtigen, ohnmächtigen kleinen Waisen-Mädchen jener Vorkriegszeit, die auch die Geschichte der Matthews-Kinder eröffnet, wurde eine rachsüchtige Frau. Für Clara gilt das Motto ihrer weiblichen Bezugsperson, Miss Rickard, wie diese es in Buch I ihrer Lieblingsnichte Margaret verkündet: "Whatever your disappointments, always try to get your own back, my dear. It's woman's compensation." (p.26) Clara bleibt dominiert von einem Helden-Bild ihres Vaters, dem die patriarchalische Ordnung der Gesellschaft ihrer Kindheit korrespondiert. Schwäche ist in dieser Gesellschaft negativ besetzt und tunlichst zu kaschieren, wo sie nicht zu vermeiden ist. Da sie nie lernte, durch eigene Anstrengung und womöglich in Ablehnung vorfindlicher Traditionen zur Erfüllung ihrer Glückssehnsucht zu gelangen, ist ihre entsprechende Klage, an die ihr Jüngster sich am Ende der Erzählperiode I erinnert, ebenso bezeichnend wie aufschlußreich. Clara fühlt sich um ihr Lebensglück betrogen: "I hope you'll never know, Marcus', she said, 'what it's like to be in love with life and to be cheated of it.'" (p.32) Auf die Frage Marcus' nach dem Sinn dieser mütterlichen Klage, meint Rupert kurz und ausweichend, "Oh, some rot or other. ..." (ebda.).[31] Die Ohnmachts- und Frustrationserfahrungen fungieren sichtlich als Legitimationsbasis für die Rache, wie schon Miss Rickards Worte zeigen. Ein Mechanismus, diese Krankheit zu übertragen, sind die existierenden Machtverhältnisse zwischen den Geschlechtern einerseits und Eltern und Kindern andererseits. Insofern sind Familie und Gesellschaft aktiv an dieser Krankheit beteiligt.

Während die aggressiv-virile Zerstörungskraft Claras offen zutagetritt, ist die Gewalttätigkeit Williams in seiner Weichheit und Trägheit vordergründig kaum sichtbar. Die Durchsetzungskraft und der ungebrochene, durchaus egozentrische Überlebenswille dieses Mannes werden - ebenso wie entsprechende Merkmale seiner Frau -vom Erzähler in der Inszenierung 1925 charakterisiert. Der Titel "A Lesson in Lamarckian Survival" perspektiviert diese Überlebensstrategie in mehrfacher Hinsicht:[32] Ohne solche Aspekte zu thematisieren, wird die dramatische Tradition als Teil vorfindlicher Deutungsmuster durchsichtig gemacht. Die Inszenierung veranschaulicht eine Überlebensstrategie, die immer schon eine präformierte Ordnung voraussetzt, als deren - erfolgreich praktiziertes - Verhaltensmuster sie erscheint. Gerade der Titel der Inszenierung suggeriert den (auch realen historischen) allmählichen Wandel menschlicher Deutungskonzepte, seien diese (natur-)wissenschaftlicher oder literarischer (oder anderer) Art. Es ist schließlich eine Inszenierung in den Jahren, in denen der Faschismus in seiner Zerstörungskraft noch nicht offenkundig zutagetritt: 1925. Das heißt, die mögliche große Katastrophe beginnt sich allenfalls erst abzuzeichnen, in welche die kleinen Katastrophen dieses Paares eingebettet sind und wovon sie auch einen - eher unscheinbaren - Teil bilden. Der Erzähler beschreibt als Regieanweisung die Lebenshaltung Williams als die eines Mannes, der mit Erfolg sein Versagen kaschiert; dessen Geschick belegt er mit demselben Begriff, mit dem Claras tödliches Vermögen bezeichnet ist: 'cunning'. Dabei hebt der Erzähler ausdrücklich hervor, daß dieses Geschick als an die herrschenden Gewohnheiten gut angepaßtes Verhalten zu gelten hat; wobei es von besonderem Interesse ist, daß die Moralisten dieser Figuration zwar gern Williams Untergang vorhersagen, der Realität seiner (und ihrer) Existenz aber die nötige Aufmerksamkeit nicht widmen:

> He is, in fact, an unsuccessful author, who maintains himself by a diminishing private income and an even more diminishing stock of journalistic small change. A moralist would soon label him self-indulgent, weak, evasive and lazy. In fact, by far the most interesting feature of his character is the highly developed cunning by which over the years he has survived the disaster the moralists have predicted for him. To this survival, of course, the snobbish reverence of the English tradesman towards paraded gentility has greatly contributed. (p.207)

Williams angepaßtes Verhaltensmuster ist Teil des allseits wirksamen 'Giftes', an dem dieses Ehepaar mitsamt der Gesellschaft krankt. Der Verlauf des Gesprächs über die angemessene Berücksichtigung der legitimen Eigeninteressen der Kinder am Sonntag 1919 zeigt, wie dieser Machterhalt auf Kosten der jeweils Schwächeren funktioniert. Miss Rickard und Mrs Matthews sen. bringen, wie gewohnt, zum Mittagessen ihre Haustiere mit: Miss Rickard hat einen Papagei, Miss Matthews einen kleinen Hund. Während eines ersten Versuchs, die heikle Thematik gemeinsam zu erörtern, wird offenbar, daß Clara das ihr von der Tante für Margarets Ballettausbildung anvertraute Geld für eigene Zwecke verwendet; daß sie auch noch dreist genug war, darauf zu bestehen, Margaret solle selbst Ballettunterricht geben, um sich den ihr zu verdienen. Als dieser Mißbrauch und Verrat offenkundig zu werden beginnt, lenkt sie mit der Forderung ab, die Tiere der alten Damen sollten aus dem Wohnzimmer verschwinden. Das heißt, angesichts der Aufdeckung ihres Machtmißbrauchs, sucht sie einen Sündenbock und findet ihn nicht von ungefähr in den Lieblingstieren ihrer materiell so machtvollen Verwandten. Diese Tiere sind gleichsam deren 'wunde Stelle', d.h. die Stelle, an der sich die Liebe-Bedürftigkeit der Besitzerinnen offenbart. Zögerlich zwar und nur aufgrund entsprechender Interventionen der Matthews-Kinder, die fürchten, ohne dieses Zugeständnis an die Willkür der Mutter sei ihr Anliegen ohnehin verloren, willigen die Alten ein. Es kommt, während das Gespräch zwischen den Familienmitgliedern seinen Lauf nimmt, außerhalb des Wohnzimmers zu einem Kampf der Haustiere, bei dem alle Tiere verletzt werden. Die Menschen nehmen den Lärm der Tiere schließlich wahr und entsetzt werden sie Zeugen des Blutbades. Die beiden älteren Damen sind untröstlich und empört über diese schändliche Behandlung ihrer Tiere. Sie verlassen demonstrativ das Haus, nicht ohne zu drohen, es nie wieder zu betreten, es sei denn, die Katzen, die in ihren Augen die eigentlichen Übeltäter sind, seien verschwunden. Clara weiß genau, daß das eine unverhüllte Drohung ist, ihnen die materielle Basis zu entziehen. Während die Matthews-Kinder empört diesen Erpressungsversuch zurückweisen, zeigt sich während der anschließenden Mittagsruhe, daß das Ehepaar Matthews fest entschlossen ist, die alten Zustände wiederherzustellen: sie beschließen, heimlich die Kätzchen zu ertränken. Es gelingt ihnen nicht recht, so daß sie Henrietta Stoker beauftragen, das Blutopfer zu vollenden. Regan, die realistisch genug ist zu wissen, daß Einwände zwecklos sind und die daher tut, was ihrer Rolle als Bediensteter entspricht, vollstreckt den Mord an den schuldlosen Tieren und schafft damit die Voraussetzung zur Wiederherstellung des *status quo* der Macht in dieser Familie. Der gemeinschaftliche Versuch der Geschwister, die Befreiung von den Älteren voranzutreiben, scheitert an diesen Machtverhältnissen, die sowohl psychischer wie materieller Art sind. Die Schwächsten in dieser Hierarchie, die Haustiere, sind Verkörperungen des Liebesbedürfnisses wie der emotionalen Interessen dieser Menschen. Sie sind als solche auch Objekte der scheinbar freien Verfügungsgewalt eben dieser Menschen. Und so kann es geschehen, daß sie stellvertretend für die anderen büßen müssen, wenn niemand diesen *circulus vitiosus* zu brechen bereit oder in der Lage ist.

In 'The Game' sitzen die Kinder über ihre Vorfahren zu Gericht.[33] Quentin hat die Rolle des Richters inne und einiges von dem, was er zu sagen hat, ist erhellend für die Funktion des 'Spiels im Spiel' wie zugleich für die Lebenskonflikte der Kinder in dieser gewalthaltigen Figuration. Quentin erklärt u.a., die Vorfahren seien "...the embodiment of accumulated history" (p.142) und repräsentierten das, was sie, die Nachfahren, über die Vergangenheit wüßten -"You are, after all, all we know of the past." (ebda.). Aus der Leseperspektive heißt dies, zu gewahren, daß die Vergangenheit keineswegs in diesen Vorfahren 'ganz' verkörpert ist; daß die Wahrnehmung dieser jungen Generation in der Tat beschränkt bliebe, würde sie sich ausschließlich aus diesen Vorbildern speisen; daß sie in ihrem Handelngerade nicht allein motiviertsinddurch diese Vorbilder. Quentins schließliche Forderung an sich und die Geschwister mündet in eine einseitige Anklage und Selbstherabsetzung:

> All this sounds very nice, very comfortable, very warming to our little vanities. Everyone else is to blame. Only, unfortunately for us, it isn't so. The most rotten part of this rotten set-up is us. ... Especially me. (p.143)

Sie erweist sich als Teil der ererbten Krankheit, die ihn schließlich vom moralischen Richter zum Zyniker werden läßt. Quentin vereinfacht die Machtfrage, die sich hier 1919 stellt: hier, indem er sich selbst verachtet als auch moralisch 'krank', sein Leben lang, indem er sich eben dieser seiner Krankheit nicht widmet, weil er sich ganz auf die Verhältnisse konzentriert. Der Text zeigt, daß nur viele einzelne Menschen gemeinsam die Verhältnisse, die sie lebend mitgestalten, verändern können, wenn sich etwas zum Besseren ändern soll, wie Quentin es zeitlebens wünscht. Seine Selbstanklage gleichsam als Fazit des Ereignisses der Rebellion erweist sich insoweit als Fortschreibung der Klage der Mutter und als eines der realen Hindernisse auf seinem Weg ins Lebensglück, das er am Ende seiner Geschichte nicht von ungefähr als vergebliche Sehnsucht nach Liebe bezeichnet: "... he wished he had been able to love..." (V.1967, p.476). Die Geschwister stellen sich je verschieden dieser durch den Text veranschaulichten auch ethischen Herausforderung, wie es möglich sei, zu leben und zu lieben, angesichts der herrschenden kritikwürdigen Verhältnisse - insbesondere der Lieblosigkeit - die sich auch in den Machtverhältnissen und ihrer je subjektiven Handhabung ausdrückt. Auf der Textebene fungieren sowohl Quentins Entwicklung - vom Opfer zum Kritiker, über den Richter zum Zyniker - wie die Geschichte von Gladys - der Tochter, die Opfer des Vaters wird und einem realen Prozeß unterworfen wird - als Folien, vor der die kreativen Anstrengungen Margarets besonders prägnant erscheinen. Margaret erliegt der Versuchung nicht, in der Selbstverachtung und Verachtung der anderen Menschen zu versinken. Ihr Weg - wie (in anderer Weise) der ihrer Schwester Gladys - weist auf mögliche Alternativen zum Muster der Vorfahren hin.

Das Muster der Vorfahren wird anhand weiterer Inszenierungen zu seinem katastrophalen und zugleich komischen Ende geführt. Zunächst erscheint mir wesentlich, daß der Loslösungsversuch der Matthews-Kinder präsentiert wird als Theaterinszenierung: "THE FAMILY SUNDAY PLAY" in 3 Akten. Drei weitere entsprechende Inszenierungen finden sich im Text. Zum einen das bereits erwähnte Stück "PARENTS AT PLAY. *A Lesson in Lamarckian Survival* ", das am Nachmittag im Herbst 1925 stattfindet.[34] Dieses zweite Theaterstück wird bereits als Theaterstück der Eltern bezeichnet und zeigt, wie die Söhne der Matthews versuchen, die fortwährenden selbstquälerischen und beide Ehepartner verletzenden Rituale durch eine legale Trennung, die Scheidung zu beenden. Es ist ein Plan, den die Eltern selbst initiierten, der indes im Verlauf des Theaterstücks nicht nur aufgegeben, sondern als unverschämte Einmischung der Söhne seitens der Eltern zurückgewiesen wird. Es bleibt im Wortsinn alles beim Alten. Die gleichfalls bereits erwähnte Inszenierung mit dem Titel "THE RUSSIAN VINE. *An English Play* " findet statt an einem späten Septembermorgen 1935.[35] Sie hat zum Gegenstand den Versuch der Töchter der Matthews, neue Ordnung in den elterlichen Haushalt zu bringen, nachdem Henrietta Stoker nach einem schweren Unfall arbeitsunfähig wurde. Die Töchter finanzieren großenteils den elterlichen Haushalt, fühlen sich also zur Intervention legitimiert. Sukey meint, in Absprache mit Gladys und Margaret, es sei besser, wenn Regan von ihrer eigenen Familie gepflegt und der elterliche Haushalt durch eine neue Haushälterin versorgt werde. Entsprechende Maßnahmen wurden zwar getroffen, jedoch von den Eltern ohne Rücksprache mit den Töchtern revidiert. Die Begründung der Eltern dafür, Henrietta Stoker trotz ihrer Arbeitsunfähigkeit in den Haushalt der Matthews zurückzubringen, ist, wie die wenigen anderen vergleichbaren Gesten menschlicher Zuwendung der alten Matthews', ein Akt der Menschlichkeit; diesem Einmischungsversuch der Schwestern hingegen haftet der Geruch mindestens der Undankbarkeit und Gedankenlosigkeit gegenüber Regan an. Die Töchter sind über die Eigenmächtigkeit der Eltern irritiert, weil die Eltern zwar gern ihre Entscheidungs-'freiheit', wie schon 1919 und 1925, sowie die materielle Freizügigkeit ihres Lebensstils beibehalten auf Kosten ihrer Töchter und Söhne, ohne jedoch auf deren Vorstellungen Rücksicht zu nehmen. In ihrer diesbezüglichen Willkür und Rücksichtslosigkeit sind sie die herzlosen Alten, als die sie sich bereits 1919 erwiesen. Die Jungen ihrerseits zeigen schon gewisse Verhärtungen, die auch ihre Haltung zum Teil fragwürdig macht.[36]

Diesen 3 Inszenierungen folgt das Finale, das zeitlich bereits im Zweiten Weltkrieg spielt. Dem Augenschein nach gehört es nicht eigentlich zu der in Buch III geschilderten Erzählperiode, sondern ist ein 'Nachwort' zu dieser. Zugleich ist es ein 'unterbrochenes Stück', worin sich bereits ankündigt, daß das 'katastrophale' Ende kein wirkliches 'Ende' ist: "POSTSCRIPT TO BOOK THREE. *French Windows - An interrupted Play* ".[37] Dieses auktoriale 'Nachwort' besteht aus einer Szene, in der die alten Matthews ihre gewohnten öffentlichen Rollen als Mann und Frau sowie als Eltern nunmehr teilweise renommierter - also stolz vorzeigbarer - Kinder im Kreis der Gäste ihres Landhotels spielen. Die beiden sind noch ganz 'die Alten', wenngleich ihre Gebrechlichkeit inzwischen auch äußerlich sichtbar ist. Erst die zweite, gleichsam private letzte Szene im Leben der beiden zeigt, wie unterschiedlich stark ihr körperlicher Verfall fortgeschritten ist: er ist invalide und kann sich nur mittels eines Rollstuhls fortbewegen. Sie ist zwar noch mobil, aber in diesem Spätfrühling des Jahres 1942 gleichfalls deutlich vom Alter gezeichnet. Ihre persönliche Existenz und ihre eheliche Beziehung, die an diesem Abend ihren jähen Abschluß findet durch den Bombenangriff auf ihr Refugium, stehen unter der vielsagenden Überschrift "POP AND MOTOR. *A Catastrophe* ". Diese Inszenierungen machen sinnfällig, daß sowohl das Verhältnis von Mann und Frau wie das zwischen den Generationen geprägt ist durch die in dieser kulturellen Figuration vorfindlichen Deutungs- und Handlungsmuster auch aus der Literatur, die sich mit der Zeit allmählich wandeln. Dabei zeigt die Entwicklung des Ehepaares Matthews in der chronologischen Abfolge der Inszenierungen einen zunehmenden Erstarrungs- und Zerfallsprozeß, der in der 'Katastrophe' mündet; während bei den Matthews-Kindern eine z.T. deutliche Selbstentfaltung sichtbar wird, die u.a. eine gewisse Loslösung aus vorfindlichen Rollenmustern bezüglich der Geschlechterrollen wie bezüglich der Rolle Kind, also 'untertan' oder 'schwach' oder 'verfügbar', kurz: 'Opfer' der Mächtig(er)en zu sein, anzeigt. In der ersten Inszenierung 1919 haben die Eltern Matthews noch eine

Chance, etwas 'Neues' gegenüber dem ihnen gewohnten Alten zu riskieren, nämlich z.B. zugunsten ihrer Kinder die Erpressungsversuche der Alten zurückzuweisen und mit den Kindern gemeinsam neue Wege einzuschlagen. Genau dies aber weisen sie zurück zugunsten der Wiederherstellung der alten Ordnung, die ihnen nützlicher erscheint. Scheinen sie 1919 noch die erfolgreichen Täter, die ihre Gewalttätigkeit geschickt tarnen hinter der instrumentalen Rolle der schwächeren Regan, so bildet die 'Katastrophe' 1942 einen sinnreichen Schluß- und Höhepunkt dessen, was sie ein Leben lang gemeinsam lebten. Die erste Inszenierung erfolgte unmittelbar nach dem Großen Krieg und läßt sich ohne weiteres als Sinnbild dafür verstehen, inwieweit bestimmte, diesen Krieg motivierende Kräfte auch danach weiterwirk(t)en. Die vergleichsweise harmlose Gewalt gegenüber den Haustieren offenbart die in ihr steckende, latent lebensgefährliche Mentalität. Der Krieg bildet hierzu ein menschlich mögliches Extrem, die beiden Kriege sind Expansionen des Gewaltmusters. Die 'Katastrophe' des Ehepaares 'Pop' und 'Motor' -'Vater und Mutter', wie eine der ironischen Bedeutungsnuancen lauten kann,- ereignet sich in der umfassenderen Katastrophe des Zweiten Weltkriegs. Diese bildet die Klimax der in den 30er Jahren sichtbar werdenden Zerstörungskraft des europäischen, speziell des deutschen Faschismus mitsamt seinem Rassenwahn. Faschismus wie Rassenwahn wiederum 'begannen' nicht mit dem Ersten Weltkrieg, sondern haben viel weiter zurückreichende, weitverzweigte 'Wurzeln'. Daß die Ehepartner gemeinsam und zur gleichen Zeit dem Feuer-Tod einer Bombe, abgeworfen aus einem Flugzeug des Feindes, der Deutschen, erliegen, erhellt zum einen die Realität der äußeren Feinde. Zum anderen aber ist der ihnen (und jenen) eignende Feindmechanismus mit ihrem Tod nicht wirklich tödlich getroffen, so lange nicht, solange die Feindbilder, die sie verkörpern, anderweitig weiterwirken. Dieser auch ihnen selbst eingeschriebene Feindmechanismus wird im Schlußbild sinnfällig.

William ist am Ende seines Lebens der weichlich-gestaltlose Mann, der buchstäblich vor der Desintegration geschützt wird durch einen Verband, der ihn zusammenhält. Es ist indes ein 'Verband', der seine mangelnde Autonomie, seine Doppelnatur als 'weiblicher Mann' und seine innere Leblosigkeit augenfällig macht, sie zugleich aber auch verursacht "...Pop, swathed like a mummy, in his wheelchair"(p.417). Wie eine Assoziation Claras 1919 anzeigt, ist er damit 'endgültig' zu dem von ihr verachteten Aspekt des Vater-Bildes geworden, dessen 'gutes' Vorbild im Rückgriff auf Vorstellungen eines allmächtigen Gott-Vaters sie noch am Abend ihres Todes evoziert:

> Once when we were at Cromer I was sitting under the cliffs. The children were playing on the beach, laughing, shouting, singing. Suddenly everything was silent, as though I was still a girl and yet a grown woman, as though there was no time, and the whole world, everything beyond it, sky and all were on that beach. I felt as though I *knew* then why two and two make four, what the shape of it all was, that everything was good as it had been when I was little, as though there might be Somebody, a Friend above the bright blue sky. And then a great wind... (Ausl. im Text) (p.418)[38]

Claras Evokation eines tradierten patriarchalischen Musters zeigt an, worin sie als Frau und er als Mann zeitlebens so verhaftet blieben, daß eine Individuierung kaum möglich wurde. Ihrem 'positiven' Heldenbild, mitsamt seinem negativen Gegenbild, zu dem er mehr und mehr tatsächlich wird durch die Weise, wie beide miteinander leben, entspricht sie als viril-aktive Frau, die bedrohlich - weil ungezähmt wild - erscheint. Diese Mann-Frau-Beziehung - mitsamt ihrer Vorgeschichte im persönlich-biographischen wie zugleich weit darüber hinausreichend literarischen, gesellschaftlichen und u.a. auch religiösen Horizont der Epoche, die dieser Roman evoziert,- ist buchstäblich immobilisiert, aber gerade deshalb stabil. Im Bild der Vererbungslehre gesprochen heißt dies, Mann und Frau sind durch eben diese geschickte Anpassung aneinander und an die herrschenden Muster überlebensfähig. Der Mann ist bewegungsunfähig wie eine 'Mumie': ein einbalsamierter Toter, wobei er zugleich einer Mutter-Figur ähnelt. Bewegung ist nur möglich durch einen mechanischen Stuhl, den jemand anderes antreiben muß. Die Frau ist dieser Motor, diese (potentielle) Antriebskraft für den uneigenständigen Mann. Aber als solche ist sie zugleich gefährlich für ihn, da sie immerhin sich bewegen kann und in ihrer Bewegung ihre (potentiell auch) zerstörerische Kraft zum Ausdruck kommt. Dennoch ist auch sie existenziell behindert: denn ihre Bewegung ist eine Kreisbewegung um den Mittelpunkt des immobilen, ihr verachtenswerten Mannes. Die Gefahr für Mann und Frau liegt in der Zwanghaftigkeit beider aufeinander fixierter Pole, mitsamt deren doppelgesichtigem Wesen als Opfer und Täter; als Mittelpunkt und Ziel einer Sehnsucht, die deshalb zur Aggression verkommt, weil sie so, wie sie realisiert wird, nicht erfüllbar ist: "Around him prowls MOTOR like an old caged, mangy tigress" (ebda.). Die 'Katastrophe' für die Eltern ist weder gesellschaftlich allgemein noch für die Nachkommen die radikale Wende zum Neuen. Die Tatsache aber, daß sich die Kinder mehr oder minder weit vom Ort dieses tödlichen Finales aufhalten, vor allem jedoch der Hausverkauf, den sie 1946 tätigen, versinnbildlichen die relative Distanz der Generationen zueinander.

Die erzählerische Juxtaposition von Margarets individueller Selbstbestimmung am Vormittag des Sonntags 1919, mit der Inszenierung am Nachmittag und ihrer Verstrickung in 'The Game', das erst 1946 ein letztes Mal gespielt wird, zeigt die Vermischung ihrer Individualität mit vorfindlichen sozialen Rollenkonzepten. Die Kontexte der späteren Elterndramen zeigen die allmähliche Selbstbefreiung Margarets aus vorfindlichen, 'giftigen' Mustern zum Verhältnis von Mann und Frau, Eltern und Kindern, Opfern und Tätern. Ihre Individualität ist eine konkret neue Gestalt, die sich durch persönliche Anstrengung aus ihrer Vorgeschichte herausschält. Die produktive Selbstentfaltung Margarets ist zu sehen in ihrer Abkehr vom väterlichen Vorbild als dem weichlich-bequemen Versager auch als Schriftsteller. Kritikwürdig ist dabei zugleich Margarets unbewußte Identifikation mit dem zerstörerischen Vorbild der Mutter. Ihr spezifischer Weg als Schriftstellerin heißt für sie nicht zuletzt außerdem, sich aus den auch im literarischen Bereich vorfindlichen Mustern zu lösen und eigene zu (er-)finden. Der Romantext wiederum erscheint gerade durch Margarets kreative Aktivität als Neugestaltung des Verhältnisses von Leben und Literatur als Teil der Literatur.

4.3. Margaret Matthews' Entwicklung als Schriftstellerin

Margarets Erfahrungen und ihre Arbeit als Autorin bilden Teil der Materie dieser Romangestalt als eines sprachlichen Gebildes, das sich ausschließlich durch Sprachmuster und -bilder konstituiert. Margarets allmählicher Wandel vollzieht sich als Teil des allgemeinen Lebenswandels, der u.a. durch Beispiele des Sprach- und des Modewandels, durch soziale und politische Veränderungen, welche wiederum alle Teil der Vorstellungen von Raum und Zeit, Dauer und Augenblick sind, anschaulich gezeigt wird. Schon die erste Erzählskizze der jungen Autorin hat Aspekte dieser existenziellen Spannungsverhältnisse zum Gegenstand. Kontinuierlich zeigen sich in ihrer Lebensgeschichte ihre Kunstbemühungen als wesentlicher Ausdruck, der Zerstörung wie dem Augenblicklichen entgegenzuwirken und deren Gegenteil sichtbar zu machen. Margarets Bewußtsein von sich und ihrer Kunst wandelt sich ganz allmählich und ihre Reflexionen bilden einen wichtigen thematischen Motivstrang zu dem, was im Roman geschieht. Lebensvollzug und Schreibakte gehören zueinander, bedingen sich gegenseitig und werden umspannt von der sprachlich konstituierten Romanwelt, die Durchblicke auf eine textexterne Welt ermöglicht, deren Eigenart indes nur vermittelt erscheint durch die Wahrnehmungsperspektiven, die in dieser Lebenswelt herrschen.

4.3.1. 'Vor dem Krieg und nach dem Krieg'

Schon als Kind zeigt Margaret erste Talente zum Schreiben (pp.14f). Beim Besuch der Ausstellung in London reagiert sie auf das von allen Familienmitgliedern empfundene Glücksgefühl in der ihr eigentümlichen Weise: sie entwirft einen Tagebuch-Text, in dem dieses höchst seltene, reale Glücksgefühl auf ewig dargestellt sein soll. Ungeübt wie die noch junge Margaret im Schreiben ist, will der Entwurf nicht zu ihrer Zufriedenheit gelingen. Zuerst beschreibt sie ihre Vision vollkommener Harmonie:

> A wonderfull satisfactory day. We made almost a royal progress with little colonies of prairie marmots popping up like so many jack-in-the-boxes from the rocks around us. They would stand ... together ... like a group of village women in their aprons come to cheer our passing coach. And if happiness is the mark of Kings, we are Kings and Queens now;... There is no doubt at all that the hardships and high hopes of this journey to a new life have proved their own satisfaction. United in common dangers we have found the new life before we have even reached Eldorado.' (p.14)

Selbstverständlich ist der jungen Autorin die bestehende Hierarchie zwischen Mächtigsten und Geringsten, ebenso selbstverständlich, daß diese Ordnung 'natürlich' ist. Teil der 'natürlichen Harmonie' sind Mann und Frau als Herrschende über die Natur und des Herrscherpaares über die Untertanen. Stabilisiert ist diese Ordnung vor allem durch das Gefühl, daß es da 'draußen' Gefahren gibt: sie 'gewährleisten' das Zusammengehörigkeitsgefühl derjenigen, die da in 'our' als Gruppe definiert werden. Glück ist für Margaret hier das Aufgehobensein in dieser präformierten Ordnung der Familie und Gesellschaft und einer Natur, die diese Figurationsordnung widerspiegelt. Margaret betrachtet sich als Teil dieser Ordnung gleichfalls 'natürlich' als zu denen gehörig, die da relativ 'mächtig' sind. Aber - auch dies wird hier insinuiert - im Akt des Schreibens ist sie zugleich noch jemand anderes. Sie liest ihren Text durch und ist unzufrieden. Die 'süßliche' Darstellung der vollkommenen Harmonie verursacht ihr fast körperliches Unwohlsein: "She read through the passage and her mouth seemed filled with sickening sugar and choking starch." (p.14) Ein Grund für diese kritische Distanz ist Margarets Wissen um die Realität, die sich ihr verkörpert in bestimmten Personen: der Großmutter und der Großtante. Beide kommen ihr spontan mit Bemerkungen in den Sinn, die zeigen, wie Margaret schon an die in ironischen Humor verpackte Kritik der Erwachsenen ihr - dem Kind - gegenüber gewöhnt ist; wie sie diese Zensur der Erwachsenen insgeheim fürchtet, aber gelernt hat, sich dieser Kritik anzupassen, indem sie tut, was man ihr sagt und indem sie dieselben Mittel benutzt, die ihr die Erwachsenen vorleben:

Granny Matthews, of course, would pant and exclaim, 'What long words for a little girl...! I really think ... she's going to be another genius like her father!' But Aunt Mouse, she dreaded to think how Aunt Mouse would look. 'Maggie, my dear girl, Kings and Queens! Where is your sense of humour? Life isn't all icing sugar, my dear.' (p.14)

So fügt sie den antizipierten Erwartungen der beiden Autoritätspersonen entsprechend eine Szene hinzu, die zeigt, daß das Leben blutig und grausam ist, besonders für die Schwächsten. Die putzigen Murmeltiere werden die ahnungslosen Opfer der Hunde der herrscherlichen Menschen:

At about five as the sun was setting, our two collies... returned to the wagon. Their jaws were dripping with blood and out of Trusty's huge maw hung the mangled remains of a prairie marmot, village apron and all. Life has so many different satisfactions.' (p.14)

Die kleine Autorin erwartet für diesen Realitätssinn und den treffenden Gebrauch der Ironie eine – wenn auch widerwillige – Anerkennung ihrer Tante "She looked up to her great aunt for a certain grim approval." (p.14)[1] Die tiefere Bedeutung dieser Anpassung an die herrschende Ordnung erschließt sich Margaret zeitlebens nur in Ausschnitten. Aber insofern sie Objekt der Darstellung ist, offenbart sich Leserinnen und Lesern die besondere Funktion ihrer Person wie ihrer Texte schon in diesem Auftakt der Lebensgeschichte der Matthews-Kinder; allerdings erst im deutenden Akt retrospektiver Betrachtung. Es ist Margaret, die den vom Erzähler thematisierten Anspruch einzulösen versucht, dem unerklärlichen Glücksmoment des Lebens einer normalerweise wenig glücklichen Familie in einer kaum glücklich zu nennenden Lebenswelt durch Erzähl-Kunst Dauer zu schenken. Die Lebensreise, die sie erzählerisch avisiert, spiegelt sich auf der Textebene als realer Lebensweg Margarets und ist zugleich als Teil der erfundenen Welt des Romans eingebettet in das Motiv der Reise der anderen Geschwister. Alle diese Reisebilder erlauben – gemeinsam betrachtet – in ihrer neuartigen Gestalt den Durchblick auf entsprechende, auch in der textexternen Realität vorfindliche Lebensgeschichten, seien diese je gelebte, erzählte oder auch aufgeschriebene Geschichten vom Menschen – 'angefangen' von der Vertreibung aus dem Paradies oder der Vorstellung von den Ursprüngen des Menschen in einer 'heilen Natur' oder eines einst 'Goldenen Zeitalters', bis zum 'Ende'–; ein Ende, das die kleine Margaret schon in Buch I als gückliche Vision avisiert, das aber erst am Ende dieses Romans für Margaret naht. In Margarets kindlichem Bemühen, dem Außergewöhnlichen Dauer zu verleihen und dabei eine innere Freiheit zu artikulieren gegen das Reale, deutet sich ein wichtiges durchgehendes Thema, ein Sprach- und Situationsmotiv dieses Romans an: jede Person hat die Chance, sie selbst - unverwechselbar ein Eigenes - zu werden. Auch die Künstlerin wird erst dann zu ihrer wahren künstlerischen Reife kommen, wenn sie sich aus der eigenen Vorgeschichte zu 'befreien' vermag. Wie die Person dies nur schrittweise leben kann, so auch die Künstlerin. In Buch I ist diese Spannung zwischen Verstrickung in die eigene schmerzliche Realität und die Loslösung auf etwas Ungekanntes Neues hin, das zugleich fundiert ist in einer real erlebten Beglückung, bei Margaret sichtbar. Diesem Oszillieren zwischen Bindung und Freiheit, mit dem allmählichen Gestaltannehmen als Person wie als Künstlerin, entspricht auf der Ebene des Textes die Juxtaposition von Leben, Produktivität, Liebe einerseits und Formen der Zerstörung andererseits, wie sie sinnfällig die Erzählperioden als jeweils vor und nach beiden Kriegen markieren. Gerade diese Juxtapositionen zeigen, wie das Disjunktive in 'Wahrheit' zueinander gehört. Es ist ein Erzähl-Motiv, das sich in verschiedener Weise im Roman ausgedrückt findet und beispielhaft an Margarets Erfahrungen der Trennung, des Leids und der Begegnung, des Glücks inniger Harmonie veranschaulicht wird.

So wichtig es der noch ganz jungen Margaret ist, der Realität, wie sie sie durch die Erwachsenen kennt, Genüge zu tun, so klar ist ihr, daß die grausame Episode das Glück, das sie zeigen wollte, ruiniert: "But then again she had meant to convey the incredible, sudden family happiness of today and now it was spoiled."(pp.14f)[2] Das aber ist ihr schmerzlich. Margaret hat eine Gegenstrategie gegen diese Gefahr des Leids, das ihr andere zufügen, auch wenn sie Texte schreibt. Sie verwandelt die offenkundig autobiographische Geschichte in eine andere: sie ändert die Namen und ihre fiktive Identität und versetzt sie außerdem in die Vergangenheit. Durch diese distanzierende Verfremdung hofft Margaret, sich der Kritik ihrer Tante zu entziehen, sowie allen geschickt zu widerstehen, die versuchen, sie zu verletzen oder ihr sonstwie zu nahe zu treten.

Geschickt heißt, wie sich hier zeigt, daß dieser Widerstand nicht als ein solcher von anderen bemerkt wird. Denn, wenn die Figuren ihrer Texte dem Augenschein nach nichts mit ihrer Person – der kleinen Autorin – zu tun haben, so kann die Meinung dieser Erwachsenen ihr – der kleinen Margaret – auch nichts anhaben; sie betrifft dann höchstens diese 'fremde Welt'. Die Distanz schafft Schutz nach innen und nach außen; nach den Spielregeln, die Margaret geläufig sind, ist dies unanstößig. Die Strategie wird allenfalls wiederum ironisch-abfällig-kritische Distanz provozieren, wie ihre Antizipation des Blicks der Tante andeutet:

> Deliberately risking a sarcastic gleam in her great aunt's eye, she turned to the inside cover of her diary, A Pioneer in the Prairies, she wrote, Being the Journal of Lady Margaret Carmichael, A Lady of Quality. There, now it was someone else, and Aunt Mouse and all other mice could jeer as much as they wished, it would not touch her.(p.15)

Sowohl der Versuch, sich anzupassen, wie der Versuch, sich gegen diese präformierte Ordnung zu schützen und auf ihrem eigenen Vermögen zu beharren, nämlich etwas schreibend zu gestalten, sind hier noch von derselben Art wie die Verhaltensmuster, die Margarets Vorbilder aufweisen. Zumindest eines ist der jungen Autorin klar. Mit dieser Strategie hat sie das Glück nicht verewigt, was sie ja zu leisten sich anschickte: "Yet still she had not made these hours immortal."

1919 zeigt Margaret schon eine weiterreichende Ambition: sie will der ganzen Realität mittels der Kunst gerecht werden. Die ganze Realität ist Margarets normale, grausame Alltagsrealität mitsamt den so seltenen Glücksmomenten. Ihr Verlangen richtet sich dabei auf die angemessene Wiedergabe ihres Verständnisses für ihre Eltern, worin sich ihre Bindung an beide, insbesondere die Bindung an die Mutter, Ausdruck verschafft:

> But she would never be able to reach them, never. At least she could bring them to life again in words that were more complete, more understanding, more just to her own comprehension of them than the flat self-protective ironies of her Carmichael writing.(p.49)

Meist gelingt es Margaret nur, das zu schreiben, was sie in der Realität erlebt: bestenfalls jeweils eine Seite der Realität zu fassen; z.B. weiß sie, daß sie mit einer bestimmten Skizze den Vater aufs Papier genagelt hat. Der Vater, so scheint es Margaret, ist leicht wiederzugeben. Nicht so die Mutter. Sie ist so widersprüchlich, daß Margaret ein angemessenes Porträt nicht gelingen will. Ausdrücklich aber ist es ihr Bemühen, Komplexität darzustellen. Für die adoleszente Margaret ist dies nichts weniger als die Vision vom Leben selbst; und dieses komplexe Leben ist in der Mutter verkörpert. So heißt es u.a., wie gern sie "full shape to the Countess" gäbe (p.52). Wenig später ist Margarets Unzufriedenheit mit dem Erreichten noch deutlicher, da sie bei der Gestaltung der Mutter deren Humor nicht geschickt gestalten konnte, was für sie heißt, ihre eigene Vision der Komplexität zu verraten:

> Margaret put down her pen, satisfied that Billy Pop had been nailed on paper. ... But the Countess wasn't there at all. ... Without the Countess's laughter and mockery, the words were dead. Complexity was gone and complexity was the heart of the life she sought to convey.(p.76)

Die Formulierung 'to give full shape to the Countess' weist auf ein ganzheitliches Bild hin, das Margarets unmittelbare Bindung an die Mutter ausdrückt, ohne dies zu thematisieren. Darüber hinaus ist aus der Leseperspektive erkennbar, daß die Vision der Ganzheitlichkeit und Margarets realiter oft unerwiderte Liebe zur Mutter das Motiv für Margarets Kunstschaffen sind. Das Motiv im doppelten Wortsinn, nämlich als Beweggrund und zielgerichtete Bewegung auf ein noch undeutliches Ziel hin. Das 'Herz' des Lebens, wie die junge Margaret es versteht, ist die Komplexität, wie sie sie in der Mutter ahnt und der sie mit ihrer Kunst eine angemessene Gestalt geben möchte.[3] Die erzählerische Technik, ihre Ambition zu ihrer eigenen Zufriedenheit zu verwirklichen, geht Margaret noch ab; aber die 'flachen' ironischen Selbstschutzstrategien hat sie im Grunde schon hier als untauglich erkannt. Sie sucht 1919 in fortdauernder schreibender Bemühung nach dem Neuen, nach der sich undeutlich abzeichnenden Gestalt. Das Einzelne soll das Ganze konstituieren helfen; die Verbindung zweier Figuren soll die Voraussetzung schaffen für die komplexen Verbindungen:

Through a palimpsest of ink and straying hair Margaret began to see some shape emerge from her ardent, sweating labours of imagination. At least between the elder Carmichaels stretched now a line of communication. The first of the more complex strands was woven. (p.85)

Hier deutet sich sprachlich bildhaft durch die Formulierungen 'sweating labour' und 'palimpsest'- die zwar noch subtil ironisiert erscheinen - etwas an, was der Verlauf von Margarets Entwicklung als Autorin bestätigt. Die Kraft ihrer Imagination und ihre fortwährende leidenschaftliche Hingabe an die Aufgabe, eine neue Gestalt hervorzubringen, ist die Margaret eigentümliche Kraft der Liebe, deren Entfaltung im Verlauf von Margarets Lebensgeschichte in doppelter Hinsicht dem Vorgang des Gebärens gleicht. Der Vorgang des Gebärens eines Kunstwerkes ist Margarets Gabe, etwas zu empfangen und etwas Eigentümliches Neues hervorzubringen.[4] Inhaltlich kann man als Leserin oder Leser durch diese Analogie etwas begreifen, was Margaret in ihrer Kunst und durch sie leistet, so ausdrücklich jedoch nicht selbst reflektiert: insoweit sie versucht, ihre Eltern in Gestalt eines Textes neu zu schaffen, muß sie diese beiden mit ihrer ursprünglichen Realität loslassen und verarbeiten; wenn ein Neues und qualitativ Anderes, eine Textgestalt nämlich, daraus wird, muß Margaret auch dieses von sich lösen. Ihre Biographie im doppelten Wortsinn: als reale Lebenserfahrung wie als geschriebene Erzählung derselben zeigt, wie Margaret das Reale ihrer schwierigen Mutter-Tochter-Bindung und die fragwürdige Vorbildhaftigkeit des Vaters als des gescheiterten Autors überwindet, losläßt und u.a. dabei Textgestalten hervorbringt, die zunehmend von dieser realen Biographie losgelöster erscheinen. Schon hier zeichnet sich das ab, was in Buch I durch den Erzähler insinuiert ist. Es scheint Margarets Antrieb zu sein, etwas gestaltend zu suchen, das über das Einzelne, das biographisch reale Motiv hinausweist. Sie bringt sich damit selbst als Autorin vor dem 'Hintergrund'- dem Palimpsest alles schon Gewesenen, des Gelebten und des dabei auch Geschriebenen - in eigentümlich neuer Gestalt hervor. Dieser Prozeß währt lange; er schließt die Begegnung mit der Vergangenheit um der Zukunft willen ein; er ist zugleich schmerzhaft, besonders dann, wenn es gilt, sich zu trennen, in Einsamkeit dieser Aufgabe konfrontiert zu sein; und dieser Selbstgestaltungsprozeß ist am Ende der Erzählung *No Laughing Matter* unvollendet. Der Palimpsest des ganzen Textes wiederum, der seinerseits in einem weiterreichenden anderen Palimpsest gründet, macht zugleich den 'Geburtsvorgang' dieser neuen Gestalt einer Schriftstellerin anschaulich.[5]

4.3.2. Zwischen den Kriegen: 1925[6]

1925 hat Margaret anläßlich der Hochzeit ihrer Zwillingsschwester eine Kurzgeschichte verfaßt, in der sie ihrer eigenen ersten bewußten, offenbar sie selbst tief verletzenden Konfrontation mit der Unmenschlichkeit ihrer Familie Ausdruck gibt. In anderer Gestalt zwar, doch strukturell vergleichbar Margarets kindlicher Tagebuchskizze, steht im Zentrum der Geschichte die Feier der glücklichen Vereinigung von Mann und Frau, im Rahmen einer präformierten Ordnung. Es ist indes eine Geschichte, die zeigt, daß die latente Gewalt der Menschen - insbesondere der herrschenden Erwachsenen - die in Margarets erster Skizze verschleiert blieb, die Möglichkeit inniger Harmonie zerstört. Margarets Skizze in Buch I reproduzierte das Alibi, das die menschliche Gewalt im Spiegel der natürlichen Ordnung als Teil des allgemeinen 'Lebenskampfes' legitimiert und umdeutet in das 'Recht des Stärkeren'. Diesen Mechanismus hat Margaret als Autorin offenbar als einen menschenfeindlichen erfaßt.

Die Tatsache, daß gerade auch sie als Person noch in die herrschenden gewalthaltigen Muster verstrickt ist, vermag sie 1925 noch nicht recht zu begreifen. Die Präsentation der Lebensepisode von 1925 macht es indes anschaulich. Stellvertretend für andere, entsprechende Erzählepisoden möchte ich diese Episode ausführlicher analysieren. Sie veranschaulicht, wie in diesem Roman Lebensrealität und Kunstschaffen ineinander wirken, wobei Margaret mit anderen gemeinsam Subjekt wie Objekt des Geschehens ist. Zugleich veranschaulichen ihre Bemühungen um Textgestalten thematisch bedeutsame Motiv- und Situationsmuster des Romans insgesamt. Diese

Kurzgeschichte Margarets ist der einzige vollständige Text der Autorin, den Leserinnen und Leser kennenlernen. Aus der Leseperspektive werden ferner gewisse Reaktionen von Betroffenen solcher Geschichten anschaulich; neben Marcus und Sukey ist vor allem der Liebhaber Margarets, Clifford Arbuckle, im doppelten Sinn des Wortes betroffen von ihrer Kunst.

Vor Margarets Geschichte findet sich – Buch III einleitend – Claras Reaktion auf eine der üblichen kurzfristigen Trennungen Williams von ihr (pp.149f.). Diese weibliche Perspektive und Margarets Geschichte zur Hochzeit bilden gemeinsam Auftakt und Thema aller Beziehungen, die in diesem Abschnitt in aller Fragilität und in ihrer teils latenten, teils offenen Gewalthaltigkeit veranschaulicht werden. Allerdings läßt sich auch dies nur aus der Retrospektive sagen. Aber eben jenen Aspekt retrospektiven Deutens thematisiert der Text selbst. Dem Hochzeits-Text der jungen Autorin ist ein kurzer Verweis vorausgeschickt, den man aus der Leseperspektive als erkenntnisleitend sowohl für die Geschichten dieser Autorin, auf die er sich augenscheinlich bezieht, wie auf die Funktion derselben im Romantext selbst ansehen kann. Die Anmerkung lautet: *"The ironies of Miss Margaret Matthews' stories expose our most cherished evasions."* (p.150) Unklar bleibt, ob es sich um die Wiedergabe eines zur Werbung gedachten Zitates eines anonymen Kritikers, um eine zusätzliche Selbststilisierung der jungen Autorin als Kritiker-*persona* oder etwa um einen auktorialen Kommentar handelt. Die 'wahre' Identität des 'Autors' ist indes offenbar nicht so wesentlich wie die Tatsache, daß es sich um eine mehrdeutige Aussage auf der Ebene des Textes als Kunstgegenstand handelt. Sie betrifft unmittelbar die Wirkung und Aussagekraft der Kurzgeschichten der realen Autorin Margaret Matthews. Sie ist verstehbar als Signal, die Figur in den nun folgenden Situationen darauf hin zu betrachten, wo sich etwas über die üblichen, einer bestimmten Gruppe von Menschen besonders liebgewordenen Vermeidungshaltungen enthüllt. Das heißt, wo sich zeigen könnte, daß die Person Margaret in das verstrickt ist, was sie als Autorin zu zeigen und zu kritisieren versucht – z.B. in der zitierten Hochzeitsgeschichte "The Wedding". Diese Aussage betrifft schließlich durch 'our' alle, die sich dadurch angesprochen fühlen, auf das zu achten, was 'cherished evasions' sein könnten. So verstanden erschließt sich in der Figur Margarets beispielhaft, daß ihre Biographie als Teil einer bestimmten Figuration mit spezifischer Vorgeschichte als real zu imaginieren ist, wobei gerade in ihrer Biographie der Produktion von literarischen Werken große Bedeutung zukommt und wodurch auch klar wird, daß diese Produktion Teil der Realität ist. Ferner, daß sie als Figur eingebunden ist in ein Erzählgefüge, das seinerseits Vorgeschichten enthält, die umgestaltet erscheinen in diesem neuen Gefüge. Schließlich ergibt sich eine unmittelbare Verbindung zwischen dieser Geschichte und der jeweils neuen Lesegegenwart, die nicht eigens thematisiert wird.[7] Margaret muß sehen lernen, was sie als Frau und Autorin noch nicht sieht. Insoweit ist sie im Roman Objekt der Erfahrung, die sie als Autorin, als Subjekt ihrer Aktivitäten zu schreiben sich vornimmt: ehe sie Clifford begegnet heißt es, sie begann bereits unter Zeichen nahenden Durchfalls zu leiden; sie lenkte sich ab mit der Skizze einer Kurzgeschichte:

> What she had not bargained for were the griping pains that began when she was sitting far out on the jetty... . At first she relied on the absorbing problem of disguising, without cheating, the heroine's blindness until the end of the story in such a way that the reader would say 'But, of course, why ever didn't I realize that?'... (pp.188f)

Ihre Lebensgeschichte ist die vom Text geleistete Gestalt, die enthüllt, wofür die 'Heldin' bis zum Ende 'blind' bleibt, und die Leserin oder der Leser kann sich erst am Ende fragen, wieso sie bzw. er es nicht früher gesehen hat (p.189).

Das, was Clara als reale Person verkörpert und was ihre Beziehung zu William wesentlich ausmacht, dominiert inhaltlich die Beziehungen, die ihre Kinder in diesen Jahren eingehen. Margarets Hochzeitsgeschichte ist eine erste literarische Gestaltung und veranschaulicht jene Giftigkeit, die die reifere Frau 1946 in Frage stellen kann. Den Bezug zwischen Textgestalt und Ereignis aber können Leser und Leserinnen nur imaginieren aufgrund gewisser weiterer Texthinweise, während die Rahmenfunktion des Hochzeitstextes für die Erzählphase 1925 im buchstäblichen Sinn naheliegt. Die Begegnung beider Schwestern anläßlich der Hochzeit Sukeys mit Hugh Pascoe, so scheint es, war der letzte Anstoß für Margaret, endgültig ihre Vergangenheit – insbesondere all den Facetten, die die ihr so nahestehende Zwillingsschwester verkörpert – 'hinter sich zu lassen', sie 'endgültig', wie es 1925 und 1946 heißt, 'auszulöschen'. Margaret erinnert sich in einer Begegnung mit Gladys 1937, daß sie sich seit der Hochzeit Sukeys ausdrücklich jegliche Nähe zu Frauen versagte. D.h. die in der Adoleszenz vorbereitete innere Spaltung, die virile Selbstbemächtigung auf Kosten gewisser femininer Aspekte auch ihres eigenen Wesens, wurde damals gleichsam vollendet. Die Hochzeitsgeschichte pointiert das Problem, ohne Margarets Betroffenheit und Verstrickung als ihre ganz persönliche zu zeigen. Die junge Autorin spricht bei den 'Carmichaels' von mordlüsternen, blutrünstigen Jagdinstinkten gegenüber der Familie des zukünftigen Ehemannes, die aus Sicht der 'Carmichaels' ohnehin eher einer subhumanen *species* als der gleichen Art anzugehören scheinen. Dabei liefert sie die entsprechenden Stichworte, welcher geistesgeschichtlichen wie zugleich sozialen und politischen Tradition diese herzlose Lebenshaltung zuzurechnen ist: es ist die Arroganz des 'Rechtes des Stärkeren' in darwinistischer, speziell sozialdarwinistischer Prägung.[8] Zugleich wird erkennbar, daß die sich abzeichnende Vereinigung der Schwester mit einem Fremden, einem Mann – dem anderen, dem eigentlich Verachteten – ein Zeichen der Bedrohung des Alten – als Zurückweisung des Vergangenen, nämlich der Gewohnheiten der Familienfiguration der 'Carmichaels' zugunsten eines Neuen – ist. 'Elizabeth Carmichael' mag an dieses Neue nicht glauben; sie ist sich intuitiv gewiß, daß auch die Zwillingsschwester, mit der sie jahrelang das Schlafgemach teilte, nicht wirklich mit dieser Hochzeit eine Trennung von ihrer gemeinsamen Vergangenheit vollziehen will. 'Elizabeth' fühlt sich einig mit 'Jane' in der heimlichen Geringachtung dieses Mannes und dessen Familie. Sie glaubt, 'Jane' fürchte den Schritt in die Zukunft und glaube im übrigen so wenig wie sie selbst an die Möglichkeit, diese könne etwas anderes als die Fortsetzung des Gewesenen sein. Als 'Elizabeth' die Schwester unter Tränen den Raum der Feier verlassen sieht, eilt sie ihr in das Gemach nach, in welchem sie 'Jane' allein wähnt. Sie will sich der Fortschreibung des Alten mit der Schwester vergewissern und damit zugleich die Schwester trösten. Sie trifft am Zufluchtsort unerwartet 'Jane' und 'Derek' gemeinsam an und muß sich eines anderen belehren lassen: 'Jane' erklärt vehement, die eigene Vergangenheit endlich hinter sich lassen zu wollen, um mit dem Ehemann ein 'neues' Leben – ein wirklich menschliches Dasein – zu führen. 'Elizabeth' muß sich sagen lassen, wie unmenschlich die 'Carmichaels' alle sind, wie menschlich dagegen die 'Culmers'; sie wird von beiden aus dem Zimmer gejagt. Verletzt ob der zornigen Zurückweisung durch die Schwester – "..go away,... go away..." (p.155) – wie zugleich ernüchtert und scheinbar hellsichtig geworden ob der Herzlosigkeit ihrer eigenen Familie, kehrt 'Elizabeth' in den Kreis der feiernden Gäste zurück. Mit derselben blutrünstig-menschenunwürdigen Lust, mit der auch sie zuvor ihr Überlegenheitsgefühl gegenüber den 'Culmers' und ihresgleichen auskostete, straft sie nun ihre eigene Familie, ihre Herkunft mit Verachtung.

Margarets erste eigene Liebeserfahrung mit einem jungen frankophilen Engländer aus dem Kleinbürgertum, Clifford Arbuckle, ereignet sich 1925 bei einem ihrer Aufenthalte in einem südlichwarmen Land: sie ist nach Südfrankreich gefahren um sich ihrer Kunst zu widmen und die besonderen Annehmlichkeiten der französischen Lebenskultur zu genießen. Margaret vergegenwärtigt sich diese sie heftig bewegende erste, vor allem sexuelle Liebeslusterfahrung in der Zeit bald nach dem Ende der Beziehung 1925. Im übrigen wird sie sowohl 1935 wie 1937 nochmals kurz reflektiert, sodaß diese Erfahrung unter verschiedenen Perspektiven hervortritt. In Margarets Erinnerung 1925 tauchen die intensiven Gefühlserfahrungen der heftigen Angst wie der leidenschaftlichen Lust auf im Rahmen eines reflektierenden, rückschauenden Bewußtseins, während ihre Gedanken 1935 von ihrer emotionalen Distanz und 1937 von ihrem Bemühen, dem Mann und sich selbst Gerechtigkeit widerfahren zu lassen zeugen. Alle Momente der Erinnerung bestätigen, daß sowohl die Ängste, das Leid, wie das Glück, wie die geistige Beschäftigung mit dieser Erfahrung wesentliche und zusammengehörige Aspekte der Person als Frau und als Autorin sind. Sie bilden, wie voraufgehende Erfahrungen auch, die allmählich sich wandelnde Matrix für Margarets eigentümliche Selbstentfaltung und sind zugleich immer schon ein Teil dieser von Vorbildern unabhängiger werdenden Individualität dieser Frau und Schriftstellerin.

Margarets Beziehung mit Clifford hat, wie der Aufbau des Erzählabschnitts nahelegt, eine reale und grausam-wirkungsvolle Vorgeschichte. Claras Reflexionen zu Beginn enthüllen deutlich das tödliche, sozialdarwinistisch gefärbte Muster der elterlichen Ehe, deuten an, wie darin auch klassenspezifische Differenzen eingebunden sind, wie die Kinder selbstverständlich vereinnahmt werden für das vorfindliche Muster, wie nicht zuletzt sowohl die Komik – auch gerade Claras unstreitiger Sinn für Humor – wie das Schweigen Mittel sind, die diesen Verhältnissen innewohnende Gewalt und Verletzlichkeit zu verschleiern. Claras Gedanke 1925, niemand außerhalb könne ihre Aggressionen gegen William begreifen, im Rahmen der geltenden Regeln sei ihre Gewalttätigkeit als Frau unentschuldbar, weist auf das Dilemma hin, das diese Frau nicht lösen konnte. Der Text dieses Romans zeigt, daß es durchaus 'gute Gründe' für ihren Haß gibt und sie mitnichten allein für die Ausweglosigkeit verantwortlich ist. Margarets Hochzeitsgeschichte bringt in zugespitzter Weise das Entsetzen solcher Selbsterkenntnis zum Ausdruck. Dabei ist es bezeichnend, daß die 'Heldin' das Muster lediglich umkehrt – also ihre vernichtende Kritik nun gegen das Eigene richtet.

Margarets intensiv sexuelle Glückserfahrung mit Clifford macht sie, wie er es stolz und zugleich blind für die Implikationen sagt, zwar in einem eingeschränkten Sinn zur Frau (vgl.pp.192-194). Aber ihre eigene Lebensgeschichte zeigt, daß sie zu einer anderen Frau werden soll und möchte, als die, welche Clifford schließlich empört zurückweist (pp.197f).[9] Wie es dazu kommt, ist erhellend für die Matrix, der sie beide erliegen. Seine Abwesenheit aktiviert ihre eigenen geistig-kreativen Kräfte. Im rosigen Licht ihrer Glückserfahrung beginnt sie einen Romanentwurf zur Ehe ihrer Eltern. Dieses schwärmerische Projekt lebenslangen Eheglücks im Licht ihrer Harmonieerfahrung mit Clifford wird jäh gestört durch Margarets Angst, herannahende Erwachsene könnten in ihren geheimen Liebeshort, eine Sandmulde, eindringen. Margaret verbirgt sich vor der drohenden Gefahr und ist erleichtert, daß die Leute vorbeigehen, also nicht wirklich ihren paradiesischen Glückshort 'entweihen' (pp.195f). Ihr 'instinktiv-kreatürliches Wissen' kündet davon, daß die Gefahr nahe ist, obgleich sie sie nicht unmittelbar sehen und hören kann. Ihr Schluß, diese gefährliche Bedrohung ihres Glücks sei vorüber, nur weil diese Fremden nicht in ihre Mulde kommen, ist ein Trugschluß, bzw. ein Kurz-Schluß. Es ist ein von ihrer Vernunft scheinbar begründeter Schluß, der aber emotional von etwas anderem motiviert ist, nämlich von dem Wunsch, die eigene Wesensart nicht kennenlernen zu wollen, die nämlich, die 'dunkel' ist: sie sollt 'im Dunkel' bleiben. Möglich wird diese Haltung durch die auch von ihrer Familie und Gesellschaft gepflegten Gewohnheit, die Gefahr immer nur 'außen'– bei anderen– zu 'wittern'.[10] Teil dieser Blindheit Margarets für das eigene auch destruktive Potential ist ihre Konzentration auf die kritikwürdigen Aspekte ihres Liebhabers: so sachlich richtig ihre Beobachtungen sein mögen, die sie in den nun folgenden – in seiner Abwesenheit formulierten – Textentwürfen festhält, so einseitig und in gewisser Weise naiv vordergründig ist dieses Bild doch bezüglich ihrer eigenen – wie wohl auch seiner – Person, wie vor allem bezüglich der gesellschaftlichen Einbettungen, in denen sie beide leben (pp.196-198). Clifford hat ein Loch im Zahn, weshalb er zum Arzt geht. Ungeduld erfaßt Margaret, so beginnt sie das kritische Porträt dieses Mannes. Sie erklärt ihren glanzvollen Liebeshelden plötzlich zum kleinen Jungen, sie, die ihn so dringend braucht, sich ihm auch bereitwillig hingeben möchte, macht sich zur erhabenen Frau, beides zeigt sich sowohl in ihrer Haltung zu ihm wie in ihrer schriftlich formulierten Patriarchatskritik:

> ...he had yet been indulged from his first years by his mother, a system to which his affectionate sister soon learned to subscribe. Absolute male authority was the principle of the Arbuckle household, subordination of all female claims ... its inevitable result. ... Born in the ruder north, he feared the established society ... lest a more polished code ... would accept less easily his primitive claim to male superiority. ...yet the endurance of more childish pains – ... a toothache, a disordered digestion – he found impossible, fretting about with a petulance that might rather have been expected from a small child. To such a state had constant and excessive maternal indulgence reduced this young man ... (p.198 und Kontext).[11]

In diesem Augenblick zeigt die neuerliche Unterbrechung an, was Margaret alles unausgesprochen und – wie andere Entwicklungsmomente bestätigen – vorerst unbegriffen belassen muß. Sie kann das Bild des Liebhabers nicht 'abrunden', das Positive an ihm, so merkt sie leise ironisch erinnernd an, bleibt auf ewig ungeschrieben: "But Clifford's saving graces remained forever unrecorded ..."(p.198). Margaret wird gestört und in ihrer Aufmerksamkeit von den positiven Aspekten Cliffords abgelenkt vom Schreien eines jungen Mädchens. Margaret eilt dem Mädchen zu Hilfe: d.h., sie wendet sich einem hilflos wirkenden weiblichen Wesen zu, das, wie die Ereignisse aus der Leseperspektive zeigen, zugleich als ein Sinnbild für Margarets eigenes weibliches Wesen als Opfer und Täter fungiert. Wie zuvor ist Margaret blind für die Implikationen dessen, was sie als Teil der objektiven Realität sieht. Sie läßt sich leiten von dem Mädchen über Felsen und durch Dickicht, wie es vieldeutig heißt:

> ...for Margaret's attention was distracted by a young girl's cries.... she clearly required help. The day seemed fated to be one of interruptions and tediums, so Margaret, climbing over the rocks and through the undergrowth with some difficulty, followed the girl's lead, sometimes helped by her hand. (p.198)

Das Mädchen, so stellt Margaret überrascht fest, ist in Begleitung eines Jungen, und beide brauchen jedenfalls nicht die Hilfe, die Margaret antizipiert. Erschrocken sieht sie eine Brut junger Schlangen in einer Art Nest und fragt sich, ob wohl eines der Kinder gebissen wurde (pp.198f). Nein, die Kinder wollen ihr die jungen Schlangen verkaufen, und als sie sich weigert, das Geschäft mit ihnen zu machen, trampeln die beiden Jugendlichen die wehrlose Brut zu Tode. Wie gewohnt wendet sich Margaret so schnell sie kann ab und flieht die Szene der Grausamkeit. Gelang noch jedesmal die Ausblendung der häßlichen Realität zu ihrer Zufriedenheit, so führt sie ihr Fluchtweg nun an den Ort ihrer eigenen realen Zerstörungskraft, die sie, wie sie viel später erst zu erfassen beginnt, mit ihrem Liebhaber vereint.[12] In ihrer Mulde findet sie ihr offenes Tagebuch mit der mokanten, unvollkommenen Skizze und Cliffords Abschiedsworte als eindeutige Reaktion auf diese ihre Verletzung. Er kam zurück, las ihr Porträt und fühlte sich genötigt, sie sofort zu verlassen. Ebenso stolz wie trotzig gibt er ihr zurück, was sie ihm mit ihrer einseitigen Skizze antat. Er bekennt sich zu seiner 'natürlichen' männlichen Überlegenheit und nennt diese sogleich auch als Grund für seine Zurückweisung ihrer Person, nicht ohne ihr noch ins Tagebuch zu schreiben, daß sie offenbar aufgrund ihrer Herkunft zu einer dauerhaften Beziehung unfähig sei:

> ... your upbringing has clearly left you without confidence to make any deep and sustained relationship in life. ... one of the side effects of the male dominance that you so dislike and which I know to be natural is that I do not intend to be saddled with a neurotic wife. ... (p.199)

Margaret ist mindestens so betroffen wie Clifford es gewesen sein dürfte, als er die Skizze las. Was ihm unbegreiflich ist, enthüllt sich aus der Leseperspektive als Teil einer Vorstellung vom Menschen, die auch Margaret erst entwickelt, indem sie durch diese einseitige Haltung hindurchgegangen ist: die Vorstellung nämlich, wie es sein kann, daß die Person, die man liebt, auch kritisch und distanziert sein kann; daß zu lieben die kreativ-geistigen Vermögen einschließt. Cliffords Worte formulieren des Rätsels Frage und zeigen die dichotomische Denkweise, in der er und Margaret befangen sind; es ist die Dichotomie der Tradition, die sie umgibt wie das Meer, in dem sie badeten, und die Sandmulde, die ihren Koitus barg:

> Seriously I don't see how we can maintain a real relationship if I (and other human beings) are so totally unreal to you that you can love them when they're with you and write this sort of thing when they're away an hour from you. (p.199)

Diese Worte Cliffords verweisen auf die 'offene Wunde' dieser beiden Liebespartner, deren Sinnbild Margaret in der Grausamkeit der beiden Jugendlichen vor sich hatte; deren 'Stimme' ihr in den nahenden fremden Erwachsenen herüberscholl und die, wie ihre Texte zeigen, auch ihre eigene ist. Nur wenn beide lernen könnten, einander nicht nach dem tradierten Bild zu sehen, könnten sie sich anders entfalten; so aber agieren sie das disjunktive Muster als 'natürlich' aus, das der tradierten Hierarchie sowohl der Eltern-Kinder- Beziehung wie der Geschlechter-Rollen-Beziehung eingeschrieben ist. Es erlaubt keine Vereinigung von Mann und Frau als sowohl mächtig und potentiell auch verletzend wie schwach und hilfebedürftig, also ohnmächtig. Clifford kann keine Frau gebrauchen, die ihm seine Priorität streitig macht und Margaret kann (noch) keinen Mann gebrauchen, der nicht der allmächtige Held ist. Die Tatsache, daß ihre 'Verständigung' in

Abwesenheit des jeweils anderen stattfindet unterstreicht die einseitige Perspektive beider Beteiligten. D.h. auch auf Margarets Textentwürfe bezogen, daß der Kraft des Intellekts und des schaffenden Vermögens eine destruktive Komponente innewohnt, wenn sie nicht immer wieder in unmittelbare Berührung mit dem anderen kommt. Das heißt im Bild ihres Koitus gesprochen, in der Bereitschaft, sich schutzlos zu machen und ganz einzulassen auf das, was normalerweise getrennt erscheint, ist sowohl Begegnung mit dem anderen wie Selbsterkenntnis möglich.[13]

Margarets erste Reaktionen auf diesen plötzlichen Verlust des Liebhabers wie ihres Glücks zeigen sie noch weitgehend verstrickt in das disjunktive Muster ihrer Matrix. Denn, so erinnert sie sich unmittelbar 1925, als sie Clifford verlor, erschien ihr die Welt wieder fragmentarisch, ohne jeden Zusammenhang. Selbst die Details ihrer Reminiszenz an die Zeit mit Clifford vermochte sie nur durch seine Gegenwart als zusammengehörig zu erkennen, während sie auch von sich selbst gänzlich losgelöst erscheinen: "Looking back, Margaret remembered all these scenes as quite separate from one another, from herself. Their only unity lay in Clifford..." (p.193). Aus dieser extremen Dissoziation ihrer Person von ihrer eigenen Erfahrung erwächst auch ihre Überlegung, es könnte sein, daß Glück und Liebe etwas von allem übrigen gänzlich Verschiedenes, Getrenntes seien, gar etwas, das womöglich zwangsläufig alles andere von sich trenne: "Perhaps happiness, she thought, is entirely disjunctive..." (ebda.). Aber gerade diese Spekulation über das Verhältnis von Glück und sonstigem Sein führt Margaret mitten hinein in einen Zusammenhang, der sich ihr erst viel später als solcher auch zu erschließen beginnt, während sie hier scheinbar zwei Alternativen als unvereinbare Momente des Lebens erfaßt. Sie fragt sich weiter, ob womöglich die intensive gefühlsmäßige Erfahrung der Liebe dasjenige, was die unaufhörliche Aktivität des Geistes ausmache – sich nämlich Zusammenhänge zurechtzulegen – für Augenblicke wenigstens stille:

> Perhaps happiness, she thought, is entirely disjunctive, love so powerful an emotion that the scrabbling of human reason busily making patterns and corrections is momentarily stilled. (p.193)

Ein wichtiger Grund weshalb Margaret blind bleibt für diesen lebenswichtigen Zusammenhang, ist die konkrete Erfahrung, die die Liebe mit Clifford war: die Erfahrung nämlich, daß Geist und Körper für sie im Grunde getrennte Bereiche sind, daß ihr Vermögen, zu denken und zu schreiben, den Mann so verletzt, daß er sie verläßt. Ihre Bezeichnung dieser ihr eigentümlichen Qualität des geistig-kreativen Schaffens von sinnhaften Gestalten 'making patterns and corrections' als 'scrabbling of human reason' insinuiert die ihr nicht bewußte Abwertung dieser Aktivität und zeugt von der Wirksamkeit der tradierten Muster, die Clifford mit seiner Zurückweisung seinerseits realiter ausagiert. Margaret leidet darunter, aber so recht befreien kann sie sich daraus (noch) nicht. Als ihr schließlich die Erinnerung an das verlorene Glück unerträglich wird, versucht sie dennoch wieder, was sie seit der Kindheit zu tun gelernt hat: durch ihre Kunst sich zu schützen vor dem Schmerz und zugleich eine Gestalt – eine wenn auch vorläufige Ganzheit – zu schaffen, die diejenige ersetzen soll, welche sie im Glück jener Tage erlebte. Sie beginnt mit bewußt ironischer Selbstdistanz die Erinnerung zusammenzufügen, aber sie weiß, daß die Ironie ihr nicht heil machen kann, was sie verlor – den Sinn und Lebenshalt in diesem Mann:

> Indeed when a month later the memory of this happiness became too painful she set out consciously to piece together, to unify all these sharp edged pictures with a thread of irony. ... But all this tissue of mockery came later as she very well knew. At the time... she had never seen the world ... so clearly as when it needed no explanation since Clifford was the meaning of it all. (p.193)[14]

Die Ironie, so kann man aus der Leseperspektive sehen, hält bestenfalls die zurückbleibende faktische Leere zusammen wie der 'Verband', den der Vater 1942 'braucht', um seine innere 'Haltlosigkeit' zu kaschieren.

Erst 1935 ist sich die nunmehr schon in zweiter Ehe lebende Frau und etablierte Schriftstellerin klar, daß sie in der Beziehung mit Clifford einer Spaltung huldigte, die ihrem Wesen nicht eigentlich entspricht: sie war glücklich, ihre Sexualität lustvoll erfahren zu können, und verzichtete dabei auf das, was sie 1935 'love' nennt: "Certainly in those months in Cassis after that boy from

Durham, when she had found the easy trick of bed without love,..." (p.231). Sie waren 'almost a perfect fit' heißt es in Margarets Äußerung über diese Erfahrung 1937. Aus der Leseperspektive zeigt dieser subtile Hinweis auf die alte – auch literarische– Tradition, die Margaret selbstironisch aufgreift, daß sie zueinander paßten, insoweit sie beide befangen waren in tradierte, sich indes auch wandelnde Muster: "... a very parfit gentle knight. But I'm afraid I was a horribly scared damsel in distress. ... She was really enjoying her story. ..." (p.326)[15] Die selbstironische Distanz läßt sich auch so deuten, daß Margaret selbst inzwischen diese Rollenbilder veraltet vorkommen. Aber sowohl der situative Kontext wie Margarets stilles Eingeständnis, sich 'aus guten Gründen' keine Gedanken über das damalige Geschehen gemacht zu haben, enthüllen, daß der Prozeß der Selbstfindung als eines allmählichen Sehend-Werdens auch 1937 nicht abgeschlossen ist:

> She heard herself saying: 'Believe it or not I should never have had my first affair but for a rat in my bedroom. It was the most absurd thing...'(Auslassung im Text)
> But of course she knew it wasn't absurd at all, that for very good reasons she never let herself think of, the business with Roger... (Auslassung im Text) (p.326).

Im Sinne ihres eigenen ganzheitlichen Strebens ist es, so Margarets allmähliche Einsicht, nicht menschengemäß, derartig scharf zwischen Menschen und Geschlechtern, zwischen Kopf und Körper und was sie repräsentieren, zu trennen. Die 'Lösung' der 'Elizabeth' in der Geschichte ist keine Lösung, wie Margarets Lebensgeschichte – in Entsprechung auch zu Gladys' Fall – zeigt. Der Gegenentwurf ist im Begriff der 'Poesie' und der 'Liebe' zu erkennen, den Margaret bereits 1925 zu entwickeln beginnt.

Im wunderbaren Glanz ihrer ersten Liebe mit Clifford widmet sich Margaret ihrem ersten Roman. Sie spürt, daß die Zeit reif ist, die Kurzgeschichte als Form hinter sich zu lassen. Auch die Technik, mit ironischen Pointen ihre Einsicht in die fragwürdige Lebensrealität dem Beifall klatschenden Publikum vorzuführen, ist ihr endgültig suspekt; sie sucht nach der großen Form, um ihrer Vision der ganzheitlichen Komplexität des Lebens auch durch die umfänglichere Gestalt Ausdruck zu geben:"She had begun something fuller, something that, instead of putting a sharp line under life's episodes, would capture the fusion of all the moments, happy, unhappy."(p.195) Der Augenblick dafür ist günstig. Die Verlage und Kritiker können auf die neue Serie Kurzgeschichten warten; denn ihr Erfolg mit den Kurzgeschichten hat ihr genügend Geld beschert, sie eine Weile abzusichern. Außerdem hat sie durch Clifford gerade gelernt, daß der Augenblick alles ist; also muß sie sich diesem Augenblick widmen:

> ...she took out her notebook and fountain pen. She felt no present inclination for the new volume of stories. Editors, publishers, agents all could wait. There was enough money, just, especially now when he [i.e.Clifford] had given her the knowledge that the moment was absolute. (p.195)

Da Clifford in diesem Moment abwesend ist, heißt dies für Margaret, sich ihrer Kunst zuzuwenden. Der köstliche Moment ihrer Vereinigung mit Clifford wie die wunderbaren Tage kindhaften Glücks mit ihm bilden, gemeinsam mit den Erfahrungen aus der Kindheit, Margarets emotionale Basis dafür, der Vision ganzheitlicher Dauer Ausdruck zu geben. Es wiederholt sich also das seit der Kindheit wirksame, spezifisch kreative Handlungs- und zugleich Lebensmotiv: das schöpferische Vermögen Margarets speist sich aus der Erfahrung und der Sehnsucht nach Dauer der Erfahrung glückhafter Vereinigung mit einem anderen. Margarets Antizipation fortdauernden realen Glücks mit Clifford drückt sich in diesem Moment konkret aus in ihrem allgemeinen Entwurf zur Gestalt des Romans: 'the fusion of all the moments, happy, unhappy'. In der Weise indes, wie sie ihr spezielles Thema durchzuführen gedenkt, spiegelt sich das wider, was Margarets Realitätsblindheit 1925, sowohl bezüglich der Umweltbedingungen wie bezüglich der Partnerbeziehung, um die es geht, ausmacht. Ihr Thema ist das Glück der Liebe in der Ehe ihrer Eltern. Im – aus der Leseperspektive erkennbaren – Widerspruch zu ihrem eigenen strukturellen Entwurf, die gegensätzlichen und vereinzelten Lebenselemente zu einer komplexen Ganzheit zu verschmelzen, gerät ihr der Entwurf des Gegenstandes zu einer disjunktiv scheinenden Juxtaposition von Schein und Sein. Der Übergang zwischen dem strukturellen Plan und seiner inhaltlichen Konzeption vollzieht sich kaum merklich: Margaret will die Streitereien, die vordergründig absurden Konflikte der Figuren von Mutter und Vater, als ein Thema im Gefüge einer großen Symphonie durchführen, dieses Thema ist zugleich gedacht als äußerer, bewegt-heftiger Schein, dessen wahrer Kern die dauerhafte Bindung, die stille Zuneigung der beiden ist:

> A Carmichael novel in which the surface absurdities and conflicts and bitterness were only one theme in a much larger symphony, where the faithfulness, the enduring affection of the seemingly vulgar Sophie and George were the real still centre of all the little storms. (p.195)

Unauffällig ist an dieser Vorstellung die Juxtaposition von Schein und Sein deshalb, weil zwei räumliche Bildvorstellungen ineinander geschachtelt sind, die sich gegenseitig erhellen, aber in der Verbindung selbst zugleich verdunkeln, daß Margaret im Begriff ist, den Anspruch auf die Gültigkeit und Zusammengehörigkeit des Widersprüchlichen preiszugeben. Das Bild der Symphonie mit vielen Themen suggeriert die Gleichzeitigkeit und Verwiesenheit in sich verschiedener Elemente als eines dynamischen Ganzen. Dies paßt zu Margarets Bild 1919, wo dieser eine Strang der Verbindungslinie zwischen den Eltern 'Carmichael' der gelungene Anfang für ein Ganzes sein, das Ganze wiederum schließlich ein großes Gewebe werden sollte. Die Einzelfäden sollten wiederum gemeinsam dieses Ganze konstituieren, so daß also Ganzes und Einzelnes gleichermaßen notwendig sind und gelten, da jedes nur ist, was es ist durch das andere. Dem wirkt das andere Bild entgegen, das ein statisches Verhältnis von innen und außen, von zwei zwar zueinandergehörenden, einander angepaßten, aber ganz verschiedenen Einheiten suggeriert: Schale-Kern. Diese beiden Einheiten erhalten zudem einen Wertaspekt, das eine ist 'nur' 'Schein', das andere die 'Wahrheit'. Die Implikation lautet daher, der Schein ist nicht der Rede wert, die Wahrheit ist allein wesentlich - 'gut'. Damit sind die Einzelteile selbst in eine Hierarchie gebracht, die das Zusammengehörende und Aufeinanderangewiesensein beider als gleichwertige Teile eines Ganzen, das sie gemeinsam konstituieren, negiert. Schon die Liebeserfahrung zwischen Clifford und Margaret zeigt, daß eine Juxtaposition zwischen äußerem Schein und innerer Wahrheit realiter fiktiv, ein Denkmuster ohne sachliches Korrelat ist; daß vielmehr Außen und Innen zueinander gehören, durchwirkt sind mit allem, was die Einzelperson zu einer solchen macht; und das heißt, ihr ganzes Verhältnis zur Welt äußert sich in beidem.[16] Der Kern, so heißt es in Margarets Entwurf weiter, ist die ungewandelte Wahrnehmung, die beide Partner seit ihrer ersten Liebe voneinander haben: diese stabile Sicht trägt sie durch den Wandel der Zeit und bildet die dauerhafte Verbindung beider im Inneren des Sturms, als der die Streitigkeiten und der Wandel, den das Alter mit sich bringt, nach außen erscheint. Die beiden Ehepartner, die sich in Wahrheit so lieben wie zu Beginn, zeigen bewußt ein täuschendes Bild der Bitterkeit nach außen, weil das den Erwartungen entspricht, die man mit dem Altern einer Beziehung verbindet. Auch die Kinder sehen nur diese Scheinrealität der Bitterkeit, unfähig, das Bleibende dieser Liebe zu entdecken, das im Hochzeitsphoto seine Verewigung erfuhr. Dieses Photo, so plant die Autorin, soll unvermutet immer wieder auftauchen in der Frische, die das junge Paar einst hatte und die ihre Liebe nur äußerlich einbüßte:

> 'The Countess and B.P.', she wrote, 'seeing each other still as they did thirty years ago on their Madeira honeymoon. They pretend to see each other in more hateful or ridiculous images for public consumption, so that they shall not seem to have failed to notice the stress and storms of the years. But this is only the surface, the public picture they offer to us, their children ... your Mother's aged pathetically, your Father's lost all sense of pride ...[beide Ausl.i.T.] but behind that, when they're alone, or even in company, the old wedding photo remains as fresh as ever, ready to pop up at the most unexpected moments. ... (p.195)[17]

Margaret, die Autorin, bezieht in diese Juxtaposition von Schein und Sein, von äußerlichen Konflikten und innerer Liebe, die Kinder dieses Paares so mit ein, daß der Rollenwechsel zwischen ihr als betroffener Person und ihr als Schöpferin einer neuen Kunstgestalt deutlich hervortritt. Die Kinder gehören in diesem Entwurf Margarets plötzlich zur Öffentlichkeit, die unfähig ist, die Wahrheit zu sehen. Und weil sie der Anschein der Streitereien, des fortwährenden Auf und Ab von Freud und Leid, der unvereinbar scheinenden Momente unzufrieden macht, sucht jeder von ihnen eigene Erklärungen für das, was zu sehen ist:

Not realizing this basic continuity, we are dissatisfied with the disjunctive joys and sorrows, and seek to impose other patterns - the C. resents B.P.'s failure, we say, or B.P. cannot forgive the C. for seeking warmth with other men - ... (pp. 195f).

Diese Erklärungen der Kinder werden dem Paar aufgepfropft und verfälschen die Wahrheit der beiden so, daß sie darunter ausgelöscht wird: die Wahrheit, daß sie Augenblicke der Lebensfreude erfahren und diese Teil ihres lebenslangen Entwurfs der ursprünglichen Liebes-Erfahrung sind: "...but these imposed patterns falsify, blotting out both the lifelong vision and the immediate joy." (p.196) Die Frage drängt sich der jungen Autorin auf, ob wohl Dauer und Augenblick dasselbe seien, ob sich im Augenblick die Dauer, die Ewigkeit, offenbare: "Are these in fact the same? Is eternity experienced in the split second?" (p.196) Der Romanentwurf wird genau hier unterbrochen durch die herannahenden fremden Erwachsenen; er schließt mit einer unvollendeten Frage Margarets als Person und Autorin, ob es wohl so gewesen sein könnte, daß auch die Eltern einst, wie sie, die Chance hatten, in Stille zu empfangen: "If B.P. and the C. had this great possibility I now have of standing still in the silence and receiving, wouldn't ...' (Ausl.i.T.) (p.196)[18]

Margaret entwirft hier bezüglich ihrer eigenen realen Erfahrungen, den vergangenen wie den vorgängigen, eine diese Realität selbst negierende Kunstgestalt. Am deutlichsten sichtbar ist dies in der Umdeutung ihrer eigenen Wahrnehmungen realer Lieblosigkeit als eines 'Scheins'. Es ist, wie in anderer Weise bereits im ersten Textentwurf Margarets, eine Geste der Anpassung an die herrschende Gewalt der Erwachsenenwelt, denn Margaret verschleiert die Lieblosigkeit damit aufs Neue. Die Formulierung des 'blotting out' zeigt diskret an, daß Margaret selbst tut, was sie im kreativen Entwurf als falsch zeigen möchte: durch aufgepfropfte Muster eine zentrale Wahrheit auslöschen. Sie strebt danach, um der Vorstellung der Liebe zwischen den Eltern willen, die Lieblosigkeit derselben zu negieren. Auf der Strecke bleibt dabei das, was in der ersten Geschichte 'getötet' wurde: das 'Schwächste', hier das, was das Hochzeitsphoto verkörpern soll - die Liebe der jungen Menschen. Auch so läßt sich deuten, warum in diesem 'Augenblick' das Glück von Clifford und Margaret zerstört wird: weil die Lieblosigkeit der Alten, der herrschenden Tradition, 'ausgelöscht' bzw. 'verschwiegen' wird. Eben darum bleibt sie fortgesetzt wirksam als Lieblosigkeit (s.o.). Es zeigt sich in der ganzen Geschichte dieses Romans, daß die Lieblosigkeit, die Kindern widerfährt, nie ganz überwunden wird. Alle Matthews-Kinder tradieren sie, wenn auch jeweils in verschiedener Gestalt und Intensität. Margaret ahnt alsbald etwas von ihrer Lieblosigkeit gegenüber Clifford, die sich in ihrem bitteren Textentwurf gegen das Patriarchat äußerte:

> Her book lay open as she had left it. Fear that Clifford's toothache had been a more serious symptom than they had thought, conscientious anxiety that she had mocked him, both determined her to return to the town. (p.199)

Ganz unauffällig zeigt sich darin an, daß die Wunden, die Worte schlagen können, zumindest der Psyche so weh tun wie reale Wunden dem Körper. Margarets Worte sind u.a. zumindest - wie die ihrer Mutter oft auch - selbst Ausdruck ihrer Verletztheit. Sie verletzen den Mann, der seinerseits eben mehr erleidet als Zahnschmerz. Etwas Ernsteres ist zwischen diesem jungen Paar geschehen. Es kündigt von der 'Sterblichkeit' ihrer Liebe wie von ihrer beider Unvollkommenheit, die unmittelbar mit ihrer Kindheit zu tun hat, wie die Wordsworth-Anspielung der Autorin unauffällig ausweist: "Only a hole in Clifford's left pre-molar came as the smallest intimation of mortality." (p.195) Kein Wunder also, daß weder durch Margarets Bemühen, sein Verzeihen zu erwirken, noch durch eine gemeinsam verbrachte Nacht diese Verwundungen zu heilen sind: "Perhaps it was an insufficient remedy for a deep malady..." (p.199). Aber gegenüber dem Muster der Vorbilder weist ihre Interaktion dennoch auf die Möglichkeit einer besseren Zukunft. Diese wenn auch geringe Hoffnung speist sich u.a. aus der spezifisch mehrdeutigen Formulierungsweise dieser Passage im Kontext des Romans. Margarets Romanentwurf, mit dem beschriebenen, gefährlich realitätsnegierenden Aspekt, enthält einen produktiven Gegen-Entwurf zu dem, was die Eltern Matthews herzeigen. Es kann nämlich durchaus gelten, daß dieses Paar sich anfangs liebte. Dann hatten sie - wie Margaret - die Chance, die Stille der Hingabe zu empfangen, wie ihre letzte, unvollendete Formulierung heißen könnte. Aber: sie realisierten sie nicht - 'not realizing this basic continuity'; verfielen vielmehr in Streit und fixierten sich zunehmend auf ein Bild von sich und vom anderen. Das Bild der Vereinigung, der Hochzeit, zeigt das Potential - als sowohl reales Vermögen wie als Hoffnung und Sehnsucht für die Zukunft - der Jugend an, dem die Realität der gelebten Gegenwart widerspricht. Ein Grund, weshalb das Elternpaar dieses Potential verriet, so kann man aus der Leseperspektive sagen, war die Dauer der Beziehung, die geprägt ist von der Fixierung auf ein vergangenes Bild, sowie der Versuch, sich den Erwartungen der Umwelt darin anzupassen, wie sie miteinander umgehen. Die beiden scheiterten daran, ihre Liebe zu entfalten gemäß dem Lebensprozeß selbst, der es mit sich bringt, sich zu verwandeln und nicht auf einem vergangenen oder auf einem von der Öffentlichkeit erwarteten Bild zu beharren. Während Margaret selbst diese Implikation ihres Entwurfs so nicht sieht, wird sie vom Text gestützt. Margaret ist, obgleich dieser Roman nie geschrieben wird, etwas gelungen, was ihrem Streben 1919 entspricht: sie hat eine 'Wahrheit' in der Beziehung der Eltern erfaßt, die diesen selbst verstellt ist durch die selbstdramatisierenden Rollenspiele, die sie in Anlehnung an herrschende Spielregeln zu spielen gelernt haben. Margaret ist ihren Eltern mit dieser keineswegs 'realitätsgerechten' Skizze gerechter geworden als in voraufgehenden Versuchen. Dies gehört zu den entscheidenden Momenten von Margarets Kreativität als einer besonderen Gabe zu 'lieben'. Diese Gabe gilt, auch wenn sie und Clifford - wie die Eltern- unfähig sind, ihre Liebe dauerhaft zu machen 'not realizing this basic continuity'; und sie es mit Douglas nicht vermag, sie in der ersehnten Tiefe zu realisieren. Es gilt, daß der Augenblick realiter das Trennende dieser Lebenswirklichkeit enthüllt; und es gilt zugleich, daß sich in dem Liebesmoment und in ihrem Textentwurf Realität und die Vision der Dauer enthüllt: 'eternity experienced in the split second'.

Margarets erinnernde Reflexion unmittelbar im Anschluß an die Trennung von Clifford bildet einen der Schlüssel zu diesem Verständnis: in der Liebe, die sie erfuhr, wurde dasselbe unablässige Streben nach Verbindung, nach Sinn für vergängliche Augenblicke gestillt, das in ihrem fortwährenden Arbeiten zum Ausdruck kommt. Die momentane Vereinigung im Koitus in der Sandmulde ist eine solche 'vorläufige Vollendung', das zeitweilige Erreichen des ersehnten Ziels; wie für Margaret jedes Kunstwerk die 'vorläufige', momentane 'Vollendung', die Erreichung nur dieses kreativen Ziels ist. Jedes einzelne Werk - jeder 'Moment' in der Reihe der Vereinigungen, wie in der Reihe der geschaffenen Werke - verweist durch sein Vorhandensein auf das Streben und auf das 'Ewige', das eben nur durch diese Einzelmomente konstituiert wird. Es ist Teil der spezifischen Realität, daß Margarets Liebe zu Clifford zerbricht, genauer: am patriarchalischen Muster, nach welchem Margaret einseitig erscheint, wo sie es nicht zu sein beabsichtigt; und Clifford ihr den Versuch, selbst Sinn zu stiften durch ihr kreatives Vermögen, übelnimmt; also nicht ertragen kann, was Kunst sein könnte. So sind Kunst und Liebe unvereinbar - das schlechthin Disjunktive; aber sie sind es weder 'von Natur aus' noch 'auf Dauer'. Dies gilt auch dann, wenn, wie Margarets Lebensgeschichte zeigt, das kreative Schaffen immer bedeutet, andere Vereinigungen zu versäumen; wie umgekehrt jede reale zwischenmenschliche Vereinigung in sich das Versäumnis anderer kreativer Akte enthält. Margaret sieht 1925, da sie an der disjunktiven Matrix leidet, ihr kreativ-geistiges Vermögen als dem der Liebe entgegengesetzt; glaubt, es sei nur ein kümmerlicher Ersatz für den erlittenen Liebesmangel. Ihre Ironie, als Ausdruck der Matrix einerseits, aber zugleich als Teil ihrer kritischen Distanz und damit als Ausdruck ihrer Eigenständigkeit gegenüber dem Palimpsest des Vergangenen andererseits, gerät ihr zum mangelhaften 'Verbandmittel' über die 'Wunde', die der Liebesverlust - der Verlust des durch die männliche Allgegenwart gewähr(leiste)ten Glücks - ihr hinterläßt. Nirgends ist die Dissoziation Margarets als Frau und als Künstlerin offensichtlicher, als in den Reflexionen nach der Trennung von Clifford; eine Dissoziation, die - wie es 1935 heißt - sie in den Tod hätte treiben können (p.193). Margaret muß ihre eigene schöpferische Kraft als wesentlich zum Lebensprozeß zugehörig annehmen lernen, denn sie gehört zu ihrer sich entfaltenden Gestalt als Künstlerin.

Gerade die Präsentation dieser Episode zeigt anschaulich, wie die Erzählkunst des Romantextes leistet, was Margaret hier aufgrund ihrer Erfahrung als zeitweilig unbefriedigenden Ersatz, als das ungenügende andere ihres Lebens beklagt. Diese Episode beklagt nicht, wie die Figur, die Abwesenheit lebendiger Realität, sondern macht etwas von der Lebensfülle und Komplexität derselben mittels der Sprache anschaulich und transparent auf die textexterne Welt hin. Die realen Gegebenheiten von Zeit und Raum, die realen Konflikte und Begegnungen der erfundenen Personen gewinnen sinnbildhafte Implikationen im Textgefüge, sodaß jede Einzelepisode auf einen weiteren Zusammenhang verweist, der nur z.T. szenisch skizziert wird. Die Episode von 1925 ist eine Episode zwischen den Kriegen. Sie erlaubt aus einer heutigen Leseperspektive zu sehen, wie der Nachkrieg wirkt und läßt ahnen, wo der 'Vorkrieg' beginnt.[19] Während Margaret als Autorin dabei ist, die Kurzgeschichte mit ihren pointierten Schlüssen zu transzendieren, endet die Liebesepisode mit einem solchen Schlußstrich. Dieser wird, im Hinblick auf alles, was Margaret noch erleben wird, inhaltlich widerlegt: Clifford hinterließ ihr mehr als eine eng begrenzte, wohldefinierte, Margaret dennoch unverständlich bleibende Aussage zur Bedeutung Corneilles im Kontext seiner Zeit.[20] Die beiden, Mann und Frau, sind anfangs eingeschlossen oder 'eingeklemmt': zuerst gleichsam konkret und real in der Begegnung bzw. Verfehlung von Clifford und Margaret an der Toilette; sie bewegen sich aufeinander zu, weil beide wenigstens augenscheinlich – der Bewegung wie dem Bedürfnis nach – dasselbe Ziel haben. Sie begegnen einander über das Gespräch, den direkten Dialog, der aus der Leseperspektive zeigt, daß sie nicht wirklich dieselbe Sprache sprechen. Danach vereinigen sie sich für einen Augenblick im Koitus. Sie trennen sich schließlich doch, weil sie gefangen bleiben in einer sehr 'alten Falle', wie das Sinnbild der 'old cage trap', in der die Ratte vom Herrn des Hotels gefangen wird, andeutet. Sinnbildlich fixieren sich Margaret und Clifford wechselseitig auf ein bestimmtes Bild, eine tradierte Rolle. Mit den Mitteln der Sprache tragen alsdann beide den 'alten Kampf' der Geschlechter 'mit'einander aus. Der Kampf, der die Trennung 'vollendet', funktioniert genau so, wie die beiden ihn vorführen: die Partner sind wahrhaft jeweils abwesend und fungieren nur als Ziele und Objekte von einseitigen Festlegungen und Erklärungen. Margarets Textentwurf setzt dem etwas entgegen, was sie zu leben nicht in der Lage sein wird, auch wenn sie dem Entwurf in der Ehe mit Douglas näher kommt. 'Before the War' wird mit der Zeit zwischen den Kriegen 1925 bis zu den Dreissiger Jahren, die Gegenstand von Buch III sind, subtil verbunden. Durch Margarets eigenen Fingerzeig auf die Bedeutsamkeit dieser Beziehung wie durch die übrige Einbettung der Ereignisse dieser 'affair' wird klar, daß das, was das Bewußtsein als subjektiv bedeutsamen Anfang weiß, eine Setzung ist, die relativ zu vielem anderen gilt, das sich dem Zugriff des Bewußtseins entzieht. Ferner, daß dem subjektiv Gewußten und Sinnhaften vieles vorausgeht, was das eigentlich biographisch-subjektive Erleben überschreitet, daß dieses Einzelne eingebettet ist in Kontexte, die nicht (ganz) durchschaut werden (können). Ein solcher 'Beginn' wie 1925, mit dem Vorspann durch den Erzähler in Buch I, der ausdrücklich die Bemühungen relativiert, den Beginn des momentanen Glücks genau bestimmen und erklären zu wollen, ist daher immer schon eine Fortsetzung, eine Variation alter Muster. Aber als subjektive Erfahrung ist sie zugleich ein Neues, ein Eigentümliches, durch das die Zukunft auch im Hinblick auf die vorfindlichen Muster anders wird, als sie wäre, wenn – wie bei den alten Matthews – nur die Vergangenheit wiederholt würde.

Leserinnen und Leser können durch die verwendeten situativen und begrifflichen, sprachlich wiederkehrenden Mittel – beispielsweise lautmalerische und semantische Konnotationsreihen im Kontext entsprechender Handlungsmuster der Figuren als Personen – solche Verbindungen sehen. Es sind – im Hinblick auf den Anspruch des Erzählers in I bezüglich der Lebensechtheit der Figuren als Personen – reale Verbindungen, die der Lebensmaterie entnommen und vermittels der Sprachmaterie als solche durchsichtig werden. Inhaltlich verstanden heißt mithin Margarets Lebensgeschichte im Kontext vor allem, daß menschliches Leben notwendig bedeutet, 'Unschuld' verlieren und 'Schuld' auf sich laden. 1925 geschieht es zum ersten Mal für sie; es ist seit 'uralten Zeiten' dasselbe und immer wieder ein eigentümliches anderes. Margarets Selbst-Entfaltung zeigt, wie sie fortschreitend von den tradierten Dichotomien zu einem eher ganzheitlichen Selbstverständnis. Ihre Entwicklung ist dabei die einer Autorin, die zunächst 'Äußerlichkeiten', 'Extreme' enthüllt als außenstehende Beobachterin (1935), zu der Autorin, die die ganzheitliche 'Poesie' des

Einzelnen als Gemeinschaftswesen zeigen möchte. Und sie ist es, die auf der Ebene ihres Schaffens thematisiert, was vom Text des Romans als zusammengehörende Facetten der Poesie des Seins selbst anschaulich wird.

4.3.3. 1935: 'Evading the old cage trap'

1935 muß sich Margaret mit einer sie sehr verletzenden, anonym verfaßten Kritik in *Times Literary Supplement* auseinandersetzen. Diese besteht aus zwei Behauptungen und einem implizierten Schluß. Der Schriftstellerin Margaret Matthews sind Menschen gleichgültig: "The truth is that she neither hates nor loves human beings, she is indifferent to them." (p.230) Kunst, die der Beachtung wert ist, kann nicht aus Gleichgültigkeit entstehen: "And considerable fiction, even perhaps considerable art of any kind cannot be born of human indifference."(p230) Der implizite Schluß, falls die Prämissen gelten, kann dann lauten: Margaret Matthews' Kunst ist irrelevant, der Beachtung nicht wert; oder: es ist keine Kunst, die von Dauer sein wird. Margarets Auseinandersetzung mit dieser zwar ihre Arbeit in gewisser Weise würdigenden, gleichwohl ihre Humanität in Frage stellenden Haltung ist veranschaulicht im Kontext ihrer Beziehung zu ihrem Ehemann Douglas. Margaret genießt Douglas' Qualitäten außerordentlich, bilden sie doch in ihren Augen das genaue Gegenstück zu dem, was sie mit Ralph, ihrem ersten Ehemann, von dem sie inzwischen geschieden ist, erlebte. Douglas ist der Mann, der ihr die im Alltagsleben so dringend nötige Zuwendung und Geborgenheit schenkt, bei dem sie sich, wie einst in den Armen der Mutter und für Augenblicke in Cliffords Gegenwart, sicher fühlen kann:"Douglas was so good to her, made her days so happy..." (p.233). Ralph hingegen bot ihr lieblose Leere im Alltag: "..daily married life...an unloving blank" (ebda.).[21] Douglas ist ihr 'gentle man'(p.293), den sie noch immer braucht, so wie sie Clifford, den beinahe "parfit gentle knight" (p.326), 1925 brauchte. Um ganz 'perfekt' zu sein, fehlt Douglas in Margarets Augen aber etwas, das sie manchmal glaubt, unbedingt haben zu müssen: den 'easy trick of bed', wie ihr das Liebeserlebnis mit Clifford 1935 erscheint; eine 'Leichtigkeit' der Leidenschaft, die sie einerseits zwar als untauglich, als ihrem sonstigen Lebensentwurf nicht gemäß erkannt hat, auf die sie andererseits manchmal meint verzichten zu können. In Ralphs Gegenwart, so erinnert sich Margaret 1935, während Douglas sich ihr intim nähern möchte, wurde sie elektrisiert: sie entbrannte in Leidenschaft wie eine Lampe sich entzündet, wenn man sie einschaltet - die Verbindung war eine ebenso spontane wie blitzartig-feurige, ein Stromkreis schloß sich in jeder Berührung:"She couldn't respond immediately. With Ralph she'd always been able to, he could touch her physically as though she were controlled by an electric button,... " (p.233). Margaret erwartet, daß die Leidenschaft, die in ihr schlummert, vom Mann plötzlich geweckt wird. Sie nimmt dafür in Kauf, dadurch von ihm kontrolliert und, wie ihr Bild anzeigt, in dieser Leidenschaft ein mechanisches Ding zu sein. Daß diese Erinnerung an Ralph in dem Augenblick akut wird, in dem sich Douglas ihr sexuell nähert, macht sichtbar, wie dieses Bild des machtvollen, 'elektrisierenden' Helden, gepaart mit der selbstnegierenden Unterwerfungshaltung der Frau, buchstäblich zwischen Margarets und Douglas' gemeinsamem Intimleben steht. Als sie 1935 bei ihm liegt und er Intimverkehr mit ihr möchte, zeigt ihre Interaktion an, wie schwer es Margaret fällt, sich auf die Eigenart Douglas', die für sie ungewohnt ist, einzulassen. Douglas erobert Margaret nämlich nicht rücksichtslos und gleichsam 'von oben', wie dies noch mit Clifford der Fall war und Margaret es bei Ralph schätzte. Er begegnet ihr auf derselben Ebene, ist bar aller Machtinsignien - nackt, behutsam darauf bedacht, sie mit seiner Erwartung nicht ihrer Eigenart zu berauben, sondern die Utensilien ihrer Eigenart lediglich beiseitezulegen, wenn diese der intimen Vereinigung konkret im Weg stehen: "Naked he lay beside her, taking from her her book and her pen." (p.233) Margarets Schwierigkeit, sich dieser Andersartigkeit zu öffnen, so zeigt gerade die Episode 1935, tangiert nicht nur die Ehebeziehung mit Douglas, sondern berührt unmittelbar auch ihre kreativen Kräfte. Während Margaret über die sie tief verletzende Kritik an ihren Werken sinniert, zeigt sich aus der Leseperspektive der Zusammenhang zwischen ihrer

Kunst, ihrer Fixierung auf ihre eigene (Opfer-)Vergangenheit und der von ihr bedauerten Unvollkommenheit ihres Helden-Ehemannes Douglas. Douglas spürt ihre Irritation, aber er weiß nicht recht, was in Margaret vorgeht. So nimmt er ihre Worte zur Kenntnis, mit denen sie beteuert, sie habe die Kritiken alle 'vergessen und vergeben' und widmet sich seinen eigenen kunsthistorischen Interessen (vgl.p.228 und Kontext). Was Douglas von sich aus zu dieser Interaktion beiträgt,vermag man aus der Leseperspektive nur gelegentlich zu erkennen. Zweifellos ist Douglas kein 'perfekter' Mensch und keiner, der gewohnt ist, Margarets Vermeidungshaltungen auf den Grund zu gehen. Darin paßt er indes exakt zu ihr und ihrer gemeinsamen gesellschaftlichen Figuration, wie die Ereignisse vor allem der Dreißiger Jahre zeigen. Was aber auffällt, ist Margarets Scheu, sich in diesem Augenblick Douglas von sich aus zu offenbaren. Wollte sie ihn aufklären über das, was in ihr wegen dieser Kritik vorgeht, müßte sie sich anders verhalten, als sie es tut: sie schickt ihn weg wie einen kleinen Jungen, dem sie den Tag nicht verderben möchte. Ihre Geste reproduziert ihre 1925 bereits sichtbare Haltung scheinhafter Überlegenheit. Sie kann in Wahrheit ihre inneren Unsicherheiten bestenfalls kaschieren, nicht aber 'lösen': wie damals schon präsentiert sich Margaret in der Rolle der souveränen Autorin und sucht, motiviert von einer tiefreichenden Angst vor der möglichen Alternative, durch eine einsam vorgenommene Innenschau ihre Konflikte zu beherrschen. So wichtig dieser Versuch ist, selbständig zu sein, so deutlich zeigt sich doch auch, daß dies Douglas ausschließt und zwar, wie die Gedankengänge bloßlegen, in der gewohnten Manier der Sündenbockzuweisung. Margaret widmet sich ihrer Verletztheit in Einsamkeit auf dem Schiff, während Douglas den Nachmittag an Land verbringt. Sie fragt sich im stillen, wie es sein könne, daß Douglas nicht wisse, was in ihr vorgeht: "She wondered how little Douglas guessed at what was tearing at her vitals. ..."(p.229). Er ist plötzlich der Unfähige, der, der ihr Opfersein nicht wahrnehmen kann: "How could Douglas fail to see the brutal thrust with which the *Literary Supplement* 's flatteringly long review had pierced her."(p.230) Ihre spezifische Auseinandersetzung mit der Kritik enthüllt ihre Erblast, ihre langsam deutlicher werdende Individualität und zeigt beides unmittelbar verbunden mit der Bedrohung des europäischen Faschismus. Ein Aspekt ihrer Auseinandersetzung mit dieser Verletzung ist ihre vehemente Zurückweisung der Kritik an der dazu passenden, die Herabsetzung und Verachtung des Kritikers erwidernden Haltung. So wie diese-vermutlich männliche-Autorität um die Menschlichkeit der Autorin 'weiß' und ihr vernichtendes, d.h. Margarets menschliches Engagement negierendes Urteil verschleiert in der aufmerksam und sachkundig scheinenden Abhandlung, so weist Margaret dies empört - mit einem gewissen Selbstmitleid durchsetzt - in aggressiver Selbstbehauptung zurück:

> For year after year, for twenty years now, yes, since she was fourteen or less, she had
> been straining herself, tearing herself to pieces to put together human mosaics, to give
> movement and purpose and relationship to the creatures of her imagination, to set them
> working backwards and forwards in time, round and about in space; and now this anaemic,
> constipated, bad-breathed, underpaid failure lurking behind anonymity told her that all she
> had been doing was to play a glorified game of chess. (p.230)

Margaret ist damit ihrer kindlichen Schutz- und Widerstandsstrategie begegnet, die in ihrer Tagebuchskizze in Buch I bereits ihren Ausdruck fand und sich spätestens hier als untauglich - in mehr als einem Sinn- erweist. Zum einen ist hier widerlegt, daß Margaret, wenn sie Fiktion schreibt, unverletzlich wird für Kritik an ihren Texten. Zum zweiten ist ihre bis dahin praktizierte Erzählweise jetzt sogar als kontraproduktiv gezeigt für etwas, das Margaret eigentlich gestalten möchte. 1925 hatte sie innerlich bereits Distanz gewonnen zum spezifischen Gebrauch ihrer Ironie, hatte gespürt, daß sie aufhören muß, nur die Merkwürdigkeiten ihrer Gesellschaft bloßzustellen. Hier ist manifest, daß man ihr diese Enthüllung übelnimmt. Man übersieht den Anteil der Gesellschaft an der Kälte, die ihre Texte veranschaulichen und macht zugleich - was zu den tradierten 'evasions' der Figuration gehört - bereitwillig die Person der Autorin zum Sündenbock für das auch Eigene.[22] Margarets selbstkritische Reflexion ihrer Arbeit bis zu diesem Zeitpunkt aber erweist durchaus auch, daß in der Kritik etwas Richtiges getroffen wurde. Was sie als Schriftstellerin bis hierher getan und schließlich hervorgebracht hat, zeigt an, daß sie in der Tat nicht eigentlich an den Menschen um deretwillen interessiert war. Sie glaubte, gleichsam jenseits der

Menschen zu stehen, fühlte sich als distanzierte Beobachterin des Ungewöhnlichen und Komischen und benutzte solche meist exzentrischen Facetten menschlicher Realität als Material, mit dem sie in ihrer Phantasie spielte, dessen Resultate sie dann den Menschen anbot als ihre Einsicht in die menschliche Realität:

> From girlhood she had been the amused and loving observer of human quirks and oddities. Every face...posed problems for her, haunted her, pursued her. Each boy, each girl in dancing class had demanded her attention as a potential sketch or story of adult tragedy or farce. Catching the exact word, pinning down the phrase, these had been as much her constant pursuit as imitating the exact nuance of voice had been Rupert's. (p.230)

Ihre Schreibaktivitäten sind anschaulich 'aktiv' in dem Sinn, daß Margaret auf Einzelheiten der Realität in einer bestimmten, einseitigen Weise von sich aus zugriff und nicht versuchte, sich auf die Eigenart im Sinne des 1919 schon formulierten komplexen Lebensverständnisses (s.o.) einzulassen. Ihr Zugriff ist ferner in gewisser Weise egozentrisch, da ihr nicht so sehr das 'Material' wichtig ist, sondern die Gestalt, die sie in der Lage ist, aus den Vereinzelungen zusammenzufügen. Es ist dieser Zugriff, von dem Gladys 1937 warnend sagen kann, Margaret 'sterilisiere' ihre realen Gesprächspartner in ihrer Kunst: "Watch out, Monica, she's preserving you in vinegar." (p.320) Es ist diese "säurehaltige"'tomboy'-Qualität, deren sich Margaret 1946 plötzlich bewußt wird, deren Ursprung sie in der Matrix ihrer Heimat zu sehen glaubt und die sie mit dem Schlangenbild verbindet. Dieses Bild veranschaulicht, daß es eine egozentrische, aber in der aggressiven 'Giftigkeit' sowohl nach außen wie nach innen potentiell zerstörerische Haltung ist: 'snake coiled in upon itself, ready to hiss' (p.425). Margaret ist zweifellos in Gefahr, die Lebendigkeit und komplexe Ganzheitlichkeit, die ihr bereits 1919 vorschwebt, nicht wirklich fassen zu können: ein Erfassen im Sinne des geduldig tastend sich Erarbeitens von Einzelnem im Hinblick auf ein nicht genau erkanntes Ganzes hin, welches sich erst durch den Akt des Sich- Einlassens herausbildet, wie dies ebenfalls 1919 bereits aus der Leserperspektive als Teil ihres kreativen Strebens hervortritt. Aber es ist Margaret selbst, die hier diese Wahrheit erfaßt, während die Kritik zwar etwas davon erfaßt, das Wesentliche, nämlich Margarets menschliches Ringen um ihre Kunst und deren Verbindung zur gesellschaftlichen Figuration, aber ignoriert.

Im Gefolge dieser Konfrontation mit der ihr fragwürdigen Kritik betrachtet sich Margaret erstmals selbst in ihrer Gespaltenheit. Sie sieht sich unheilbar getrennt in ein winziges, ohnmächtiges Wesen und die eigentlich schon erwachsene Frau, die dieser kleinen, bedeutungslos scheinenden Kreatur von oben zuschaut, die das sehnliche Verlangen hat, diesem anderen Wesen zu helfen, sich mit diesem Kind zu vereinen, aber ebenso verzweifelt spürt, daß das unmöglich ist:

> She sat on the deck and saw only cursorily the town walls ... all losing their outlines in the dying sun, for she was watching herself, a tiny figure, a modern primitive, a schoolchild's pinhead woman, a Lilliputian ... some sort of human ant scaling these endless cliffs, a mere speck seated on one of the huge boulders, absurdly standing on the sheer vertical cliffside, or clinging to an ugly... pine tree precariously growing in a rare cranny- ... Yet leap from the deck and swim in the green sea as she would, she could not become one with that minute Margaret Matthews, left to die in shipwreck, falling from heights in a nightmare, for there remained all the while, inert and heavy with despair, her own real body here on the deck. (pp.228f)

Diese gespaltene Identität ist Margaret in Anpassung an ihre familiären und gesellschaftlichen Verhältnisse geworden, sie ist ein Produkt subtiler Interaktionen von Außenwelt und Einzelperson. Das Bild der konkreten Situation, in der Margaret sich befindet, zeigt - wie die Liebesepisode 1925 - wie sie als Einzelne tatsächlich von diesem Meer getragen wird. Die 'kleine' und die 'große' Margaret gehören diesen Elementen der Natur, hier dem Meer, wie der Zivilisation, hier dem Schiff, an, bedürfen ihrer und sind gleichwohl von ihnen verschieden. Margarets Selbstspaltung spiegelt zugleich das immer wieder in Variationen auftauchende Machtverhältnis ihrer Gesellschaft als Autoritäts- und Wertverhältnis wider. Aber: klarer als je zuvor ist in Margarets Zuwendung zu ihrem kindlichen Opfersein die Liebe zum Kindlichen, zum Opfersein spürbar, die sich insbesondere 1937 in ihrer Solidaritätsbemühung gemeinsam mit Gladys gleichfalls äußert (pp.320-322).

Ihre Verzweiflung an sich selbst als diesem scheinbar unvereinbaren Ich in diesem Augenblick 1935 ist real und schmerzhaft. Margaret zeigt die Versuchungen, in dieser Verzweiflung zu versinken; sich der Aufgabe, eine eigene Zukunft zu gewinnen, die dieses Gespaltensein überwinden könnte, zu entziehen. Drei Weisen, vor der Lebensaufgabe auszweichen, sind erkennbar; alle drei verwirft Margaret schließlich in ihrer Lebenspraxis. Alle drei enthalten Facetten, die sich in der einen oder anderen Weise mit ihrer faschistoiden nächtlichen Phantasie 1937 (pp.293f) verbinden lassen: Facetten der Versuchung zur Negation des spezifisch menschlichen Lebens. Alle drei Ausflüchte ('evasions'), so kann man es als Leser oder Leserin sehen, sind Versuchungen, denen sie widersteht; so daß dieses Widerstehen ein lebenspraktischer Akt der Bejahung ihrer eigenen menschlichen Existenz ist; was u.a. heißt, leidvolle, auch schuldhafte – im Sinne ethisch unvollkommener-Aspekte anzunehmen; eine Bejahung, die, wie sich hier 1935 zeigt, andere Menschen einschließt, den Grund ihrer Gemeinsamkeit, ihrer Verbindung bildet, im Sinne der doppelten Bedeutung von Margarets Streben (s.o.).

Die erste Ausflucht wäre die Vollendung der inneren Spaltung in der Schizophrenie: der Krankheit, in der das Getrennte ausagiert, gleichsam vollstreckt, vollendet würde (s. 'butt' als Ziel der Aggressionen). Margaret ersinnt einen kurzen Dialog zwischen ihren Kritikern und sich im Verhältnis zu den Phantasiegestalten ihrer Texte:

> Do your characters sometimes come to life, Miss Matthews? Yes, but not real life. You know I'm not a dissociated schizoid. Oh to be just that, to melt this lean flesh and take on cliffs or wrecked boulders, a dwarf nightmarish incorruption. (p.229)[23]

Die Sehnsucht, den realen Leib, ihre spürbare, sichtbare Gestalt als erwachsene Frau preiszugeben, aufzulösen in eine ewig unzerstörbare, wenn auch winzige und irreale Identität, ist die 'nachtschwarze Seite' des schönen Traums 'kindlicher Unschuld', den sie mit Clifford träumte und zugleich zu überwinden begann; den sie nochmals evoziert in ihrer einseitigen Vision 1937 von der 'Unschuld' der Frauen ohne die Männer im Dialog mit Gladys und Sylvia (pp.325f). Er enthält die Sehnsucht nach Dauer wie nach Sicherheit; und ist außerdem im Reflex auf das Tabu der (weiblichen) Sexualität und alles 'Schmutzigen', das u.a. in der Liebesbeziehung 1925 – veranschaulicht vor allem in der Gestalt einer häßlichen Ratte – virulent wurde. In dieser Sehnsucht spiegelt sich außerdem Margarets Bild vom Kern und der Schale aus ihrem Romanentwurf jenes Jahres 1925. Das Ewig-Stabile wird ersehnt als einzig 'Wahres'; wobei hier der 'Kern' des Menschen, seine 'unsterbliche', genauer: die 'kindliche' Seele ist, die umhüllt und behindert wird in ihrer wahren Identität der Unsterblichkeit von einem lästig-realen, wandelbaren Leib. Dessen Faktizität, in der Beharrlichkeit ebenso wie in seinem allmählichen Wandel, 'muß' im Hinblick auf die Unsterblichkeit das Ärgernis sein und wird so zum Schein erklärt. Würde Margaret sich dieser Verlockung anheimgeben, geschähe das, was sie im Romanentwurf ansprach: sie fixierte sich auf ein Bild der Vergangenheit und gäbe die Möglichkeit eines realen Wandels und damit auch einer realisierbaren, wenngleich menschlich unvollkommenen Liebe preis. Die Tatsache, daß ihre Liebeserfahrung 1925 auch als notwendiger Verlust von nicht ausschließlich sexueller 'Unschuld' dargestellt wird, wie die Tatsache, daß Margaret diese Wahl nicht trifft, läßt sich deuten als lebensnotwendige Absage an diese tradierten Muster. Sich der Sehnsucht nach unsterblicher Vollkommenheit hinzugeben, hieße vermeiden, als reifender Mensch zu leben. Durch die spezifische Weise der Evokation der kindlichen Gestalt wird insinuiert, daß es ein Ausdruck menschlicher Unreife wäre, diesen Weg zu wählen. Margarets Umgang mit dieser Sehnsucht, vor allem die unvollendete Vision 1967, in dem diese Sehnsucht noch einmal artikuliert wird, besagt, daß es ein wesentliches Motiv im mehrfachen Sinn des Wortes ist: es ist ein Beweggrund und ein Ziel; als Bewegendes bleibt es aber Teil des realen Lebensvollzugs in dieser Welt; und zwar für das Subjekt dieser Erfahrung, die Frau Margaret Matthews, wie als Objekt der Darstellung, die Figur im Kontext dieser inszenierten Geschichte.[24]

Die zweite Ausflucht wäre der Tod selbst: Margaret war, wie sie erinnert, sowohl nach der Trennung von Clifford wie nach der Scheidung mehrmals nahe daran, diesen Weg zu wählen. Zu schrecklich schien der Verlust an Nähe, Leidenschaft und Sinn. Aber sowohl die einfachsten alltäglichen Lebensbedürfnisse - Essen, Trinken - wie diverse Spielarten geistiger Aktivität gehörten zu den Dingen, die sie die Reize des Lebens schließlich dem Reiz des Todes vorziehen ließen. Ganz wesentlich ist dabei die Paradoxie der Vorstellungen von Macht und Ohnmacht, Aktivität und Passivität, die sich aus der Leseperspektive deutlicher zeigen, als es Margaret bewußt ist. Margaret verwarf den Selbstmord, weil sie nicht sicher war, ob sie die Kraft haben würde, sich selbst total und endgültig zu vernichten. Die Konsequenz aus dieser womöglich mangelnden Machtvollkommenheit aber fürchtete sie, da sie dann nicht das Ersehnte gewonnen hätte, sondern zurückgefallen wäre in den Zustand, den sie mit diesem Schritt ja beenden wollte. Sie wäre häßlich und ohnmächtig der geringschätzenden Verfügungsgewalt anderer ausgeliefert:

> ... she had looked at the white tablets ... hopefully and then, picturing herself with vomit from her mouth and nostrils, turned away; ... she had smelt eagerly the gas fumes in that room ... but, seeing herself a mindless empty patient year after year in a hospital ward, had turned off the tap and had gone out to the cinema. (p.231, sowie bes. die Implikationen von 'blank' und 'butt')

Die letzte Ausflucht ist ihre Zuflucht zur ihr unbelebt scheinenden Natur. Margaret gibt sich dem Reiz solcher Naturelemente anheim, die für sie die Antithese des (menschlichen) Lebens schlechthin bilden. Die chthonischen Elemente in ihrer schweigsamen Dauerhaftigkeit können sie als das ganz andere regenerieren, geben ihr die notwendige Kraft, sich der besonderen menschlichen, der fragwürdigen, der oberflächlich wirkenden, auf Sprache - mit ihren gleichfalls fragwürdigen Aspekten - angewiesenen Existenz zu widmen:

> And yet how the limestone, the marsh mud and the desert sand drew her to them! For every human assertion there are hundreds of inanimate negations. It was those, their stillness, their quiet, their non-existence which she so desperately needed. They were the other side of life, the nothing side, denying which everything was an empty boast, a silly whistling in the dark. She was not in love with easeful death, not at all, if that meant surrendering to the grave's embrace, but she did need the refreshment of negation, the refreshment of bare rock if she were to have the strength, the endurance to receive human noises. The great tenor arias that she would hear in humanity's defence in Paris, how to bear their inevitable vulgarities? The small, private noises, sharp and astringent that she perhaps or Mr E.M. Forster might contribute, how to bear their occasional cosiness? How to endure the millions that exulted in the boastful, empty lies that came from Nuremberg and Bayreuth and Rome? Or the little dirty cheapening talk of everybody everyday? For these she must keep her imagination frighteningly yet deadly clean with the non-human - with the snow blowing through the centuries in the icy blizzards of Antarctica, with the sand collecting endlessly in the Gobi desert. (pp.231f)[25]

Margarets allmählich sich herausschälende eigene 'Stimme', durch welche sie sich von ihrem disjunktiven Erbe löst, wird hier hörbar. Nicht nur ist zu erkennen, daß sie hier das Antithetische als zueinandergehörig begreift; dieser reifenden Autorin ist außerdem unmißverständlich klar, daß sie nicht länger das Kind der mächtigen Vater-Autoritäten, der Kritiker - seien sie böse-giftig verletzend oder wohlwollend patronisierend - sein wird. Margaret artikuliert dieses auch in der Kunstszene wirksame Rollenspiel und sie weist es als ihr nicht länger angemessen zurück:

> Uncle Desmond regretfully chiding her attempts to spread her wings and asking to repeat again the little pieces she used to say so well, the little pieces that had allowed him and her other literary aunts and uncles to see what a clever little girl she was. ... (p.229, vgl. Kontext)[26]

Das heißt, sie kann sich ernstnehmen als Autorin; kann als Schriftstellerin die wertende Spaltung in Körper = Erwachsensein und Kind = Ohnmächtigsein erstmals überschreiten. So artikuliert sie ihr menschliches und ihr künstlerisches Engagement in Erinnerung an ihre Tante, Miss Rickard, deren Tod und deren Sterbeort aus der Leseperspektive durch diesen und andere Kontexte des Romans sinnbildliche Qualitäten gewinnen:

> ... But Mouse who had died amid such refreshment would have urged her to snap back at the world. This she would not do, comfortable, easy though it would be, delighted though the world was to be snapped at. Relying upon that other side, that clean, inanimate world to be there when she needed it, she would return as warmly as she could to men and their doings, and offer them if not certain love, at least the devotion of all her will. ... (p.232)

Ihre Regeneration dank einer a-menschlichen Natur spiegelt tradierte Oppositionen und macht zugleich eine Alternative, eine wesentliche Möglichkeit zur Verbindung sichtbar: die Verbindung zwischen Margarets einzelnem, unvollkommenen kreativem Bemühen und der Dauer, die diese scheinbar ewig feste Erde verkörpert, in deren Existenz Margaret die Kraft sucht, gegen den aktuellen Verrat an Menschlichkeit, den die Menschen selbst begehen, anzuschreiben und sogar Reden zu halten, deren Wirkungslosigkeit sie zugleich fürchtet. Der Wille, der sich hier äußert, ist nicht der 'Wille zur Macht', der die Figurationen dieser gezeigten Gesellschaft und Epoche beherrscht, sondern ein Wille, wie immer einseitig oder unvollkommen, dem Ausdruck zu geben, was als Liebe zum ohnmächtigen Kind in Margaret schlummert. Im Geist der uralten Tradition seit der griechischen Antike gesprochen, ist es ein möglicher Ausdruck des Eros als 'Kind des Mangels' und als verbindende, kreative Kraft, in der sich die unsterbliche Seele des Menschen äußert, die den Menschen mit dem Höchsten verbindet.

4.3.4. Vor und nach dem Krieg: 1937 bis 1967 [27]

If this were played upon a stage now,
I could condemn it as an improbable fiction.[28]

Wie schon 1935 so veranschaulicht auch 1937 die schmerzhafte Verbindung von Margarets kreativem Anspruch zur faktischen Herrschaft der Gewalt in ihren diversen Erscheinungsformen. Margaret ringt um einen Roman, dessen Figuren aus der Leseperspektive die Verbindung zu Margarets Lebenserfahrung mit der Mutter offenbaren und doch auch verdeutlichen, daß Margaret dieses 'alte' Muster auf ein Allgemeines hin neu gestalten will. Die *persona* der alten 'Alice' trägt Züge der Mutter und der Tante, während in den 3 Nichten Facetten der Matthews-Geschwister auftauchen. Margaret interessiert diese Bezugsmöglichkeit indes nicht länger. Sie sucht vielmehr nach einer angemessenen Gestaltung eines ihr nunmehr zentralen Themas: wie die fortwährende Ungerechtigkeit und Lieblosigkeit der alten Alice beispielhaft gezeigt werden kann, ohne daß daraus das Recht der Opfer auf Rache ableitbar wäre:

> It was the protest against powerlessness and old age itself that she sought to make against anyone, however guilty, however 'deserving' of retribution, being acted upon, used, disregarded like the bed she lay in. (p.365)

Dieses Romanprojekt ist eingebettet in die herannahende Kriegsgefahr, die Margaret erstmals bewußt zur Kenntnis nimmt, wobei sie ihre Umwelt, insbesondere alle 'Autoritäten' – wie der Roman zeigt – zu Recht kritisiert für deren irreführenden gegenteiligen Beteuerungen. Dies wiederum wird in direkten Bezug zu den schriftstellerischen Bemühungen des Vaters mitsamt dessen steril gewordener, wenn auch mitleiderregender Fixierung auf Clara und ihre wechselseitige Destruktivität gesetzt. Schließlich erscheint auch diese Lebensphase Margarets als Teil der jeweiligen Lebenskonflikte ihrer Geschwister. Anders gesagt, was die Frau und Autorin durchleidet und zu fassen sucht, ist zugleich Gegenstand des sie umgreifenden erzählerischen Horizontes, der den Durchblick auf die reale Gewaltherrschaft jener Epoche, aus der ganz spezifischen Perspektive dieser Lebenswelt evoziert.[29]

Während Douglas neben ihr schläft, sie indessen schlaflos um die Gestaltung eines Romans ringt, steigt in ihr plötzlich die Erinnerung an die Leidenschaft mit Ralph wieder auf. Douglas wird Margaret zum verächtlichen und sie lebensbedrohlichen 'weibischen' Mann, dessen Eigenart sie angeblich an ihrer Kunstausübung hindert. Dem steht der Eroberer-Held Ralph gegenüber, mitsamt der Negation dessen, was Margaret selbst normalerweise wesentlich ist: ihre eigene geistig-kreative Menschlichkeit. Diese Menschlichkeit äußert sich hier in ihrem Romanprojekt, insofern Margaret nämlich die paradoxe Spannung zwischen Recht und Unrecht, Macht und Ohnmacht zeigen will. Sowohl Claras Erbe wie die 'Stimme' der Tante noch vor dem Großen Krieg finden ihr Echo in Margarets faschistoider Lust an der Negation und Selbstnegation dessen, was im weitesten Sinn 'feminin' und zugleich 'geistig-kreativ' genannt werden kann. Sie ist in dieser Nacht im dunklen Zimmer in heftiger Unruhe ob der realen Kriegsgefahr, voller innerer Unrast wegen des nicht gelingenden Romanprojekts und wird dadurch gezeigt als Gefangene des alten Musters:

> Oh, she must sleep. Sleep as Douglas's gentle breathing showed that he slept. Every night in that divan bed not two feet away from her he slept the gentle sleep of a gentle man, and she the victim of his gentleness. How could she bring the conflict, the anger, the cruelty of these trapped women to life while he smoothed out all wrinkles, turned away all wrath, negotiated all tricky corners, smothered her in the softness of his feathered decency, her dear old goose, her murderer? She felt the flush and trembling of anger that came over her nowadays with sudden consciousness that she was the victim of a victim. With Ralph there had been no smothering kindness, but a constant renewal of the body by battle. There was no end to the passion *then* in her writing. What was she trying to kindle some old woman's embers for? She should be writing about men, about the way our bodies answered theirs, about the courage and heroism that lay in the line of a man's shoulders ... and set the heart beating, the blood rushing to the head – no matter how he treated one. The real values lay not in words and emotions and memories but in the movements and responses of the bodies – a man's and a woman's. All the rest was old woman's talk and old maid's defences.
> (pp.293f)

Die 'häßliche Ratte' der Liebesepisode von 1925 ist in diesen 'nachtschwarzen' Gedanken sie selbst und ihr Opfer ist Douglas. Dabei ist sie in der Tat das Opfer eines Opfers – der Mutter nämlich – und bliebe gefangen in deren 'Lösungs'-Muster, würde sie tatsächlich handeln, wie sie es sich hier vorstellt. Tatsächlich handeln andere so, wie sie hier denkt. Und insofern ist die 'häßliche Ratte' auch ihre Umwelt, und Margaret sieht diesen Zusammenhang nicht. Es ist, in der dramatischen Enthüllung Malvolios gesprochen, Margarets 'dark chamber adjoining'. In dieser Nacht ist Margaret zurückgefallen in die 'old cage trap', die sie in ihrem Roman zu transzendieren gedenkt. Auch sie ist in Gefahr, ihre häßliche 'Rattenseite' hervorzukehren, die lieblose Leere, die sie in Ralph 'blind' suchte, dann als falsches Ziel erkannte und wieder losließ. Was sie mit Ralph und den Eltern verbindet, taucht hier als reales Relikt ihres Erbes auf. Es macht diskret aber unmißverständlich den Zusammenhang zwischen Vergangenheit und Gegenwart, zwischen den lichten und dunkeln Facetten ihrer Person und ihrer gesellschaftlichen Figuration, wie nicht zuletzt darüber hinaus auch zwischen diesen beiden und einer extremen Version ihres Musters – in Gestalt des deutschen Faschismus vor allem – sinnfällig anschaulich.[30] Anders gesagt, wieder zeigt die Textinszenierung, was Margaret selbst thematisiert, ohne es realisieren zu können. So heißt es "Upon who narrated certainly depended everything. ..." und "... its form was its statement." (p.291). Es ist ein Textsignal, das man als demjenigen zur Ironie analog lesen kann, welches die Erzählepisode 1925 begleitet (s.o.). Sie bemüht sich, in ihrem Roman die Frauenfiguren als Repräsentationen realer Frauen zu schaffen. Sie bemüht sich, der Vision der Zusammengehörigkeit der chronologisch aufeinanderfolgenden Zeitabschnitte und der Generationenfolge mit ihrem Unrecht Gestalt zu geben, ohne dabei erzählerisch 'von oben herab' zu urteilen: die Vergangenheit, in der die alte Alice die jungen Nichten traktierte, die Gegenwart, in der die jetzt fragile, alte Alice den hartherzigen Nichten ausgeliefert ist. Margarets Gestaltungsprobleme lassen ihr die reale Außenwelt mit ihren Bedrohungen irreal, ja, als lästige Ablenkung von ihrer eigentlichen Aufgabe erscheinen:

> Then, banishing all unreal seeming certainty of war, the book's problem came full before her. Its form: but its form was its statement. ... Upon who narrated certainly depended everything. The figures properly related would give the answer. Yet it was not an easy balance of a bit of A and a bit of B ... . All voices meant no voices; an all round view looked out on a blank wall. ... past and present must be made one. When the nieces cruelly kept the bedridden witty old sinner from company then they suffered again and at that moment her mockery of their first girlish pangs of love. In time-structure B was A, A was B. But these letters had once been three full human beings whom she had slowly and at such cost brought into existence. Now in this formal search they were being petrified into figures and lettered proportions. She banished A B and C, and set all her thoughts, all her feelings painfully to make the three women joyously live again. ...(pp.291f)

Dieser Schöpfungs-Akt, dieses Gebären dreier Kunstgestalten ist Margarets Liebes-Gabe, die, wenn sie gelänge und angenommen würde, eine andere Antwort auf die Frage wäre, wie denn die Opfer dieser Welt mit ihrem Leid anders umgehen können, als es zu wiederholen durch Rache. Nur indem sich Margaret ganz in jede dieser Figuren als Personen, als Täter und Opfer einläßt, sie in dieser Komplexität hervorbringt, kann sie diese Widersprüchlichkeit anders zeigen als zuvor, da sie sich außer halb dünkte, anders also auch, als alle die, die ihrerseits glauben, die 'Wahrheit' sei 'einfach' und die entsprechend richten:

> ...what could one do but stand outside, and ironic, Godlike judge? Yet to do so seemed to ignore the fact that the old woman suffered – and so did the nieces. A victim was a victim. (p.293)

Im Prozeß dieser kreativen Anstrengung deutet Margaret an, was es für sie derzeit heißt, ein Mensch zu sein. Der einzelne, einsam für sich lebende Mensch kann hoffen, sein Recht auf die ihm eigentümliche 'Poesie' zu wahren, er ist aber zugleich unvollkommen, denn nur in der Gemeinschaft mit anderen Menschen erfüllt sich sein Menschsein. Aber eben in dieser Angewiesenheit auf den anderen liegt zugleich die Gefahr. Denn aus der Gemeinschaft entstehen auch die Zerstörungen, erwächst der Verrat an der Menschlichkeit in diversen subtilen und offenen Gestalten:

> To be one alone was to uphold one's right to the inner poetry, yet to be one alone was also to be an insufficient human being. To be two was the start of all human fulfilment; and also of all gangs and conspiracies. (p.293)

Wäre Margaret nicht zu derartigen Reflexionen fähig, wäre sie bereit, sie als bedeutungslos fahren zu lassen, so ergäbe sich dem, was ihr unmittelbar darauf in dieser Nacht als faschistoide Versuchung in den Sinn kommt (s.o.). So aber veranschaulicht der Kontext dieser Passage, wie die diversen Lebensaspekte und menschlichen Vermögen zueinander gehören und wie sie um den Preis einer im Extrem totalen Vernichtung von Leben negiert werden – nicht von Margaret, aber von anderen, z.B. den deutschen Faschisten. Margaret artikuliert das Recht des Einzelnen auf seine eigentümliche Besonderheit, die sie 'inner poetry' nennt. Die Vorstellung solchen Rechts setzt indes selbst schon die Relation zu einem sozialen Gefüge voraus, in dem dieses Recht überhaupt gesetzt, anerkannt oder negiert werden kann. Margarets Überlegung, die Einsamkeit sei ein Verrat an einem ganzheitlichen Potential, eine mangelhafte Entfaltung menschlicher Eigenart, spiegelt diesen impliziten Verweis auf die Sozietät wider und erweitert zugleich inhaltlich die Vorstellung dessen, was wahrhaftes Menschsein ist: erst durch das Gemeinsame ist der Einzelne, was ihn als Einzelnen ausmacht. Die Gefährdung geht daher auch aus dieser Gemeinschaft hervor; denn wo nichts als ein Einziges wäre, wäre keine Gefahr, es sei denn, es läge in diesem Einzelnen selbst 'verborgen'. So gewinnt die Formulierung "to be two was the start of all human fulfilment" im Licht dessen, was Margaret real erlebte, auch den Sinn, daß sie ihre innere Spaltung überwinden möchte, daß diese der Heilung, der Überwindung durch Verschmelzung bedarf. Nur wenn dies gelingt, ist sie ganz erfüllt als Mensch. Sie strebt nach der Vereinigung mit realen Personen und darüber hinaus in ihrem Schaffensdrang nach einer Verschmelzung mit etwas, das in einem weiteren geistig-kreativen Horizont menschlichen Schaffens ausgedrückt erscheint. Beides ist ein Echo der platonischen *eros* - Vorstellung.

Dieser Hoffnung Margarets, diesem Streben, verleiht ausgerechnet der jüdische Kinderbuchautor, der der Vernichtung in Deutschland entkommen ist, bei einer Veranstaltung Ausdruck. Von einen Worten wenden sich – ironischerweise – die anwesenden Matthews-Geschwister, einschließlich Margarets, unterschiedlich verständnislos ab. Matthias Birnbaum spricht in unbeholfenem Englisch von der Korruption des Geistes und der Imagination durch den Mißbrauch der Sprache der Faschisten in seinem Land. Er weist hin auf seinen eigenen Verrat an seiner Herkunft, vor allem durch den Gebrauch der fremden-der deutschen- Sprache, anstelle seiner ursprünglichen jüdischen, seiner Muttersprache. Birnbaum beharrt darauf, daß wider alle reale Gewalt, wider die herrschenden Machtverhältnisse die Kraft der Imagination überdauern, auch diese Vernichtung überleben werde:

> The creative spirit, the human imagination, the ingenuity of man, these will endure. They are stronger, more real than the false realpolitik, the vulgar armed fists of maniacs and criminals. ... I want to speak to you of something very close to myself, ... I have lived all my life for the language of my country, the German language. For this and because of the great and living

heritage that it gave me, I left behind altogether the language of my mother – Yiddish and behind this Hebrew. Perhaps now I meet punishment, though into my stories … there has gone much of the great storytelling tradition of the Jewish people. And I have lived to try to use the German language so that it may sweeten the minds and – … make big, make strong the imagination of the children, of those to whom the future belongs. … But to find the right language, the right words in our great tongue, has been a hard life time's task. And now with the coming of our Führer, I have known two hells. The one is smaller. This hell alone is for me and for the other German artists who must leave Germany or remain silent. We must speak now as I am doing in a half tongue, in a language that is not our own. … The other hell is deep and very black. To know that the language I have tried to use to give the children life of the mind is being used today, perverted, strangled, to bring to the children of my country a real and permanent death – the death of their spirit…' (Letzte Ausl.i.T.) (pp.394 f).

Die Sprache, so wird in diesen Worten deutlich, ist keine oberflächliche 'Schale' eines eigentlich 'wesentlichen Kerns', sie ist vielmehr ausdrücklich charakterisiert als umfassend wesentliches Moment dessen, was in dieser Lebenswelt veranschaulicht wird. D. h. auch hierin zeigt sich die selbstreferentielle Facette der Sprache dieses Textes und sie veranschaulicht im situativen Kontext inhaltlich beispielhaft, was auch das Verhältnis zwischen diesem Romantext und textexterner Realität betrifft, vorausgesetzt, die Lesenden können eben solche Verbindungen sehen und gelten lassen.

Ehe Margaret an dieser Veranstaltung teilnimmt, liest sie morgens die Zeitung und weiß, wie ohnmächtig und zugleich auch wie politisch naiv sie ist. Sie wehrt diese Ohnmachtsgefühle ab mit dem Gedanken:

…what did she know, or indeed do in these ghastly days except make occasional speeches at progressive rallies? Ill informed nonsense too. She and all other artists probably ought to stick to their own job and get on with their art in a mad world. (pp.363f)

Sie konzentriert sich auf ihren Gegenstand, den Roman, in dem sie zeigen will, daß Rache nicht die Antwort auf Unrecht sein kann. Vor dem realen historischen 'Hintergrund', den Birnbaum hier verkörpert, wird dieser Versuch zu einer Geste der Ohnmacht und Flucht ('evasion'). Er ist ein Rückzug in ein Problem, das motiviert erscheint durch die fortwährende Beschäftigung Margarets mit der Mutter und ihrer eigenen Opfererfahrung. Aber dennoch gilt zugleich, daß Margaret in diesem Rückzug etwas leistet, wovon Birnbaum spricht und wovon ihn die brutale Gewalt der Faschisten abhält. Margaret versucht dem Überleben des Kreativen, der Imagination, durch Sprachkunstwerke dauerhaften Ausdruck zu verleihen und so zu dessen realem Fortwirken aktiv beizutragen. Wenn diese immaterielle Qualität auch unerbittlich gebunden ist an die Fortdauer je einzelner menschlicher Lebensexistenz, der hier durch die totalitären Bewegungen der Kampf angesagt ist, so wäre es einseitig, nur die Ohnmachts- und Vermeidungsaspekte in Margarets Aktivität als Autorin zu erfassen.[31] Beide Aktivitäten gehören zueinander: die des unbeholfen von den realen Gefahren und der Hoffnung auf eine andere Realität sprechenden Autors Birnbaum, wie diejenige der, aufgrund günstigerer Lebensumstände, zum Rückzug in den Schreibakt befähigten Autorin. Margaret agiert aus, wovon er spricht, so ungenügend, ja 'lächerlich' und 'verrückt' im Angesicht der herrschenden Verhältnisse diese beiden Personen auch scheinen mögen.

Margaret kommt nach der Veranstaltung mit Birnbaum nachhause. Da sie durch Ruperts Malvolio den Schlüssel zur Lösung ihres Romanprojektes fand, fährt sie auch sofort aufs Land, um das Werk zu vollenden. Douglas kann spielerisch denken:

…So she'd beaten Hitler! When she appeared, still dressed for the street but now carrying her dressing case, he guessed that it was better than that. 'A breakthrough?' he asked. She nodded, smiling. 'Something in Rupert's performance tonight gave it to me.' That ass?'… (p.403)

Margarets 'Schlüssel' gilt nur für ihren Roman, während sie glaubt, die Wahrheit der Realität allgemein erfaßt zu haben. Sie lautet:

…she had to hurry home to let Aunt Alice fall apart into all the various unrelated persons that she now knew bobbed up and sank down like corks in the ocean inside that old raddled body as inside all our bodies. (p.397)

Margaret ist blind dafür, wie die Widersprüche zusammenhängen könnten: wie die Widersprüche der Person zugleich durch die Welt, in der sie lebt, gemacht werden; wie die Welt ist, durch das, was Personen tun. Das unmittelbare Opfer ihrer Gespaltenheit, die hier eindeutig eine Wahl zugunsten ihrer Kunst erfordert, ist Gladys. Douglas sagt nichts von Gladys' Besuch, aus Angst, das Projekt könnte - wie oft bei Margaret - zum 'false start' werden:

> Then he said no more, for he thought, I know it's superstition but if I say any more it may turn out to be one of her false starts. ... He suddenly remembered poor old plump Gladys - well, her loving pains would have to wait for a later occasion. Margaret's work must come first. (p.404)

Als u.a. aus diesem Grund Gladys vor Gericht kommt, ist Margaret sehr betroffen, und der Roman kommt ihr kaum noch wichtig vor; sie kann fast nicht erinnern, wie sie ihn zu Ende brachte, so weit weg ist das Projekt im Angesicht dieser schmerzlichen Realität:

> She went over and over that evening when Douglas had not told her of Gladys's visit, so much so that when he took her hand she pulled it away. And it did not help that the idea that she had got that evening at the theatre - she couldn't quite remember now what it was - had done the trick. It only remained to kill Aunt Alice in loneliness and fear. Nevertheless she let her hand remain in Rupert's, for this belonged to their childhood, this was part of the nightmare of 52. (p.407)

Der Prozeß gegen Gladys veranschaulicht, was 1919 z.T. im spielerischen Prozeß der Kinder bereits verhandelt wurde. Es ist zunächst ein realer, öffentlicher Akt der Ausgrenzung einer angeblich unanständigen Frau aus der Gesellschaft der 'Anständigen', vollzogen wird die Ausgrenzung durch einen männlichen Richter, der sich im Besitz der Wahrheit wähnt. Durch ihn und seinen Urteilsspruch vollzieht die Gesellschaft in der Institution des Gerichts den Anspruch, Recht zu sprechen und Gerechtigkeit zu üben. Hier gewinnt nun Gladys' clowneskes Rollenspiel, das zunächst wie eine private Gewohnheit der Matthews-Kinder und -familie erscheint, seine besondere Brisanz. Gladys fingiert eine Tat, die sie - so jedenfalls, wie es schließlich als bewiesen gilt - nie begangen hat. Sie spielt ihre Rolle einer vertrauensunwürdigen Frau, die um ihres Eigennutzes willen ein altes jüdisches Ehepaar, das nach England floh vor den Nazis, um ihr Geld betrog, vollkommen überzeugend. Indem sie nun auch öffentlich die Schuld vornehmlich ihres Liebhabers und damit zugleich in Variation die des Vaters, der sie jahrelang materiell und sexuell mißbrauchte, auf sich nimmt, kaschiert sie die Schuld dieser Männer erfolgreich. Sie schreibt die Verhältnisse, denen dieses Rollenmuster zugehört, aktiv fort, wie Margaret es 1919 'voraussagt': 'help them keep up their appearances' (s.p.56). Wie die 'Katastrophe', die das Eltern-Paar sinnreich als Teil allfälliger Gewalt trifft, erweist sich Gladys als Figur hier als andersartiges Beispiel einer Inszenierung gesellschaftlicher Gerechtigkeit, die sich als Illusion enthüllt. In einem bestimmten Sinn hat sich Gladys damit endgültig als selbständige Frau erniedrigt; sie ist, wie Quentin am Ende des 'mock-trial' auch tat, dem Gift ihrer Matrix erlegen; was, auf der Textebene, ironischerweise in ihrem 'Fatum' zu 'beweisen' war. Es geschah, wie Margaret hellsichtig 1919 anmerkt, weil Gladys der Glaube fehlt ('faithless'); weil sie fixiert lebte auf ein Bild aus der Vergangenheit; und es geschah, weil Gladys - wie alle ihre Geschwister, mit der bezeichnenden Ausnahme Quentins - sich ihrer unpolitischen Haltung geradezu brüstet (s. p.323, im Kontext der Erzählperiode 1937). Margaret erkennt angesichts dieses Prozesses gegen Gladys etwas von diesen Zusammenhängen zwischen familiären Gewohnheiten und gesellschaftlichen Momenten. War es ihr bis dahin ein Rätsel, weshalb Gladys immer wieder in clowneske Selbststilisierungen verfällt,[32] so weiß sie jetzt, daß dies geschieht, weil sie alle nie der ganzheitlichen Person Gladys begegnen wollten; weil es bequemer und schmerzloser schien, mit dem komischen Rollenspiel vorlieb zu nehmen und sich so über das wahre Wesen der Beteiligten selbst täuschen zu lassen:

> At the magistrates' court and in the weeks between she had felt, every time that Gladys had made some stupid facetious joke or fooled about when she was in such danger, that they were all on trial for accepting their sister's clowning, her fat jollity as a substitute for the pains of real intimacy. (p. 407)

Diese von der Familie betriebene Negierung wahrer Individualität zugunsten scheinhafter Rollen, steht, wie aus der Leseperspektive erkennbar wird, tatsächlich auf dem Prüfstand: 'on trial' und entpuppt sich als Teil der öffentlichen Gepflogenheiten, deren scheinhafte Gerechtigkeit und Wahrheit hier zerplatzen- sich als Illusion erweisen. Noch etwas erfaßt Margaret hier intuitiv. Sie spürt, daß Gladys in ihrer komischen Rolle in Gefahr ist, ihre Würde zu verspielen. Sowohl Margarets Scham im Angesicht von Gladys' lächerlicher Selbst-Stilisierung, wie vor allem ihre Erleichterung über das, was beim Urteilsspruch selbst erkennbar wird, zeigen dies unauffällig an:

> The woman who received the sentence ... was suddenly a very quiet, portly, dignified woman, who, standing alone, an object in an active world, said in a voice so low that Margaret could hardly hear it, 'Thank you, my Lord' and disappeared below. (pp.407f)

Ohne daß Margaret sich ihrer Wahrnehmung bewußt würde, gibt diese Beobachtung einen Schlüssel nicht nur zu Gladys' Doppelnatur als Frau. Vielmehr ist sie deutbar als Signal der Doppelnatur aller dieser Figuren, insofern sie Objekte des Leids, Subjekte ihrer Erfahrungen und beides zugleich als Objekte der Darstellung in dieser Geschichte sind. Gladys ist beides: eine würdige, achtenswerte Person und ein gefährlich (selbst-)destruktiv serviles Objekt in der Hand der Aktiven dieser Gesellschaft. Im realen Prozeß gegen Gladys erfüllt sich das, was sich an Doppelung im 'mock trial' über sie - in der Rolle der Unterschicht-Frau, des Instruments der Gewalt im realen Mord an den Kätzchen, Henrietta Stoker, alias Regan - ankündigt: Gladys ist nur 'bedingt' 'verantwortlich' für das Geschehene. Aber: sobald sie diese Reduktion der Verantwortung als Selbstentlastung gebrauchen würde, wäre sie, wie Quentin im 'mock trial' zu bedenken gibt, 'her own class's worst enemy'. Ihre Eltern sind, wie Henrietta Stoker auf andere Weise, die hierfür notorischen Vorbilder: sie perpetuieren Gewalt, indem sie sich als Opfer zur Gewalt selbst legitimieren. Genau dadurch, daß Gladys dies nicht tut, sondern allein die Verantwortung übernimmt - so läßt sich aus der Retrospektive sagen - zeigt sie eine Alternative, wie die vorfindliche zwanghafte Gewalt zu überwinden wäre. Sollte aber ihr Beispiel gänzlicher Loyalität und persönlicher Bereitschaft, Schuld anzunehmen und zu tragen, weithin wirksam werden, so macht der Prozeß unmißverständlich klar, müßte sich zugleich an der Machtkonstellation etwas ändern. Das hieße u.a., mit den Worten des Richters Quentin im 'mock trial', ehe sich die Richter ihre Robe anziehen, müßten sie ihr Bild von der Vergangenheit revidieren. Im Hinblick auf die Befragungen Gladys' durch das Gericht vor dem eigentlichen Prozeß hieße es, diejenigen, die die Wahrheit suchen, müßten genauer wahrnehmen lernen, was der Fall ist. So wie die Dinge in dieser Gesellschaft liegen, ist das Einzelbeispiel, das Gladys gegen die auch durch den Prozeß selbst ausagierte Gewalt bietet, als individuelles Beispiel ein zwar unabdingbares, aber kein hinreichend wirksames Beispiel, um kurzfristig oder gar nachhaltig die Verhältnisse zu ändern, die hier verhandelt werden. Gladys verzichtet auf die gerechte Strafe für den Mann. Diese Weise, 'foolish' zu sein, wird in den realen Machtverhältnissen leicht abgewertet als 'Dummheit' (s. 1919). Es ist dennoch eine Wahrheit, von der Margaret 1937 mit ihrem Begriff der 'inner poetry' spricht und die sie in ihren Werken, wie es 1946 heißt, als die 'tiefere' Wahrheit gegenüber der vordergründigen ihrer frühen Texte ansieht. Der Erkenntnis solcher Wahrheit, so meine ich, dient das komplexe Erzählgefüge der Geschichte über eine Materie, die nicht zum Lachen ist, aber ihre heiteren Seiten ebenso hat wie ihre tragischen.[33]

So kann man gerade dieses längste Buch des Romans durchaus auch in Margarets Lebensgeschichte als erzählerische Klimax deuten, in der das 'post scriptum' und die reale Prozeßsituation als Vollendung dessen erscheinen, was in Buch I und II begann als (scheinbar) harmloser Streit und was als (scheinbares) Spiel zum Ernst wird.

1946 und die folgenden Bücher erzählen von den Nachwirkungen dieser Ereignisse und lassen die Zukunftsperspektiven undeutlich erkennen. 1956 wird gezeigt, wie Margaret in das kulturelle und politische Erbe der Familie und Nation verstrickt ist, das sie individuell nach 1946 überwunden glaubte. Nach Nassers demonstrativer Geste, das koloniale Erbe abzuschaffen, wähnt sich die Künstlerin mit ihren aufgeklärten Ansichten und eindeutig pro-arabischen Sympathien auf der Seite der Schwächsten, sie glaubt daher auch, ausgenommen zu werden von der allgemeinen

Vertreibung der früheren 'Herren' und muß, sinnfällig gezeigt in einer ganz persönlich schmachvollen Geste der Verachtung, an sich selbst erfahren, daß persönliche Integrität unter Umständen zu wenig ist, um die Verhältnisse zu ändern, die auch sie für veränderungswürdig hält. Sowohl ihr leise patronisierendes, selbstgefälliges Vereinnahmen der 'neuen Heimat', wie ihre 'romantische' Sicht des Künstlers als 'Außenseiter' werden exponiert als Teil ein und desselben kolonialen Musters, eines Musters, dem auch sie noch nicht entronnen ist, selbst da, wo gewisse Differenzen zu 1925 sichtbar sind und zweifellos eine andere Haltung hervortritt, als die, welche Sukey verkörpert (deren Einstellung zu Ägypten in den Abschnitten 1946 und 1956 gleichfalls gezeigt und mit dem gemeinsamen – auch politischen – 'Erbe' verbunden wird):

> A hawk mewed. ... She registered everything as exactly as she could, sparing time where there was none to spare, for while these landmarks were there, it was still, it must be surely *her* Cairo. ...a visit over the balcony from Mr Younan's Persian cats, ... gossiping when she bought the pimentos, the eggplants and the figs, the stories about the houseboat restaurant ..., even the look of friendly complicity each day with the beggar boy – for they were both, pariah and artist, outside the law – all these, with the occasional drama – the hawk that swooped down and took the veal, ... the mule that died ...– this was her Cotswold village or Sussex hamlet, but so much warmer, ... (p.445).

Margaret ist stolz, in dieser ihrer 'neuen' Heimat 3 Romane verfaßt zu haben. Der letzte, bis zu diesem Moment unvollendete ist einer, in dem sie versucht, eine Darstellung einer schizophrenen Persönlichkeit zu geben. Der Roman, so heißt es 1967, wurde veröffentlicht unter dem Titel "Divide and Rule". Margaret, die diesen Titel wählte, um die Spaltung einer Psyche anschaulich zu machen, der eine Person verzweifelt versucht, ihre Ich-Identität aufrechtzuerhalten, entgegen dem Auseinanderdriften ihrer diversen Teil-Ichs, bleibt blind dafür, wie weit sie damit ihr eigenes Dilemma und das ihrer ganzen Matrix von Familie, Gesellschaft und Nation mit erfaßt hat. Die Autorin ist nur am Persönlichen interessiert:

> ...a schizophrenic dialogue, the gradual fissure of a coherent mind, each chapter making two out of one, or rather at first three for the original personality would still desperately dominate... (p.445).

Der Romantitel sowie der Hinweis, daß eine dritte 'ursprüngliche' 'Persönlichkeit' versuche, das Zerfallen in verschiedene zu verhindern, wie nicht zuletzt das Textgefüge von *No Laughing Matter* zeigen aus der Leseperspektive, daß da ein umfassender Desintegrations- und Individuierungs-Prozeß gemeint ist. Margarets politische Naivität scheint ironisch subtil durchsichtig als Teil ihres Individualismus, der in der liberalen englischen Denk- und Lebenstradition steht. Gleichwohl ist Margarets Integrität als englische liberale Künstlerin nicht entwertet, so wenig wie die Konzepte, die sie sich gleichsam zur Selbstverteidigung ins Gedächtnis ruft:

> She was an artist, a writer, and Douglas was a scholar; they weren't arrogant service officers or greedy business men. That the Suez Canal should be run by Ibrahim and Youssef and Ali was what she utterly believed in. She hated power and riches, always had; and arrogant colonialism. But in these dreadful times all sense seemed lost. Order and reason – even in art where passion was king, they had their exalted places, but in ordinary life they were the essence of decency. (p.446)

Der Bettlerjunge spuckt auf ihre 'decency' und nimmt gleichwohl die Almosen (p.447). So wird subtil ironisiert, was Margaret ist, und dennoch wird anschaulich, daß die Frage nach Recht und Unrecht nur dann angemessen beantwortet werden kann, wenn diejenigen, die sie stellen, sich einlassen auf die Komplexität dessen, was ist.

Margarets Freude darüber, daß eine ihrer Nichten 1967 'Divide and Rule' so spannend und bewegend fand, daß sie es nicht aus der Hand legen konnte, ist ihre eigene, stille Annahme ihrer narrativen Kraft. Margaret widerfährt hier durch ein junges Mädchen die ersehnte Anerkennung ihrer Gabe zu verbinden: zwischen der gealterten Autorin, ihren 'Geschöpfen', wie – über diese Geschöpfe, die von jungen Menschen gelesen und für bewegend gehalten werden – zwischen der Vergangenheit und der Gegenwart um dieser und der Zukunft willen: "I'm awfully pleased you were held by it. That's what matters. The technique's my own affair." (p.477) So kann Margaret schließlich dem Ende ihrer Lebensanstrengung gelassen ins Auge sehen. Die Reise, die sie begann, ist, dank ihrer 'Geschöpfe' und dank der möglichen Rezeption durch die Kinder, denen, wie Birnbaum sagt, die Zukunft gehört, nicht zu Ende, auch dann nicht, wenn sie längst selbst tot sein wird, zumindest solange ihre Texte gelesen und deren Sprache noch verstanden wird.

Der realen, kurzen Begegnung mit diesem Mädchen folgt die Bemühung um den Text über ihre Beziehung zu Douglas. Deutlicher als zuvor zeigt sich, daß es ein Versuch ist, etwas, das so nicht (mehr) lebt, zu neuem, andersartigem Leben zu verhelfen. Nach Douglas' Tod entwirft sie einen kürzeren Text, ein 'psychologisches Duett', wie es heißt, in dem sie die letzten beiden Monate mit Douglas darstellen möchte. Margaret registriert eher verwundert, daß Douglas ein unbändig leidenschaftliches, ja gewalttätig sinnlich-sexuelles Potential in sich trug, das er in diesen Monaten vor seinem Tod gegen die tatsächlich geschwächte Konstitution seines Körpers gemeinsam mit ihr zu verwirklichen suchte. Diesem unbändigen Lebenswunsch Douglas', so sieht es Margaret mit Trauer und ohne sich erklären zu können, was da geschah, konnte sie nicht angemessen entsprechen. Obwohl sie voller Sympathie und Liebe für ihn und – im Gegensatz zu ihm – körperlich bei Kräften ist und war, obwohl sie sinnlich-sexuelle Leidenschaft als ganz wesentlich erachtet, vermochte sie nach eigenem Verständnis, diese Leidenschaft nur zu simulieren. Sie litt unter ihrer Unfähigkeit, sich so mit Douglas zu vereinigen, wie er es offenbar wünschte. Es schimmert in diesen Gedanken 1967 eine Ahnung durch, daß dies nicht gelungen sein könnte, wegen jener anderen Anstrengung: es durch ihre Kunst zu verwirklichen, um so dieser *Möglichkeit* dauerhaften Ausdruck zu verleihen. Ihr letztes Projekt artikuliert eine schmerzliche Spannung zwischen Realität, deren menschlich-lebbarem Potential und Margarets Kunst:

> She had the intention to shape into a short book ... the strange recrudescences of violent sexual passion that Douglas had shown in the last two months of his life ... 'To oppose the intense animality of his desires fighting against physical weakness to my own response so intensely motivated by love and affection but supported *physically* only by my own healthy, strong body.' The pattern of antithesis was there and surely the emotions, the reality she had known then, were all too powerful. Her fear only was of some grand guignol which would be a monstrous blasphemy, or even that she would fall into Gothic ornamentation to supply the place of remembered reality. It could emerge as decadent ... and with Douglas, of course, it just hadn't been; there was nothing of Mirbeau's femme de chambre in what he had determined to have before life was wrenched away from him or in the part she had tried to play ... (p.467).

Sie spürt, daß sie Douglas in etwas Lebenswichtigem verfehlte, daß sie gleichsam ein Sakrileg beging, als sie nur simulieren konnte was lebensnotwendig gewesen wäre, und dieser Mangel ist unmittelbar gebunden an ihre Aktivität als Autorin:

> Above all, she mustn't spare *herself*: she *had* pretended, however worthy the motive. She had done the right thing but it had been a blasphemy. And then her making it into a story – what of that? (p.467)[34]

Leserinnen und Leser können diesen Mangel deuten als Teil von Margarets Gewohnheit, antithetische Muster zu bilden, auch in der Kunst. Margaret sieht den möglichen Zusammenhang der antithetischen Elemente nicht, der sich in ihrem Entwurf äußert. Hier faßt sie den Widerspruch ihrer faschistoid negierenden Antithese von Körper und Geist der Dreißiger Jahre indes anders: war es dort die Negation von Geist und Werten zugunsten 'reiner' Leiblichkeit, wobei sie blind blieb dafür, daß auch diese Setzung schon den setzenden Geist voraussetzt, so sind hier Leidenschaft und Körper paradox miteinander verbunden; Leidenschaft ist weder etwas, was im Körperlichen aufgeht, noch im Geistigen – es ist ein anderes, das Margaret nicht benennt, das in dieser Zeit mit Douglas als das Mangelnde spürbar wird. Es ist ein Etwas, eine 'Leere' in ihrer Beziehung, die weder aufgeht in ihren Begriffen der Liebe und Zuneigung noch in ihrem Begriff vom Körperlichen. Dieser Mangel in ihr selbst als Mangel auch an essentieller Verbindung zum anderen läßt sich deuten als letzter Ausdruck jener ererbten 'Leere', der Lieblosigkeit ihrer Figuration. Aber ihn hier fassen zu können ist Margarets eigene kreative Leistung, und dieses Vermögen findet einen, wiewohl auch in ihren eigenen Augen ungenügenden, realen Ausdruck sowohl in der Beziehung zu

Douglas, wie in ihrem kreativen Streben nach Wahrhaftigkeit - dem gerechten Ausdruck dessen, was sie wesentlich im Leben erachtet - in ihren Werken. Die deutliche Gegenüberstellung ihres lebenspraktischen Unvermögens als eines strafwürdigen Mangels, als einer 'Versündigung' am Lebensbedürfnis des Partners, und ihres spezifisch kreativen Strebens als Autorin ist der sichtbarste Hinweis darauf, daß Margaret eine *Lebens*vision auch in ihrer Kunst hat und zugleich Objekt der Darstellung einer solchen ist, der sie unter den obwaltenden Umständen nicht gerecht werden konnte. Sie fühlt sich in diesem Sinne 'schuldig' und ist bemüht, die Schuld mithilfe größtmöglicher Konzentration durch dieses neue Werk zu mindern. Es ist der Margaret offenbar einzig mögliche Versuch, ihre spezifische familiäre und gesellschaftliche Matrix zu transzendieren auf jene Lebensvision hin, die besser ist als das Leben, das sie kannte und auch besser als das, das sie selbst zu leben vermochte.

Diesem letzten kreativen Versuch entspricht Margarets Schlußvision, in der erstmals auch ihr eigenes Wesen in seiner unerklärlichen Widersprüchlichkeit angenommen erscheint. Es ist wiederum eine Antwort auf Kritik und zwar von Marcus, einem derjenigen, die die Matrix auch nicht transzendieren, aber auf eigene Weise bearbeiten konnten. In Marokko auf einer Brüstung einer Burg am Rand von Mogador sitzend, sieht Margaret hinaus aufs Meer. Im Ohr hat sie die Worte des Bruders, der sie kritisiert für ihre Eigenart, die, wie er meint, lebenstötend wirke: sie lebe nicht, sondern 'sitze auf dem Leben' und 'pulverisiere es zu Sand' (p.478). Sie setzt sich dieser schmerzlichen Kritik aus, sucht sie zum Teil zurückzuweisen. In ihren Gedanken verbindet sie auf einmal Meer und Sand und begreift sie als beide gemeinsam zu sich gehörig:

> She sat on the white stone battlements among the baroque cannons and stared out across the ocean. A typical Mogador wind had succeeded the intense still heat of the day before. Atlantic waves were thrashing and flaying the huge boulders below. ... This sea with its constant movement and energy was as much part of her as the desert, whatever Marcus might say. ... (p.478)

Sie ist allein und kann der Zukunft, auch dem Tod, ohne Furcht, aber auch ohne Bereitschaft, ihn aktiv zu suchen, ins Auge sehen. Dabei ist das Verhältnis der Autorin zu den Menschen nicht harmonisch schön; eher hat es etwas gefährlich Düsteres. Es ist aber in jedem Fall nicht mehr das distanzierte, kühle der Außenseiterin zu ihren Objekten. Vielmehr anerkennt Margaret eine nachgerade lebensnotwendige Verbindung: sie als Autorin lebt von und durch Menschen in ihrer 'ungestalteten, lebendigen großen Masse': "What nonsense when all this press of people, this living human mass is what I feed upon." (p.478) Geschwunden ist die Distanz zu den Menschen, deren 'gestaltlose Masse' die 'gestaltlos-ewige Natur' der Vision 1935 evozierte. Und noch etwas ist anders geworden: nicht 'leblos scheinende Felsen', die a-menschliche Natur, sondern die Menschen regenerieren die Autorin. Und in aller problematischen Eigenart dieses Selbstverständnisses klingt die Angst vor dieser 'ungestalteten drängenden anderen' noch durch, die Margaret als Kind schon bewegte; aber es ist dennoch eine bereitwillige Anerkennung des Menschseins selbst. Ihre Gestaltungskraft versteht sie als verwiesen auf das, was durch die Menschen möglich wird kraft ihrer eigentümlichen Imagination. Ihr steigt die Hoffnung auf, das Ende sei das, was sie seit Beginn suchte; dieses Ende aber, so heißt es auch, ist womöglich der Beginn eines neuen Lebens:

> If she were to give herself to the ocean she would be rolled on and on until she came to the New World, to Eldorado, to the noble savages, to life renewed. (p.479)

Diese offene Zukunftsvision Margarets bildet nicht das Ende dieses Romans. Die Offenheit ihrer Vision wie die Tatsache, daß sich das Bild der Reise von Anfang und Ende zusammenschließen in einem Prospekt des Neuen, deuten an, daß Margaret - 'pioneer in the prairies' - einen langen Weg zurückgelegt hat und, im Bild des Mädchens 1925 gesprochen, ihre Reise durch das Dickicht des Lebens fortsetzen kann.[35] Auf den Roman bezogen heißt dies außerdem, daß die Zukunft der Literatur, die Margaret verkörpert, gleichfalls noch offen ist; wie lange noch, ist ungewiß, insbesondere deshalb, weil der Ausblick, der diesen umfangreichen Roman beschließt, zeigt, in welche unwägbaren Lebensumstände auch das kreative Bemühen der Autorin eingebettet bleibt.

5. Interpetation von *Setting the World on Fire*

5.1. 'Setting' als 'plot', 'plot' als 'setting'

Setting the World on Fire von 1980 ist der bislang letzte Roman von Angus Wilson. Sein Thema zeigt bereits etwas von der Mehrdeutigkeit und Vielschichtigkeit des im Roman dargestellten 'Gegenstandes'. Es handelt sich um ein Vorhaben und zugleich einen Vorgang, bei dem ein 'Ursprung' oder 'Urheber'- etwas Absichtsvolles jedenfalls - impliziert ist. Auch das Ziel ist mehrdeutig: 'die Welt' soll heftig bewegt oder gar zerstört werden, womöglich beides zusammen, womöglich zugleich.

Der auktoriale Erzähler beschließt das Vorwort, das zwischen Figurenliste und Romantext steht, mit dem Hinweis, Tothill House und seine Geschichte, um die es in der Gegenwart des Erzählgeschehens geht, sei die Erfindung des Autors. Diese Erfindung ist, wie das Vorwort verdeutlicht, erzählerisch eingebettet in die reale Stadtlandschaft von London mitsamt deren realer Geschichte. Der Ort von Tothill House liegt inmitten der City of Westminster. Der imaginäre Ort und seine Geschichte, im umfassenden Wortsinn also der 'plot' als Ort und als Handlung des Romans, werden situiert als Teil dieses genau bezeichneten, nicht-fiktiven *ambiente*. Den Begriff 'plot' gilt es in seiner Mehrdeutigkeit zu benutzen, weil der Roman selbst etwas von der Mehrdeutigkeit des englischen Begriffs anschaulich macht: die intrikate Handlungsentwicklung, die dramatisch gegenläufige Bewegung des 'main plot' der Herrschenden, insbesondere die Entfaltung des Brüder-Paares Piers und Tom im Rahmen ihrer Familie, zu dem 'subplot' derer, die die herrschende Ordnung zerstören wollen, an der sie zuvor in untergeordneten Positionen partizipierten; situiert in dem in besonderer Weise ausgestatteten Haus-*ambiente*, im Raum-Zeitgefüge der englischen Gegenwart der Erzählzeit, vor dem Hintergrund der realen englischen Geschichte.[1] Der Roman veranschaulicht eine dynamische Spannung zwischen dem räumlich-statischen Ort von Tothill House und der auf dieses Haus bezogenen, um es herum und in ihm stattfindenden Bewegung und Bewegtheit der Akteure und Akteurinnen.

Der 'plot' von Tothill House liegt inmitten baulicher Manifestationen weltlicher und geistlicher Macht des historisch gewachsenen, sich wandelnden Lebens- und Herrschaftszentrums Englands. In unmittelbarer Nachbarschaft befindet sich, wie es im Vorwort heißt, u.a. Westminster Abbey. Diese Abbey ist das Monument der englischen Staatskirche in der Hauptstadt schlechthin, der Ort, an dem Herrscher gekrönt und begraben werden, in dem bedeutende Menschen aus diversen Bereichen des öffentlichen Lebens der Nation ihre letzte Ruhe gefunden haben; bzw. wo ihrer Leistungen zumindest durch Erinnerungstafeln gedacht wird. Tothill House mit Garten und Parkanlagen erstreckt sich, so der Erzähler, bis St. John Smith Square, einer Kirche, die vom Barockarchitekten Thomas Archer als Auftragsarbeit erbaut wurde. Tothill House wird also eingerahmt von zwei Sakralbauten, deren unterschiedliche Baustile und unterschiedliche Größe u.a. etwas über die sich wandelnden Funktionen solcher Bauten in der Geschichte und der Architekturgeschichte mitteilen.[2] Der 'plot' ist damit eingefügt in den Bereich irdischer Manifestationen sakraler Gehalte, wobei die Kirchenbauten, soweit sie von weltlichen Herrschern in Auftrag gegeben wurden, stets auch eine gesellschaftliche, insbesondere auch materielle Machtkomponente in sich enthalten. Wie aus allgemeinen Studien zur Architekturgeschichte als Teil der Kulturgeschichte der Menschen hervorgeht, waren Gebäude allgemein immer auch Ausdrucks-Gestalten ungegenständlichen, geistig-religiösen oder mythischen Gehalts. Insbesondere Sakralbauten drückten die von Menschen wahrgenommene oder gewünschte Verbindung zwischen irdischem, also sterblichem Sein und göttlicher, also unsterblicher Sphäre aus; als solche dienten sie auch als sichtbarer Ausdruck der Verehrung des Göttlichen durch die Sterblichen.[3] Man kann die anfängliche auktoriale Setzung damit deuten als Erzählgeste im Sinne der Tradition des 'poeta creator': des Künstlers, der eine Erzähl-Welt neu schafft durch seine 'magische Kraft der Poesie'.[4] Die auktoriale Stimme weist den 'plot' aus als *mythos*, dessen Platz die in ihm zur Anschauung gebrachte Gegenwartsrealität mit ihrer komplexen Vorgeschichte ist. Es ist eine

Vorgeschichte, in der der Erzähl-*mythos* selbst wiederum – in sich wandelnden Manifestationen – seinen Platz hat, indem er immer wieder beansprucht, 'gesetzt' wird, im Sinne des auch prozeß-haften Handlungs-Begriffs des Titels 'setting'.[5] Godo Lieberg beginnt seine Darstellung des literarischen Motivs des 'poeta creator' mit dem Hinweis auf Vergils 6. Ekloge, in der die Helia-den – die Schwestern des Phaethon – den Tod des Bruders beweinen und Silen, der Begleiter des Dionysos, sie kraft seines Gesangs in Bäume verwandelt. Dieser Anspruch, z.B. durch das Singen etwas zu bewirken, so Lieberg, ist ein ontologischer Anspruch, der in den von ihm interpretierten griechischen und lateinischen Texten eher implizite erhoben, aber erst durch Scaliger im 16. Jahrhundert explizite so verstanden und seither mehrfach variiert wieder aufgegriffen worden ist.[6] Dieser Anspruch geht über das hinaus, was als 'Nachahmung' der Wirklichkeit verstanden wird; es ist in jedem Fall, so Lieberg, eine Vertiefung des *mimesis*-Verständnisses, wie er es bei Platon und Aristoteles formuliert sieht. Mir scheint, daß Wilsons auktorialer Erzähler die 'Stimme' des 'Schöpfers' im Sinne dessen ist, wie Lieberg es allgemein formuliert, wenn es einleitend zur Figur des 'poeta creator' heißt:

> Es soll wahrscheinlich gemacht werden, daß es sich nicht nur um eine rhetorische Figur... handelt, sondern auch um den Ausdruck eines vielleicht teilweise unbewußten Wissens um eine wichtige ontologische Funktion des poetischen Tuns, um eine Funktion, die sich aus dem ursprünglichen magischen Charakter der Dichtung erklärt. (p.2)

Der 'plot' von Tothill House und seinen Bewohnern ist die Neu-Schöpfung des *mythos* der Kunst als Teil des Lebens in dieser Figuration. Das Haus mit seinen Bewohnern ist 'neu fundiert' als zu den wichtigsten 'Institutionen' der 'Macht' gehörig – mit allen Risiken, die dies in sich birgt. Westminster Abbey steht, wie die Stadtgeschichte von Westminster ausweist, auf historisch aufschlußreichem Grund. Historisch gesichert ist, daß es Ende des 8. Jahrhunderts eine Siedlung mit einer Kirche gegeben hat, die von Mönchen errichtet wurde; möglicherweise gab es auch im 10. Jahrhundert eine größere Kirche an diesem Ort. Im 11. Jahrhundert ließ jedenfalls Edward the Confessor eine Kirche errichten, die Westminster Abbey genannt wurde. Diese wurde später weitgehend abgerissen und ersetzt durch die Kirche, die heute noch Westminster Abbey ist. Der Plan zu diesem Bauwerk stammt von einem französischen Architekten aus Reims. Ian Nairn, ein bekannter Architekturkenner und Autor populärwissenschaftlicher Arbeiten über die englische Architektur, sagt von Westminster Abbey, sie sei architektonisch die gelungene Übersetzung französischer Gotik "into meticulous English".[7] Damit gibt er ein wichtiges Stichwort zum 'Bau-charakter', den er in jedem Gebäude zu fassen sucht, das er beschreibt. Der Baustil ist eine eigentümliche Sprache, die eng verbunden ist mit dem Leben derer, die diese Sprache kennen und gestalten. Als die Abbey entstand, war die Nation nicht die der Erzählgegenwart, sowenig wie die Sprache dieselbe war, die heute von den Menschen dieser Nation gesprochen wird. Daß der Architekt, der die Abbey plante, aus Reims stammte, hat im Kontext der damaligen Geschichte einen anderen Stellenwert und eine andere Bedeutung als in der Gegenwart. Die Gebäude bringen etwas von solchen Differenzen zum Ausdruck, soweit sie noch den Stil aufweisen, in dem sie einst gebaut wurden; und nicht, wie vielfach geschehen – insbesondere bei den Houses of Parlia-ment – mehrfach zerstört und jeweils nach einer bestimmten neuen Vorstellung wieder aufgebaut wurden.[8]

Die realen Houses of Parliament als Gebäude sind ein Produkt des 19. Jahrhunderts. Sie entstan-den unter der Regie der Architekten Barry und Pugin zwischen 1835 und 1860, nachdem ein Feuer, wie öfter in der Geschichte dieses Hauses, die vorherigen Gebäude zerstört hatte. Nairn schreibt zum Erscheinungsbild des Gebäudekomplexes der Houses of Parliament einen für die Geschichte von *Setting the World on Fire* auch thematisch aufschlußreichen Kommentar. Das 'Gothic Revi-val', dem es seine Gestalt verdanke, sei eher ein Ausdruck einer bestimmten Vorstellung dessen, was 'Parlament' sei, als daß es das Parlament selbst sei; der Sitz des Parlaments habe architek-tonisch betrachtet einen gewissermaßen halluzinatorischen Erscheinungscharakter:

> Like the Gothic Revival itself, the Houses of Parliament are a vast hallucination... Stage scenery which takes itself seriously; superb, but as unreal as proceedings in the High Court. ... A dream in stone... .[9]

Der Hinweis auf den architektonischen 'Traum in Stein' ist im Hinblick auf Setting the World on Fire fruchtbar zu machen. Zum Beispiel durch die Vorstellung, daß das, was das Parlament 'selbst' ist, sich nicht anders zeigt als in Gestalt(ung)en. Nairn meint die bauliche Gestalt(ung). Der Baustil ist der konkrete, materielle Ausdruck eines Bildes der Imagination derer, die dieses Bild baulich dann realisieren, bzw. realisieren lassen. Der Stil des Parlamentsgebäudes ist demnach eine ganz bestimmte 'Erscheinung' des Bildes der Vergangenheit, die sich real in der Gegenwart befindet und so zugleich etwas Dauerhaftes verkörpert, das als Verkörperung nur beseitigt werden kann durch Zerstörung. Als Vorstellung kann es indes erhalten werden, z.B. durch entsprechende Dokumente, aber auch literarische Darstellungen, die ggf. durch entsprechend imaginativen Gebrauch den vergangenen Vorstellungen zu je neuem Leben verhelfen können.

Dem Sinn nach ähnliche Gedanken zur englischen Architektur wie die zitierten von Nairn, finden sich nach meinem Verständnis z.B. bei Nikolaus Pevsner, wenn er – am Beispiel zweier Gebäude in London – sagt, gerade in England sei die Architektur 'geneigt', eine 'Geschichte zu erzählen', und das heißt für Pevsner, sie lege ein 'Kostüm' an, um so Ideen 'hervorzuzaubern':

> Architecture also is especially inclined in England to tell a story, that is to put on a costume chosen to conjure up certain literary, evocative, or associational ideas.[10]

Der Sprach-mythos des Tothill House 'plot' soll, so meine ich, 'Ideen' und Bilder bei Leserinnen und Lesern zur Anschauung bringen. Dabei ist der Text zugleich eine Inszenierung eines Dramas und der subtil errichtete Bau eines statisch wirkenden Konstrukts, das demjenigen analog erscheint, welches thematisch Gegenstand der Erzählung ist: Tothill House. Der mythos von Tothill House soll Facetten der Gegenwart und Vergangenheit miteinander verbinden, die eine Ganzheit durchsichtig werden lassen, in der die 'union of opposites' zentrale Bedeutung hat, entgegen dem real wirksamen hierarchisch-trennenden Lebensvollzug der Protagonisten und Protagonistinnen.

Schon Edward the Confessor baute einen Palast in Westminster, unweit der Stelle, wo möglicherweise die erste Mönchskirche stand. Dort tagt das Parlament, wenn auch mit Unterbrechungen, seit seiner Entstehung aus der Curia Regis, dem Rat des Königs. Westminster Hall entstand zwischen 1394 und 1402 und war bis Ende des 19. Jahrhunderts auch der Sitz des höchsten Gerichtes in England. Das heißt, Westminster als politisches und legales Zentrum dessen, was schließlich in der Gegenwart als das Königreich anzusehen ist, baut auch auf Fundamenten auf, die einst zum Teil von Mönchen gelegt wurden. Man kann dies im Hinblick auf die Geschichte von Setting the World on Fire auslegen als Hinweis, daß beide Institutionen, die weltliche wie die geistliche, einen religiösen, geistig-geistlichen Fundus haben oder zumindest beanspruchen, der, soweit er mit gesellschaftlichen Aspekten verbunden wird, immer Machtfragen, auch Aspekte gewalthaltiger Konkurrenz um Macht, in sich schließt.[11]

Das Vorwort setzt den Anfang der Geschichte in einen diesbezüglich aufschlußreichen, markanten historischen Kontext. Die Gründung des Hauses beruht auf dem Akt der Insubordination des Königs Henry VIII gegenüber dem Papst in Rom. Henry löste die Klöster auf, enteignete die Kirche und der Gewinn ging an loyale Untertanen, die durch diese Akte der Großmut zugleich in die Pflicht genommen wurden, Henry wiederum zu dienen. Die Tothill-Mossons gehörten zu dieser Gruppe von Nutznießern und folglich auch zu denen, die der Krone dienten und so ihrem eigenen Nutzen auch zu dienen hofften.[12] Das Anwesen von Tothill House enthält – trotz der vielen vorgenommenen Veränderungen der wechselnden Hausherrn – gewisse Zeugnisse seiner mittelalterlichen Grundlagen. Dazu sind Teile des Gartens zu rechnen, die über den 'formal garden' hinausreichen und an die Anlage der Public School von Westminster anschließen. Dieser in Teil I vom restaurativen Bemühen der Besitzer noch unberührte Teil des Gartens wird vom Erzähler bezeichnet als "thickly wooded end of the huge garden"; es ist jener Teil, der im Mittelalter von den Mönchen als Schafweide genutzt wurde und später, mit Londons wachsender Größe, als "nursery garden" fungierte (p.28). Dieser von der Familie als 'Woodwork' bezeichnete Bereich wird in Teil I von Hubert Mosson, dem in dieser Erzählperiode als eigentlicher Hausherr von Tothill House agierenden ältesten Sohn der Mosson-Tothill-Familie, im Gespräch mit dem älteren Gärtner

Pentreath, zornig assoziiert mit "anarchic retrogression" und "invasion by the wild, by the un-tamed" (p.29); denn der Gärtner hat festgestellt, daß sich die 'rabbits' breitmachen und so eine Gefahr für den 'formal garden' bilden. Teil dieses gefährlichen Bezirks ist ein ebenfalls aus dem Mittelalter überkommener Bauteil: die alten Stallungen, die Vanburgh in ihrer mittelalterlichen Eigentümlichkeit restaurierte, ohne daß die gegenwärtigen Hausbesitzer mit diesem Teil ihres Grundbesitzes etwas Sinnvolles anzufangen wüßten. Der Eingang dieser Stallungen ist die Öffnung eines geheimen, unterirdischen und daher dem Auge zunächst unsichtbaren Ganges zu West-minster Hall. Wichtig ist, daß der Gang konkret materiell ein 'unterirdischer', 'geheimer' ist. Dieser real vorhandene Verbindungstrakt wird von den Konspirateuren der Geschichte später zur Le-gende erklärt. Der Eklat am Ende der Geschichte entlarvt diese Legendenbildung als Lüge.

Analog zu den beiden zitierten Beschreibungen zu architektonischen Stilen kann man, vor allem im Hinblick auf das Erzählgeschehen von *Setting the World on Fire*, inhaltlich von den Wandlungen des Verständnisses der Funktion solcher Institutionen in der englischen Verfassungsgeschichte, aber auch im politischen und sozialen Alltagsleben sprechen. D.h. auch, vom sich wandelnden Verständnis dessen, was Gesellschaft und Gemeinwohl in der Erzählgegenwart bedeuten (kön-nen). Wie die Veränderungen an Bauten sichtbare Ausdrucksgestalten wandelnder Vorstellungen sind, so sind manifeste Äußerungen und konkrete Akte politischen Handelns gleichfalls signifi-kante Zeichen eines bestimmten Verständnisses von Politik und Gesellschaft. Die Menschen, die Politik treiben, haben immer irgendwelche, nicht unbedingt ausformulierte Vorstellungen von Po-litik und Gesellschaft, die sich in ihren konkreten Handlungsweisen ausdrücken. Dasselbe gilt für die, die am öffentlichen Leben in anderer Weise partizipieren – also beispielhaft etwa diejenigen, die Geldgeschäften nachgehen wie Hubert Mosson; oder Militärdienst ausüben wie sein inzwi-schen toter jüngerer Bruder Jerry und dessen Freund und derzeitiger Geliebter Rosemary Mos-sons, Jim Terrington; oder Rechtspflege treiben, wie dies im Roman später Tom Mosson tut; oder eben Piers Mosson, der sich der Kunst des Inszenierens verschreibt.

Die Familie fühlt sich einem ganz bestimmten Bild der Vergangenheit verpflichtet, dem eine gleichfalls bestimmte Hierarchie als selbstverständlich eingeschrieben ist, wie bereits die Anord-nung und die Informationen der Figurenliste ausweisen. Die Demokratie, die England entwickelte, war immer eine, die mit der Monarchie unmittelbar verbunden war. Es gab stets Auseinanderset-zungen um Rechte und Pflichten sowohl der Monarchen (und gelegentlich der Monarchin) wie der Parlamentarier im Hinblick auf das, was jeweils als das 'Gemeinwohl' definiert wurde. Bis zum 19. Jahrhundert waren die politischen Repräsentanten dieses Parlamentes ausschließlich Angehörige der Grund bzw. Geld besitzenden Schichten. Erst seit 1918 können Frauen in England wählen. Das heißt, die englische Demokratie wie die Gesellschaft, die sie entwickelte, war immer eine patri-archalisch und nach Besitzverhältnissen strukturierte Organisation.[13] Solche Facetten bringt die erfundene Welt dieses Romans in bestimmter Weise zur Anschauung. Die Tothill-Mossons der Erzählgegenwart gehören zur konservativ gesonnenen Oberschicht ihrer Figuration. Hubert Mos-son, von Beruf Bankier und dem Großvater nachgeordneter Erbe, sagt ganz offen, was er von den Wandlungen des Wahlrechts seit dem 19. Jahrhundert hält: er sieht darin keinen Fortschritt. Aber er räumt ein, daß es wohl für seine und seiner Familie Interessen besser ist, auch politisch denjenigen etwas mehr einzuräumen, die sonst womöglich durch Gewalt zu erlangen versuchen. Die Maxime seines Vaters, des vormaligen Mayor of London lautet: "Every man his own master" (p.25). Die Handlung enthüllt, daß damit nicht so sehr die Tradition der europäischen Aufklärung gemeint ist, mit ihrer schon aus der Antike überkommenen Vorstellung des Natur-rechts, wonach alle Menschen gleich und frei sein sollten, ihr Leben selbst zu bestimmen. Viel-mehr bezeichnet es die Haltung, nach der ein jeder an dem Platz sein soll, der ihm von der vor-findlichen patriarchalischen Ordnung bestimmt ist. Dort soll er, der Mann zumal, das Rechte tun dürfen; das Rechte ist, was diese Tradition für das Rechte hält. Der Patriarch, Great Grandfather Mosson, spricht denn auch von der guten alten Zeit, als die Aristokraten noch – wie der König selbst – Herr im eigenen Haus waren, an niemanden gebunden als an den Willen des Königs, der im eigenen Haus durch den des Hausherrn ausgeübt wurde (p.230). Auch er sieht auf seine Weise in den Restriktionen, die das 19. Jahrhundert brachte, keinen Gewinn; es war ein Verlust an 'Flexibilität' (p.231). Es sind die Freiheiten der wahren - im Lebensstil noch libertären- Aristokraten, die die beiden Hausherrn mehr oder minder offen bewundern, denen gegenüber die Pflichten der 'gentlemen', wie sie Tom wichtig sind, eher als eine Last erscheinen.

Daß es diese Ordnung zu erhalten gilt, zeigt schon Teil I. Hubert Mosson ist bemüht, die Spuren des Krieges schnell zu beseitigen und die alte Ordnung wiederherzustellen. Dies findet den Beifall seiner Mutter, die als Matriarchin zwar im Patriarchat nicht glücklich ist, aber kompensatorische Freuden an der Ausübung mütterlicher und damit verbundener sozialer Macht findet. Piers Mosson, der nächst-jüngere männliche Sproß dieser Familie belächelt zwar als Junge Huberts Konservatismus, gleichwohl teilt er ihn auf seine eigene Weise.[14] In seiner Eigenschaft als Regisseur der Inszenierung des Shakespeare-Stücks *King Richard II* kann er selbstherrlich befinden, es sei zwar wichtig, die Leistungen der Schauspieler zu achten, aber zugleich sei es notwendig, jeden an seinem Platz zu halten: "All honour to the players - but keep them in their place."(II.1., p.49). Darin ist sich der junge Erbe nicht nur mit seiner Großmutter einig, mit der ihn außerdem sein religiöser Eifer auf eigentümliche Weise verbindet, sondern auch mit der zeitweiligen Verlobten Huberts, Marina Luzzi, der etwas exzentrischen reichen Italienerin. Diese 'Marina monster', wie sie, subtil die Verwandtschaft mit Piers' 'prodigy'-Aspekt anzeigend, genannt wird, die der Hausherrin als Nachfolgerin der Herrschaft, aber in gewisser Weise auch Piers und seinem Projekt eine Konkurrentin wird, propagiert ungenierter als die beiden Herren des Hauses die Freiheit der Aristokraten. Sie beruft sich dabei auf gewisse sinnliche Exzesse einiger Vorfahren des 18. Jahrhunderts, die bislang in den Familienchroniken der Tothill-Mossons verschwiegen wurden. Sie verachtet alles Bürgerliche und als sie, die sich zugleich ebenso nach Liebe sehnt wie die Mutter ihres Verlobten, merkt, daß Hubert sich nicht von seiner Mutter trennen kann, um mit ihr ein neues Kapitel von Tothill-House-Geschichte im Stil des 18. Jahrhunderts zu schreiben, scheint die Bereitschaft zu zerstören, was sie nicht haben kann, bei ihr die Oberhand zu gewinnen. Der Terroranschlag am Ende ist so kenntlich als eine mögliche Kehrseite der Vision der Freiheit, wie Marina sie, darin keineswegs anderen Familienmitgliedern unähnlich, vorher als Freiheitsprinzip der Herrschenden propagierte. Es ist ein Ausdruck analogen Machtanspruchs, wie ihn Henry seinerseits vorführte, als Herrscher, der sich das untertan macht, was seinen Machtansprüchen im Weg steht, womit das Vorwort des Romans in bemerkenswerter sprachlicher Eigenart einsetzt: "Following the dissolution of the monasteries ..., Henry granted most of the monastic buildings ... to Thomas Tothill" (1. Satz des 'Foreword'). Der eigentliche Akt der Gewalt wird vorausgesetzt, dessen eine Handlungskonsequenz ist die großmütige Geste des Herrschers an die Untertanen, die sich ihm dienstbar erweisen werden.

Diesem Kontext um Marina Luzzis Verhältnis zu den Herrschenden korrespondiert die Beziehung der beiden anderen Konkurrenten, Piers und Ralph. Die Mächtigen kennen die Vorzüge der hierarchischen Struktur der aristokratischen Vergangenheit; sie alle wollen auf je eigene Weise diese Struktur erhalten, solange jedenfalls, wie sie glauben, unmittelbar Nutznießer dieser Ordnung sein zu können. Das Stichwort der Bediensteten, Ralph und Magda-"we know our class and station"-(III.2., p.322), enthüllt sich als Sarkasmus, da sie aufgrund dieser so selbstverständlichen Einordnung in die herrschende Ordnung im Begriff sind, eben diese Ordnung -verkörpert in ihren 'masters' wie in deren herrschaftlichen baulichen Gestalten Tothill House, Parlament und Verteidigungsministerium- in die Luft zu sprengen. Die hintersinnigen Bemerkungen Ralph Tuckers, des Gärtners und späteren Steward von Tothill House, der mit anderen zusammen den 'plot' gegen diese Ordnung organisiert, sind Teil eines zentralen, den Text des Romans mitstrukturierenden Themas: "authority's all in the name..."; "Kings they're regnant, so they *have* to reign. Or popes, they're fathers, so we have to obey them." (II.4., p.135, resp. p.137) Ralph Tucker beschreibt seine eigene Rolle als Bediensteter mit freiem Zugang zu allen Einrichtungen des Hauses freimütig mit Worten, die dem jungen Patron, der sich seiner so gern bedient, rätselhaft fremd bleiben wie dessen Frau, die Piers allenfalls sexuell reizt: "There's nothing like a roving commission to give you the power to move about without being noticed." (p.137) Diese 'commission' der Figur Ralph

Tucker ist Teil der Inszenierung des Textes, während Piers glaubt, er sei Herr des Bediensteten wie Herr der Texte, die er zur Anschauung bringen möchte, und Tucker seinerseits hofft, sich als der wahre 'master' seines Herrn zu beweisen. Der äußerlich so unscheinbare junge Mann, von dessen Erscheinen und Erscheinungsbild in mehrdeutigen Worten die Rede ist - in Piers' Wahrnehmung etwa 'planted behind columns', 'nullity' -, wird von Piers gebraucht wegen seines technischen Verstandes sowie wegen des Teils seines kreativen Vermögens, den Piers für seine eigenen Projekte für wesentlich hält. Die Kreativität Ralphs, die sich in seinen Theaterstücken äußert, beeindruckt Piers weniger. Er hält in Teil II nichts von den 'sensational effects' und der brutalen Sprache von Ralphs ersten Werken, auch wenn diese ihn gerade deshalb gelegentlich doch faszinieren. In Teil III wundert er sich, daß Ralph ein der dramatischen Tradition angepaßtes Stück geschrieben hat, dem jene frühen 'effects' zu fehlen scheinen (was sich als fatale Fehleinschätzung erweist), so daß Piers zunächst sogar befürchtet, es sei ein zu langweiliger Text.

Dieses Unvermögen Piers', den Mann in seiner Eigenart wahrzunehmen, wie seine Tendenz, ihn weitgehend nur als nützlichen Diener seiner Interessen zu betrachten, korrespondiert dem schließlichen Zerstörungswillen eben dieses Ralph. Es ist eine Kehrseite der Herablassung der Herrschenden, wovon der Text anschauliche Beispiele liefert. In Teil II ist ein eher unscheinbares Beispiel die Demission der älteren Bibliothekarin, Miss Lynmouth. Sie, die der jungen Ungarin, Magda Sczekerny, zur Flucht aus der Heimat und zur Anstellung im Hause Mosson verhilft, muß sich auf Drängen Marina Luzzis von der jungen Frau zunehmend ihre Kompetenzen streitig machen lassen. Sie geht 'freiwillig'. Eine kleine Abfindung von Lady Mosson quittiert ihre langjährige Dienstbarkeit. Die in einem ganz bestimmten Sinn konservative Haltung mitsamt der wesentliche Lebensaspekte negierenden oder in den Untergrund verbannenden Einstellung des Hubert Mosson und seiner Mutter, wie diese sie in I und II zeigen, korrespondiert der zwar menschenfreundlicheren, sinnenfroheren, aber gleichfalls konservativ-hierarchischen Lebenshaltung Rosemary Mossons und ihres Geliebten. Sie alle glauben zu wissen, was 'das Böse' ist und auch, wie ihm zu begegnen sei. Kapitel II.3. mit der bezeichenden Überschrift "At Home at the Nursery" behandelt u.a. die Einstellung Rosemarys und Jims zur Suezkrise. Selbstverständlich sind die politisch 'Bösen' diejenigen, die die koloniale Macht herausfordern. Unter der Überschrift der 'nursery' werden auch Piers' Opernprojekt und gewisse Zusammenhänge zwischen Louis' XIV Absolutismus und der Kunst seines Hofes diskutiert. Es ist ein wichtiger Teil der vom Text paratgehaltenen Anschauung über Zusammenhänge von Kunst, Machtfragen, realer Politik und persönlichen Konflikten als 'Erbe' der 'Kindheit', deren Anfänge allerdings nicht da beginnen, wo der Romantext zu erzählen beginnt, 1949; und nicht da enden, wo die Erzählung endet - 1969. Auf alle trifft zu, was Mutter Rosemary ihren Söhnen in Teil I zu den Tothill-Mossons erklärt, nämlich, daß sie 'in der Vergangenheit' leben. Diejenigen, die der bestehenden Ordnung überdrüssig sind, suchen die Zukunft im 'Chaos', in der Zerstörung- wie Marina Luzzi, Ralph Tucker und Magda Sczekerny. Sie sind - relativ zur herrschenden Ordnung - die Kräfte der 'Anarchie', die indes zur selben Ordnungstradition mit ihren einschlägigen Vorbildern gehören.

In Teil I wird subtil der 'sub plot' derjenigen, die vordergründig die Ohnmächtigeren sind, angekündigt. Es heißt, im Kontext der 'stable entrance' als Teil des 'woodwork', daß sich im noch teilweise zerstörten Anwesen eine steinerne antike Knabenfigur befindet, die Lady Mosson besonders liebt, weshalb sie gleich in Sichtweite der Terrasse gebracht wird. Die Erscheinungsgestalt dieser Knabenfigur wird nicht exakt bestimmt. Tom, der kleine Junge, nimmt sie wahr als "a noseless boy half dressed up as an animal" (p.26). Es fallen seitens Hubert Mossons und Pentreaths Stichworte wie Schäferjunge, Dolch und der Bezug auf Wölfe, deren man sich in grauen Vorzeiten erwehren mußte, wenn man Schafe zu hüten hatte (pp.25-28 und Kontext in Teil I und III). Es ereignet sich in Teil I auch eine kleine Szene, die Hubert Mosson als merkwürdig registriert, ohne sich indes weitere Gedanken zu machen:

> ... as he turned in the direction of the under-gardeners, they had lost their look of concentrated labour which had made them such a satisfactory group. One was pointing towards the Woodwork, ... ; the dark one put two fingers into his mouth and let out a shrill whistle,

while the third held up an imaginary shot-gun and calling 'Bang, Bang!' ran down towards the shrubbery. Hubert gave a mirthless chuckle. ...
Pentreath explained, 'I think it's the rabbits, sir. ...' (p.30)[15]

Das Handlungsmotiv des sich später als Terrorist erweisenden anfänglichen Hilfsgärtners findet sich in Teil II, und zwar in dem Augenblick, da Lady Mosson seinen Aufstieg zu dem ihm gebührenden Platz in der Familienhierarchie begrüßt. Ralph kommentiert im Gespräch mit dem jungen Patron Piers die Haltung des alten Gärtners und seine eigene Rolle:

In another place I suppose I'd have been in charge of the conservatories or the shrubberies .... But Mr Pentreath likes to run it all himself - with his working gardeners to keep things as they always have been. So as I was chief assistant, he's appointed me general ideas man. ... it gives me a wide range to be odd jobs man on the Estate. (p.134)

Lady Mosson erläutert ihrem ehrgeizigen Enkel Piers dazu auch ihre Weltsicht:

We should all be in the place we love best and Cornwall is his [i.e.Pentreaths]. This boy [i.e. Ralph] is born to take over here. He loves every inch of Tothill. And he has such a simple but true love of beauty. (p.134)

Dies ist ein anschaulicher, typischer textironischer Moment, da die Protagonistinnen und Protagonisten alle glauben, 'masters' ihrer Situation zu sein. Als Objekte der Darstellung erweisen sie sich als notwendige Gegenfiguren zueinander in der gezeigten Figuration. Ralph ist Gegenspieler Piers' und Lady Mossons. Für Piers ist er der Gegen-Phaethon, der Konkurrent, wie ihn die Werke, die Piers inszeniert, als die Figuren Bolingbroke und Epaphus enthalten. Allgemein ist er ein Gegenspieler in der Machthierarchie, wie ihn die historisch-politisch-soziale Tradition als unabdingbar erachtet, einer von denen allerdings, die den ihnen zugedachten Platz nicht behalten wollen. Die Undankbarkeit dieser Herrschenden, ihre scheinbare Großmut und die Undankbarkeit dieser Bediensteten, deren Mangel an Nachsicht, korrespondieren einander.

Hubert Mosson stirbt einen unrühmlichen Tod. Er stürzt eine Treppe hinab in einem anrüchigen Haus, in dem er - nachdem sein Versuch, mit Marina ein neues Leben zu beginnen, auch an ihm selbst gescheitert ist - seiner sexuell devianten Lust frönt, wie es diskret in Teil III angedeutet wird (pp.283 und 287, pp.292, 294 und 296). Es ist, im Kontext des Libretto der Oper *Phaéton*, 'a cruel fall', bedingt durch die Haltung, der er nicht zu entrinnen wußte. Der Fall seiner Mutter ist ähnlich tragikomisch. Sie widerruft die Haltung, die Marina Luzzi zur 'Unperson' machte, aber ihre menschenfreundliche Geste gegenüber den Tuckers erleichtert deren Anschlag am Ende: sie erwartet von ihren Enkeln als Ausdruck von deren Dankbarkeit für die loyalen Dienste des Steward und seiner Frau, daß sie Tuckers neues Stück in Tothill House aufführen, und zwar so, wie Ralph es inszenieren möchte: unter Einbezug der Stallungen. Es soll auch eine späte Anerkennung der von Lady Mosson einst negierten Vorgeschichte der Familie und ihrer Chronik sein.

Hubert Mosson zitiert in Teil II einen Satz, dessen Bedeutung sich ihm, wie er sagt, teilweise entzieht: ""in my end was my beginning"" (p.157, vgl. Kontext). Dieses Motto gilt nicht nur für seinen und seiner Mutter Fall. Es gilt für die Geschichte insgesamt. Es ist eines der Erzählmotive, die, Eckpfeilern und einem konkreten Fundament gleich, das Konstrukt dieses Textes zusammenhalten. Hubert Mosson, Lady Mosson und Marina Luzzi können die 'arrangierte Heirat', die avisierte "private total union" (II.6., p.171), in deren Kontext das Zitat seinen Platz hat, nicht vollziehen. Sie vollstrecken vielmehr zur Trennung neigenden Strebungen. Darin sind sie zudem zugleich Objekte der Darstellung, insoweit fungiert auch solches Streben als Teil der zur Anschauung gebrachten Lebenswelt selbst.[16] Die Enthüllung dieses latent tödlichen Strebens wird geleistet und veranschaulicht durch die dem Text eingeschriebenen Inszenierungen. Ein zentrales Stichwort fällt hierzu durch Tom Mosson in III.1. "the play's the thing" (p.288). In einer Weise, die der dramatischen Enthüllung des 'play within the play' in Shakespeares *Hamlet* entspricht, ist es die Schlußinszenierung des 'new play', in der das Gewissen des in dieser Lebenswelt herrschenden 'Königs' und Künstlers Piers Mosson auf die Probe gestellt wird. Toms Gedanke "Piers *was* the fish to fry" (p.288) gewinnt finstere Untertöne im Kontext des Titels von Ralph Tuckers Stück "The Neutral Priest", denn durch dessen Aufführung zeigt sich, daß der Hohe Priester der Kunst, Piers, nicht neutral sein kann; ja, daß die Klimax der Gewalt sich auch gegen seinen Anspruch und seine Haltung richtet; und zwar nicht nur jene Aggression, die sein Gegenspieler Ralph inszeniert, sondern auch jene, die dem Text eingeschrieben ist als Teil der Inszenierung dieser Welt.[17]

Erzählerisch geleistet wird dies durch das Zusammenfügen von Bildern aus sprachlichen Mustern, deren Zusammenhänge sich ganz allmählich erst erkennen lassen. Die Bauteile des Textes erscheinen dem Bild von Tothill House analog: zwei Seitenteile mit einem dominanten Mittelteil, was subtil angedeutet ist in der Tatsache, daß nicht von 'book', sondern von 'part' die Rede ist. Während dieser Bau statisch wirkt, entfaltet sich darin zugleich allmählich die dynamische Handlung. Das 'Foreword' mit dem bezeichnenden Stichwort der 'dissolution' bildet den Auftakt; Teil I mit dem Betreten des Vaterhauses durch die Brüder, über Teil II mit seinen eine 'Vereinigung' und ein 'opus' avisierenden und dann revidierenden Aspekten ist der Mittelteil, dem dann die Harmonie von III.1. und die gewalt(tät)ige Explosion in III.2. folgen. Die Gestaltung der Handlung ist einer Komödie etwa jener Zeit vergleichbar, die in Teil III im neuen Theaterstück Tuckers eine wichtige Rolle spielt, die jakobäische; vermittelt indes über die, die ein Jahrhundert später populär war, die 'comedy of manners' der Restaurationszeit, die sich in Teil II abspielt und deren harmonischen Mittelteil des Familientreffens in seiner disharmonischen Klimax der 'confession' Rosemarys mündet.[18] Die mittlere Familientragikomödie erscheint, dem Mittelteil der Great Hall analog, als 'entertainment'; eingerahmt wird sie von dem, was jenes 'entertainment' trägt und ausmacht: Beginn und Ende.

Am Beginn steht die Geschichte, einmal verstanden als der reale Hintergrund englischer Geschichte, vermittelt durch entsprechende historiographische, populärwissenschaftliche Texte und andere Zeugnisse der Vergangenheit, wozu die Erzählkunst zu zählen ist und wovon die Stimme des 'poeta creator' kündet im 'Foreword'; ihr eingeschrieben ist die Anschauung einer allgemeineren menschlichen Geschichte von Beginn und Ende von Lebensvollzügen von Menschen. Am Ende steht die Theaterkunst, deren vermittelnder Protagonist seine Schlußvision artikuliert. Der Mittelteil des Hauses enthält die Great Hall mit ihrem prächtigen Lichtdom. Sie ist das Sinnbild des Strebens, das Piers verkörpert. Aber diesem Licht entspricht das Licht des Feuers am Ende der Geschichte, als deren ethisch mitverantwortlicher Teil dieser Protagonist erscheint. Die erzählerische Klimax ist im Schluß- und scheinbaren Neben-Teil des Baus der Geschichte enthalten. Sie ist eine vielfältig ironische Reprise der Zusammenkunft und des Mahls des Mittelteils. Diejenigen, die die Vergangenheit entweder verdrängen oder zur Legende erklären oder, wie auch Piers, glauben, sie im Lebensalltag ignorieren zu können, werden mit ihrer Realität konfrontiert. Tom, der ahnt, daß es böse enden könnte, enthüllt sich nicht nur als Opfer der 'monströsen Marina', sondern zugleich sowohl als Opfer seiner eigenen Sozialisierung zum opferbereiten Helden wie auch als Opfer seines 'prodigy'-Bruders, als welcher Piers in II.1. bezeichnet wird. Historisch wie speziell sprachgeschichtlich bezeichnen beide Begriffe –'monster' und 'prodigy'– ein Omen, ein Zeichen für das Unerklärliche als einem Faszinierenden, aber auch als dem Unheimlichen und (potentiell) Zerstörerischen.[19] Die tödliche Gewalt geht hervor aus den unterirdischen Verbindungen zwischen Vergangenheit und Gegenwart, aus persönlichen Verbindungen zwischen den herrschenden Personen und jenen, die diese glauben instrumentalisieren, ignorieren oder gar negieren zu können. Für den gesamten 'plot' heißt dies u.a., daß die 'Ursprünge', die historischen wie die menschlichen Zusammenhänge, eine Basis bilden, die nicht verschwindet, selbst wenn man sie leugnet, ignoriert oder auch zur Fiktion erklärt. Damit wird zugleich auch veranschaulicht, inwiefern sogenannte Legenden real sein können und wie umgekehrt Realität zutiefst durchsetzt ist von Fiktionen und Legendenbildungen der verschiedensten Art.

Die Terroristen wollen die sichtbaren Zeichen dieser besonderen gesellschaftlichen Macht zerstören. Als Teil der Veranschaulichung auch allgemein menschlicher Lebensfacetten bündeln sie ihre imaginativen Kräfte rachebetont auf Zerstörung, während ihnen die ordnenden, aber zugleich konservativen Kräfte dieser Lebenswelt entgegengesetzt werden. Für die Zerstörung- aber auch für das Produktive - im sowohl gesellschaftlich-politischen wie auch im weiteren menschlichen

Sinn gibt es genügend Vorbilder, nicht zuletzt in der realen englischen Geschichte, wie man ironisch die Überschrift von Teil III.2. 'A New Play' im Textgefüge mit dem Beginn des 'Foreword' deuten kann. Das 'New Play' verbindet innerhalb dieser erfundenen Geschichte historische mit fiktionalen Elementen, Ralph Tucker, sein Autor, bedient sich der Familienchronik; seine Frau assistiert mit historischen Kenntnissen, so daß Elemente der englischen Geschichte der Regierungszeit von James I, insbesondere die Geschehnisse des Gun Powder Plot, mit der Familiengeschichte der Tothill-Mossons verbunden werden. Den Regisseur Piers Mosson interessieren die Komplexitäten von Fiktion und Realität nicht; er sucht allein die Qualität von Kunstwerken zu bestimmen im Hinblick auf seine Kraft, sie zu inszenieren. Tom hat zwar gewisse Kenntnisse von der Geschichte der Familie und der Nation, aber wenig Sinn für Literatur und kein ausgeprägtes Gespür für gesellschaftliche und politische Aspekte seiner Figuration. So erläutert der Dramenautor Tucker seinen Text u.a. mit den Worten:

Suddenly there appears a Westminster boy from the Stable entrance ... .
I want particularly to make this boy a mystery. He gives a cryptic warning ... .(III.2., p.319)

Ferner merkt er an, daß er zu diesem Stück durch seine Erfahrungen in Tothill House inspiriert wurde: "'I was thinking of you two Mossons coming here as boys when I first joined the staff that gave me the idea.'" (p.320) So gilt u.a. die Zeile 'in the end is my beginning' auch für diese Inszenierung innerhalb der 'Inszenierung' dieses Romans: Anfang und Ende schließen sich zusammen; Gewalt gab es anfangs und am Ende treffen die 'plots' von 'main' und 'subplot' explosiv aufeinander. Die spezifischen Kunstaktivitäten des Regisseurs Piers Mosson sind in diese Gewalt unmittelbar und unausweichlich verstrickt. Piers und alle anderen erweisen sich so auch als Objekt der Darstellung eines Regisseurs, der die erfundene Welt anteilnehmend aber distanziert vorführt in ihrer Widersprüchlichkeit und Dramatik. Dieser Regisseur ist zugleich der 'master builder', der seinem Künstlerprotagonisten Piers die Aussicht läßt, seine Inszenierung von Vanburghs The Provok'd Wife und Ibsens Baumeister Solneß auf die Bühne bringen zu können, trotz der Gefahren, die auch er verkörpert.

5.2. Der Phaethon von Tothill House
5.2.1. Kindheit

Piers Mosson ist, wie das Haus selbst, die Erfindung 'des Autors'. Die Stimme des 'poeta creator' kündigt in unauffälligen Worten an, was zum Thema des 'plot' gehört: " The house is today in the possession of Piers Mosson, the well-known theatre director. ..." (vorletzter Satz des 'Foreword') Tothill House und was es in dieser Geschichte verkörpert ist am Ende der Geschichte 'im Besitz' von Piers Mosson, dem, der besessen ist von seinem Auftrag, 'to do his own thing', to 'go up' - "... Lest delaying, you lose the power to ascend the towers of imagination." (p.336)
Die Geschichte des Piers Mosson ist, aus der Leseperspektive, die Geschichte eines neuen, jungen Phaethon, der 1948 das Haus seines Vaters erstmals betritt, besessen von der ihm selbst ganz undeutlichen Vorstellung, es sich zu eigen zu machen. 1969 ist es ihm gelungen: er allein besitzt es. In Teil I von *Setting the World on Fire* steht der kleine Piers zunächst allein in einem bestimmten, riesigen Raum. Er ist physisch-konkret aber zugleich metaphorisch umgeben von etwas, das ihm vorausgeht, das ihn umgreift und dessen er sich mittels seiner imaginativen Gaben zu bemächtigen versucht, mit dessen Aura er eins sein möchte. Die bildnerische, innenarchitektonische Gestaltung des *mythos* vom Sturz des Phaethon ist Teil des Innenraumes der Great Hall, der Piers in Bann schlägt.[1] Der *mythos* vom Sturz des Phaethon ist Teil der Barockvision der Great Hall selbst, für die der Architekt Vanburgh verantwortlich zeichnet, während als Maler Verrio genannt wird.[2] Piers sieht den Sturz des Phaethon und ist hingerissen. In diesem jungen Mann, der da nackt durch die Wolken fliegt, kann sich Piers in seinen kühnsten Träumen unmittelbar wiedererkennen. Auf dem Marmorfußboden der Great Hall stehend, weiß er, daß er auf keinen Fall ein kriechendes Insekt, stattdessen lieber ein fliegender Held sein möchte. Er ist gewiß, daß er es schaffen wird, die Sonne entgegenzufliegen, so wie der junge Mann hoch über ihm, der dem Glanz der Sonne, der durch die Licht-Kuppel strahlt, so nahe ist. Wenn er nur genügend seine Phantasie anstrengt und diese wunderbare Lichtkuppel mit magischen Kräften ihm hilft, wird ihm der Flug in das Himmelsgefilde gelingen und ihn so glücklich machen, wie es dieser junge Mann bei seinem Höhenflug auch ist:

> Standing in the middle of the vast Hall, surrounded by the huge, smooth, yet twisting black marble pillars, he thought now I am a beetle,.., finding his way through the towering trees of the jungle. ... He hated floors and being a beetle.
> But looking up high, high above, he knew that he need not be one. The light poured down in wide beams from the centre of the great lantern ....If he wished hard, this lantern would magick him up and out into the sky above. He would fly on and on to the wonderful dazzling sun, fly and dive ... across the sky as he wished, ... like the young man above him who, smiling with happiness, drove the maddened grey horses ... across the bright blue ceiling ... .So happy was the young man that he left his golden cart and his horses to fly on their own, and, ... he floated through the sky, dazzling all with his sudden dives ..., dropping all his clothes from him, so that only a long white cloth twisted and trailed across his naked body as he flew... through the blue. (pp.11f)

Der kleine Piers deutet die führerlosen Pferde und den allein schwebenden Phaethon als Zeichen endgültiger Freiheit von allen Fesseln. Die Fesseln sind seine eigenen Bindungen an diese Erde, auf der er zwar steht, die er voraussetzt in seinem Streben zum Himmel, die ihm aber unwesentlich vorkommt im Vergleich zum Himmlischen seines Lebens-Tanzes. Das Entsetzen in Phaethons Gesicht ist Piers der Ausdruck der Ekstase.[3]
Die Geschichte des Phaethon hat eine lange und vielschichtige Tradition, von der der kleine Piers nichts ahnt, während sie ihn in Gestalt seines Vaterhauses gleichsam umschließt.[4] Gemäß einer bestimmten Renaissance-Tradition, die Ovid umgedeutet hat; und im Gefolge der Vorstellung des Bildes vom Künstler als Schöpfer im Humanismus mindestens seit Scaliger, darf man unterstellen, daß das in Teil I evozierte Bild des Phaethon der Great Hall von Tothill House jene Phaethon-Gestalt meint, wie sie z.B. E. Panofsky im Bezug auf Michelangelo und Poussin beschreibt: die Verkörperung des über sich selbst hinausstrebenden, an den Grenzen irdisch-menschlichen Vermögens allerdings scheiternden jungen Mannes, des schöpferischen Künstlers schlechthin.[5] Es ist

die Geschichte eines Falles, dessen Rahmen die bestehende kosmische Ordnung sowie, als Spiegel derselben, die prästabile Harmonie einer hierarchisch strukturierten Lebenswelt ist. Piers weiß von diesen Voraussetzungen nichts, aber er verläßt sich in seinem Streben nach solchem Heldentum kindhaft selbstverständlich auf sie. Seine träumerische Gewißheit scheint ihm die steinern-marmorne Stabilität der Great Hall mit ihrem strahlenden Helden selbst einzugeben. Es will ihm scheinen, als habe Phaethon das Haus vor der Zerstörung bewahrt. Und außerdem ist Phaethon 'auf ewig' im gemalten Himmelsgewölbe schwebend gebannt:

> If you had a need to fly... like the happy young man..., you had no time to think to be careful. You *had* to do it. As the young man *had* to sprawl down from the ceiling,... (p.12).
> And, even if the young man did fall, you could see that he was in a delightful magic trance. He had made his shapes, he had danced through the sky. So the fall was only the last movement of the dance. (p.14 und Kontext)

Piers sind die eigene Phantasie und die Realität dieses väterlichen Hauses noch ganz eins: kraft seiner Imagination und kraft dieses unbegreiflich Schönen, das größer ist als er, ist er scheinbar gänzlich selbstgewiß und furchtlos im Entwerfen seiner eigenen Zukunft. Ein leiser, zweifelnder Widerspruch regt sich gleichwohl auch im jungen Piers. Er weiß, daß er Menschen braucht, die ihn bestärken und bewundern auf seinem Flug zum Himmel. Der Traum zu fliegen, allein im Äther zu sein, ist, wie sich zeigt, auch ein Traum, sich der irdischen Realität zu entziehen, nicht hinsehen zu müssen auf diese Realität: 'flight' ist Flug und Flucht in einem. Und die sich regenden Schuldgefühle kompensiert Piers sogleich mit der Vorstellung, sein Glück könne auch die Menschen beglücken, die ihm bei diesem Flug zuschauen und ihn dafür bewundern – "stand amazed"- wie er es den Pfarrer in der Kirche hat sagen hören (p.14). Bestärkend wirkt auch die Mutter, wenn sie meint, er werde, wenn er es nur nicht weitersagt, sicher einst Hausherr werden (p.15).

Kaum merklich gewinnen schon in Teil I die Verweise auf die Figur des 'steinernen Knaben der Antike', als dessen eine Gestalt am Ende Ralph Tucker, der 'Wolf im Schafspelz', erscheint, Konnotationen, die sie auch mit Piers verbinden. Dies enthüllt sich vor allem durch Piers' Haltung zu Tom. So deutlich Piers den kleinen Bruder liebt, so latent tödlich ist seine Blindheit für das Wesen und den Sinn dessen, was ihm fremd ist, wozu gerade auch Toms Wesen gehört. Schon in Teil I wird deutlich, daß er – wie das Haus, das Licht der Sonne, die Erde –den kleinen Bruder braucht, ihn aber geringachtet in seiner Andersartigkeit, die wahrzunehmen er sich weigert. Piers spielt gern für Tom den Helden und Führer, aber wenn Tom sich durch Piers und dessen Streben geängstigt fühlt und Schutz von ihm erhofft, versagt sich Piers dieser Zuwendung. Tom ist lebensängstlich, aber er lernt sein Leben anzuschauen, sich einzulassen auf das, was ihn ängstigt. Das allein verheißt Tom Sicherheit, während die Spiele Piers' ihn zwar gelegentlich beglücken, nicht aber aus seiner Bedrängnis erlösen können:

> Tom needed to do what he was afraid of ... .
> There was no point that Piers could see in being plucky and doing things you didn't want when there were such wonderful games to invent. Tom's pluckiness made him impatient. He tried not to see ... (p.13).
> Looking for his brother Piers to save him from these fears, to keep the sky from falling down upon him, to check the smiling young man from cruelly setting fire to the world, he had seen that Piers was not with them, had turned to stone, had frozen into himself like all these painted people on the ceiling, all these marble people by the walls. ... Tom knew that there was no way that his misery could reach him. (p.16)

Schon in Teil I rettet Tom Piers vor der jede 'Anrüchigkeit' scheltenden Großmutter, indem er in eine Rolle schlüpft, die aus dem der alten Lady anstößig anmutenden historischen Spiel ein harmlos wirkendes Kinderspiel macht:

> ...'You must keep bowing. I am your King.'
> Tom bowed and bowed after that until he began to feel quite dizzy. ...(p.34)
> There was still time to save Piers and he, Tom, must do it. He crouched down on the ground, ... and, holding a huge leaf cupped in his hand in front of him, began to nibble it. It tasted very bitter. Perhaps it was poisonous. There was always danger. But like Uncle Hubert said of Daddy, he would have to die to save his brother. ...(p.36 sowie Kontext)

Am Ende wird aus diesem Spiel tödlicher Ernst. Toms Einstellung rettet Piers das Leben. Und es ist Piers' Eigenart, die hier zwischenmenschlich als 'Versteinerung' und gegenüber der Haltung der Erwachsenen als Lebensblindheit insinuiert wird – im Kontext entsprechender Ereignisse – die Tom tatsächlich zu Fall bringt.[6] Tom schenkt so Piers am Ende nochmals das Leben, wie es zuvor die Mutter tat, zu der Piers durchaus ähnlich ambivalente Gefühle hegt wie zu Tom. Und obgleich Piers am Ende wohl spürt, daß das Leben die Voraussetzung auch seiner Kunst ist, daß es das leiblich-materielle 'Fundament' bildet, durch das er überhaupt wirken kann, ist er entschlossen, seinen Weg weiterzugehen. Geht er ihn so weiter wie bisher, so droht Gefahr, zwar auch für ihn selbst, aber eben darüber hinaus für die Menschen, die er liebt und für die Erde, die das Fundament auch seines Alltags bildet. Tom verkörpert in diesem neuen *mythos* eine Facette der bergenden, mütterlich-femininen Seite des Lebens, die Piers zwar 'voraussetzt', aber in Gefahr bringt, weil er sie noch am Ende der Geschichte geringer schätzt als seine eigene, besondere Gabe.[7] In diesem Sinn ist der Phaethon dieser Geschichte noch nicht ganz angekommen an seinem Ziel, wenn die Geschichte zu Ende ist, Zwischen dem Beginn seiner Geschichte und ihrem Ende ist Wandel sichtbar; ein- wenn auch kleiner-Schritt ist getan vom ungestüm herrischen Knaben zum eher ganzheitlichen, bescheidenen, auch das Weibliche achtenden Mann.

5.2.2. Adoleszenz

Piers Mosson ist ein begabter Junge, dessen historisches Wissen ebenso Bewunderung hervor-ruft wie seine kreativen Talente. Die zuständigen Lehrer haben ihn beauftragt, die Schulinszenie-rung von Shakespeares *King Richard II* zu übernehmen. Es ist die Zeit der Suez-Krise und des Ungarnaufstandes. Piers ist stolz auf das, was ihm gelungen ist. Er hat es geschafft, den Mitschü-lern seine Vision aufzuzwingen, sie sind ihm mehr oder minder gern gefolgt. Der Abend der Auffüh-rung bestätigt, daß es sich lohnte, sich ihm zu fügen: selten hat es eine so begeisternde Schüler-aufführung gegeben.[8] In Gesprächen beim anschließenden Empfang werden gewisse Bedenken geäußert über Piers' eigenwillige Auslegung des Stücks, aber worauf es ankommt ist, daß alle von dem, was sie sahen, irgendwie bewegt wurden.[9] Piers selbst ist sich bewußt, daß er minde-stens eine Passage nicht dem Textgefüge Shakespeares entsprechend gestalten ließ. Die Rede des sterbenden Gaunt, in der dieser die Schönheit des englischen Reiches beschwört, die durch Richards Fehlverhalten in Gefahr gerät, ließ er so spielen, daß sie eher wie das Ratgebergebaren des Polonius in *Hamlet* wirkte, denn als ernstzunehmende Klage um das Reich und den schuldhaft in diese Gefahr verstrickten König.[10] Vor dem Hintergrund der Geschichte der Mossons in Teil II kann man Piers' Haltung mit einem Stichwort Rosemarys als 'garden blind' bezeichnen (p.113). Piers interessiert der Horizont menschlichen Handelns weder im persönlichen, noch im sozialen und politischen Bereich, auch wenn er am Ende des Mittelteils gezwungen wird, dem 'order of the heart' nachzugeben und das Haus des Vaters aus Loyalität zur Mutter zeitweilig zu verlassen. Diese Blindheit kündigt sich in dieser Inszenierung an und kulminiert, als Konsequenz auch seines kindlichen Erbes, in der schließlichen Gewalt am Ende. Es ist eine Blindheit, die der Text subtil u.a. mit seiner Konzentration auf das Produzieren einer Inszenierung, eines ganz bestimmten Bildes, das er im Kopf hat, verknüpft. So erweist sich schon hier, daß Piers glaubt, als Regisseur das Recht zu haben, etwas gegen die Erwartungen der Zuschauer inszenieren zu dürfen, deren Nationalpathos ihm wenig gilt:

> ... I don't think that matters so much. A producer has a right every now and then to shake the audience out of a clichéd sense of piety. Especially in those famous speeches where every-one looks as though they were in church. (p.70)

Er meint, er habe die Provokation nicht übertrieben, aber leise Zweifel scheinen selbst ihm zu bleiben, wenn er sich tröstet damit, es habe keine bewußte Verfälschung der Absicht des Autors gegeben: "I didn't do it grossly. But any conscious distortion of the author's intention is a crime against the shape." (p.71) Aus seinen wenigen Reflexionen zur Vorbereitung dieser Shakespeare-Inszenierung geht hervor, welches religiöse Pathos er für sich selbst in Anspruch nimmt. Es steht zum Nationalpathos in direkter Spannung. Piers' künstlerisches Streben gilt der Kunst Shakespeares, der er nahezukommen, mit deren visionärer Kraft er verschmelzen möchte. Dem Shakespeare-Text, so meint er, habe er sich als der auserwählte Hohe Priester genähert, der dank seines besonderen Vermögens, das ihm geschenkt ist, die Autorabsichten aus dem literarischen Text heraus offenbaren kann: zuallererst den Schauspielern und dann durch sie, die seine leider nötigen, aber letztlich unwesentlichen 'Verkörperungen' seiner 'Schau des Schönen' sind, den Zuschauern.[11] Piers spürt sehr wohl, daß im Shakespeare-Drama der Rolle von Richards Gegenspieler Bolingbroke, dem späteren König Henry IV, eine gleichgewichtige, Richard in gewisser Weise ebenbürtige Rolle zukommt. Piers will das jedoch nicht wirklich wahrhaben, da es seinen Sinn für die eigentliche Größe des Richard stört. Er zwingt die Inszenierung dahin, Bolingbroke ins Unrecht zu setzen, weil für Piers allein Richard der Held, der wunderbare, schöne König ist. Der Usurpator ist ihm eine verachtenswert niedere Kreatur, deren Recht für Piers nur darin besteht, im Stück vorzukommen. Piers interessiert nicht, was Bolingbroke im Stück verkörpert, noch weniger, welche Rechte auch im Sinne des Rechtsanspruchs Bolingbroke gegenüber dem Monarchen Richard geltend macht. Angesichts der Poesie eines glanzvoll-jungen Monarchen, mit dem er sich am Abend der Aufführung für Momente eins weiß, ist das innerweltliche *ethos* 'nichts-würdig'. Der Höhepunkt der Leidenschaft des Shakespeare-Stückes ist für den virilen, adoleszenten Phaethon des Romans denn auch die faktische, innerweltliche Resignation und Abdankung Richards in Flint Castle: Der Augenblick, da Richard, um die militärische Übermacht seines Kontrahenten wissend – sich als 'glist'ring Phaethon' bezeichnend, dem es mangele an der Herrschaft über 'rebellische Pferde'– in den Hof hinabsteigt zu Bolingbroke. Für Piers folgen auf diesen tragisch-schönen Höhepunkt, den Shakespeare meinte und zeigen wollte, alle übrigen Szenen nur noch als trauriger Abgesang auf diesen gloriosen, gerade in seinem und durch seinen Fall unsterblichen Helden. Weder die Königin, noch der Gärtner, der über den bedenklichen Zustand Englands im Sinnbild seines Gartens spricht, noch Richards allmähliche Einsicht in seine eigene Beteiligung an diesem Niedergang sind relevant für Piers:

> It was tragedy's triumph, Richard's great cry of the beauty of defeated majesty, Phaethon's defiance – ... cast, stage staff, property men – knew from him that this was the great climax. Indeed, Shakespeare stressed this by now taking us into the world of the Queen and the Gardener – the Queen important to the man Richard, but irrelevant to his majesty – so that we should move on into the last quarter of the play with sad and stately step, but all passion spent in that one great cry – Down, down I come... (p.51, letzte Auslassung im Text).

Zweifel an dieser Deutung des Höhepunktes und seiner Koda ergeben sich nicht nur aus dem unmittelbaren Kontext der Reaktionen der Zuschauer, mit den z.T. aufschlußreichen Kommentaren zu der Differenz zwischen Poesie, Königsmord, künstlerischen und politischen Erfolgen: "... we mustn't confuse poetry with political victory. Nor with regicide for that matter.'" (p.56) Gerade auch Lady Mossons Haltung erfährt eine vielsinnig ironische Pointierung durch Teil III, wenn sie kritisch bemerkt:

> I am afraid that Piers was being too clever in rooting for a natural loser, as my dear father would have said. It's a thing that we Gleasons never did. Nor the Mossons. The Mossons have always played to win. (p.58)

Ihr Vorbild ist in Teil II eingebildet in Piers' Blindheit für die tödlichen Implikationen seiner Bewunderung für den Glanz der Figur des Richard im ersten Teil des Dramas. Das zeigt sein Umgang auch mit jener Textpassage aus Shakespeares Stück, in der Richard im Kreis der wenigen noch verbliebenen Gefolgsleute von den 'stories of the death of Kings' spricht. Trunken von der Schönheit der Poesie des Königs ist Piers bereit, die ganze Welt auch seiner persönlichen Gegenwart für nichtig zu erklären. Er sieht in Richards subtiler Ahnung der Eitelkeit des Lebens und der Schau des Todes nichts als bedeutungslose Geschichte, dergegenüber die imaginative Kraft des Königs alles ist. Und stolz sieht sich Piers als der geniale Regisseur, der gegen die herrschenden Interpreten des Stückes inszeniert, was er für die eigentliche Wahrheit der Autorintention hält:

> ... Piers waited with special anxiety, for that moment was coming which so many seized on to make nonsense of this splendid play. Richard's standing away to view the deaths and

murders of Kings, ... just as a statement of life's attendant facts, passing, external, the shadow world of action through which the artist - whether King or player or producer or great Shakespeare - must pass, the tedious Suezes and Hungaries, Armadas and Guy Fawkes plots. Cowley's voice came, remote yet sad, as Piers had told him, telling life as it is, but his own majesty untouched ... (pp.49f, Ausl.i.T.).

Diese jugendliche Einseitigkeit, die Unbekümmertheit des selbsternannten 'Königs' rächt sich. Diese Rache kündigt sich im Textaufbau auch des Kapitels selbst an. Das Kapitel setzt ein mit den zornigen Worten der Verachtung des Shakespeareschen Richard, als er seine früheren Freunde des Verrats bezichtigt, während diese in Wahrheit bereits vom Rivalen Bolingbroke getötet wurden: "'O villains, vipers, damned without redemption! Dogs easily won to fawn on any man!'" (p.47) Piers kann weder den Gegenspieler wahrnehmen, der ihm in Ralph Tucker erwächst und seinerseits einen phaethonischen Anspruch durchzusetzen gewillt ist; noch erfaßt er Marinas Rolle als 'flatterer', die sie, gleich ob absichtlich oder weil auch sie wirklich gern eine bestimmte, imaginative Vision realisieren möchte, als sein Gegenüber im Kontext der Bestrebungen dieses 'herrscherlichen Mannes' spielt. Ralph Tucker gewinnt in der Textinszenierung die Funktion des von 'König' Piers nicht geachteten, aber dennoch achtenswerten Gegenspielers. Das Unrecht, dessen sich Piers in seiner herrscherlichen, priesterlichen Rolle schuldig macht, ist es, das Leben, die historische und gegenwärtige Realität nicht zu achten; vor allem aber auch, die Rechte derer zu mißachten, die sich seinen Visionen nicht willig fügen, sondern, - mit seinen eigenen Worten gesprochen - 'selbst glänzen' wollen.

Die Struktur der Romanhandlung selbst kontrastiert Piers' Vision eines solchen dramatischen Höhepunkts einerseits, andererseits bleibt seine kreative Kraft der Imagination auch in III.2. als durchaus schöpferische Gabe erhalten und behält im Textgefüge Geltung. Darin ist die Romanwelt dem Textgefüge des Shakespeareschen Dramas näher als die Pierssche Vision. Es zeigt subtil an, daß nicht der König Piers herrscht, die 'Zügel hält', wie das textironische Spiel mit den Begriffen 'rein' und 'reign' veranschaulicht, sondern daß in diesem Textkosmos (entsprechend den literarischen Vorlagen der Phaethon-Figur) noch andere Gesetze walten, als die, die Piers anerkennen mag.

Aus Piers' Erfolg mit dieser Inszenierung erwächst das Angebot, eine Lully-Oper für die Schule zu inszenieren. Marina sorgt dafür, daß *Phaéton* sein wird. Sie verfolgt damit eigene Interessen, die sich eine zeitlang mit denen Piers' zu decken scheinen. Piers ahnt, als er allein in der Bibliothek über seine Beziehung mit Tom sinniert, daß etwas Entscheidendes im Gang ist. Er hofft darauf, daß ihre brüderliche 'most happy separateness' ihrer gemeinsamen Vergangenheit so weitergehen werde, wie er sie für sich als so nützlich und beruhigend erfahren hat (pp.91f).[12] Die Hoffnung trügt, wie das Ende zeigt. Piers' Formulierung zeigt auch an, weshalb: weil Piers nicht weiter sieht, als seine eigene imaginative Kraft reicht. Es heißt nämlich:

...as he looked down the long room, his gaze seemed to give him assurance that what they had contributed to one another all these years, they would do for as long more as he could imagine. (p.91)

Dies ist eine der subtilen, aber zugleich bitteren Pointen zu Piers' kindlicher Ungeduld, in der er sich in Teil I vom Bruder abwendet, weil ihm dessen 'needs' fremd sind. Hier wendet er sich nicht ab, aber er sieht nur seinen eigenen, engen Blick. Er hofft darauf, daß der Raum als Sinnbild vergangener Harmonie in seinem eigenen Leben wie in der Kunst der Zeit von Vanburgh und Pratt das 'Wunder' ermöglichen helfen werde, das er nicht mit Leben erfüllen kann. Das Leben, wie es Tom für ihn geradezu beispielhaft verkörpert - 'life's attendant facts' - zu brauchen, wirklich wahrzunehmen und zu achten. So eng und einseitig ist seine eigene imaginative Kraft, daß er auf die Kraft durch diesen 'magischen Raum' hoffen muß, die ihm helfen soll, die 'peaceful exciting communion' mit Tom aufrechtzuerhalten. Die tatsächlichen Dialoge der Brüder zeigen, daß Piers besetzt ist von seinen Projekten und Toms 'needs' einfach übergehen oder eben für sich einspannen muß. So kann weder ihre eigene Vergangenheit, noch 'der Raum' ihnen zur 'union of opposites' verhelfen.

Der Raum gewinnt auf diese Weise eine zentrale Bedeutung nicht nur für die Brüder, sondern für das Haus und den Garten, mitsamt dem *ambiente* im Sinne meiner voraufgehenden Analyse. Die Geschichte des eigentlichen Wohn-Gebäudes Tothill House ist ein Auf und Ab des Errichtens und Zerstörens. Jede Generation sucht der Gestaltung des Hauses ihre eigene Prägung zu verleihen. So zeigen sich die Wandlungen der Zeit und des Selbstverständnisses auch visuell in den baulichen Veränderungen. Bis zum 17. Jahrhundert dominierte eine gewisse Radikalität der wechselnden Bauherren von Tothill House: man riß das Alte ab und erbaute auf den Fundamenten das eigene neue Haus. Aber seit dem Ende des 17. Jahrhunderts herrscht zumindest baulich eine substanzielle Kontinuität: das neue Haus, das zu Zeiten der Herrschaft von Charles II und James II vom damaligen Hausherrn errichtet wird, untersteht der Leitung des berühmten, klassizistisch, vor allem an Palladio ausgerichteten Architekten Sir Roger Pratt. Tothill House wird von Pratt nicht zu Ende gebaut, der alte Hausherr stirbt 1688. Die Glorious Revolution mit ihren politischen Veränderungen, nicht zuletzt mit dem Wechsel auf dem Thron vom katholischen König James II zum protestantischen William of Orange, bringt auch den Generationenwechsel im Haus Tothill. Der junge Hausherr gibt Vanburgh den Auftrag das Haus zu vollenden. Vanburghs Barockstil löst den Klassizismus des Vorgängers ab. Aber es gelingt dem genialen Architekten, die beiden Baustile gänzlich harmonisch miteinander zu vereinen. Vanburgh baut nämlich einen Mittelteil in die bestehenden Wohnteile Pratts ein. Die Great Hall im massig-virilen Barockstil dieses berühmtesten englischen Barockarchitekten ist gebaut zu Zwecken des 'entertaining', das der Familie jener Zeit selbstverständlich auch als soziale Verpflichtung oblag. Pratts Wohnteile dienen hingegen den eher alltäglichen Lebensbedürfnissen einer aristokratischen Familie. Das herrschaftliche Haus birgt in sich ganz harmonisch, ausgedrückt in den zwei gegensätzlichen Baustilen, die miteinander verbunden sind, den eher privaten Lebensraum der Bewohner und den gesellschaftlichen. Vanburgh wie Pratt greifen in je verschiedener Weise auf voraufgehende Traditionen zurück, wobei sie sich bemühen, den Bedürfnissen der Bewohner im Rahmen der herrschenden Bedingungen auch ästhetisch in ihren Bauten gerecht zu werden.

Tothill House bildet die harmonische 'Schale', in der die gegenwärtige Familie mit ihren merkwürdigen Einseitigkeiten lebt. Die Verbindung, die im Haus selbst gelungen ist, spiegelt sich in der Geschichte der Umgestaltung des Raums wider, den Piers und Tom als ihren ganz eigenen erleben. Er heißt, nach den Vorlieben, die beide für die unterschiedlichen Baustile und Temperamente hegen, 'Van-Pratt-Room'. Piers verehrt etwas in dem massig-viril-glorreichen Barock Vanburghs, Tom fühlt sich heimisch im dezenten Klassizismus Pratts. Die jetzige Bibliothek von Tothill House ist das räumliche Beispiel für die gelungene Verbindung von Gegensätzen. Die zwei aufeinanderfolgenden Generationen von Vater und Sohn hatten jeweils verschiedene Vorstellungen von dem, wozu dieser Raum dienen sollte, und sie engagierten zwei wesentlich unterschiedlich arbeitende Architekten.[13] Der ältere Hausherr, der Pratts Auftraggeber war, ließ einen Raum gestalten für seine Kuriositätensammlung. Es gehörte zu den Gewohnheiten damaliger gebildeter und reisender Aristokraten, solche Beispiele des Außergewöhnlichen und Rätselhaften zu sammeln, u.a. als Zeugnisse der unerklärlichen Vielfalt der Realität wie als Zeichen eigener Weltläufigkeit und Gelehrsamkeit. Solche Sammlungen bildeten einen wesentlichen Grundstock für die sich später entwickelnden eigentlichen Museen.[14] Der Klassizismus Pratts wurde ein idealer Gegenpol zur Exzentrizität der Kuriosa. Der nachfolgende Hausherr machte die jetzige Bibliothek daraus, er war ein Bücherliebhaber. Diese in Büchern zum Ausdruck gebrachte Gelehrsamkeit erforderte vom 'exzentrisch-wilden' Barockarchitekten das entsprechende Einfühlungsvermögen, Zweck und Raumgestalt optimal miteinander in Einklang zu bringen. Was immer der Inhalt der Bücher sein mag, sie werden einheitlich gebunden und pointieren so das Ordnungsprinzip gerade der Exzentrizität des Barockstils von Vanburgh. Ein relevantes, mehrsinniges Stichwort für diese Spannung wird von Piers reflektiert mit den Worten "where order cradled aberration" (II.2., p.92). Dieser Raum enthält heute seine eigene Vorgeschichte der Umgestaltung und gewinnt vor allem für den jungen Piers eine fast symbolische Bedeutung seiner Beziehung zu seinem Bruder. Denn wie dieser Raum Gegensätze so harmonisch verbindet, daß die Eigenart des Einen nicht nur erhalten bleibt, sondern erst in seiner Schönheit richtig wahrgenommen werden kann, so empfindet Piers die Beziehung zu seinem Bruder: als gelungene 'communion' 'in the most happy separateness' (p.91). Dieser Raum als Innenraum des Tothill House mit den dramatischen Kontrasten so gegensätzlich scheinender Stile und Lebensbedürfnisse ist das eigentliche 'Herz' dieses *mythos* von der Einheit der Gegensätze – der "union of opposites", wie es in II.1. heißt (p.52). Es ist real vorhanden als materiell gewordene Gestalt der Verbindung des Gegensätzlichen. Gerade diese Generationenfolge um die Jahrundertwende vom 17. zum 18. Jahrhundert scheint keinen Antagonismus impliziert zu haben, wie in voraufgehenden Generationen der Familie: nicht Destruktion und Neubau, sondern Kontinuität durch Verwandlung sind Sinnbilder des Hauses und dieses zentralen Raums, der die Polaritäten beider Hauselemente – und damit zugleich gewisser Facetten menschlichen Seins – verschmilzt. Noch eines ist erkennbar, was die Entfaltung des 'plot' konturiert: die Gleichzeitigkeit des Gegensätzlichen ist nicht nur möglich, sondern auch in dem Sinn produktiv, daß sich Gelehrsamkeit, das Wissen um die Vergangenheit und Gegenwart und das Schöne vereinen. Dank der ungewöhnlichen Begabung der Architekten und entsprechend mutigen Wahl solcher Männer durch die beiden Hausherrn war ein 'Wunder' möglich: beide Hausherren zeigten individuelle kreative Kraft und einen gewissen Mut, insofern beide sich gegen herrschende Trends richteten, als sie Pratt bzw. Vanburgh beriefen: Pratt wurde auserkoren, als er sich bereits aufs Land zurückgezogen hatte und Clarendons 'Fall' bereits im Gang war; Vanburgh war als Architekt noch unbekannt, als er vom Tothill Hausherrn engagiert wurde. Was auktorial im Vorwort verbürgt ist, begreift der derzeitige faktische Hausherr Hubert Mosson durchaus als herausfordernde Vision. Wenn es gelänge, die Zukunft nach dieser aus der Vergangenheit erhaltenenen, materiell sichtbaren Vision zu gestalten, wäre das Leben um so vieles besser. Aber Hubert schafft es nicht. Er kann schließlich, so wenig wie Marina oder seine Mutter, die inneren und äußeren Gegensätze produktiv vereinen.[15] Auch Piers ist blind für die Notwendigkeit, seinen priesterlichen Geltungsanspruch, seine Visionen seien nicht nur notwendig, sondern 'gut', unter den real herrschenden Bedingungen, die seine Kunst ermöglichen, allererst für die Gegenwart und um der Zukunft willen, neu zu begründen.

Auch so ist zu verstehen, daß er zwar ein 'master of machines' (III.1.p.278), ein Regisseur, aber kein Textautor im Sinne der veranschaulichten Erzählkunst dieses *mythos* ist. Mehrere Textdaten insinuieren, welchen engen Horizont dieser Genius hat, mit entsprechenden Perspektiven für die Zukunft solcher Kunst und solchen Kunstverständnisses, so daß auch die Kraft des Raums, die Magie der Vergangenheit der 'union of opposites' ihn nicht vor seinen gewalthaltigen Strebungen schützen kann, wodurch andere wiederum gefährdet werden. Piers ist Regisseur, also kein genuiner Dichter, sondern, mit Shaftesburys Vorstellung vom Dichter zu sprechen, kein 'Second Maker', sondern ein 'Third Maker'; d.h., er ist konkret abhängig von der Kreativität anderer, wodurch sich seine spezifische kreative Kraft erst entfalten kann. Die Textgestalt veranschaulicht, daß er u.a. von der Ordnung dieser Lebenswelt, wie ineins damit auch der Ordnung dieses kreativen Kosmos abhängt, dessen Jupiter 'the author' genannt werden kann. Piers inszeniert vorwiegend Theaterstücke der Vergangenheit und zeigt wenig Interesse und Verständnis für Gegenwartsliteratur. Sein Publikum, für das er inszeniert, ist zwar international, aber eindeutig eine Minderheit innerhalb der gebildeten Minderheit der Literaturinteressierten selbst. Eine Minderheit überdies, der es an rechtem Verständnis sowohl für die Kunst der Vergangenheit wie der Gegenwart mangelt, wie auch III.1. und III.2. zeigen. Die bildhafte Analogie zwischen dem Hervorbringen einer neuen Generation und Kunstwerken, die sich subtil andeutet in Piers' Frage an Tom, ob wohl einer von ihnen einen 'Erben produzieren' werde (III.2., p.313), insinuiert die schließliche Unfruchtbarkeit seiner virilen Einseitigkeit. Toms Tod, der aus derselben Heldenvorstellung resultiert, die Piers' Heldenverständnis motiviert, sowie Piers' bewußter Verzicht, sich an eine Frau zu binden, weisen auf die Möglichkeit hin, daß Tothill-House und wofür es steht, ohne Zukunft sein könnte. Auch so gewinnt das Stichwort einen mehrdeutigen Sinn, wenn Piers sagt, man müsse die Geschichte nicht nur darauf hin ansehen, "what *actually* happened", sondern auch darauf hin "what might have been" (II.4., p.128). Es erweist sich als Teil des tragikomischen *carmen* der

Textinszenierung, daß die Chancen, die das Haus verkörpert, nicht ergriffen werden. Vor allem die beiden Beispiele von Piers' Textverständnis, die die Erzählgegenwart anschaulich in Teil II und - leicht gewandelt - in III.1. vorführt, geben wenig Anlaß, in ihm einen für alle Menschen zukunftverheißenden Genius zu sehen. Sein Umgang mit Texten in Teil II spiegelt Piers' adoleszenten Umgang mit Menschen. So wie er um einer einseitigen Vision willen die 'Balance' der Texte manipuliert und sich nur verbal zur 'Heiligkeit' der Texte bekennt, so einseitig geht er mit seinen eigenen menschlichen Bedürfnissen um, und so einseitig gebraucht er die Menschen seiner Umgebung, worin er in dieser Phase seiner Großmutter durchaus konkret verwandt und Marina ähnlich ist.

Die Inszenierung der Oper *Phaéton. Tragédie en Musique*, wie Piers sie in Teil II plant, unterstützt den Eindruck, daß Piers eine enge und von jugendlich-viriler Eitelkeit durchsetzte Vision des transzendenten Schönen hat, das sich für ihn im Bild der Sonne des von Quinault gleichfalls genutzten Phaethon-Motivs ausdrückt.[16] Ferner, daß sein historisch exaktes Wissen nicht bedeutet, ein Gespür für gegenwärtige Probleme zu haben. Aber als es schließlich in Teil III zur Aufführung in Tothill House kommt, ist Piers selbst ein junger Mann wie der Held dieser Oper. Er ist sichtlich an menschlicher Erfahrung reifer, hat selbstkritische Distanz zu diesem adolezenten ersten Entwurf, ohne darüber seine Hingabe an die Kunst in Frage zu stellen (bes. III.1.).[17] In Teil II ist Piers nur an einem interessiert, nämlich sein dualistisches Weltbild, das er in *Richard II* zeigte, neuerlich zu gestalten. Der Held ist alles, die Welt ist nichts. Aber er hat zugleich eine Vision, die man durchaus als visionäre Einsicht in die Oper ansehen kann, obgleich Piers eine gänzlich fehlt: der Sinn für Musik. Dieser Mangel wird deutlich als Teil seines insgesamt (zu) engen imaginativen Vermögens, das er ausgleichen muß dadurch, daß er sich des Sachverstandes anderer Menschen bedient. Piers' Vision des Phaéton stützt sich auf seine recht genaue Kenntnis der historischen Fakten zum Sonnenkönig und dessen langjährigen ersten Hofkomponisten Lully, die ihn jedoch nichteigentlich interessieren. Er erkennt in dem aufstrebenden Phaéton des Libretto die Gestalt des historischen Lully, des ehrgeizig aufsteigenden Künstlers am Hof des Sonnenkönigs. Der Fall dieses Helden in der Oper ist für Piers der Tribut an die herrschende, innerweltliche Konvention; denn der Künstler darf eben an einem absolutistischen Hof nicht den Herrscher ersetzen, selbst wenn er, wie Piers es versteht, glorreicher und überdies unsterblich ist durch seine Kunst. Eben so, wie in Lullys Oper das Vorspiel und die Haupthandlung eine Einheit bilden, so auch in diesem Roman. Die ingeniöse Vision Piers' trifft im doppelten Wortsinn zu: sie gilt nicht nur als Zeichen seiner Kreativität, sondern sie fällt im 'plot' des Romans zugleich auch auf ihn selbst zurück. Der ehrgeizige Aufsteiger Tucker darf, nach den herrschenden innerweltlichen Konventionen, nicht recht behalten. Piers ist jener absolutistische Monarch, der solchen Ehrgeiz nicht dulden kann. Piers ist auch aktiver Teil jener innerweltlichen Konventionen, die den 'cruel fall' des Bruders bewirken; jenes Bruders, der ihm in den Teilen I und II Théone ist. Schließlich, wie glorreich seine Produktionen für die Welt sind, läßt das Ende ganz offen (bes. p.336).

Teil II ist im Romantext die subtile Vorbereitung von III.1., sowohl bezüglich der dualistischen, adoleszenten Sicht des Künstlers wie der Wandlung, die er durchmacht und die auch seine Inszenierung verändert. Piers hält in Teil II des Romans den Prolog der Oper für entsetzlich langweilig, da in ihm die Rückkunft des Goldenen Zeitalters verkündet wird, dessen Bringer und Held 'Saturn' ist, der für das zeitgenössische Publikum nichts anderes als eine Verkörperung Louis' selbst war. Dieses Goldene Zeitalter wird (laut Isherwood) als paradiesischer Zustand der Harmonie und des totalen Friedens propagiert, weil Louis zu jener Zeit an eben diesem Selbstbild aus politischen Gründen lag. Im Kontext dieser Verheißung des Prologs ist der Phaéton des Haupttextes die alles irdische Sein (sowohl gesellschaftlich und politisch wie auch die Liebe zwischen Mann und Frau) zerstörende Kraft, die beseitigt werden muß, damit der avisierte Frieden herrschen kann. Piers' Haltung in Teil II zum Ehrgeiz des Helden, den er für den allein bedeutenden hält, ist bezeichnend, auch daß sein eigener darin spiegelt, wie er es ansatzweise auch in III.1. reflektieren kann (pp.271-282).

Quinaults Held ist kein Knabe mehr, sondern bereits ein junger Mann, der einer jungen Frau versprochen ist, die er liebt: Théone. Er verläßt sie, um die Tochter des Königs Merops, Libie, zu heiraten, die ihrerseits Epaphus versprochen war. Phaéton ist ohne Zögern bereit, seine Liebe und die des Rivalen Epaphus zu opfern, um damit die zukünftige Herrschaft über das Reich zu erlangen. Die Mutter insinuiert diesen Schritt, trifft aber damit exakt des Sohnes Ehrgeiz, den er mit den Worten formuliert: "Si Théone me paroît belle,/La couronne est encore plus charmante á mes yeux." (1.4.) Dieser Phaéton weiß aber schon bald, daß er zu noch Höherem geboren ist: "Pour régir l'univers les Destins m'ont fait naître" (3.1.). Dies heißt, alles irdische Glück zu opfern, wozu der Held gern bereit ist. Er weiß, daß er der Sohn der lebenspendenden Sonne ist; dieser Quell allen Lebens kommt ihm so mächtig vor, daß er darüber übersieht, daß der Vater seines Rivalen Epaphus der mächtigste Herrscher des Kosmos ist: Jupiter. Der Streit der beiden jungen Männer um die Vorherrschaft und um das Recht der Liebe führt schließlich dazu, daß Phaéton vom mächtigen Wind zu seinem Vater hinaufgetragen wird. Dort angekommen, will er sich seine Abkunft bestätigen lassen. Wie in Ovids Vorlage verspricht der Vater, jeden Wunsch zu erfüllen. Und Phaéton zögert keinen Moment zu sagen: "Sur votre char, en votre place,/Permettez moi d' éclairer l'univers." Klarer als in Ovids Vorlage und klarer als der Romantext diese Textvorlage in Teil II zitiert, wird hier, daß der Sohn an des Vaters Stelle treten und dessen Funktion über-nehmen möchte. Die Funktion ist so eindeutig, wie zugleich vielschichtig: nicht nur zu erleuchten: 'éclairer'- auch im Französischen im mehrdeutigen Sinn der Erhellung/Erleuchtung - sondern auch zu 'beseelen': den Erdenbewohnern das Schönste zu schenken was Leben fruchtbar macht. Der Sohn spricht den Vater an als: "Ame de l'univers, source vive & feconde/de tous les biens du monde" (4.2.). Und eben dies möchte nun er werden; dafür will er gern sein Leben opfern, den Tod nicht scheuen; denn diesen Ruhm zu wagen ist es wert, die Grenzen sterblichen Vermögens zu überschreiten: "La mort ne m' étonne pas,/.. Je suis content du trépas,/S'il rend ma gloire immortelle." Das erfüllt sich im Romangefüge nicht; Piers ist am Ende der Geschichte (noch) nicht in dem Sinn am Ziel seiner Wünsche angekommen, wie diese Vorlage sie impliziert. Derjenige, der die Zügel dieser Inszenierung in Händen hält, hat bis III.2. eine Anschauung davon gegeben, was es heißt, phaethonischem Streben die Zügel zu lassen. Es ist auch, wie die Vorlage in anderer Weise durchsichtig macht, ein Streben zum Tod hin; motiviert von der Sehnsucht nach Unsterblichkeit. Im Operntext folgen die Worte, die wie ein Echo des Epitaphs bei Ovid erscheinen: "Il est beau qu'un mortel jusques aux cieux s' élève/il est beau même d'en tomber."[18] Deutlich ist in Quinaults Text-wie in anderer Weise in dieser Romanwelt auch -die Mehrdeutigkeit solchen Strebens: der männliche Ehrgeiz, unsterblichen Ruhm zu erlangen; herrschen zu können über das Universum als einer auch innerweltlichen Machtvision; wie zugleich der Traum,durch solche Macht befruchtend zu wirken, Leben zu schenken, Bewegtheit des Seins zu vermitteln; die Bereitschaft schließlich, dafür selbst zu sterben, aber dabei das Leben anderer aufs Spiel zu setzen. Eben diese Verstrik-kung bleibt ein ethisch unentschuldbares Moment, wie die Romaninszenierung veranschaulicht. Und zwar auch dann, wenn gelten sollte, daß es menschlich unvermeidlich ist, überhaupt Schuld auf sich zu laden. Es ist die spezifische Haltung dieses Phaethon, die als kritikwürdig erscheint und wozu Alternativen vom Text paratgehalten werden, die dieser bestimmte junge Mann - im mehr-deutigen Sinn des Wortes - nicht wahrnehmen kann. Anders als in Ovids Geschichte ist in Qui-naults Libretto die Fahrt des Helden zunächst aus Sicht der Erdenbewohner gelungen und schön. Und als es zu brennen beginnt, ist unklar, wie es zu dieser Katastrophe kommt. Motiviert einer-seits durch die Empörung des Rivalen Epaphus, der sich bitter fordernd an den eigenen Vater wendet, diesen Sieg des anderen nicht zuzulassen (1.1. und 1.2.); andererseits durch das nicht näher erklärte Feuer, das am Firmament zu sehen ist und das die Erde zu bedrohen beginnt, kommt es zu Phaethons Sturz am Ende, der ihm schon von Proteus vorausgesagt war. Das heißt, des Helden Schicksal muß sich nach der kosmischen Ordnung erfüllen. Als das Feuer um sich greift, das alle in Schrecken versetzt, bittet die Erde klagend um Rettung, und der Chor der Erden-bewohner stimmt in die Bitte ein. Jupiter schleudert seinen Blitz auf Phaéton. Seine Worte sind das Urteil des ungehaltenen und beispielgebenden Strafrichters über einen allzu Wagemutigen: "Au bien de l'univers ta perte est nécessaire:/Sert d'exemple aux audacieux;/Tombe avec ton orgueil;..."(5.7.) Des Helden Fall beklagen die Erdenbewohner gleichwohl in mehrdeutigen Worten:

"O chûte affreuse!/O témérité malheureuse!" In Teil II kann Piers in Théones Rolle nur soweit einen Reiz entdecken, als sie diejenige ist, die verlassen wird:

> Her appeal is in being deserted, that's all. She must be sad and we must be sorry for her. But we don't have to love her for it. She's not one of the burning, active spirits of life. She's not on Phaethon's side. (II.4., p.148)[19]

Die Lebenselemente, die Piers auf Phaethons Seite sieht – einige 'supporters' sowie, mit einer gewissen Einschränkung, die Mutter, Merops und den Sonnengott-Vater – will Piers in einen klaren Kontrast zu all jenen Kräften bringen, die für ihn auf der Seite des Todes stehen: die Mehrheit nämlich verkörpert in seiner Vision tödliche Erstarrung. Die Ordnung, die Teil jener Erstarrung ist, muß zwar am Ende wiederhergestellt werden und die Moral ihren Platz haben, aber aller Glanz gehört Phaethon – der Lebenskraft schlechthin. Es ist die Haltung Piers', die in Toms Worten 'versteinernd', in paradoxer Weise lebensfeindlich ist. Sie wird so nicht realisiert.

5.2.3. Frühe Reife

Die Inszenierung, mit der Piers in III.1. – 'The First Night'– als Erwachsener Besitz ergreift vom Haus des Vaters, also seine Kunst im Sinne des Romantitels 'in Szene setzt', ist die Lully-Oper. Zum aktuellen politischen Kontext 1969 werden eigens die Unruhen in Europa, einschließlich terroristischer Anschläge in Großbritannien erwähnt. Die erlesenen Gäste, ganz ähnlich wie der Hausherr und Regisseur der Opernaufführung in Tothill House, vermögen sich über derlei Unruhen nur abweisend und ein wenig irritiert zu zeigen. Piers' ungebrochenes Interesse, die Oper eines Künstlers zu inszenieren, der gern im Dienst eines absolutistischen Herrschers stand, kommt seinen kaum reflektierten eigenen aristokratischen Freiheitsvorstellungen entgegen. Das heißt, historisches Wissen und sein kreatives Vermögen haben bei ihm noch immer nicht zu einer größeren Wahrnehmungsfähigkeit für die Gegenwartsprobleme geführt. Zugleich läßt sich dies auf der Textebene als Präokkupation mit einem historischen Muster begreifen, die durchaus zweifelhafte Züge trägt. Als Mann wie als Regisseur ist er dennoch gereift. Zwar findet er den Prolog der Oper noch immer langweilig und hat kaum Sinn für den Traum des 'Goldenen Zeitalters', in dem man 'in Frieden lieben' kann. Aber zugleich kann Piers lächeln über seine jugendliche Naivität, mit der er einst irdisches Glück abtun wollte. Inzwischen hat er sogar versucht, eine Ehe zu führen, aber das Experiment scheiterte an seiner Besessenheit: sobald ein künstlerisches Projekt vorhatte, mußte die Beziehung zurückstehen. Ihm ist schließlich immerhin auch klar, daß er eine Beziehung, in der die Frau ihre persönlichen Rechte den seinen unterordnet oder gar ganz opfert, weder möchte – selbst wenn es ihm gelegentlich reizvoll vorkommt – noch, daß dies angemessen wäre. Auch hat er Toms Selbstentfaltung mit mehr Achtung vor dessen Eigenart begleitet. Zur Opernaufführung steuert Tom ein kreatives Gourmet-Menü mit literarisch gestalteter Speisekarte bei, das die geistig-künstlerischen Genüsse durch entsprechende leiblich-sinnliche Genüsse ergänzt. Während Piers sich bewußt ist, daß er kaum jenes 'ruhige Liebesglück' erleben kann, das er in seiner Ehe zu realisieren versuchte, spinnt sich bei Tom eine Romanze mit der Sängerin, die die Rolle der Théone singt, an. Die Romanze endet, ehe sie so recht beginnen kann, weil Tom in II.2. stirbt. Piers bleibt, wie es in III.1. aus seiner Selbstreflexion hervorgeht, derjenige, der er ist: "... he'd failed .... It was absurd. But the play had to go on in his mind. That was how he was." (p.277, bes. auch im Kontext der literarischen Anspielungen, u.a. auf Cordelia)

Das kurze Glück der Harmonie beider Brüder, das Piers in Teil II ersehnte, zerbricht im explosiven Finale, in dem die beiden Brüder auch von ihrer eigenen Vergangenheit eingeholt werden und jener Romanprolog zur Geltung gebracht wird, für dessen Implikationen der Künstler Piers keine Aufmerksamkeit hat. Tom rettet Piers vor dem tödlichen Anschlag Marinas. Piers stützt sich am Ende ganz selbstverständlich auf die Hüter der gesellschaftlichen Ordnung, wie er sich zuvor auf Tom verließ, um Gefahren zu bannen, wie sie die Terroristen verkörpern. Damit wird seine in Teil II artikulierte Intuition, die er auf den Absolutismus Louis' bezog, vom Text *Setting the World on Fire* ironisch pointiert: um der hier gezeigten innerweltlichen Ordnung willen, muß die Konvention gewahrt werden; der ehrgeizige 'temerarius' Ralph Tucker muß fallen; der treu ergebene Bruder Tom muß sein Leben opfern, damit Piers seinem Streben nach Höherem weiter folgen kann. Perspektiviert wird dieser Zwang zugleich von einer Vision, die Piers bezüglich seines kreativen Strebens in Ill.1. hat: "...for a moment, he thought he saw one huge merged cynical grin of all those great geniuses as his offering reached them. ..."(p.273) Ohne solche Genies wie Shakespeare, Lully, Ibsen und andere, ist dieser Regisseur ohne Basis. Zugleich wird er an dem Ort gehalten, den der Regisseur für ihn vorgesehen hat, nach Piers' Motto: 'all honour to the players, but keep them in their place'.

Nach meinem Verständnis der Neugestaltung dieses Erzähl-*mythos* gilt dem ganz spezifischen 'Raum' mit seinen spezifischen Facetten dieser Familien- und Gesellschaftsfiguration – einschließlich der absolutistischen Strebungen des Piers Mosson – die kritisch-ironische Distanz der Inszenierungs-Pointen. Diesem spezifischen *mythos* sind jedoch zugleich Facetten eines umfassenderen *mythos* eingeschrieben, deren *Allgemein*gültigkeit der Betrachtung anheim gestellt bleiben. Die Brüder verkörpern im allgemeinen menschlichen Bereich des Erzählraums gemeinsam die Idee des Individuums in einer konkreten Lebensrealität mit allen Unzulänglichkeiten, die nicht entschuldigt und nicht beschönigt werden. Zugleich verkörpern sie unterschiedliche Facetten des Lebens, die beide zusammen Leben erst ausmachen. Piers verkörpert die Sonne – virile Aktivität und Kunst; Tom die Liebe – 'feminine' Hingabebereitschaft, praktisches Handeln. Tom zeigt, daß der Tod, der aus Piers' Sicht 'am Ende' des Lebens seinen Platz hat, auch mitten im Leben Platz greift. Piers zeigt durch sein Weiterleben an, daß die Möglichkeit der Fortdauer des Lebens besteht.

Gerade die Juxtaposition von Vergangenheit und Gegenwart mit Blick auf die Zukunft im Kontext der besonderen aristokratischen Textwelt als Teil auch jenes umfassenderen *mythos* nötigt aus der Leseperspektive dazu, die Frage Piers' ernstzunehmen: "What good were his wonderful Vanburgh inventions in a dead, chaotic universe?" Und nicht zu meinen, daß Piers' Antwort die vom Text veranschaulichte, allgemeingültige Antwort ist: "he *must* do his own thing". Das himmelw ärts Strebende dieses Phaethon ist, so zeigt der Romantitel an, das Streben, das die Welt zwar in Staunen aber auch in Brand setzen kann; und Piers avisiert dieses Projekt am Ende aufs Neue, mit zwei Projekten, die die Zusammengehörigkeit dessen, was er zu trennen sucht, anklingen läßt: 'provok'd wife' und 'master builder'. Piers ist angefeuert von einer Stimme, in der Ehrgeiz und Furcht sich mischen, was die Alternative zum himmelstürmenden Streben wäre: die 'Türme der Imagination' nicht mehr erklimmen zu können. Es wäre ein 'crime against the shape' des Romantextes, würde man die Kraft der Imagination dieses Piers identisch setzen mit dem Potential an Imagination, das die Textwelt enthält. Die Gestalt dieses Bauwerks der Imagination umgreift und übersteigt die Macht und Kraft der Gestalt dieses neuen Phaethon, wie es Teil I bereits verkündet.[20]

6. Schlußbetrachtung

Die hier vorgelegte Interpretation der drei Romane Wilsons, in denen Künstler und Künstlerin Hauptfiguren sind, ging von der Prämisse aus, daß das Verstehen eines sprachlichen Kunstwerks dem Verstehen anderer Lebensaspekte grundsätzlich vergleichbar ist. Zu dieser Prämisse gehört die Einsicht, daß das Weltwissen, das bei Interpretationen aktiviert wird, wesentlich Sprachwissen ist, wobei Teil dieses Sprachwissens vor allem auch die Beschäftigung mit literarischen Werken ist. Die drei Romane enthalten neben der der Sprache selbst eignenden, prinzipiellen Referenz auf extratextuelle Welt das Sinnangebot, die erfundenen Welten auf mögliche Bezüge zu der je bestimmten Epoche und Region der realen Welt, aber auch auf allgemeinere Aspekte realer menschlicher Erfahrung hin zu lesen. Dieses Sinnangebot ist Teil von drei Textgestalten, welche dem Sinnstiftungspotential von Kunstwerken, literarischen wie solchen der bildenden Künste, einen wesentlichen Stellenwert im Leben der gezeigten Figurationen zumessen. Dieses Sinnstiftungspotential wird in allen drei Texten verstehbar als Teil des Lebensvollzugs der drei Künstlerfiguren, in welchem neben der Kunst auch andere Sinnstiftungspotentiale wesentlich sind: grundlegend ist die alltägliche Verständigung über das, was es heißt zu leben, wobei dieser Akt des Deutens von Lebenssinn immer schon durchtränkt ist von vorfindlichen Deutungsmustern, inklusive solchen der Kunst. Der künstlerische Anspruch aller drei Künstlerfiguren zielt darauf ab, relativ zum eigenen Lebensverständnis, durch das Schaffen neuer Werke, bzw., im Falle Piers Mossons, durch Neuinszenierung bereits vorhandener dramatischer Werke bewegende Deutungsmuster hervorzubringen. Beziehit man die drei Romane inhaltlich aufeinander, so gewinnt man die Einsicht, daß der ungestüme Phaethon des letzten Romans Züge des im ersten Roman (hauptsächlich als älterer Mann) gestalteten Künstlers Sands trägt. Diese beiden Männer weisen in ihrer Jugend einseitig virile Strebungen auf, die in deutliche Spannung zu dem den Romanen eingeschriebenen ganzheitlichen Lebensverständnis treten. Was Bernard Sands im Alter kurz vor seinem Tod ahnt, veranschaulicht die weibliche Figur der Margaret Matthews in ihrem Lebensprozeß. Als Autorin thematisiert sie in ihrer Lebensmitte im übrigen einen kreativen Gegenentwurf, den die Figur des Bernard Sands im Kontrast zu seiner Lebenswelt verkörpert: die Absage an die Umsetzung verständlicher, aber ethisch kritikwürdiger Rachegefühle. Was geschehen kann, wenn man solchen freien Lauf läßt, zeigt wiederum plastisch und sinnreich der letzte Roman. Margaret Matthews, als schließlich am ehesten ganzheitliche Person im Vergleich aller drei Künstlerfiguren, gewinnt vor dem Bild von Tothill House die besondere Bedeutung, eine – kaum zufällig weibliche – Menschengestalt zu verkörpern, die dem Sinnbild des Lebens, als das die Baugestalt des letzten Romans – Tothill House – verstanden werden kann, entspricht. Aber schon das Projekt des Bernard Sands enthält – gerade auch durch die Örtlichkeit Vardon Hall – den Keim dieses Sinnbildes. Sowohl Vardon Hall wie Tothill House und Margaret Matthews' Streben nach Ganzheitlichkeit werden gezeigt als kreative Gestalt(ung)en, die an der Vollendung gehindert, bzw. deren Bewahrung bedroht wird durch Menschen, die für solche Kreativität nicht die nötige Aufmerksamkeit oder sogar keine Achtung aufbringen. Betrachtet man sich die ethischen Muster dieser drei Textwelten, so kann man sagen, daß die Figuren (als Personen verstanden) am ehesten als 'gut' zu bezeichnen sind, die solche Kreativität wirksam werden oder sein lassen können, die Wandel zulassen und ihre Imagination immer wieder produktiv auch in diesem Sinne zu gebrauchen bereit sind, 'böse' sind demnach jene zu nennen, die ihre Imagination erstarren lassen und dabei die herrschenden Verhältnisse – meist um der eigenen Macht willen – festschreiben wollen. Eine prekäre Position nehmen schließlich jene ein, die ihre durchaus produktiven Strebungen destruktiven Zielen widmen. Gerade die Tatsache, daß alle drei Künstlerfiguren verstrickt sind in destruktive Prozesse, läßt uns verstehen als Teil des Lebensbegriffs, der schon in *Hemlock and After* gestaltet ist, den Margaret Matthews als 'Motiv' im doppelten Wortsinn ihres kreativen Bemühens herzeigt und den das Bild von Tothill House verkörpert: Leben ist Komplexität, in welcher vielfältige Gegensätze zusammengehören; diese Gegensätze werden als zwar meist kaum begriffene, aber doch produktive Herausforderung gelebt von einigen Menschen und als unvereinbar ausagiert von jenen, denen solche Komplexität entweder fremd ist, oder aber gleichgültig, nichtswürdig oder unerträglich erscheint.

Abschließend möchte ich wenigstens ansatzweise aufzeigen, daß auch die übrigen Romane Wilsons ein Textpotential enthalten, welches so gelesen werden kann, daß der Prozeß des Sinnstiftens als Teil des menschlichen Lebensvollzugs durchsichtig wird. In *Anglo-Saxon Attitudes* ([1]1956) versucht der Protagonist Gerald Middleton eine neue Sinnstiftung seines eigenen Lebens, indem er die Gegenwart anders als zuvor in Bezug zur eigenen Vergangenheit setzt. Diesem eher psychosozialen Ansatz ist die Sinnstiftung durch wissenschaftliche und nichtwissenschaftliche Formen der Geschichtsdeutung, aber auch der alltäglichen Berichterstattung durch die modernen Medien — Fernsehen, Funk, Zeitungen – dieser erfundenen Lebenswelt eingeschrieben. Teil des fortwährenden Deutungsprozesses ist Middletons Beschäftigung mit Werken der Malerei, wobei deutlich wird, wie im Zuge der Veränderung seiner Haltung zu seiner eigenen Vergangenheit sein anfänglich eher schuldbewußtes Lustgefühl einer freieren Hingabe an dieses Bedürfnis weicht. Die Möglichkeit hierzu ergibt sich nicht zuletzt aus Middletons materiell wohlsituierter Stellung und der Tatsache, daß er, als älterer Mann allen Pflichten eines strengen Arbeitsreglements enthoben, sein Leben weitgehend nach eigenem Gutdünken gestalten kann.

The Middle Age of Mrs Eliot ([1]1958) enthält als wichtigste Sinnstiftungsakte Meg Eliots psychosozialen Wandlungsprozeß, in welchem ästhetische Bedürfnisse zwar bedeutsam sind, aber der Notwendigkeit untergeordnet bleiben, ein materiell und schließlich auch sozial eigenständiges Dasein führen zu lernen. Meg gelingt es nicht nur, ganz allmählich ihre menschliche Vereinsamung nach dem plötzlichen Tod eines Mannes zu überwinden und ansatzweise ein eigenes Leben zu gestalten. Sie muß dabei, aufgrund der materiellen Verarmung, die sie mit dem Tod ihres Mannes plötzlich als Teil ihrer Lebensrealität zu akzeptieren hat, darauf verzichten lernen, ihrem Interesse an schönem Porzellan, dem sie anfangs gelegentlich frönt, weiter nachzugehen. Damit zeigt sich, daß ästhetische wie auch geschmackliche Bedürfnisse nur unter bestimmten sozialen und materiellen Bedingungen aktiv in das eigene Leben einbezogen werden können.

Late Call ([1]1964) macht den psychosozialen Kontext, in welchem beispielsweise auch Literatur rezipiert wird, noch wesentlich klarer, als dies in Meg Eliots Lebensgeschichte der Fall ist. Die Protagonistin dieser Lebenswelt, Sylvia Calvert, gewinnt einen Zugang zu einem Ausschnitt der gehobenen wie trivialen Gegenwartsliteratur ausschließlich über ihren persönlichen Bezug zur eigenen Lebenserfahrung und -situation. Während ihrer intensiv durchlittenen Lebenskrise nach ihrer Pensionierung sind es die Lektüre von Trivialliteratur und ein zeitweilig unabdingbar scheinender Konsum unterhaltsamer Fernsehsendungen, die Sylvia Calvert zu trösten vermögen, ehe sie schließlich, angeregt durch entsprechende Begegnungen mit anderen Menschen, zu der Einsicht gelangt, daß derartige Sinnstiftungsangebote ihrem besonderen Bedürfnis nach Lebenssinn nicht genügen. Was sie von dem Theaterstück *Look Back in Anger*, in welchem ihr Enkel, den sie besonders gern mag, die Rolle des aggressiven Protagonisten spielt, auffaßt, kann Sylvia Calvert gleichfalls nicht überzeugen, daß in solchen Angeboten eine ihrem Lebenssinn gemäße Sicht enthalten sei. Nach einer gleichsam religiösen Erleuchtung kann Sylvia sich schließlich um einen vertrauensvolleren Kontakt zu anderen Menschen und, ineins damit, um ihre menschliche und materielle Eigenständigkeit bemühen, nachdem das Handlungsmuster der Arbeitswelt, des Ehe- und Familienlebens obsolet bzw. gegenstandslos und unbefriedigend geworden sind.

Der bereits vor *Late Call* erschienene Roman *The Old Men at the Zoo* ([1]1961) veranschaulicht andere Deutungsmuster als jene, welche die Literatur bzw. die darstellenden Künste bereithalten. Die Weltsicht des Protagonisten Simon Carter ist geprägt von seinem administrativen Vermögen einerseits und seinen Naturstudien andererseits. Diese Deutungsmuster werden parallelisiert und kontrastiert mit ähnlichen Mustern, wie sie die Carter vorgesetzten Direktoren des Zoos pflegen. Lediglich der zeitweilig die Geschicke des Zoos lenkende Sir Robert Falcon zeigt eine gewisse - trotz des nicht-künstlerischen Gegenstandes- ästhetisch zu nennende Neigung der Gestaltung des Zoos. Es ist indes eine ausschließlich auf die glorreiche, imperiale Vergangenheit gerichtete Vision, die in ihrer 'brittle glory' durchsichtig wird, ohne indes kritikwürdiger zu erscheinen als alle übrigen Visionen, welche die Sachwalter des Zoos nacheinander zu verwirklichen trachten. In dieser Erzählwelt, die als auktorial avisierter utopischer Entwurf der Erzählgegenwart 1970-1973 erscheint, aber zugleich eine Veranschaulichung der Epoche unmittelbar vor, während und nach dem Zweiten Weltkrieg enthält, dominiert das allen Verantwortlichen des Zoos eigene Streben, dem Zoo eine ihrer jeweiligen Vision gemäße, neue Gestalt zu geben. Insofern dies die Erzählung des Protagonisten Simon Carter ist, kann man den Bericht als Carters eigene kreative Leistung erkennen, welche qualitativ verschieden ist von seinen Aktivitäten als Angestellter der Zoo-Verwaltung. Anders formuliert: dieser Erzählwelt ist ein kreatives Streben eines Mannes eingeschrieben, dem es in seinem Leben, wie er es selbst retrospektiv deutet, nur unzulänglich gelungen ist, seine Vision einer angemessenen Gestalt des Projektes 'Londoner Zoo' zu verwirklichen, so daß diese Lebensbeichte als seine eigentlich kreative Leistung angesehen werden kann. Die Ich-Erzählung bleibt eingebettet in einen auktorial bestimmten umfassenden Rahmen, wodurch der Akt der Sinngebung jenes Simon Carter erst seine eigentümliche Gestalt gewinnt.

As If By Magic thematisiert als Teil der Lebensgeschichte der zwei Hauptfiguren, Hamo Langmuir und Alexandra Grant, die Wirksamkeit von Deutungsangeboten der Literatur, gewisser mystischer Traditionen und solcher der Naturwissenschaften. Alexandra wird in ihrem Lebensprozeß außer durch psychosoziale Bedingungen ihrer Herkunft und ihres Lebenskontextes vornehmlich bestimmt von Mustern, die sie der Lektüre vor allem englischer Literatur des 20. Jahrhunderts entnimmt, welche sie versucht, in ihre Lebenspraxis gestaltend einzubringen. Ihr Patenonkel Hamo bemüht sich als Naturwissenschaftler darum, bestimmte pflanzengenetische Befunde zum Wohl der hungerleidenden Menschen der Dritten Welt handelnd in entsprechende Entwicklungsprojekte umzusetzen. Der Lebensweg beider zeigt, wie wirksam und sowohl produktiv wie destruktiv solche Bemühungen sein können. Eingeschrieben ist auch dieser Lebenswelt ein umfassenderer historischer und kulturgeschichtlicher Horizont, der die Teile der gezeigten Welt – Asien, Afrika, Europa – als miteinander verbunden und ineinander verstrickt zeigt, wobei für die Verbindung gerade auch der weit zurückweisende historische Zeithorizont maßgebend ist. Vor diesem Horizont gewinnen sowohl die Visionen der Literatur wie die der Naturwissenschaft die Kontur, analoge Visionen zu den als magisch und primitiv oder als mystisch und religiös geltenden Visionen zu sein. Insofern dieser Lebenswelt ein skeptisch-ironischer Aspekt eingeschrieben ist, wie man bereits die Titelüberschrift im Hinblick auf die Romangestalt deuten kann, gilt diese Haltung auch selbstreferentiell für literarische Visionen. Der Akt des Entwerfens und Realisierens eines Romans ist dann ein Akt kreativer Umsetzung einer Vision, deren Wirkung sowohl produktiv wie destruktiv, lächerlich wirkungslos und notwendig und wesentlich zugleich sein kann.

Die Tatsache, daß in Wilsons œuvre nur wenige Hauptfiguren Künstler bzw. Künstlerin sind, während alle Hauptfiguren in je eigener Weise kreativ Sinn zu stiften vermögen, läßt sich verstehen als Ausdruck dafür, daß das spezifisch künstlerische Vermögen ein kreatives Vermögen unter anderen ist. Im Kontext der inhaltlichen Bezüge der drei Romane, die hier analysiert wurden, kann man sagen, daß die-umfassend verstandene-Kreativität als Ausdruck spezifisch menschlicher Lebendigkeit der wesentliche Gegenstand der Wilsonschen Erzählwelten ist, wofür die Künstlerfiguren repräsentativ stehen.

Im Sinne meiner These, daß das Sprachspiel der Literaturkritik ein fortwährender Akt der Verständigung um Sinn und Geltung solcher Werke ist, bin ich überzeugt, daß den bislang vorgelegten Deutungen von Wilsons Werken weitere folgen, die dem jeweiligen Textpotential auf wiederum andere Weise, als ich es hier versucht habe, eine Gestalt entnehmen werden.

7. Anmerkungen

Anmerkungen zu pp.11-20

1: In: Philip Stevick, ed., *The Theory of the Novel.* New York, London, 1967, pp.65-84

2: Wolfgang Iser, *Laurence Sternes »Tristram Shandy«. Inszenierte Subjektivität.* München, 1987; vgl. auch frühere Arbeiten, wie z.B. *Der implizite Leser. Kommunikationsformen des Romans von Bunyan bis Beckett.* München, 1972; ders., *Der Akt des Lesens. Theorie ästhetischer Wirkung.* München, 1976

3: London, ³1970 , bes. pp.30-51

4: London, 1975

5: Vgl. bes. in *Der Akt des Lesens*, z.B. die Ausführungen pp.37-67, pp.175-256, pp.257-355

6: Berkeley/London, 1975

7: a.a.O., p. X

8: Da bereits mehrere zusammenfassende Darstellungen zur Sekundärliteratur zu Wilson existieren, erscheint mir dieses Verfahren legitim. Die wenn auch lose chronologische Anordnung der ausgewählten Werke der Sekundärliteratur ist selbst Teil des Kontextes von Literatur und Literaturkritik; deren Bedeutsamkeit für die Entwicklung von Literatur und Kritik kann ich jedoch nicht erörtern. S.u.a. die Gesamtdarstellungen Peter Faulkner, *Angus Wilson: Mimic and Moralist.* London, 1980; Averil Gardner, *Angus Wilson.* Boston, 1985; vgl. ferner z.B. für die frühen Werke Brigitte Scheer-Schäzler, "Angus Wilson", in: *Englische Literatur der Gegenwart in Einzeldarstellungen.* Ed. Horst W. Drescher, Stuttgart, 1970, pp.104-132. Zur Bibliographie, s. Horst W. Drescher, Bernd Kahrmann, "Wilson, Angus (1913)", in: *The Contemporary English Novel: An Annotated Bibliography of Secondary Sources.* Frankfurt a.M., 1973, pp. 193-199; Robert J. Stanton, "Angus (F.J.) Wilson", in: *A Bibliography of Modern British Novelists.* Troy, 1978, vol. 2, pp. 997-1071 und 1110-1123; J.H.Stape & Anne N. Thomas, *Angus Wilson. A Bibliography 1947-1987.* London, 1988

9: Vgl. z.B. Siegfried J. Schmidt, *Texttheorie.* München, 1973, passim, aber z.B. pp.48f, 104-106; dazu u.a. auch Iser, *Der Akt des Lesens*, pp.315-355

10: In: *Review of English Literature.* Vol.1, April 1960, pp.42-53

11: Es entbehrt nicht einer gewissen Ironie, daß Wilson ausdrücklich erklärt hat, er sei kein Satiriker; s. "Angus Wilson", in: *Writers at Work: The Paris Review Interviews.* (Selected by Kay Dick), 1972 , pp.53-66, bes. p.63

12: Vgl. auch die Arbeit von Jürgen Enkemann, *Die satirische Darstellung gesellschaftlicher Desintegration bei Aldous Huxley, Evelyn Waugh und Angus Wilson. Untersucht am Motiv der Party und an ähnlichen Gruppensituationen.* Berlin, 1970, die aufgrund ihrer Prämisse mit Scott-Kilvert vergleichbar ist; allerdings sagt Enkemann, es handle sich nur teilweise um Satire, so führt sein Ansatz zu anderen Befunden als derjenige Scott-Kilverts.

13: Vgl. bes. *Der Akt des Lesens*, pp.12-36

14: London, 1964

15: Eine implizite These, die Allen nicht eigens prüft.

16: London 1970

17: Bes. pp.151-161; das Zitat zu *No Laughing Matter*, p.161

18: New York/London, 1967; s. bes. pp.64-96

19: In: *Essays in Criticism.* Vol. 9, 1959, pp.50-60

20: London/New York/Toronto, 1963

21: Vgl. bes. pp.1-12; pp.117-153; der Bezug zu Cockshut findet sich u.a. explizit p.118 und bildet durchgängig Teil des Arguments von Cox.

22 Berlin, 1969

23: Vgl. z.B. p.230, allg. aber bes. pp. 126-137

24: Vgl. z.B. Stephen Adams, *The Homosexual as Hero in Contemporary Fiction.* London, 1980, bes. pp.156-175 zu Wilsons Texten allg., zu *Hemlock and After*, bes. pp.156-163; sowie Paul Binding, "Fruitful Tensions: The World of Angus Wilson", in: *The European Gay Review.* Vol. 5, (o.J.)pp.38-51, bes. pp.40-42 und p.49 zu *Hemlock and After*. Zu Schlüters Anspruch bezüglich der ethischen Implikationen der Autorintention des 'Kuriosen' ist festzustellen, daß Wilson in seinen eigenen Anmerkungen sowohl zu diesem Roman, z.B. wie sie in *The Wild Garden or Speaking of Writing* (in der Neuausgabe von 1965, bes. pp.30-35) zu finden sind, wie vor allem auch in sonstigen Äußerungen zu kontroversen Themen zu erkennen gibt, daß ihm an einer solchen ethischen Beurteilung des 'Kuriosen' im Sinne Schlüters nicht gelegen ist, vgl., stellvertretend für weitere Äußerungen, z.B. "Fourteen Points" in: *Encounter.* Vol. 18, no. 1 (Jan. 1962), pp.10-12; "The Sex War" in: *The Listener.* Vol. 80, no. 2063 (10 Oct 1968), pp.457-460

25: London, 1968; vgl. zu Wilson bes. pp.37-44 zu *Anglo-Saxon Attitudes*; pp.135-144, daraus pp.140-144 zu *Hemlock and After*

26: Vgl. dazu z.B. pp.12-15; wie auch pp.135-138

27: Er legt sie als Nachruf aus, den die Autor-Figur Bernard Sands sich selbst formuliert habe, pp.142f

28: London, 1973

29: Vgl. a.a.O., pp.1-23; pp.90-112; pp.133-160

30: In: *English Studies.* Vol. 53, 1972, pp.523-531

31: Bemerkenswert ist, daß Kums z.B. nicht differenziert zwischen dem mimetischen, im Sinne von nachahmenden, Aspekt und der nach seinen Thesen der Sprache notwendig inhärenten Referenz auf Realität überhaupt; nur so kommt er nach meinem Verständnis zu dem Widerspruch, den er dann glaubt auflösen zu sollen.

32: Frankfurt a.M./Bern/New York, 1985; vgl. bes. pp.15-47 über *No Laughing Matter*; ansonsten aber passim,bes. Einleitung und Fazit der Arbeit.

33: In:*Studies in the Novel.* Vol. 3, no.3 (Winter 1962), pp.390-400, behandelt zwar ausschließlich *No Laughing Matter*; interessant ist ihre Arbeit indes auch für Wilsons *œuvre* allgemein, da die Gestaltung des Verhältnisses Realität - Kunst auch in anderen Texten Wilsons wichtig ist.

34: Berkeley/Los Angeles, 1962, bes. pp.145-164; Bloomington/London, 1971, bes.pp.277-304

35: Vgl. *Harvest of a Quiet Eye. The Novel of Compassion*, bes. pp.300-304

36: London, 1973

37: Vgl. bes. pp.211-230

38: London, 1981; vgl. bes. pp.60-77

39: London, 1964; London, 1980; Boston, 1985

40: Auch für die Dissertation von Anne N. Thomas, *In Search of Self: Art as Awareness in the Later Novels of Angus Wilson.* Drew Univ., 1984, gilt, daß sie sich methodisch und thematisch ganz eng an den Äußerungen Wilsons zu seinem *œuvre* orientiert, wie sie in seinen Werktagebüchern, Interviews und den auch von ihr mit dem Autor geführten Gesprächen vorliegen. Ihre Interpretation der Romane *Late Call, No Laughing Matter, As if By Magic* und *Setting the World on Fire* ist im wesentlichen ein Versuch, die Absichten des Autors beschreibend an den Romanen zu verifizieren. Unterschiede des individuellen Zugriffs als genannten Arbeiten auf die Texte sowie ihre jeweils in Nuancen auch unterschiedlichen Deutungen gegenüber anderen - beispielsweise den in meiner Einführung erwähnten - Arbeiten, bedürften über diese pauschale Beurteilung hinaus einer eigenen Erörterung, die im Rahmen meiner Arbeit jedoch zu weit führen würde.

1: Die folgenden Ausführungen sind zu verstehen als meine Anwendung gewisser Beschreibungen und Analysen der Philosophie und der Soziologie unseres Jahrhunderts. S. dazu die bibliographischen Hinweise am Ende der Arbeit. Vgl. zur Begriffsgeschichte und inhaltlichen Bestimmung des Lebenswelt-Begriffs z.B. *Enzyklopädie Philosophie und Wissenschaftstheorie*. Ed. S. Blasche. Bd. 2. Mannheim/Wien/Zürich, 1984, den Eintrag "Lebenswelt", Spalten 557-560; sowie *Historisches Wörterbuch der Philosophie*. Ed. J. Ritter. Bd. 5. Darmstadt, 1980, den Eintrag "Lebenswelt", Spalten 151-157; s. ferner z.B. Alfred Schütz, *Der sinnhafte Aufbau der sozialen Welt. Eine Einleitung in die verstehende Soziologie*. Frankfurt a.M., 1974; darin bes. pp.137-197; pp.198-308, wo anstelle des Begriffs 'Lebenswelt' 'soziale Umwelt', bzw. 'Mitwelt' gebraucht wird; Alfred Schütz, Thomas Luckmann, *Strukturen der Lebenswelt*. Darmstadt, 1975; z.B. pp.21-38

2: Vgl. dazu Ludwig Wittgenstein, *Philosophische Untersuchungen-Philosophical Investigations*. (Transl. G.E.M. Anscombe) Oxford,²1958. Zu Wittgensteins Sprachspiel als Lebensform sowie zu den von mir verwendeten Begriffen, vgl. Stanley Cavell, *Wittgenstein Skepticism Morality and Tragedy*. Oxford/New York/Toronto/Melbourne, 1982, passim, bes. pp.147-154; dazu pp.117f, pp.154-159; pp.177f, pp.180-190, pp. 195ff, pp.453-456, pp.483. Im Kontext meiner Arbeit kann ich die eigentlich nötige Differenzierung dieser Sprachspiele-etwa die Unterscheidung verschiedener Typen literarischer Texte oder bezüglich der Literaturkritik etwa die Unterscheidung zwischen den literaturwissenschaftlichen und den journalistischen Aspekten literarischer Interpretationen-ebensowenig leisten wie eine Analyse der zweifellos vorhandenen kulturspezifischen Unterschiede zwischen Rezeptionen solcher Romane beispielsweise in Großbritannien, den USA und der Bundesrepublik; einen Teilaspekt literaturkritischer Fragen hat, unter einer anderen Fragestellung allerdings, z.B. Annegret Maack mit ihrer Arbeit, *Die Rezeption französischer Literatur in England nach dem Zweiten Weltkrieg*. Bonn, 1978, behandelt.

3: Ludwig Wittgenstein, *Über Gewißheit-On Certainty*. Ed. G.E.M. Anscombe & G.H.von Wright. (Transl. Denis Paul & G.E.M. Anscombe) Oxford, 1969, §144, p.21; vgl. auch §95 "Die Sätze, die dies Weltbild beschreiben, könnten zu einer Art Mythologie gehören. Und ihre Rolle ist ähnlich der von Spielregeln, und das Spiel kann man auch rein praktisch, ohne ausgesprochene Regeln lernen." p.15

4: a.a.O., §94, p.15; §166, p.24; vgl. dazu bes. §105 "Alle Prüfung, alles Bekräften und Entkräften einer Annahme geschieht schon innerhalb eines Systems. Und zwar ist dies System nicht ein mehr oder weniger willkürlicher und zweifelhafter Anfangspunkt aller unsrer Argumente, sondern es gehört zum Wesen dessen, was wir ein Argument nennen. Das System ist nicht so sehr der Ausgangspunkt, als das Lebenselement der Argumente." p.16; §141 "Wenn wir anfangen, etwas zu *glauben*, so nicht einen einzelnen Satz, sondern ein ganzes System von Sätzen. ..." p.21; §142 "Nicht einzelne Axiome leuchten mir ein, sondern ein System, worin sich Folgen und Prämissen *gegenseitig* stützen." p.21

5: a.a.O., §196, p.27

6: a.a.O., §205, p.28

7: Vgl. hierzu z.B. Manfred Frank, *Die Unhintergehbarkeit der Individualität*. Frankfurt a.M., 1986, zu Aspekten der Individualität und des Verstehens, passim; sowie seine Verknüpfung von Verstehensakten mit ethischen Fragen, z.B. in "Was heißt "einen Text verstehen"?", in: Ulrich Nassen, ed., *Texthermeneutik, Aktualität, Geschichte, Kritik*. Paderborn/Wien/Zürich, 1979, pp.58-77

8: 2 Bde., München/Bern,²1969

9: a.a.O., Bd.1, p. XVIII; soweit ich psychische Merkmale und Verhaltensmuster beschreibe, geschieht dies u.a. in Anlehnung an Elias' bes. in Bd. 2 entwickelten "Entwurf zu einer Theorie der Zivilisation", s. Bd. 2, pp.312-454, sowie die entsprechenden Anmerkungen dort.

10: a.a.O., bes. Bd. 1, pp.LXII-LXIX; ich gebrauche auch im Folgenden '(gesellschaftliche) Gruppierung' und 'Figuration' synonym.

11: Vgl. dazu z.B. auch Arnold Hauser, *Kunst und Gesellschaft*. 2 Bde.. München, 1973; insbes. Bd. 2, etwa das Kapitel III,pp.55-81. Hausers einleitende Formulierungen an dieser Stelle decken sich nach meinem Verständnis mit Elias' Figurations-Vorstellung, wenn Hauser beispielsweise lapidar formuliert: "Individuum und Gesellschaft sind voneinander sowohl geschichtlich wie systematisch untrennbar. ...Nichts wäre irriger als zu glauben, daß menschliche Wesen zuerst als selbständige Subjekte und dann erst als Mitglieder einer Gesellschaft ins Dasein treten,..." p.55 Hauser teilt meine wohl kaum den psychogenetischen Ansatz von Elias, wie umgekehrt der marxistisch ausgerichtete Entwurf Hausers nicht mit Elias' Position übereinstimmt. Für meine Argumentation genügt jedoch die Tatsache, daß beide Autoren die Interdependenz und Irreduzibilität von Einzelnem, von Werken aller Art und jeweiliger Gesellschaft supponieren und historisch nachzuweisen versuchen. S. dazu beide Autoren, a.a.O., passim; vgl. bes. A. Hauser, *Sozialgeschichte der Kunst und Literatur.* 2 Bde.. München, 1953, zum ausführlichen historischen Nachweis seiner Thesen. S. auch die im Ansatz ganz andere kunsthistorische Arbeit von Rudolf und Margot Wittkower, *Künstler-Außenseiter der Gesellschaft.* (Übers. Georg Kauffmann) Stuttgart, 1965. Autor und Autorin heben hervor, daß der gesellschaftliche Kontext künstlerischer Arbeiten stets unmittelbar relevant ist für die Personen der Künstler wie für ihre Werke, ohne daß direkte kausale Schlüsse von den Kontexten auf die Personen und ihre Werke zu ziehen sind.

12: Vgl. Johan Huizinga, *Homo Ludens.Vom Ursprung der Kultur im Spiel.* Hamburg, 1956 passim; bes.pp.25-29,p.33; sowie: "Spiel ist geistige oder körperliche Tätigkeit, die keinen unmittelbaren praktischen Zweck verfolgt und deren einziger Beweggrund die Freude an ihr selbst ist.""Spiel ist eine Tätigkeit, die nach ganz bestimmten, von allen Teilnehmern anerkannten Richtlinien und Gesetzen verläuft, nach «Spielregeln», die ein Gelingen ebenso möglich machen wie ein Versagen, einen Gewinn ebenso wie einen Verlust." "Das Spiel unterbricht, wie die sakrale Welt, die Homogenität des Raumes und der Zeit und sondert die Teilnehmer vom alltäglichen Leben ab..."; "das Moment des Zwecklosen, die Freude" rückt "das Spiel in die Nähe des Schöpferischen und Künstlerischen", nebst dem Schillerzitat "Der Mensch ist nur da ganz Mensch, wo er spielt"", alle Zitate p.205.

13: Ich verwende beide Begriffe im Sinne von Franz K. Stanzel, *Typische Formen des Romans.* Göttingen, 1964, bes. die Definition zum auktorialen Erzähler p.16; ferner das Kapitel "Der auktoriale Roman",pp.18-25; zum personalen Erzählen, bes.pp.39-52. Von den Arbeiten, die sich vor allem auch mit erzählperspektivischen Fragen in *No Laughing Matter* beschäftigen, sei der Aufsatz von Herman Servotte erwähnt, "A Note on the Formal Characteristics of Angus Wilson's *No Laughing Matter*",in: *English Studies*.Vol.50 (1969),pp.58-64,bes.p.62, Fußnote 4, worin Servotte die Erzählperspektive mit Stanzel 'personal' und mit Friedman 'multiple selective omniscience' nennt.

14: Erst durch den Roman *No Laughing Matter* wurde in der Kritik die künstlerische Gestaltung als kunstvolles 'Inszene-Setzen' und damit auch als Spiel mit Vorstellungen von Realität und Fiktion ernstgenommen; vgl. hierzu z.B. Peter Conradi,"Three Critics and the Sublime", in: *Critical Quarterly.* Vol. 27, no.1(1985),pp.25-42; bes.pp.37-42; sowohl seine Ausführungen zum Humanitätsverständnis des Autors und Kritikers Wilson wie das Stichwort der "decentred imagination"(p.37), die ihn und sein œuvre kennzeichne.

15: Vgl. bes. *The Compact Edition of the Oxford English Dictionary.* 3 Vols. , Oxford, 1987 (im Folgenden:*OED*),die Einträge"character" und"player"; vgl. dazu auch Manfred Fuhrmann, "Persona, ein römischer Rollenbegriff", in: Odo Marquard, Karlheinz Stierle, eds., *Identität.* München, 1979, (Poetik und Hermeneutik. Bd. 8),pp.83-106; sowie Dieter Henrich "'Identität'-Begriffe, Probleme, Grenzen",ebda.,pp.133-186.

16: Vgl. die Einträge"Moral, moralisch, Moralphilosophie" in: Ritter,*Wörterbuch*, Bd. 6, Darmstadt, 1984,Spalten 149-168, Zitat: Spalte 149; daraus die Zitate zur Lateinischen Antike, Spalten 149,150; s. auch *Wörterbuch der Philosophischen Grundbegriffe.* Ed. R. Eisler. 3 Bde.. Berlin, 1927 ff: Bd. 3, Berlin, 1930, den Eintrag "Sittlichkeit",pp.75-100; s. ferner *OED* zu "ethos" und "moral".

17: Vgl. zu diesem direkten Zusammenhang zwischen Lebenspraxis und Literatur, z.B.William K. Wimsatt, jr.& Cleanth Brooks, *Literary Criticism. A Short History.* London,1970,pp.35-56; darin bes. zum Stichwort "character",pp.37-53; ferner,pp.681-697,pp.699-720

18: Zu solchen textexternen Bezügen, vgl. die mimetischen und autorintentional argumentierenden Kritiker und Kritikerinnen in meinen Ausführungen vorn.

19: Der Erzählduktus des 'Vorwortes' ist den Textteilen in *Anglo-Saxon Attitudes* vergleichbar, die die Textsorten historischer Dokumente und Zeitungsberichte evozieren oder nachahmen; solche sprachlichen Erzählelemente erlauben es Leserinnen und Lesern, den Sinn zu schärfen für die Differenz zwischen Historiographie und Literatur, deren Zusammenhang zugleich insinuiert wird.

20: Daß weder Ella Sands in *Hemlock and After*, noch Margaret Matthews in *No Laughing Matter* in ihren spezifisch weiblichen Problemstellungen eigenständige Aufmerksamkeit geschenkt wurde, daß durchgängig der Lebensgeschichte Ella Sands' das Unverständnis entgegengebracht wurde, das die Figur des Bernard Sands im Text selbst verkörpert, läßt sich deuten als reales Defizit der Wahrnehmungsgewohnheiten der am Diskurs beteiligten Kritikerinnen und Kritiker. J.L.Halio, *Angus Wilson*, bes. pp.30f, bekundet Verständnis für die psychische Problematik der Ella Sands, bemängelt indes zugleich die fehlende überzeugende Veranschaulichung in der Darstellung.

1: Vgl. dazu passim, bes. Figurenliste, Buchaufteilung, Kapitelüberschriften und den Romanschluß: III.2.,pp.221-246

2: Vgl. zu diesen Ausführungen z.B. A.O.J. Cockshut,"Favoured Sons", der allerdings die Textsignale, die ihm eine entsprechende Sicht nahelegen, zurückweist.

3: Vgl. bes. I.1.,pp.9-11; dazu I.5.,bes.p.99

4: Vgl. bes. II.3.,pp.145-156

5: Prototypisch realisiert beim jungen Ehepaar Sands,s.passim; dazu gleichfalls typisch die Eheleute Sands sr.. Zu Facetten entsprechender realer Traditionen nicht nur Englands jener Tage, vgl. z.B. Betty Friedan, *The Feminine Mystique*. New York,1980; Colette Dowling, *The Cinderella Complex. Women's Hidden Fear of Independence*. New York, 1981; Gisela Brinker-Gabler, ed., *Zur Psychologie der Frau*. Frankfurt a.M., 1978; Luise F. Pusch, ed., *Feminismus. Inspektion der Herrenkultur. Ein Handbuch*. Frankfurt a.Main, 1983; Katherine M. Rogers, *The Troublesome Helpmate. A History of Misogyny in Literature*. Seattle/London, 1966.

6: Wiederum beispielhaft in den beiden Ehepaaren Sands sr.und jr.; die Formulierung entnehme ich dem Titel eines Buches der Sozialpsychologin Lillian B. Rubin, auf deren empirisch gestützte Arbeiten meine Analysen der Probleme in *Hemlock and After* u.a. basieren: vgl. Lillian B. Rubin, *Intimate Strangers. Men and Women Together*. New York, 1983, passim und s. Lit.verz..

7: Vgl. passim bes. I.1. und II.3.; das prototypische Beispiel einer Frau, die über tradierte Rollenkonzepte nicht hinausdenken mag, obgleich sie durchaus richtige Einsichten in ihre eigene Problematik entwickelt, ist Celia Craddock; vgl. bes. meine Ausführungen zu Charles Murley unten, der bezüglich solcher vom Text als kritikwürdig anschaulich gemachten Aspekte ein männliches Pendant zu dieser Frau genannt werden kann, sowie zu Vera Curry und den Sands'. Zu Aspekten der textexternen historischen Rechtssituation, beispielsweise Fragen des Wahlrechts, des Erbrechts, des Steuerrechts, s. allg. *The New Encyclopaedia Britannica*. 15th Ed.. 30 Vols.. Chicago/London, 1976 (fortan *Micropaedia*, resp. *Macropaedia*): *Micropaedia*,vol.X, "woman suffrage", p.731;*Macropaedia*, vol. 19: "Women, status of" pp.906-916, Lawrence Stone, *The Family, Sex and Marriage in England 1500-1800*. (abr.and rev. ed.), Harmondsworth, 1977; zur Gesetzgebung bezüglich der Homosexualität, s. Paul Crane, *Gays and the Law*. London, 1982; diese Rechtsprechung ist historisch in Westeuropa zumindest seit dem Mittelalter als ein Teil der Häresie-Problematik der Kirche zu verstehen, die Eingang fand in entsprechende weltliche Sanktionen. Diesen Hinweis verdanke ich Herrn Prof. K.-U.Jäschke; er und seine Frau lenkten ferner meine Aufmerksamkeit auf die Darstellung zur europäischen Hexenverfolgung von Norman Cohn, *Europe's Inner Demons*. St. Albans, 1976, die zu meinem Verständnis historischer Ausgrenzungsmechanismen gleichfalls beitrug.

8: Gerade in der Interaktion zwischen dem Künstler und den 'locals', zwischen Bernard Sands und Hubert Rose bzw. Charles Murley, erweisen sich die auf Trennung bedachten Haltungen, der Gebrauch der Gesetze und der Vorstellungen von Mündigkeit als kritikwürdig und unsachgemäß.

9: Vgl. bes. in I.1., II.3. und III.; Ella Sands' Situation ist ein Extrem dessen, was die anderen Frauen in weniger ausgeprägter Form erleben, beispielhaft anschaulich in Celia Craddocks Geschichte; Einzelheiten bei Ella und Bernard Sands unten. Zu den realen, textexternen Aspekten solcher Erkrankungen gerade von Frauen, vgl. z.B. Phyllis Chesler, *Women and Madness*. New York, 1972; zu vergleichbaren Aspekten in der Literatur, besonders des 19. Jahrhunderts, vgl. Susan Gubar, Sandra M. Gilbert,*The Madwoman in the Attic. The Woman Writer and the Nineteenth-Century Literary Imagination*. New Haven/London, 1979

10: Vera Curry wollte ihren besonderen Dienstleistungen einen ansprechenderen größeren Rahmen verleihen. Andere Nachbarn der Sands' hätten es lieber gesehen, wenn man eine Neubausiedlung auf dem Anwesen von Vardon Hall errichtet hätte. Man hat ausdrücklich den Widerstand gegen Bernard Sands' Projekt durch eine entsprechende Eingabe aktenkundig gemacht. Vgl. die entsprechenden Hinweise in I.1. und II.3. passim, bes. auch die Erwähnung des Briefs an die Behörden,p.10. Zu meinem Verständnis der gezeigten Konflikte haben beigetragen z.B.Theodor W. Adorno, Else Frenkel-Brunswik, et.al., *The Authoritarian Personality*. New York, 1950; Gordon Willard Allport, *Prejudice: a problem in psychological and social causation*. New York,1967 (repr. *The Journal of Social Issues*. Suppl.Ser. Nr.4,1950); H. Becker, *Outsiders:Studies in the Sociology of Deviance*. New York, 1963; Hans Mayer,*Außenseiter*. Frankfurt a.M., 1975

11: Schon die Aufeinanderfolge der ersten Porträts von Künstler, Ehefrau und 'locals' läßt sich lesen als Ausdruck dafür, daß wesentliche Elemente dieser Beteiligten zusammengehören. Vgl. dazu bei Ella und Bernard Sands unten.

12: Zum Begriff der 'bonhomie', vgl. *OED*: "good nature, the quality of being a good fellow"; s.a. "bonhomme", eine Fraternität von Bettelmönchen des 13. Jahrhunderts, eine solche historische Sprachinformation erlaubt den sprachsemantischen Wandel als Teil eines allgemeineren, lebenspraktischen Wandels zu verstehen, sowohl der Männlichkeitsbegriff wie der Anspruch der moralischen Integrität klingen hier als Teil des Konfliktes zwischen Bernard und dieser Figuration verdeckt an.

13: Vgl. allgemein II.3., pp.145-153, darin auch bes.p.153, sowie passim dieses Kapitel.

14: S. die ironischen Hinweise des Erzählers in II.3., p.146, p. 153, vgl. Näheres im Folgenden sowie bei Bernard Sands unten. Der Romanverlauf macht anschaulich, daß die Strafinstanz je nach Lage und Situation die Eltern, die Polizei, ein Gericht, das Schicksal, der 'liebe Gott' oder auch das eigene Gewissen sein kann. Vgl. passim bes. II.3. und III.2.. Homosexuelle Kontakte, so zeigt der Text, sind in dieser Gesellschaft strafbar, zu entsprechenden Sachverhalten der textexternen englischen Gesellschaft, vgl. bes. *Report of the Committee on Homosexual Offences and Prostitution.* Parliamentary Papers 1956/57.(*Wolfenden Report*), vgl. zur historischen und legalen Problematik auch Jeffrey Weeks, *Sex, Politics and Society. The Regulation of Sexuality Since 1800.* London/New York, 1981, Kenneth Plummer, *Sexual Stigma*. London, 1975, zum Problem des Stigma z.B. Edward E. Jones, Amerigo Farina, et.al., *Social Stigma. The Psychology of Marked Relationships.* New York,1984.

15: Zur Ironie dieser Klimax sowie der gebrauchten Begriffe und Bilder, s. bes. bei Bernard Sands unten.

16: Vgl. zur ironischen Mehrdeutigkeit der Aussage bei Bernard und Ella Sands unten.

17: Gerade diesbezüglich ist die Kontrastierung zu Bernard Sands bedeutsam, vgl. im Folgenden sowie Details bei Sands' sr. unten.

18: Vgl. bes. pp.232 und 244, ansonsten passim I.2., II.2., III.2.

19: S. auch die Insinuation inzestuöser Erfahrungen mit der Schwester, die Klage ihres mangelnden Interesses an der Rückkehr zu seiner Art der kindlichen Lustbefriedigung, p.137.

20: Zu meinem Verständnis hat u.a. die Arbeit von Klaus Theweleit, *Männerphantasien.* 2 Bde.. Frankfurt a.M., ³1979 beigetragen.

21: Bernard Sands leistet als Einziger Widerstand, er richtet ihn auch nicht gegen Vera Curry, sondern gegen den Mann, dessen Interessen sie dient, vgl. Näheres bei Sands' sr. unten.

22: Vgl. dazu bes. Aspekte von Textstichworten wie 'sacrifice', 'duty', 'evil' in meinen Ausführungen bei Bernard Sands unten.

23: Wie Rose, so scheuen auch die Sands jr. die schmerzhafte Auseinandersetzung um Recht und Unrecht ihrer 'Position', vgl. z.B. in I.1., p.21, in II.3., pp.164ff, III.2., pp.233f.

24: Vgl. z.B. I.1., pp.22f, zu Weiterungen dieses Todes-Tableaus des Erzählers bei Charles Murley im Folgenden, sowie bei Bernard Sands unten.

25: Daß u.a. Murley gemeint ist, geht hervor aus dem Hinweis auf 'civil servants' wie auf 'social hostesses', zu denen Evelyn Ramage gehört, s.passim pp.93-109

26: Der Begriff 'manoeuvre' bezeichnet unauffällig das strategische, kriegerische wie scheinhaftverschleiernde Moment solcher Verhaltensweisen, vgl. *OED*-Einträge zu "manœuvre", bes. *sb.* 4.

27: Vgl. "One of the minority of civil servants outside the Foreign Service to have a brilliant 'civilized' private life, Charles loved nothing better than to interpret the two halves of his life to each other." p.100 und Kontext. Zwar enthält dieser Kommentar auch Bernards Wahrnehmungsperspektive, er entbehrt indes nicht der auktorialen Objektivierung, wenn man ihn im Kontext anderer Stellen liest. Er zeigt an, daß Privatleben und Berufsleben austauschbar sind, eine der Ironien ist, daß es am Ende nur noch eine Seite gibt, eine weitere, daß der Dialog der beiden weniger der Verständigung miteinander als der Selbsterklärung dient.

28: Allein dieser Sachverhalt bestätigt, daß es eine strikte Trennung in Privatleben und Beruf nicht gibt.

29: Vgl. dazu bes. I.3., p.55, II.3., pp.156f, es geht weniger um objektive Merkmale als um die interaktive Wahrnehmung von Verhaltensweisen der Beteiligten.

30: Vgl. p.106 zu seinen künstlerischen Interessen.

31: Analog beansprucht er auch die Geliebte, die, scheinbar anders als die Herrschaft, altert. Aber schon in diesen ersten Szenen wird klar, daß ein solcher Wunsch nur ernstgemeint sein könnte, wenn das, was seine Realisierung behindert, beseitigt würde. Was Charles' Wiederbelebung der eigenen Jugend behindert, ist einmal das Altern selbst, im übrigen aber seine Einstellung zu seiner Position, die müßte er nämlich in Frage stellen und entsprechend jugendlicher Träume revidieren, das tut er nicht.

32: Der Begriff, um den es in der Darstellung geht, ist 'mood' in seiner vielschichtigen Bedeutung von momentaner Gemütsverfassung, Haltung zu etwas, und Ausdruck der Sprachfunktion im rhetorischen Gebrauch; vgl. II.3.,p.145; s. *OED*-Einträge,bes. *sb.*[1]3,*sb* [2]2, sowie 2b "with punning reference to *Mood sb*[1]".

33: Am Beispiel des Ehepaares Sands sr. wird ein Aspekt im Bild veranschaulicht, z.B. wenn es in III.1. in Ellas Reflexionen heißt"...if Bernard feared life and sought death, she faced living extinction...",pp.206f; was der Erzählerkommentar stützt, z.B. "In his descent to the grave and in her rising...",p.216.

34: Vgl. bes. I.2.,p.53; III.1.,p.215; III.2.,p.227.

35: Beides ändert er im Verlauf der Geschichte; Bernard bejaht die Veränderungen als notwendig, er hat die Angst vor öffentlicher Bloßstellung verloren, vgl. u.a. III.1.,p.202; I.3.,pp.54-59. Vgl. zu entsprechenden textexternen Problemen des 'coming out' von Homosexuellen in einer feindseligen Umwelt, z.B. M. Dannecker, R. Reiche, *Der gewöhnliche Homosexuelle. Eine soziologische Untersuchung über männliche Homosexuelle in der Bundesrepublik.* Frankfurt a.M., [2]1974; sowie John d'Emilio, *Sexual Politics, Sexual Communities. The Making of a Homosexual Minority in the United States 1940-1970.* Chicago/London, 1983.

36: Wie bei Rose, dem Architekturspezialisten, geht es um die Angemessenheit des spezifischen Zugriffs auf Vergangenes; um die Frage nach einer menschengemäßen Vision der Zukunft.

37: Vgl. bes.p.99 sowie den Kontext in beiden Gesprächen.

38: Auch ohne daß der Erzähler es eigens 'self-pity' nennt, ist die Ironie durch den Kontext schlüssig als gegen Murleys heuchlerischen Selbstbetrug gerichtet zu deuten; vgl. dazu die entsprechenden Beschwörungen Celia Craddocks in III.2., bes. den Gebrauch von "honesty", mit denen der Epilog beginnt, pp.221f.

39: Der Erzähler erklärt in II.3., p.149, Charles sei "unable" gewesen "to attend at the ceremony".

40: Das Stereotyp der dem Mann gefährlichen Frau ist durch die Figuren Bill Pendlebury und Vera Curry perspektiviert. Näheres bei Sands' sr. und Vera Curry unten.

41: Dem entspricht seine Amtsausübung bezüglich des Projektes nach Bernards Tod. Er entpuppt sich als "one of the movers of the economy" p.245; die Ohnmacht der jungen Autoren scheint seine Autorität zu legitimieren; vgl. bes. III.2.,pp.227-229,pp.244-246.

42: Der Hinweis, es sei die Meinung des Schriftstellers gewesen, der Skandal habe gelegen in "the...indefinable, though very definite, impression of sexual indiscretion, of the unnecessary crossing and dotting of t's and i's, which were perfectly well known, but not to be advertised.", p.149, fungiert als ironischer Hinweis, was auch Murley motiviert, den Autor zur alten Ordnung zurückzurufen und ist zugleich ein selbstreferentielles Textmoment.

43: Vgl. entsprechende Beschwörungen, insbesondere die der Celia Craddock.

44: Sowenig das Stereotyp der 'unersättlichen' Frau zutrifft, sowenig liegt es in Ellas Macht, die Revitalisierung zu leisten, die Charles wollte, noch ist sie allein für das Ende dieser Geschichte verantwortlich; vgl. pp.211ff; Ella ahnt, daß diese Initiative ihre letzte im alten Sinn ihrer Beziehung mit Bernard sein werde, p.228; s. bes. Charles' patronisierende Ignoranz im Gespräch mit Ella, p.229; ihre eigenen Schlußgedanken, p.246.

1: Vgl. pp.31-46 zu Vera Curry und Gästen; Eric Craddock und Ron Wrigley,pp.31-36; den 'Hintergrund' zu Ron bildet das Porträt seiner Mutter und ihre Interaktion,pp.37-40.

2: Zu einigen textexternen Aspekten des Zusammenhangs der Vorstellungen von Stadt- und Landkultur als Teil der englischen Geschichte, deren Teil auch die Literatur mit ihren Auslegungen ist, vgl. z.B. Raymond Williams,*The Country and the City*. St.Albans,1975; ders.,*Culture and Society 1780-1950*. Harmondsworth, 1977. Eine derartige Erzählweise kann man ohne weiteres auch mit der Tatsache in Verbindung bringen, daß in England 1952 noch Zensur herrschte, die jede offene Darstellung von Sexualität, insbesondere Prostitution und Homosexualität verbot. Das real existierende, auch legal ausgedrückte Tabu dieser Gesellschaft mitsamt den realen Strafsanktionen wäre dann Teil der Erzählwelt selbst; man könnte insbesondere die Ironie, die Verhüllungsstrategien als Ausdruck desselben deuten.

3: Vgl. William Shakespeare, *Hamlet, Prince of Denmark*, in: *The Riverside Shakespeare*. Ed. G. Blakemore Evans, Boston, 1974. 3.2. II. 112-124, alle Angaben aus dieser Ed.

4: Die Worterklärung der *Riverside* Ed. ist diskret, wenn es einfach heißt:"indecency"; vgl. aber Eric Partridge, *Shakespeare's Bawdy. A Literary & Psychological Essay and a Comprehensive Glossary*. (rev. and enl. ed.) London, 1968, p.87 "country matters,... matters concerned with *cunt*; the first pronouncing-element of *country* is coun. Ex Old Fr. *cuntré* (a fact not irrelevant): L. (*terra*)*contrata*." Unter dem Eintrag "country" findet sich auch der Verweis auf *Comedy of Errors*, III.2.112-113..."pudend and adjacencies". Partridge gibt außerdem unter dem Stichwort "country mistresses" noch eine Referenz aus Shakespeares *Cymbeline*, aus der der Zusammenhang zwischen Frauen als Sexualpartnern der Männer und der jeweiligen Zugehörigkeit zu einer Nation hervorgeht; ein Zusammenhang, den Partridge ausdrücklich mit dem *Hamlet*-Zitat verbindet; vgl. pp.87f. Partridges Vorwort ist erhellend für das, worum es auch in *Hemlock and After* geht: um die sich wandelnden Vorstellungen von 'mores', den sprachlichen wie den nichtsprachlichen; was als tauglich gilt für den öffentlichen Diskurs und was nicht; so heißt es z.B. ganz pointiert "In the 18th Century, this book, or one like it, could have been published, in the Victorian period, not; up till (say)1930, it would have been deprecated; nowadays it will - as it should - be taken very much as a matter of course." p.vii.

5: London,1974, pp.16 und 189, wo es im Index ausdrücklich heißt "COUNTRY. With pun on *cunt* "; pp.113-117 zu 'The Language of Sexual Revulsion' in *Hamlet*. Dieser Zusammenhang wäre auch psychologisch nach C.G.Jungs Ausführungen zum Mutterarchetyp auslegbar, insbesondere durch die Vorstellungsmuster Erde und Territorium; vgl. *Werke*, z.B. Bd. 9/1, passim. In der Sekundärliteratur zu Wilson finden sich immer wieder Hinweise auf Freud, ohne daß im einzelnen gezeigt würde, welche Konzepte Freuds welchen Problemstellungen der Texte zugeordnet werden; s. z.B. M. R.Harris, *Self-Awareness and Family Influence in the Works of Angus Wilson*. Diss. Georgia State University, 1974, passim, die sich dabei hauptsächlich auf Wilsons Bemerkungen über den Einfluß Freuds auf sein Denken stützt; s. auch John Mander, *The Writer and Commitment*, London 1961,bes. pp.111-138, der meint, Freud und Marx seien bei Wilson vermischt und letztlich unvereinbar, wenn es darum gehe, in literarischen Texten politisches 'commitment' gestaltend einzubringen.

6: Der wenig erfolgreiche Autor Bill Pendlebury formuliert eine wichtige Einsicht, was die herrschenden Vorstellungen in dieser Lebenswelt betrifft: "Most of what the common man supposes to be traditional English in nineteenth-century,middle-class invention to make the filthy age they lived in a bit easier to swallow..." (Ausl. i. T.) p.116 und Kontext. Zugleich gilt es, gerade nicht zu tun, was Bill Pendlebury laut Erzählerbeschreibung tut: "He had a devouring interest in new personalities and facts, but once he had filled them with preconceived ideas about the past, his interest began to wane. He had made his dramatic picture, confirmed his beliefs, and was ready to pass on." p.61 Das heißt, man muß dem je Besonderen mehr Aufmerksamkeit widmen, als diese Figur es veranschaulicht; zumindest versuchen, die eigenen Wahrnehmungsgewohnheiten selbstkritisch einzubringen in das, was man sieht. Dazu Näheres bei Bernard Sands unten.

7: Die ×markierte Stelle ist in der ersten Textausgabe von Secker and Warburg, repr. 1960 (¹1952) mit Großbuchstaben bei beiden Begriffen gedruckt: "Higher Values", p.42; der Bezug zu allen ähnlichen, hohlen Beschwörungen von Idealen und Werten wird dadurch augenfälliger.

8: Das Motto, 'it's love that makes the world go round', findet sich in der Oper *Iolanthe* (1882) von W.S. Gilbert & A.Sullivan; in diesem Roman schätzt Mrs Wrigley diese Opern des ausgehenden 19. Jahrhunderts. Ohne auf Details zu möglichen Bezügen zwischen solchen Texten eingehen zu können, ist doch anzumerken, daß der Text von Lewis Carroll, auf den Bernard anspielt, andere textexterne Bezüge aufgreift als die Libretti dieser Opern; neben den sozialen Differenzen, die hier impliziert sein dürften, sind es womöglich auch thematische Aspekte sowie Textgestaltungsaspekte, die unauffällig mit evoziert werden. Solche Anspielungen mögen u.a. verdeutlichen, wie Texte und textexterne Realität ineinanderwirken; wie sich Begriffe wandeln durch die, die sie gebrauchen.

9: Von solchen Facetten der Lebenshaltung dieser Frau nimmt Bernard etwas wahr. Vgl. bes. im Folgenden Ellas Haltung, sowie weitere Einzelheiten bei Bernard Sands unten.

10: Die Sprache dieses Textes allgemein wie insbesondere bestimmte Anspielungen verweisen auf einen Horizont, der offen bleibt; vgl. bes. meine Einleitung oben.

11: Vgl. Sigmund Freud, *Gesammelte Werke*. Bd. 11, *Vorlesungen zur Einführung in die Psychoanalyse*. London, 1940; 20.-23. Vorlesung, pp.313-391; vgl. auch, *Macropædia*. Vol.15, pp.167-173, "Psychoneuroses", den Hinweis, daß der Terminus 'Neurose' um die Mitte des 19. Jahrhunderts entstand, in jener Zeit also, in der in England die Homosexualität als 'Krankheit' 'entdeckt' wurde; vgl. dazu Jeffrey Weeks, *Coming Out: Homosexual Politics in Britain from the 19th Century to the Present*. London,1977, passim. Die Kindheit von Ella und Bernard ist im späten 19. und beginnenden 20.Jahrhundert angesiedelt. Von Bernard fehlt jede Information zu seiner Jugend und Herkunft; es heißt lediglich, er sei mit 17 Jahren sehr unsicher gewesen (p.73), eine Unsicherheit, die er mit derjenigen in der Erzählgegenwart assoziiert (ebda.).

12: Dies ist ein weiteres Indiz dafür, wie misogynen Tendenzen dieser gezeigten Figurationen durch die Erzählweise selbst Vorschub geleistet wird; denn Ellas Lebenshaltung wird als kritikwürdig gezeigt, während dieselbe vorurteilsbestimmte Haltung Bernards, sein Zugriff auf Vera Curry in I.1., als demgegenüber vordergründig sachgerecht erscheint. Ich sehe in den oben erwähnten Deutungen dieses Romans einen textexternen Reflex solcher Misogynie.

13: Vgl. das im Text wiederkehrende Thema,sich von Gespenstern zu befreien; der Roman nimmt dabei u.a. in bezeichnendem Kontext Bezug auf Ibsens Drama *Gespenster*: I.4.,p.81;I.5.,pp.87-90; sowohl bei Ibsens Drama, wie bei Shakespeares *Hamlet* ist die Vorstellung des 'Geistes' eine, die u.a. Angst auslöst und unmittelbar mit dem Vater sowie mit Aspekten des Sinnlichkeit, vor allem der Frau(en),verbunden ist.

14: Vgl. pp.114-126 auch zum Kontext der Unterhaltung mit Bill über Vera Curry.

15: Vgl. zum Begriff des 'Sublimen', z.B. A. Preminger,ed.,*Encyclopedia of Poetry and Poetics*. Princeton, N.J.,1965,pp.819f; sowie Jochen Schmidt, *Die Geschichte des Genie-Gedankens in der deutschen Literatur, Philosophie und Politik 1750-1945*.2 Bde.. Darmstadt,1985. Bes. aus Bd. 1,pp.54ff; Schmidt zeigt, daß die Vorstellung des Erhabenen und Aspekte des Unerklärlich-Grandios-Schaurigen, des Wunderbaren zusammengehören; das-'Erhabene' ist relational zu sehen zu dem, was als je erklärbar und wahrscheinlich gilt; diese Relation erweist sich als bei Bernard Sands besonders in I.1. wirksam, gerade mit Bezug auf Vera Curry; s.u.. Zu Freuds Begriff der Sublimierung, vgl. S. Freud, *Gesammelte Werke*. London, 1940 ff: Bd.14. *Werke aus den Jahren 1925-1931*. London,1948, bes."Das Unbehagen in der Kultur",pp.419-506, sowie J. Laplanche, J.- P. Pontalis,*Das Vokabular der Psychoanalyse*.Frankfurt a.M.,⁷1986,pp.478-481

16: Vgl. den Verlauf ihrer Interaktionen passim, der von großer Fremdheit und Scheu zeugt, obgleich sie sich,,wie Ella es schon in I.1. sagt, wohl vertraut sind (p.15); Ellas Begriff ist gleichfalls 'intimacy", und sie spricht ihrerseits von "waste";dies ist deutbar als ein Echo auf Bernards Reflexionen zu Vera Curry und dem 'Bösen', s.u..

17: Vgl. passim I.1.,I.3.,II.1.,II.2.den Zusammenhang zwischen Einsamkeit,Liebesmangel und Lebensverdruß; er prägt besonders die Kinder der Sands' sr., mit unterschiedlichen Konsequenzen.

18: Das spiegelt Vera Currys Haltung zu Männern, die für sie alle 'babies' sind.

19: Vgl. *OED* :"foul"-Einträge,bes. auch die veraltete Formulierung "the foul disease" = evil = syphilis, die Krankheit also, die man sich bei Geschlechtsverkehr zuzieht, wobei im Sinn dieser Tradition 'natürlich' die Prostituierten als Gefahrenquelle gelten und nicht etwa die an ihrem 'Dienst' interessierten Klienten.

20: Es ist dieser Ich-Teil, der nicht von ungefähr bildlich verbunden ist mit 'iron patterns' des väterlichen Totenbettes, von dem die Tochter zeitlebens nicht loskam, vgl. pp.118f. Zu dem Bild des Chaos ihres Innenlebens,vgl. bes. I.1.,p.15,pp.28f; das Dunkel ist hier assoziiert mit dem Kontakt zu anderen Frauen, was es nahelegt, das Weibliche selbst als das Unbekannte, Furchterregende zu verstehen;dazu I.3.,pp.47-49, wo die Ängste als existenzielle Vernichtungsängste gezeigt sind; vgl. dazu besonders ihre Aktivitäten in I.1. und III.2., sie sucht den Weg in ihre eigene Unabhängigkeit, verbunden mit dem Wunsch nach Anerkennung und Zuwendung durch Männer wie durch Frauen. Ellas Krankheit istOphelias 'Krankheit zum Tode' vergleichbar, insofern Ophelia dem Vater zu gehorchen hat, auf den zweifelhaften Rat des Bruders hören muß, der sie vor Hamlet warnt, um die ihrerseits keine Erklärung für Hamlets Verhalten finden kann, wenn er sie-wie die Frauen allgemein-für vertrauensunwürdig und für dem Mann gefährlich erklärt. Ophelia wird wahnsinnig und stirbt. Ella ist noch einmal davongekommen.

21: S. die heuchlerisch eifrigen Männer, die gegen Vera Curry aussagen, bzw. sie richten,III.1.,s. dazu die Folgen in III.2.: das Gefängnis erweist sich als ebenso nützlich für ihre Dienste wie Little Vardon, solange die Nachfrage nach solchem Dienst besteht, nützt auch Ausgrenzung nur der Gewissensberuhigung derjenigen, die dies als rechtens ansehen.

22: Vgl. die entsprechenden *OED*-Einträge zur Abkürzung 'Mrs', bes. den Hinweis, daß es eine im 17.Jahrhundert übliche Abkürzung für 'mistress' war, sowie zu meinen folgenden Ausführungen die diversen, auch sprachhistorischen, semantischen Bestimmungen von 'mistress'. Der Bedienstete, der sie schließlich aus eigennützigen Motiven an Bernard Sands verrät, enthüllt unauffällig das misogyne und rachebestimmte Muster solcher Machtverhältnisse, dabei ist zu betonen, daß Ron Wrigley als Täter zugleich auch in seiner sozialen Opferrolle anschaulich gemacht wird, sowohl bezüglich seiner Misogynie, wie bezüglich seiner materiellen Situation, Rons Haltung korrespondiert die gleichfalls als verständliche und dennoch kritikwürdig gezeigte Haltung seiner Mutter sowie jene der Vera Curry, vgl. bes. I.2.,pp.37-40,II.3., pp.181-183, Rons machtorientierte Rachelust findet sich am prägnantesten in III.1.,p.203, III.2., pp.232f. Die Beschreibung der Rolle, die Bill bei dieser Anzeige einnimmt, liest sich wie ein weiterer anschaulicher Kommentar des Erzählers, was es in dieser Figuration heißt, seine Rolle gut und das impliziert, etwas erfolgreich vortäuschend, zu spielen, III.2.,p.231. Der Richter erweist sich als voreingenommen für die Sache der Männer, selbstgerecht spricht er sein Urteil über Vera Curry, vgl. p.232. Zur textexternen historischen und gesellschaftlichen Problematik des Verhältnisses Kriminelle und Gesellschaft, vgl. z.B. Th.E. James, *Prostitution and the Law*. London, 1951, Paul Reiwald,*Society and its Criminals*.(Transl. Th.E.James)London, 1949.

23: Karin Wogatzky, *Angus Wilson:Hemlock and After. A Study in Ambiguity*. Bern, 1971, sieht die Funktion Vera Currys nur unter einem Teil dieses erzähltechnischen Aspekts, sie widmet sich der Figur nicht im Detail, da sie glaubt, sie entbehre des eigenständigen Interesses. Das ist auch insofern bemerkenswert, als sie m.W. zum ersten Mal auch auf die Anspielung auf *Hamlet* aufmerksam gemacht hat, ohne indes dieser Tatsache interpretatorisch Rechnung zu tragen. Vgl. passim, bes. p.10, Fn.21 zu *Hamlet*, p. 25, Fn.33 zu Vera Curry. Zu Bernard Sands lautet ihr Fazit, er sei gescheitert, insbesondere wegen seiner "emotional, and consequently moral immaturity"p.80 und Kontext, ihr Fazit zur Erzählhaltung lautet, der Autor habe erzähltechnisch die Kontrolle über seinen Gegenstand verloren,vgl. bes.pp.89ff.

24: Im Hinblick auf das Rachethema in *Hamlet* kann man diese Haltung als ironisch-komische Variation deuten.

25: Vgl. die *OED*-Einträge zu "novelist"; auch der in 'novelist' mitenthaltene Begriff 'novel' ist ursprünglich ein Begriff, der eine Neuheit irgendeiner Art meinen kann, gleich, ob es sich um eine Neuigkeit im Sinne einer Mitteilung – 'news' in irgendeiner vermittelten Form, mündlich, schriftlich – oder eine Neuerung anderer Art – Mode, Verhalten o. dgl. handelt.

26: Vgl. E.M. Forster, *Aspects of the Novel*. (repr.) Harmondsworth, 1971,bes.pp.75-89. Dieser Hinweis soll nur verdeutlichen, daß die Figuren unterschiedlich präsentiert sind, unterschiedliche, aber zusammengehörende Aspekte der Erzählhaltung sind. Ein Teil der bildlichen Ironie des Gestaltbegriffs ist die Tatsache, daß Vera Curry von fetter Gestalt, Bernard Sands sehr schlank ist. Während sich bei Vera Curry trotz der scheinbar dramatischen Veränderung ihrer Situation in III.2. qualitativ nichts ändert, ändert sich bei Bernard Sands etwas, das nur scheinbar gänzlich undramatisch ist. Der erste Schritt der Veränderung folgt der Klimax in I.5. in II.1., mit dem bezeichnenden Titel "Confidence and Confidences", während den öffentlichen Ereignissen in II.3., unter dem Titel "In Sickness and in Health", die Weiterführung dieses Wandels folgt. Ganz entsprechend Ellas Rückkehr ins Leben, begegnet sich das Ehepaar in bezeichnender Weise in diesen erwähnten Szenen zunehmend offener für die Andersartigkeit des Eigenen und des Fremden.

27: Schon in seinem letzten Roman *The Player Queen* fand sie offensichtlich einen Ausdruck, den die Rezensenten gern aufgriffen und auf ihre Weise im Sinne ihres Traditionsverständnis auslegten (p.14). Vgl. Einzelheiten dazu bei Bernard Sands unten.

28: In die Figurenperspektive ist auch hier die Erzählerperspektive einmontiert, wodurch der Eindruck verstärkt wird, Bernard sei sowohl Subjekt seiner Wahrnehmung wie Objekt der Darstellung eben dieser Wahrnehmung. Ein Stichwort fällt wenig später, das diesen Zusammenhang unterstreicht: "cupid's-bow lips",p.13, das ein Echo zu der Erzählerbeschreibung der "little rounded lips" p.41 ist. Vgl. auch Echos von 'billow'p.12,p.135, in p.135 auch der textironische Hinweis auf Vera Currys "antique tradition" im Kontext eines Vehikels, dazu Näheres bei Bernard Sands unten. Zum Typus der Venus-Aphrodite, vgl. "Venus"-Eintrag in Herbert Hunger,*Lexikon der griechischen und römischen Mythologie*. Hamburg, 1985, p.421, sowie "Aphrodite"-Eintrag, pp.44-48, zum Stichwort des Haares, vgl. auch z.B. William Shakespeare, *Venus und Adonis*. Riverside Ed., pp.1705-1719, I.51, p.1706, Zur Ironisierung der Fruchtbarkeitsvorstellung dieser Mutter-Figur in *Hemlock and After*, s. passim II.2., pp.116-119, dazu die Anspielung auf Macbeth, dessen Machtlust gleichfalls Destruktion hervorbringt; der in seiner Vision in 4.1. ahnt, daß seine angemaßte Herrschaft an den legitimen Nachkommen-"issue"-seines einstigen Gefährten und Gegenspielers Banquo, den er umbringen ließ, ihre Grenze finden könnte; vgl. William Shakespeare, *Macbeth, Riverside* Ed.4.1., I.102, das Stichwort, das auch in *Hemlock and After* zentral ist: II.110ff die Vision der acht Könige, I.117: "What, will the line stretch out to th' crack of doom?"

29: S. zu Bernards aggressiv-herablassender Abwehr solcher Frauen, z.B. I.3.,p.55; zur Konkurrenz um Vardon Hall, z.B. die zu Veras Geschäften passenden Stichworte, die sich ironischerweise auf die Literatur beziehen,p.99 "polite fiction for a brothel", mit dem Wortspiel des Fingierens und der Erfindung als Erzählung.

30: Vgl. zum einen die Wortbedeutungen von "cinch" in *OED*, sowohl die sinnlich faßbare, ursprüngliche Bedeutung eines Sattelgürtels; ferner die Bedeutung eines vorhersagbaren Naheliegenden, Sicherheit Verheißenden; sowie nicht zuletzt die Verbindung zu Spielen, inklusive der Konnotation des 'spielerischen Scheins'; ferner die gr. des 'scheinbar Spielerischen'; ferner die gr. Wortbedeutung von *symballein*-"to put together" und *symbolon* als "token", "sign" or "mark", z.B. so in Preminger, *Encyclopedia*, "symbol" p.833; auf diese sprachlich gegebenen Differenzen in Sands' Aussage ist bislang seitens der Kritik zu diesem Roman m.W. niemand eingegangen.

31: Im Verbund mit den durch Bill Pendleburys Perspektive vermittelten historischen und literarischen Stereotypen der Geschichtsschreibung wie der Literatur(-geschichte) der Frau als Mutter, von Cybele zu Maria, wie als Hure bzw. Hexe, von Delilah über Kleopatra zur Wife of Bath, sind es so unscheinbare, auch vom Erzähler objektivierte Signale, die Veras mehrsinnige Textfunktion auch in der Juxtaposition zu Bernard Sands veranschaulichen. In I.1. ist Bernard als Figur Teil einer 'alten Tradition'. Im Textgefüge ist Bernard gleichwohl eine neue Perspektive eingeschrieben, wobei die Tatsache, daß Vera Curry unverändert bleibt, - abgesehen von der misogynen Facette - verstanden werden kann als Hinweis, daß ihre Dienste womöglich von solchen Veränderungen kaum berührt werden (können); es sei denn, die Grundlagen derselben würden sich gleichfalls verändern. Dazu weitere Einzelheiten bei Bernard Sands unten.

32: Schon wenig später macht sich Bernard Sands selbst bewußt, daß die Zuweisung, Vera Curry sei 'evil', seiner zu Dramatisierungen neigenden Phantasie entspringt (p.20), wobei er die Beliebigkeit solcher Dramatisierungen unterstreicht: "even evil, if you liked" (ebda.).

33: In der Dominanz geschmacklicher Präferenzen ähnelt diese Stelle jener des Erzählers in I.2., pp. 41f. Klarer als an anderen Stellen ist hier auch die latente Konkurrenz bezüglich sexueller Bedürfnisse sichtbar, in denen beide als Personen in Juxtaposition stehen, aber als Figuren schließlich auch konträre Standpunkte vertreten, was denn eine gute Weise sei, Sexualität auszuleben.

34: Vgl. dazu denselben Sprachgebrauch des Erzählers im Porträt, das er in I.3. von Bernard Sands und möglichen Betrachtern dieses Mannes gibt, pp.53f; zur Juxtaposition der beiden Figuren gehört u.a. die begriffliche Relationalität der ethischen Begriffe von 'gut' und 'böse'; vgl. dazu bes. Ritter, *Wörterbuch*, Bd. 3, die Einträge "Gut, das Gute, das Gut" Sp.937-972, resp. Bd.5, "malum", Sp.652-706. Wenn Bernard Sands hier das Böse eindeutig zu definieren sucht, mißlingt es ihm. Aus dem Kontext dieser Geschichte wird anschaulich, daß es die eindeutigen Polaritäten, die er dabei supponiert, nicht gibt. Dazu Näheres im Folgenden sowie zu Bernard Sands unten.

35: Vgl. die bereits erwähnte Erzählercharakterisierung in I.3.,pp.53f, in welcher der Erzähler zu diesem Aspekt Stellung nimmt; eine Person mit berechtigtem Zorn gegen Bernard ist seine Tochter Elizabeth; vgl. dort auch den Kontext.

36: S. bes.pp.188-190; 204f; 213-219; sowie seine Rede in II.3., pp.153f; vgl. dazu Einzelheiten im Folgenden und bei Bernard Sands unten. Diese Einsichten relativieren die teils implizite, teils explizite *hybris* von Bernards Anspruch hier in I.1..

37: Er verkörpert am Ende der Geschichte einen Lebensbegriff, demgegenüber Vera Curry Teil der Erstarrung dieser Lebenswelt ist; vgl. dazu die Ausführungen zu Murley und Rose oben.

38: Zu dieser hintergründigen Entwicklung sowie zur weiteren Erhellung der Position Bernard Sands', s. bei Bernard Sands unten.

39: Zu Deutungen der Entwicklung Hamlets als Teil der Rachetragödie, vgl. z.B. Fredson Th. Bowers, *Elizabethan Revenge Tragedy 1587-1642* (repr.) Princeton,N.J., 1959, ders.,"Hamlet as Minister and Scourge", in:*Publications of the Modern Language Association*. Vol. 70. No.4, Part 1 (Sept. 1955),pp.740-749. Thematisch relevant erscheinen mir auch Bezüge zu Fragen der Legitimation der Macht und der Rache; solche Aspekte bedürften indes einer eigenständigen Erörterung.

1: Vgl. die direkten sprachlichen Entsprechungen zur Haltung der 'gentry' zu diesem Aspekt,pp. 17f; dazu das voraufgehende Porträt der Lebensgewohnheiten Bernards, die sich auch in seinem Äußeren niederschlagen,pp.53f. Wie die Erzählerpassage zu Vera Curry in I.2. ist diese hier am ehesten verständlich als Ausdruck der in diesen Figurationen üblichen Wahrnehmungsgewohnheiten. Zu diesen gehört es, vom Äußeren, das einem nicht gefällt, auf die ethischen Qualitäten eines Menschen zu schließen, ohne sich über die Berechtigung dieses Schlusses Rechenschaft zu geben. Der Erzähler hebt ausdrücklich den Unterschied zwischen natürlichen Gaben, die er mit der Vorstellung des 'Glückhabens' verbindet, und Verhaltensweisen Bernards hervor, die, je nach Einstellung der Betrachterinnen und Betrachter dieses Mannes zu unterschiedlichen Urteilen führen können. Vgl. die diversen, auch veralteten Bedeutungen von 'absurd'und 'absurdity' in OED, gemeint ist, wie andere Stellen zeigen, eine allgemeine, das heißt Zeit und Figurationen überdauernde Norm eines Vernünftigen und Natürlichen-hier: die des Alterns, die Bernard als Mensch anzunehmen hat. Auf der Textebene heißt dies, zwischen Geschmacksfragen und ethischen Fragen bei der Beurteilung der gezeigten Figuren möglichst deutlich zu unterscheiden; das heißt jedoch nicht, daß es nicht auch im Äußeren sichtbare Zeichen gibt für etwas, was als ethisch kritikwürdig erscheint; solches ist im Falle Bernards z.B. das, was als 'neglected results' seiner 'energetic absorption' gelten kann. Ob es für einen Menschen wie Bernard Sands- oder gar für Menschen allgemein - möglich ist, jegliche Vernachlässigung zu vermeiden, läßt der Text offen; die spezifischen Vernachlässigungen indes werden kritisiert wegen ihrer gegen berechtigte Interessen anderer gerichteten hybris. S. dazu z.B. auch den auktorial objektivierten Hinweis auf Bernards "artificiality" im Umgang mit seinen Kindern, im Vergleich zu seiner ansonsten als "easy and natural" bezeichneten Haltung, p.114.

2: Vgl. passim entsprechende Beziehungsmuster auch bei Bernard und Terence, bzw. Eric; Bernard läßt sich umsorgen und bedienen. Dazu gehört passim seine Scheu, als 'schwach' zu gelten und sein Bemühen, auch als Autor nicht zugeben zu müssen, daß sein psychologisches Einfühlungsvermögen an der eigenen Frau seine Grenzen hat.

3: Vgl. bes. Ellas Reaktion auf Bernards Rede,pp.154f; sowie ihren Hinweis p.215, sie habe eine 'romantische Vorstellung' vom Künstler gehabt. Zu diesen Aspekten, vgl. weitere Einzelheiten bei Bernard Sands unten.

4: In dieser Schuldzuweisung ist Bernard seinem Freund Murley ganz ähnlich.

5: Solche Textbezüge machen die relative Glaubwürdigkeit des Sohnes aus, wenn er dem Vater unterstellt, dieser propagiere seinen Humanismus, verachte aber "nine-tenths of humanity" p.21; Bernard lernt etwas von der Wahrheit dieser Aussage am eigenen Leib spüren, s. im Folgenden.

6: Die Idee der Menschlichkeit verbindet Ella und Bernard Sands; es ist eine verallgemeinerbare Idee, weshalb sie 'über' der Frage angesiedelt ist, welche sexuellen Präferenzen jemand hat; sie ist gerade deshalb nicht ineins zu setzen mit Roses Position. S. dazu die Beschreibung des Erzählers zu Beginn von III.1., zu der nicht menschengemäßen Entfremdung Ellas und Bernards, p.187 "They might have been two different species..." und Kontext sowie Bernards Bild von seiner Ehe,p.190; vgl. Näheres im Folgenden.

7: Seine Gesprächshaltung bezeichnet der Erzähler als "his old Socratic quizzical manner" p.125, womit angedeutet ist, daß es eine obsolet werdende Haltung des Mannes sein könnte, der seine Lebensweisheit aus I.1. zu revidieren gezwungen wird. Die Sprachgewohnheiten der Vera Curry sind es vor allem, die das Gespräch über gärtnerische Pflege als Versuch kenntlich machen, die Frage nach dem rechten Umgang mit Menschen zu erörtern; s. dazu im Folgenden.

8: Zu letzterem Aspekt weitere Einzelheiten bei Bernard Sands unten.

9: Vgl. dazu Einzelheiten bei Bernard Sands; die Anspielung auf Machiavelli insinuiert die leicht verfügbare Vorstellung eines Bösewichtes, gerade auch vor dem Hintergrund herrschender, auch literarischer Deutungsgewohnheiten des 16./17. Jahrhunderts; vgl. dazu z.B. Wolfgang Weiß, "Das elisabethanische Zeitalter, in: Shakespeare-Handbuch. Ed. Ina Schabert. Stuttgart, 1972,pp.2-35,; bes.pp.21f; sowie die Ausführungen von Monika Müller zu Richard III, a.a.O., pp.345-354, bes. p.349.

10: S. das Echo von 'day-to-day threads' zu entsprechenden 'manoeuvres' sowie Kontext der Party passim.

11: Auch diese Fassade der Sicherheit zerbricht; wie andere 'muß' sie im Sinne gewisser Sprach- und Handlungsmuster des Textes zerbrechen um einen Mangel sichtbar zu machen; Bernard verachtet diesen Mangel, will beseitigen, was ihn verkörpert; auch so gibt es eine

Verbindung zu der Vorstellung des "idol", das "clay feet" hat, von dem Celia Craddock an Bernard Sands in III.1.,p.199 schreibt; es ist zugleich zerbrochen, was Bernards alten Humanismus kennzeichnete: Selbstunsicherheit der Adoleszenz,p.73, gepaart mit Scheinstärke.

12: Vgl. passim Vorstellungen von Hüllen und Gefäßen, die etwas enthalten, bzw. leer sind. Inhalt und Gefäß gehören zueinander, bilden gemeinsam die ganze Gestalt.

13: Vgl. zu diesem Aspekt eigens bei Bernard Sands unten.

14: Aus der Leseperspektive nimmt Ella inhaltlich mit ihrer Position in diesem Gespräch die der Frau als der Gebärenden und den Nachwuchs Hegenden ein, während Bernards Position der männlichen der Tradition entspricht, insofern er reflektiert, in Frage stellt und seine Aufmerksamkeit mehr auf den Aspekt des Todes, der Zerstörung als auf den des Lebens und dessen Erhaltung richtet. Dem Gebären und Hegen der Frau entspricht in dieser Textwelt beim Mann das geistig-schöpferische Tun; vgl. dazu bei Bernard Sands unten. Vor allem die Parallele der Lebensgeschichten Sands sr./jr. und Craddock sr./jr. sind für diese Beziehungen erhellend; das beispielhaft mehrdeutige Wort "issue",p.222, das sich zu Beginn des Epilogs findet, macht die Analogie zwischen Ideen, Werken, Nachwuchs sinnfällig; ironisch perspektiviert wird es u.a. durch die Juxtaposition und Korrespondenz der Aussagen Vera Currys 'live and let live' und Ella Sands' 'die and let die'p.208.

15: Ellas Worte hier entsprechen ihren Worten nach Bernards Tod, wenn sie Elizabeth erklärt, es gelte, wenn sie Terence wirklich liebe, sich zu ihm zu bekennen, anstatt ihn, weil Homosexualität in dieser Gesellschaft stigmatisiert ist, deshalb zu verlassen,p.227. Bernard war Ella kostbar, wie ihre in englischen Gärten so seltenen Enziane; sie bejaht, den Versuch gemacht zu haben, ihn zu hegen. Das gilt auch angesichts ihrer beider Unvermögen, sich umfassend gerecht zu werden in der je eigenen Selbstentfaltung. Im Gespräch hier in II.1. sagt Ella unter anderem, daß sie auch Pflanzen hegt, die sie nicht leiden kann. Sie tut es aus Achtung vor dem Lebendigen, ohne zu verhehlen, daß sie erleichtert ist, wenn solche Pflanzen schließlich von allein eingehen, p.125. Das ist Teil ihrer Situation nach Bernards Tod. Dennoch ist auch der andere Teil unübersehbar: sie lernt, ihr sozial gelerntes, nachgerade körperliches Ekelempfinden praktizierter Homosexualität gegenüber zu überwinden - gemäß ihrer Einsicht in III.1.. Ihr Bemühen in III.2., zu Eric human zu sein, unterstreicht ihr Bemühen, Prinzipien und Handeln in Einklang zu bringen und zeigt, daß es dabei nicht allein um Bernard als Künstler als den Besonderen, die 'seltene Blume' in diesem Sinn - geht.

16: Alles dies heißt nicht, daß die, die derlei Ansprüche an sich selbst nie gestellt haben, 'minderwertig' sind; es ist allenfalls eine 'privatio' im Sinne eines ganzheitlichen Person-Begriffs, dessen Angemessenheit sich erst dadurch erweist, daß keine Werturteile über Menschen mit anderen Vorstellungen gefällt werden, ehe nicht der ernsthafte Versuch unternommen wurde, sie unter ihren eigenen Bedingungen zu verstehen.

17: Es ist ein Kurzschluß, den man inhaltlich als sozialdarwinistisch bezeichnen kann: eine naturwissenschaftliche Hypothese ungeprüft zu verallgemeinern.

18: Bernard findet aus der Passivität durch Celias Insinuation, sein Schweigen werde ihren Zwecken dienen: "your silent cooperation", p.200 und Kontext. Mit seinem Handeln hat er 'thought' durch 'action' unter Kontrolle gebracht; und er versucht, seine 'fantasy' durch 'achievement' zu 'begrenzen'; er beginnt, wieder hinzuzuschauen auf das, was ist: "by looking at things"p.32, wie er es Eric schon vor der Erzählgegenwart erklärte; s.in I. und Erics Entwicklung in III.

19: Dieser in der Nachfolge Blakes arbeitende, stark christlich-religiös ausgerichtete, politisch konservativ orientierte Maler lebt von 1805-1881; s. z.B. David Cecil, *Visionary and Dreamer. Two Poetic Painters -Samuel Palmer and Edward Burne-Jones*.London,1969; pp.1-65 z.B. zur der Vision des Jenseitigen wie der Vergangenheit sowie zu seiner Bindung an bestimmte Traditionen;pp.119-206 zu seinen Todes-Vorstellungen und der Vision göttlicher Schönheit. Charles Peacock, *Samuel Palmer. Shoreham and After*. London,1968 u.a. zur Biographie.

20: Dazu eigens bei Bernard Sands unten.

21: S. bes. die Worte Bernards gegenüber Hubert,pp.204f im Kontext seines Briefes an Isobel, pp.219f.

22: Vgl. z.B. p.9,p.215, sowie bes. in I.4. das ironische Porträt der Spezialistin für englische Romantik, Isobel Sands,pp.70-72; dazu Pendleburys Stichwort zu Keats in II.1.,p.115; ferner, die keineswegs eindeutigen Hinweise auf sokratische Haltung bzw. Ironie, p.9, p.11, p.125. Zu möglichen Bezügen sowohl zu bestimmten Deutungen des historischen Sokrates wie zu romantischen Dichtern und Dichtungen; Näheres im Folgenden.

23: Vgl. auch die ursprüngliche lat. Bedeutung "ich werde gefallen", in: *Der große Duden*. Bd.5: *Fremdwörterbuch*. (Bearb. K.-H. Ahlheim) Mannheim,²1966,p. 547.

24: Vgl. das Echo dieses Bildes bitterer, aber heilsamer Medizin bei Ella in III.1., p.214 und Kontext. Solche Sprachfacetten verdeutlichen den direkten Zusammenhang zwischen Denken und Han-

deln ebenso wie zwischen der Haltung des Menschen als Künstler und allen übrigen Rollen seines Lebens. In diesem Sinn des Zueinandergehörens sehe ich eine der direkten Verbindungen
zur Haltung des Sokrates, wie sie in den von mir konsultierten Texten dargestellt wird. Vgl.
z.B. W.K.C. Guthrie, *A History of Greek Philosophy*. Vol.3: *The Fifth Century Enlightenment*.
Cambridge, 1969, passim zum Kontext des Lebens und Philosophierens des Sokrates, bes. jedoch pp.325ff. Der Anspruch, heilend zu wirken, läßt sich gleichfalls direkt mit Sokrates verbinden, so z.B. nach der Darstellung, die sich unter dem Stichwort "Malum" findet, in: Ritter,
Wörterbuch, Bd. 5, Sp. 659, vgl. außerdem d. Lit.verz. zu den konsultierten Werken.

25: Vgl. das ironische Echo der Worte des Erzählers vom 'amateurish plot' p. 148.
S. aus Percy B. Shelleys *Defense of Poetry*: "Poets, according to the circumstances of the
age and nation in which they appeared, were called, in the earlier epochs of the world,
legislators, or prophets, a poet essentially comprises and unites both these characters. For
he not only beholds intensely the present as it is, and discovers those laws according to
which present things ought to be ordered, but he beholds the future in the present, and his
thoughts are the germs of the flower and fruit of latest time. ..." Zitiert nach: *The Norton
Anthology of English Literature*. Rev.Ed. M.H.Abrams.Vol. 2,New York,1968,p.490, Shelley, so
erklären beispielsweise die Autoren der *Norton Anthology* zu Shelleys *Defense*, benutze die
griechischen Begriffe der 'poesis' und des 'poet', um die kreativen Kräfte aller entsprechend
begabten Menschen zu beschreiben, die in der Lage seien, sich über die jeweiligen Begren-
zungen ihrer Epoche zu erheben und zu den dauerhaften Formen des Schönen vorzudringen.
Ferner erläutern sie, daß Shelley mit dem Prophetenanspruch u.a. römischem Sprachgebrauch folgt: 'vates', daß z.B. schon Sir Philip Sidney in seiner *Apology for Poetry* seinerseits
auf den griechischen Sprachgebrauch rekurriert, wenn er auf der englischen Übertragung des
'poet'-Begriffs als 'maker' insistiert, s. pp.488f, inkl. Fußnoten. Durch das Textstichwort
'Augustans', wie im Hinblick auf das 'setting' von Vardon Hall, ist auch Shaftesbury zu er-
wähnen: "... Such a poet is indeed a second Maker, a just Prometheus under Jove. Like that
sovereign artist or universal plastic nature, he forms a whole, coherent and proportioned in
itself, with due subjection and subordinacy of constituent parts." Zit. nach Erwin Wolff,
*Shaftesbury und seine Bedeutung für die Englische Literatur des 18.Jahrhunderts. Der Moralist
und die literarische Form*. Tübingen,1960,p.77, dort passim auch Hinweise zum Gestaltbegriff,
den dieser Roman als Teil einer ganzheitlichen Vision von Person und Moral als Vor-Bild enthalten könnte, s. zu 'enthusiasm' bes. bei Wolff, der zeigt, wie Shaftesbury darin ein ganzheitliches Vermögen sieht, das gerade nicht die Exaltierung in eine irgendwie einseitige Richtung meint, a.a.O., bes. pp.53f, das Begriffs- und Ideen"gitter" (p.23 u. passim) 'Wahrheit'
'Natur' 'Enthusiasmus', ansonsten zu Shaftesburys pragmatischer Position auch bezüglich des
ethischen Vermögens wie des 'moral sense', bes.pp.33-50.

26: Vgl. dazu Näheres im Folgenden, s. auch die Aussagen des voraufgehenden Kapitels zum
Ideal des neuen Humanismus.

27: Huberts Worte zeigen deutlich, daß sie nur scheinbar einig sind, Teil der Differenz wie der
Gemeinsamkeiten sind der Hang zur 'Theatralik' und der Umgang mit ihr, das Stichwort der
'amateur dramatics' unterstreicht auf der Textebene die eingeschriebene tiefergehende Dramatik des Geschehens um den Künstler in seiner eigentlichen Gestalt, der die augenschein-
liche zugehört, wie die (Körper-)Gestalt der Seele, s. Näheres dazu unten. Wieder ist auch
der architektonische 'Hintergrund' Teil der Differenzen beider Gestalten: Hubert Rose ist der
Architekt, der die Datierung von Vardon Hall (1722) vornimmt,p.22, von ihm heißt es bei seinem Treffen mit Kollegen, er bewege sich in "the great edifices of Banker's Georgian",p.135.

28: Vardon Hall wird Kent zugeschrieben, p.22, zum historischen William Kent, s. z.B. H.M. Colvin,
ed., *A Biographical Dictionary of English Architects 1660-1840*. London,1954, pp. 341-346,
Lexikon der Weltarchitektur. Ed. Sir Nikolaus Pevsner, John Fleming und Hugh Honour. Darmstadt, 1971, pp. 321-322, vgl. dazu Rudolf Wittkower, *Collected Essays*. London, 1974, darin:
"Lord Burlington and William Kent" pp.115-132, er weist auf die sehr ungleiche, aber außerordentlich freundschaftliche und produktive Beziehung zwischen Kent und seinem Mäzen hin.
Kents besondere Gaben entfalteten sich vor allem durch diese Freundschaft. Das Motiv der
Freundschaft sowie die Praxis des Mäzenatentums sind für diese Textwelt bedeutsam, insbesondere im Kontext der auch homoerotischen Freundschaften berühmter Männer, so z.B.
durch den Hinweis auf Lorenzo di Medici in I.2.p.31, sowie den Verweis auf den römischen
Kaiser Hadrian, der im 1. Jahrhundert nach Christus lebte, einer Zeit, die sich unmittelbar an
das Klassische 'Augustan Age' anschließt, der die Englischen 'Augustans' ihrerseits ihren Namen verdanken, Hadrian war ein Liebhaber und Förderer der Kunst wie Lorenzo di Medici,
Hadrians homoerotische Beziehung zu Antinous galt keineswegs als anstößig in seiner Zeit, s.
im Roman, III.1., p.198, vgl. zu L.d. Medici, *Macropædia*. Vol.11, pp.818f, zu Hadrian: *Macropædia*.
Vol.8, pp.538-541.

29: Vgl. z.B. W.K.C. Guthrie, *A History.* Vol 3, pp. 39f, zur Haltung Sokrates' zu Prostitution: "He went so far as to call it prostitution, selling one's mind being no better than selling one's body. Wisdom was something that should be freely shared between friends and loved ones. ... The complex Socratic-Platonic concept of *eros*, a sublimated homosexual love, will also have been at work." Näheres zu diesem Zusammenhang auch mit dem *eros*-Begriff im Romantext im Folgenden.

30: Die historische Person William Kent lebte in der Epoche des Neoklassizismus, deren Spezialist Copperwheat ist. Die beruflichen Fähigkeiten des historischen Kent waren außerordentlich vielfältig: er war zugleich Maler, Architekt, Dekorateur und Landschaftsgärtner. Die Talente Kents fanden ihren Ausdruck in teilweise noch heute vorhandenen Bauten, u.a. dem Schatzamt, 'Treasury', der Wirkstätte Murleys und Copperwheats. Der historische Kent war einer der ersten Architekten, die Haus und Umgebung als ästhetische Einheit konzipierten und gestalteten. Dieser 'genius loci' der Einheit von Gegensätzen könnte gemeint sein, wenn es in II.3. heißt, "Vardon ... has so many moods for those who know it well. But I have never known it so angry. It's as though ... something terribly primitive has not been appeased." p.145. Der kleine Unfall der Sprecherin dieser Ahnungen, der gebildeten Mrs Rankine, gehört zu den komisch-ironischen Konturen des Falls des Künstlers, vgl. bes. pp.165f.

31: Vgl. zu diesem Stichwort z.B. Godo Lieberg, *Poeta Creator. Studien zu einer Figur der antiken Dichtung.* Amsterdam,1982; ders., *Zu Idee und Figur des dichterischen Schöpfertums.* Bochum,1985; beide Arbeiten enthalten zahlreiche Textbelege zum Motiv des Künstlers als Schöpfer seit der Antike.

32: Es ist das 'süße Gift des Todes' des 'hemlock', wie es Keats *Ode to A Nightingale* anspricht; die Versuchung wird hier wie in der Ode gebannt durch die Bejahung des Lebens im platonisch inspirierten Glauben an die Transzendenz des Schönen der Kunst. Vgl. z.B. in: *The Norton Anthology.* Ed. M.H.Abrams, pp.532-534, u.a. explizit Stanze 1, l.2 und Stanze 6, l.2, dazu auch die Erklärungen in den Fußnoten dort. 'hemlock' gewinnt vor dem Hintergrund des Sokrates ganz ähnliche Dimensionen der Bedeutung, wobei der religiöse Aspekt hier ganz in den Bereich der Kunst übertragen ist. Vgl. zu Sokrates' Verurteilung durch seine Gesellschaft, seine Bereitschaft zu sterben, obgleich ihm Unrecht geschieht, und seine Haltung zur Seelenpflege und zum Tod, z.B. bei Guthrie, a.a.O., pp.442-488. Die Textaussage zu 'Nothing' ist im übrigen auch lesbar als ein leises Echo der Worte in *King Lear*, in der Situation, in der Lear in den Worten Cordelias die Liebe nicht vernehmen kann, eine 'Taubheit'/'Blindheit', deren er im Drama schmerzlich gewahr werden muß, wozu auch der Fool Wesentliches zu sagen hat; s. William Shakespeare, *The Tragedy of King Lear*, 1.1. bes. ll. 87-105, sowie z.B. 1.4., II.129ff, *Riverside* Ed..

33: Auch hier wird anschaulich die Sinnbildhaftigkeit von Ort und Zeit als Teil einer umfassenden Raum-Zeitlichkeit, deren Teil die vielfältigen 'Stimmen' der Dichter sind, erkennbar, ohne daß sie eigens thematisiert würde. Zu kunsthistorischen und geistesgeschichtlichen Aspekten vgl. auch Rudolf Wittkower, *Architectural Principles in the Age of Humanism.* London 1962, z.B. pp.57-80; dazu Erwin Panofsky, *Studies in Iconology. Humanistic Themes in the Art of the Renaissance.* New York, 1967; E.H. Gombrich, "Icones Symbolicae. The Visual Image in Neo-Platonic Thought", in: *Journal of the Warburg & Courtauld Institute.* Vol.11, (repr.) 1965, pp. 163-192; zum Begriff 'coincidentia oppositorum', s. bes. bei Ernst Cassirer, *Individuum und Kosmos in der Philosophie der Renaissance.* Leipzig/Berlin,1927 (Studien der Bibliothek Warburg. Bd. 10) das 1. Kapitel über Nikolaus Cusanus, pp.7-48.

34: Vgl. die durchgehend vorkommenden Vorstellungen zu 'Vehikel' alter und neuer Zeit, sowie die darin angedeuteten auch sinnbildlichen Elemente des Bewegens und Bewegtwerdens, bes. deutlich bei Vera Curry und Ella Sands, l.1., II.4., III.2. als Teil der Aspekte von Maschinen und organischer Lebendigkeit. Vgl. zum geistesgeschichtlichen Hintergrund, z.B. M.H. Abrams, *The Mirror and the Lamp: Romantic Theory and the Critical Tradition.* New York, 1958, bes. pp.156-225; ansonsten passim zum Verständnis romantischer wie klassizistischer Vorstellungen, die mein eigenes Verständnis dieser Romane geprägt haben.

35: Der Hinweis auf die Rezensionen zeigt einmal die Unverfügbarkeit der Werke auch für den Autor an, insofern er nicht genau sagen kann, was sein Roman alles enthält; außerdem ist Bernards Bemühen um Klarheit über 'evil' in seinem Roman offenbar bereits gestaltet, ehe er kognitiv zu diesem Bereich vordringen kann. So deutet l.1. auf die visionäre Kraft der Dichter, die Bernard konkret in II.3. reklamiert, ohne daß die Zuhörenden ihn verstehen.

36: Deutlicher als in l.1. und l.2. gewinnt so der Begriff des Motivs auch einen selbstreferentiellen Aspekt und Bernard Sands als Figur das Profil einer funktional wesentlichen Künstlergestalt als Gegenfigur zu einer dem erstarrten und prostituierten Lebens- und Liebesbegriff verfallenen Gesellschaft.

37: Das rhetorische Pathos ist das eines Mannes, der zutiefst überzeugt ist, sich und seine Existenz rechtfertigen zu müssen, eine Überzeugung, die der Text als keineswegs nur tragisch ernst zeigt.

38: Vgl. u.a. Percy B. Shelley, "On Love", in: *Shelley's Prose*. Ed. David Lee Clark. London, 1988, pp. 169-171. An Shelleys *Prometheus Unbound*, vor allem den ebenso komischen wie zugleich kritikwürdigen Interpretationsleistungen der Romantik-Spezialistin Isobel Sands wird etwas von der Unfruchtbarkeit bestimmter Haltungen anschaulich gemacht unter der bezeichnenden Überschrift "Progressive Games", pp.70-72, s.a. Kontext und Entwicklung der Isobel Sands. Zum Kreativen als Teil der Lebenstriebe, vgl. im Roman die entsprechenden Stichworte passim bei Bernard Sands und bei Bill Pendlebury; sie machen auch den semantischen Wandel in den Jahrhunderten deutlich. Zu *eros* im hier beschriebenen Sinn, vgl. bes. Guthrie, *A History*. Vol. 3, pp.390-398 zu Sokrates und dessen Haltung zu *eros*; ferner Sir Kenneth J. Dover, *Greek Homosexuality*. London, 1978, passim; bes. aber pp.1-4, pp.15-21; pp.42-68, zu Platons *Symposium* und Sokrates, bes. pp.81-163, pp.200-203; die grundlegende Haltung Dovers zu Aspekten des Vorstellungswandels, die auch hier im Roman problematisiert scheinen, findet sich explizit p.183: "So long as we think of the world as divided into homosexuals and heterosexuals and regard the commission of a homosexual act, or even the entertaining of a homosexual desire, as an irrevocable step across a frontier which divides the normal, healthy, sane, natural and good from the abnormal, morbid, insane, unnatural and evil, we shall not get very far in understanding Greek attitudes to homosexuality." Zu diesem ganzen Kontext, s. Martha Nussbaum, *The Fragility of Goodness. Luck and Ethics in Greek Tragedy and Philosophy*. Cambridge/London, 1987; z.B. die Analyse des *Symposium*-Dialogs, bes. pp.187-191; auch zu der Schwierigkeit, ein ethisch gutes Leben zu führen, wenn die Umstände ungünstig sind, bes. ihre Ausführungen zu Aristoteles, pp.343-372. Zu *eros* im *Symposion*, s. auch Karl Kerényi, *Der große Daimon des Symposion*. Amsterdam/Leipzig, 1942. (Albae Vigiliae. H.13). Vgl. bes. S. Freud, *Werke*. Bd. 13. London, 1940, "Jenseits des Lustprinzips", pp.1-69; zur Spannung zwischen Lebens- und Todestrieben, bes. p.40; zu Platon, dem Teil der Rede des Aristophanes in *Symposion*, bes. p. 54 und pp.60-62. Vgl. zum Verhältnis Leben, Sprache, Erkenntnis bei Sokrates außerdem *Paulys Realencyclopädie der Classischen Altertumswissenschaft*. Ed. G. Wissowa. Stuttgart, 1893ff. Halbbd.5.6., 2. Reihe, 3. Abt., Stuttgart, 19(27-)29, Spalten 811-890. So könnte Bernard Mittler sein, wie sein Projekt vermittelnder Ort der Harmonie von Gegensätzen; er ist, wie die Geschichte zeigt, höchstens 'fast' ein Symbol hierfür. Im Text scheint die Hoffnung in Buch III ausgedrückt, er könnte fungieren als das, was Sokrates zu sein glaubte: Hebamme dessen, was jeder selbst hervorbringen muß.

39: Vgl. die auch veralteten Einträge zu "soul" in *OED* sowie bei Sokrates, die angegebenen Quellen der Auslegung.

40: Vgl. zum Bild des Baumes Wolff, *Shaftesbury*, p.34 im Kontext ethischer Fragen bei Shaftesbury; in diesem Kapitel Wolffs auch die besondere Bedeutung des 'Sehens' als Teil der 'sensibility' als Sinnenbegabung zu der 'affections' gehören, passim. Vgl. ferner zum Begriff 'scheme', *OED*-Einträge, dazu z.B. H. Lausberg, *Handbuch der Literarischen Rhetorik*. 2 Bde.. München, 1960, §64, pp.266ff "figura" und "schema": der enge Zusammenhang zwischen Haltung, Sprachgebrauch und Rhetorik; ferner p. 141 der Zusammenhang 'ethos' / 'pathos' zu 'movere', wobei 'ethos' das Dauerhafte, die unparteiische Gemütsverfassung meint, 'pathos' eine eher vorübergehende; dieses Begriffsmuster erhellt zusätzlich den Kontrast Bernard Sands - Hubert Rose.

1: Angus Wilson, *The Wild Garden*, p.149

2: Diese beiden sind Zwillingsschwestern.

3: Vgl. die *OED*-Einträge zu "kinematic" und "kinematograph"; dazu den Aspekt des Bewegten und Statischen der Imagination bes. in Margaret Matthews Entwicklung.

4: Die spezifische, relativ hartherzige Lebenshaltung der Eltern Matthews wird pointiert z.B. durch den Bezug auf Shakespeares Tragödie *Macbeth* in Buch II. Da es indes eine fast parodistische Anspielung ist, gewinnt die im Roman gezeigte Grausamkeit zwar eine tragische Dimension, behält aber eine ausgesprochen komische Färbung. Formen der Dekadenz werden z.B. anschaulich gemacht durch bestimmte literarische Anspielungen auf Dramen von Tschechow in Buch III. Derlei intensivierende Dimensionen durch Verweise auf bestimmte literarische Vorbilder leisten einen Durchblick auf das ständige Wechselspiel von Lebensrealität und Kunst. Besonders aufschlußreich für die Lebensvorstellung, die der gesamte Text anschaulich macht, ist das in Buch III verwendete Vorbild von Shakespeares Komödie *Twelfth Night*. Diese Komödie ist eine der intrikatesten Komödien Shakespeares, in welcher das Vexierspiel von Realität und Fiktion, Schein und Sein, Liebe und Egozentrik im Kontext durchaus konkreter, realer sozialer und politischer Fragen gezeigt wird. Zu denken ist beispielsweise an die gesellschaftliche Hierarchie von Herrschenden und Beherrschten, an die Rollenkonzepte von Mann und Frau als Teil dieses umfassenderen Kontextes, an die Vorstellung vom Menschen und der Liebe in einer bestimmten Zeit und Gesellschaft. Vgl. dazu z.B. die Einleitung von M.M. Mahood zu *Twelfth Night* in der von ihr edierten Ausgabe des New Penguin Shakespeare, Harmondsworth,1973,pp.7-39; ihre Hinweise zur Stimmung dieser Komödie-"mood",bes.pp.8-14,31-39, wie insbesondere auch ihre Deutung der 'yellow stockings' des Malvolio im Kontext seines ganzen Charakters, bes. pp.36-38, sind für mein Textverständnis des Romans *No Laughing Matter* hilfreich gewesen.

5: S. zu diesem Begriff bes. III.1.,p.193; vgl. zur Begriffsdefinition z.B. *Der Große Duden*. Bd.5, "disjunkt" und "Disjunktion".

6: Vgl. passim IV.1.1946 zum Kontext; bes.pp.424-426 zur Funktion dieser besonderen Weise, sich zu erinnern als einer ganzheitlichen, die gesamte Person bewegenden Erfahrung.

7: Die entsprechende Textstelle findet sich in der Inszenierung der Familie, mit dem das literarische Erbe andeutenden Titel "The Russian Vine" und seinem die spezifische Figuration erläuternden Untertitel "An English Play" II.1935, p.273. In der Rolle, die Margaret üblicherweise in 'The Game' spielt - der ihrer Aunt Mouse - heißt es dort: "Elizabeth Carmichael (i.e. sie selbst in ihren frühen autobiographischen Erzählungen) liked at times to think of her father and mother as an inexhaustible treasure house, but artistic honesty forced her to admit that even their store of vulgar pretension, unbridled selfishness and capricious affection was ultimately limited." p.285

8: Vgl. zum Kontext der Passage passim III.1937

9: Vgl. zur Wortbedeutung die *OED*-Einträge, die zum einen konkrete Aspekte spezifisch weiblichen Seins umfassen, zum anderen besonders im graphisch-drucktechnischen Bereich Formungsvorgänge und deren Resultate bezeichnen.

10: Vgl. den Sprachgebrauch 'treasure house' und Bedeutungsnuancen von Matrix, wenn man sie z.B. im Sinne von C.G.Jung deutet: das Bild des Hauses ist dann u.a. auch ein Sinnbild des eigenen Selbst, vgl. C.G.Jung,*Werke*. Bd.14: *Mysterium coniunctionis. Untersuchungen über die Trennung und Zusammensetzung der seelischen Gegensätze in der Alchemie*. Zürich, 1968, bes. Teil I, p.165, dort auch die Fußnoten; vgl. ansonsten zu solchen Vorstellungen der geistesgeschichtlichen Tradition diesen Band, Teile I und II passim.

11: Was im Fall Douglas' auch unmittelbar berufliche Gründe hat, da er als Archäologe an Ausgrabungen beteiligt ist.

12: Vgl. den textironischen Hinweis während des letzten geschwisterlichen Rollenspiels in diesem Erzählabschnitt. In dessen Rahmen gibt Margaret in ihrer Rolle als Miss Mouse eine komische Episode zum Besten, die die Haltung des Hinsehens bzw. Wegsehens am Beispiel des natürlichen Bedürfnisses nach Darm- bzw. Blasenentleerung thematisiert. Sie erscheinen als Teil unterschiedlicher kultureller Figurationen, wobei Vorstellungen der Schicklichkeit den Lebensnotwendigkeiten gegenübergestellt werden; der kulturelle Habitus der familiären Figuration wird diskret und humorvoll kritisiert,pp.435f.

13: Vgl. *OED*-Einträge zu "femininity".

14: Vgl. *OED*, die Eintragungen zu "quaint", vor allem auch alle veralteten Nuancen. Die im Text benutzten Zitate entstammen diesen Angaben.

15: Wie durchgehend in meiner Arbeit gebrauche ich "ästhetisch", wenn sich eine Aussage hauptsächlich auf Kunst bezieht; Geschmack ist demgegenüber der weitere, nicht auf Kunst beschränkte Begriff.

16: Vgl. dazu literarische Vorbilder einer solchen Frauenfigur als Teil des Romans: insbesondere ist hier Lady Macbeth zu nennen, mit deren Hinweis auf den Vater beim Mord an Duncan, sowie mit ihrem Bezug zur Hexenwelt, auf die in 1919 angespielt wird; dabei leuchtet durch die komisch-parodistische Passage, in der diskret Claras eher psychologisch motivierte Handlungsweise, ihre Fixierung auf das Vaterbild anschaulich wird, das literarische Vorbild, Shakespeares Lady Macbeth, durch; gegenwärtig herrschende, Freudsche oder andere psychologische Deutungsmuster und literarische werden ineinander gespiegelt, ergänzen und erhellen sich wechselseitig. Erzähltechnisch gilt dies für den gesamten Text. Zu *Macbeth*, s. William Shakespeare, *Macbeth. Riverside* Ed.,bes. 2.2. II.10ff

17: S. den Hinweis, daß der Roman ursprünglich 'Laughing Mirrors' heißen sollte: Rubin Rabinovitz, *The Reaction Against Experiment in the English Novel 1950-1960*. London, 1967, pp.66f.

18: Man kann, in Anlehnung an entsprechende Figuren in *Hemlock and After*, auch die Hohlheit des Gegenstandes übertragen verstehen und von Clara Matthews' 'innerer Leere' sprechen. In solchen Beispielen ist Leere gleichzusetzen mit auch selbstdestruktiver Lieblosigkeit, die meist durch Machtausübung kompensiert wird.

19: Der Romantext enthält ein vielschichtiges Sprachmuster an Vorstellungen des Erhaltens von etwas, das einst gegenwärtig, in irgendeinem Sinn intakt/heil war und dem Ver- u. Zerfall, aber auch anderen Arten der Wandlung ausgesetzt ist.

20: S. z.B. Konnotationen der Hure II.1919 und passim I-III.

21: Vgl. die ironische Implikation der auktorialen Zuweisung, die ältere Generation dieser Familie habe 'supporting roles' für die 'principal players', die diese Stelle enthüllt; auch daß von 'Statistenrollen' bzw. 'Hintergrund' nicht in wertendem Sinn gesprochen werden kann, als sei die Umwelt 'nebensächlich' wird hier wie in vielen weiteren Textepisoden offenbar.

22: Vgl. zum Kontext passim III.1937; bes. 396f. Wie in *Hemlock and After* in Bernard Sands' Roman kann man sagen, daß Margaret künstlerisch etwas antizipiert, was sich lebenspraktisch erst später als Problem erweist.

23: Vgl. bes.*OED*,Suppl.vol. 3, "Martha" und "Mary", bes. bei letzterem, Eintrag 4; s.a. die biblische Quelle, die dort genannt ist: Lukas, 10.40,41, die Martha als im häuslich-praktischen Sinn Aktive darstellt, dergegenüber Schwester Maria die intellektuelle und insoweit Kontemplative ist; vgl. sowohl die Beziehung Ella-Bernard in *Hemlock and After*, wie die Beziehung Tom und Piers Mosson in *Setting the World on Fire*. Sukeys weibliches Wesen und was es repräsentiert, ist Teil des 'dark chamber adjoining', in dem Malvolio seine 'madness', seine 'dark ignorance' kurieren soll, die Teil auch seiner Figuration ist; vgl. dazu weitere Einzelheiten im Folgenden; s. im Roman bes. III..Vgl. zu *Twelfth Night, Riverside* Ed., bes. 4.2. II.20ff.

24: Vgl. den Gebrauch des Begriffs 'butt' bei Margaret 1946

25: Vgl. die sprachlichen Parallelen zur oben interpretierten Passage 1946,p.424; s. dazu die Erzählererläuterung in I. zur Erinnerung an solche kostbaren Momente, bes. p.8 und dabei die bildhaft doppelsinnige Vorstellung, daß 'durch Sprache' etwas sichtbar werden kann "through the words" p.49.

26: S. auch die Erzählphase II. 1925

27: S. Margarets Stichwort zu Beginn der Episode beim Erwachen vom 'crash' : 'cacophony'; dazu ihren Romanentwurf 1925 als 'symphony' sowie schließlich die wiederkehrende Vorstellung von ohrenbetäubendem Lärm: 'noise' und dgl. als Irritation ersehnter Ruhe. Solche kontrastiv zueinander gehörenden Bild- und Wortketten konstituieren diese Lebenswelt als sprachliches Kunstwerk.

28: Vgl. den Begriff des 'Fixierens' bei Margarets Schreibakten: es bedeutet, lebendiges, ganzheitliches Sein nicht gestalten Können, vgl. dazu die sprachliche Vernetzung von Flüssigkeiten /Gestaltlosigkeit vs. Gestaltungen bezüglich Personen und Schreiben als Teil der Matrix von Margarets Leben und Kunst; vgl. dazu den Erzählerhinweis in I.1., das Erzählen vs. Festhalten im statischen Bild, p.8.

29: Vgl. passim den Beginn von II.1919,pp.35-39; auf eine ausführliche Erörterung dieses Erzählabschnittes muß ich im Rahmen meiner Themenstellung verzichten. Wesentlich scheint mir, diese Ereignisse auch im politischen und gesellschaftlichen Sinn zu deuten: die Jugend dieser erfundenen Welt in jener unmittelbaren Nachkriegszeit erweist sich als (noch?) nicht reif, die gewünschte Befreiung durch friedfertige Methoden zu erreichen. Der Ort der Zusammenkunft wie das Spiel sind Signale ihrer mangelnden Erfahrung oder Reife. Hinzu kommen indes die realen Machtverhältnisse, wie die in ihnen zum Ausdruck kommenden jeweils egoistischen Interessen derjenigen, die die Verhältnisse verkörpern. Die Gestaltung des Textes 'Before the

War' und '1919' läßt sich allgemein deuten als Signal, daß Vor- und Nachkriegszeit Kontinuitäten aufweisen, die in den psychogenetischen Strukturen ihren Niederschlag finden. Die Dichotomien in Quentins marxistischem Ansatz z.b. erweisen sich als eines der Hindernisse, die von ihm avisierte Veränderung zu realisieren: Sein und Bewußtsein gehören in der Tat zusammen, sie müssen gemeinsam verändert werden; eine Aufgabe, die nur sehr langsam zu verwirklichen ist, da sie, wie entsprechende historische Ereignisse zeigen, nicht durch eine politische Revolution, also durch ein ebenso plötzliches wie radikales Ereignis geleistet werden kann.

30: 1937 nennt Margaret diesen Bruder im stillen einen dummen Menschen und wundert sich, weshalb ein solcher Mann dennoch den Part des Malvolio so gelungen darstellen kann, s.p.397.

31: S. in *OED*, bes. die allg. Bedeutung "A putrescent or wasting disease in persons. Also *fig.*" und vgl. insbesondere Quentins Lebensgeschichte passim zu diesem Liebesmangel als Teil seiner nur scheinbar ganz privaten Krankheit.

32: Vgl. z.B. *Der große Duden*. Bd. 5, "Lamarckismus", p.399.

33: Vgl. parallel dazu 'The Game' der Kinder nach dem Desaster, pp. 130-147; insbesondere den einführenden erläuternden Kommentar des Erzählers zur Funktion dieses gewohnten Rollenspiels, der die eingeschränkt heilsame Funktion dieses Rollenspiels andeutet, und den Fingerzeig auf das Konventionelle solcher Gewohnheiten wie ihrer Deutungen enthält, p.130.

34: Vgl. pp. 207-216 von Buch III.1925-1938

35: Vgl. pp. 273-286

36: Auf Resonanzen zu bestimmten Themen von Shakespeares *King Lear* kann ich hier nur verweisen; gerade die Gestalt der Gladys fungiert auf der Textebene als Figur, in der Facetten der Cordelia eingeblendet sind in das soziale Rollengefüge der Bedienten Regan; Gladys spielt im 'Game' deren Rolle. Der komplexen Geschichte dieser Gestalt wäre eine eigene Untersuchung zu widmen; denn diese von der jungen Margaret als 'fat' und 'foolish' bezeichnete Frau ist eine wesentliche Gegengestalt -im Sinne der Kontraste wie der Ähnlichkeiten ihrer Textfunktionen und Eigenarten als weibliche Personen -zur 'dünnen Gestalt' Margaret Matthews; s. passim im Roman; vgl. einige Hinweise in meiner Darstellungen der Lebensgeschichte Margarets im Folgenden.

37: Vgl. p.413 und passim pp.413-416 zum 'öffentlichen' Teil; pp. 417-421 zum 'privaten'.

38: Vgl. bes. pp.121-124 zur Rolle des Vater-Bildes in Claras Leben und Ehe mit William, die Parallelen zu Williams' spiegelgleichem Mutterbild finden sich z.B. in der Erzählphase 1937, bes. pp. 287-291; die Juxtaposition von Inszenierungen und den eher individuellen Aspekten wird in diesen Erzählabschnitten als Teil der Textaussage selbst deutbar, vgl. passim Buch III sowie die Ausführungen zu Margaret hierzu im Folgenden.

1: Die 'colonies' der putzigen Murmeltiere antizipieren nicht nur die Szenen 1919, wo die Kätzchen Opfer werden, sondern spiegeln auf harmlos scheinende Weise das koloniale Muster im politischen Horizont, dem Margaret noch 1956 nicht 'entronnen' ist, obgleich sie viel aufgeklärter erscheint als andere; vgl. bes. die Episoden 1925 und 1956 auch zu kolonialen Strukturen.

2: Vgl. passim den Wandel ihrer Glücksvorstellung in ihrer Entwicklung gerade in ihren Beziehungen zu anderen Menschen; es ist eine zunehmende Bejahung der menschlich-irdischen, also sterblichen und unvollkommenen Existenz, ohne Preisgabe des Anspruchs, diese Existenz durch Kunst zu transzendieren.

3: Vgl. im Romantext die vielfältig gegeneinander gesetzten, sich ironisch reflektierenden Vorstellungen von Vater und Mutter als Mann/Frau in 'Aktivität'/'Passivität', als 'Virilität' und 'explosive Leidenschaft'/'Femininität' als Hingabe; anschaulich gemacht z.B. im Sprachgeflecht 'pop'/'motor', 'passion'/'decency', 'war'/'rest'/'sleep' usf.. Alle miteinander konstituieren ein Bild des Lebens, das nicht in je einseitige Konzepte auflösbar erscheint.

4: U.a. dank der Parallelitäten zwischen Margaret einerseits und Sukey und Gladys andererseits wird diese spezifische Kraft als einer kreativen, sowohl femininen wie maskulinen Liebes- und Lebenskraft der Tradition, wie sie beispielsweise *eros* bezeichnet, aus der Leserperspektive erkennbar. Dem allmählichen Werdegang Margarets als Frau entspricht die künstlerische Entwicklung, insbes. ihr Bemühen, zunehmend komplexere Textsorten zu schaffen: Tagebuch, Kurzgeschichte, Roman. Vgl. außerdem bes. Margarets Haltung gegenüber ihren Liebespartnern sowie zu den Flüchtlingskindern 1937 und ihre dankbare Anerkennung der Würdigung ihrer Texte durch die nachfolgende Generation 1967; zu diesen Aspekten, vgl. meine Ausführungen im Folgenden. Vgl. dazu außerdem meine Hinweise in *Hemlock and After* zu *eros* und vgl. Lit.verz..

5: Auch unter diesem Gesichtspunkt ist es interessant, daß es sich um eine Frau handelt; ich sehe direkte Verbindungen zu *Hemlock and After* und *Setting the World on Fire*. Sie beziehen sich auf die Frauengestalten, die Vorstellung von Kunst und die Funktion der Rache und des Richtens in den gezeigten Lebenswelten. Derlei Bezüge bedürften allerdings einer eingehenderen Darlegung.

6: Vgl. passim zu diesem Erzählabschnitt III.1.1925,pp.149-206; die Hochzeitsgeschichte findet sich pp.150-156; die Reaktionen der Geschwister Marcus und Sukey,bes.pp.185-188, pp.201-206; Margarets eigene Liebesepisode,pp.188-199,s.ferner die Reminiszenz zu Clifford Arbuckle, dem Liebhaber von 1925 in 1935, p.231, sowie das Gespräch mit Gladys und deren Geschäftspartnerin Sylvia über erste Liebeserfahrungen in 1937, bes.pp. 325f.

7: Vgl. zu "evasions" die *OED*-Einträge: sowohl "the action of escaping from confinement or danger; escape..." wie "the action of evading (a duty, a law...)"; beides trifft auf Margaret im Verlauf ihrer Geschichte zu; s. bes. 1946 ihr Innewerden. Meine Deutung des Geschehens um Margaret hängt zusammen mit der vom Text suggerierten Reflexion, was wohl 'our most cherished evasions' sein könnten, die als Kommentar den Kurzgeschichten Margarets vorangestellt ist; vgl. zur historischen Denk- und Lebenstradition, 'Innen' und 'Außen', 'Einzelperson' und 'Figuration' zu trennen, bes. die Darstellung von Elias, *Prozeß*. Bd.1, pp.XLIV, XLVII, IL, L.

8: Vgl. dazu das Stichwort aus der Hochzeitsgeschichte, z.B.p.156 "the surviving fittest"

9: Zu den sprachlichen Rekurrenzen, die Zusammenhänge herzustellen erlauben gehören u.a.:a) die Parallele der Zurückweisung durch Clara 1919: diese Lieblosigkeit erwidert Margaret ihrerseits mit Lieblosigkeit-es ist die kompensatorische Schutzhaltung, die als Autorin als verfehlt begreift;b) die ineinandergeblendeten Anspielungen 1919, 1925 und 1946 auf das antike literarische - und reale?- Vorbild Kassandra, auf Shakespeares Testament sowie auf die Austen-Schwestern Jane und Cassandra; Margaret wurde tatsächlich von niemandem in der Familie verstanden-s. z.B. die Rezeption ihres Textes 1925; sie hat sowohl in Kindertagen das wertvollere Bettgestell: Messing vs. Eisen, wie sie auch in ihrer Ehe mit Douglas das bessere Los hat, während Sukey das schlimme Los nicht sehen kann, das die Schwester als Gast bei der Hochzeit realitätsgerecht voraussagte. Margaret überwindet ihre 'primness', die Jane Austen auch in diesem Roman zugewiesen und historisch nachgesagt wird; Jane Austen blieb unverheiratet, starb jung und wurde erst nach ihrem Tod als Schriftstellerin berühmt. Margaret fungiert im Roman als moderne Autorin mit zukunftsweisenden Texten gegenüber der konservativen Schwester 'Jane', mit ihren den *status quo* nicht transzendierenden Texten. Zu Kassandra, vgl. z.B. Christa Wolf,*Voraussetzungen einer Erzählung: Kassandra. Frankfurter Poetik Vorlesungen.* Darmstadt,[10]1986; zu Shakespeares Testament: das 'second best bed' ist Shakespeares Ehefrau zugesprochen und ist das Ehebett; diesem steht das 'best bed' gegenüber, das Gästen vorbehalten ist; s. S. Schoenbaum, *William Shakespeare. A Documentary Life.* Oxford, 1975, bes. pp. 274f. Zu Jane Austen, vgl. z.B. Angus Wilson, "Conflicts in Jane Austen's Novels", in: *Diversity and Depth in Fiction: Selected Critical Writings of Angus Wilson.* Ed. K. McSweeney. London, 1983, pp.39-54; sowie ders., "Evil in the English Novel", ebda., pp.3-24.

10: Sie assoziiert sie mit Sarazenen; vgl. die politischen Implikationen bes. in den Abschnitten 1937 und 1956, vgl. ferner diese Anspielung auf die 'Wilden' im Zusammenhang mit der Vision am Ende ihrer Geschichte 1967-'noble savage': ein Hinweis auf Rousseaus dichotomisches Verständnis von Natur vs. Zivilisation. Schuld und Unschuld der Europäer; solche Muster werden ironisiert, ohne sie damit zu entwerten: Margarets Schlußbild zeigt sie im Kontext der Paradies-Vorstellung als Teil auch anderer Unschulds- und Unsterblichkeitsvisionen als Ursprung und Ziel menschlichen Lebens; dazu Näheres im Folgenden.

11: Unmittelbar vor dieser Patriarchatskritik erinnert Margaret sich einer Bemerkung, in der Clifford von ihren enthüllenden Kurzgeschichten mit einer gewissen, von innerer Unsicherheit ob dieser Qualitäten Margarets zeugenden Anerkennung spricht: "'You catch them without their bathing trunks, don't you? I've never read a writer who can do it like you. But I suppose you'll be working towards a sustained novel now.' When he said such things, and puffed his pipe and looked like a little boy pretending to be his own father, she could not tell whether she wanted most to hug and kiss him, or to smack his hand." p.197 Diese Ambivalenz kennzeichnet ihren derzeitigen Zustand als Frau und bestimmt die Beziehung zu diesem Mann, der seinerseits diese reflektiert. Unverkennbar klingt in Margarets autoritativer 'Stimme der Vernunft' als der weltklugen, aufstrebenden jungen Autorin eine 'Stimme der Vergangenheit' durch, wie sie Miss Rickard schon in I artikuliert mit ihrer aggressiven Behauptung, William Matthews sei kein 'richtiger Mann', sondern ein 'verwöhntes Kind': "My niece thought she'd married a man and found that she'd married a spoilt baby..." p.25.

12: Vgl. passim die Episoden in II bis V, die sinnbildlich verknüpft sind mit Vorstellungen des Verwundens, Verletzens, Unheil-Seins und -Stiftens im privaten und politischen Bereich, der häufig mit territorialen Begriffen bzw. Bildern assoziiert wird; Margaret lernt allmählich, den Blick nicht abzuwenden, den sie 1919 fasziniert und verschreckt auf Quentins Wunde richtet, ehe sie flieht, p.54. Sie würde den Kindern, dem Mädchen zumal, helfen wollen. Sie supponiert 'natürlich', daß ihr bzw. ihnen von den Schlangen Gefahr droht; die Schlangen sind jedoch harmlose, schutzlos der Willkür der Menschen preisgegebene Kreaturen. Margaret sieht nicht, daß sie als die wohlhabende ältere Frau die Stärkste in dieser materiellen Machthierarchie ist; ihre relative Stärke motiviert die relativ Schwächeren, die Schwächsten in dieser Hierarchie zum Kauf anzubieten. Ihre Weigerung, dieses Geschäft zu machen, setzt die Lust an der Machtdemonstration offenbar frei. Und Margaret kann in solcher Zerstörungslust, wie es ihrer Tradition entspricht, nur ein wesensfremdes Element erblicken. Sowohl ihre mangelnde Selbsterkenntnis wie ihr gedanklicher kultureller 'Kolonialismus' drücken sich aus in ihrer Vorstellung, die Kinder seien 'afrikanische Wilde'. Als sie die tödliche Gewalt der Kinder sehen muß, flieht sie mit Abscheu. Aber dieser Abscheu ist selbst Teil der 'Blindheit', die hier subtil enthüllt wird als Teil der Figurationen, an denen Margaret aktiv partizipiert. Eine literarische Anspielung insinuiert zugleich die Unsterblichkeitssehnsucht wie das reale Erbe der Kindheit, die Margarets Streben eignet, wenn sie Cliffords Makel assoziiert mit Wordsworths Ode *Intimations of Immortality From Recollections of Early Childhood*, der das Motto vorangestellt ist "The Child is Father of the Man;..." s. *The Poetical Works of Wordsworth.* Ed. E. de Selincourt. London, [2]1956, pp. 460-462. Der Romantext stellt sprachliche Verbindungen her zwischen 'wound', 'tissue', 'thread' mit 'texture' als Text/Gewebe/Sprache als 'matter', welches eine andere, die körperlich-reale Materie durchsichtig macht: vor dem geistigen Auge, das indes ein anschauliches Bild der sinngebenden Kraft als Teil menschlicher Realität selbst ist; ein Stichwort hierzu ist 'creative spirit', u.a. wohl eine Anspielung auf Merediths entsprechenden Essay "The Idea of Comedy and the Uses of the Comic Spirit", vgl. bes. 1935 und 1937. Margarets diverse 'Verletzungen' und 'Durchbrüche' sind persönlich-private 'Prozesse' der 'Verurteilung' zur teilweise auch komischen Schmerzhaftigkeit ihres realen Lebens, analog denjenigen Gladys'. Sprachmuster und Situationsmuster machen diese Verbindungen durchsichtig, z.B. rat, bat, brat-butt, blank, basket, basque, sole, soul; Klo, Hotelzimmer; breakthrough vs. constipation; cage-trap, stage-trap; die 'old trap' ist auch die 'old battle', in der vergeblich und zum Nachteil der beteiligten Geschlechter jeweils eine Person bzw. die Sexualität 'eingesperrt' werden: 'caged horror'-'rat'; 'Fortschritt' Margarets als Erbin der Miss Mouse, Miss Austen. Aus der Leseperspektive ist zu verstehen, daß Margaret keine sonderlich 'guten Gründe' hat, sich das Denken zu verbieten, das sie 1937 bei Gladys anmahnt. Gladys, so zeigt sich, muß dafür ihren Kopf nicht auch notfalls gegen den Mann gebraucht zu haben, Margarets Buße geschieht eher im stillen durch die mangelnde Anerkennung dessen, was sie zu leisten versucht; s. zu Margaret Näheres im Folgenden.

13: Vgl. bes. die Interaktionen Margarets mit Gladys, passim. Es gehört gerade zu den 'Lehren', etwa aus Gladys' 'Fall', immer wieder den Versuch zu machen, zwischen Realität und Bildern, Gestalten der Kunst und ihren Deutungsmöglichkeiten zu unterscheiden, selbst wenn eine klare Trennung nicht möglich ist aufgrund der 'Materie'. Gladys' geschicktes Rollenspiel, im Verbund mit ihrer Neigung, sich von Männern ausbeuten zu lassen, führt zu ihrer Verurteilung.

14: Vgl. Claras Vision vor ihrem Tod,p.418 und Margarets andersartige, aber vergleichbare, 1967, pp.478f.

15: Diese Anspielung auf Chaucers Prolog zu *The Canterbury Tales* ist eine der vielen textimmanenten Verknüpfungen von Leben als Erzähltem mit auch einst Gelebtem; vgl. z.B. *The Works of Geoffrey Chaucer*. Ed. F. N. Robinson, London, ²1974, p.18, l.72 "He was a verray, parfit gentil knyght." Thematisch geht es um die reale Wirksamkeit von Bildern zur Realität auch von Mann und Frau, wie sie u.a. die Literatur tradiert und ggf. transformiert; vgl. dazu z.B. auch Ingeborg Bachmanns Äußerung "Von der Welt als der Gesamtheit aller Tatsachen machen wir uns Bilder, die wiederum den Tatsachen zuzurechnen sind." in: *Die Wahrheit ist dem Menschen zumutbar. Essays, kleinere Schriften.* München/Zürich, 1981, p.15.

16: Vgl. passim die Angepaßtheit des Ehepaares Matthews -'Schein wahren'; Gladys bringt durch ihr geschicktes Rollenspiel bei ihrem Prozeß diesen Schein zum Platzen, während der Text des Romans insgesamt anschaulich zeigt, wie das wiederum funktioniert als Teil des realen Seins dieser gesellschaftlichen Figuration. Vgl. hierzu das Ballon-Bild bei Gladys 1937, p.322 und Kontext, das Leserinnen und Lesern die Möglichkeit gibt, Margarets Konzept als Teil derselben 'Falle', desselben 'Falls' zu verstehen: der äußere Schein ist gänzlich real in seiner Destruktivität und erst wenn dieser Schein platzt, kommt die wahre Integrität der Person Gladys zum Vorschein, kann sie sich überhaupt entfalten. So- wenngleich mit spezifischen Differenzen – ergeht es auch Margaret im Verlauf ihrer Lebensgeschichte.

17: Vgl. bes. die Juxtaposition von Photorealismus und Erzählkunst durch den Erzähler in Buch I, pp.7f. U.a. das Echo von 'pop up' assoziiert die Murmeltierepisode hierzu. Es ist dieselbe Absicht, die die kleine Margaret hat und auch dort zerstörte ihr die Realität der Erwachsenenwelt und ihre aktive Beteiligung daran den Vorsatz, das vollkommene Glück zu verewigen; dieser Roman zeigt, daß das vollkommene Glück kein irdisch-menschliches ist und ironisiert subtil die Versuche, es auf Erden zu erlangen auf Kosten der 'lichten' wie 'finsteren' Realität; hier liegt eine der wichtigen Funktionen des Vorbildes der Shakespeare-Komödie *Twelfth Night*; vgl. im Folgenden den Zusammenhang zwischen Liebe und Kunst: Rupert-Malvolio/love-poetry Stichworte, bes. in III.1937.

18: Vgl. passim pp. 195ff

19: Vgl. zu dieser Formulierung Christa Wolf, *Kassandra. Erzählung.* Darmstadt, 1986: "Wann Krieg beginnt, das kann man wissen, aber wann beginnt der Vorkrieg. Falls es da Regeln gäbe, müßte man sie weitersagen. In Ton, in Stein eingraben, überliefern. Was stünde da. Da stünde, unter andern Sätzen: Laßt Euch nicht von den Eignen täuschen." p.78

20: p.199; ebenso wenig 'beginnt' die Episode, wo Margarets Erinnerung diesen Beginn setzt, p.190 und Kontext.

21: Vgl. die sprachlichen Verbindungen zwischen 'blank' und 'butt' in den entsprechenden *OED*-Einträgen. Der Romantext liefert das methodische Stichwort im Kontext von Shakespeares Komödie *Twelfth Night*, wenn es heißt, Debbie versuche Rupert Malvolio zu erklären, indem sie ihm zeigt "how it all fused on the language level", p.351; eben solches veranschaulicht der Romantext, während Margaret um solche Leistung als Frau wie als Künstlerin ringt.

22: Das korrespondiert Cliffords Haltung und Kritik, bes. p.197.

23: Diese Passage ist eine subtile Evokation des Hamlet-Monologs, Akt 1.2.II.129ff; gemeinsam mit der Rekurrenz des 'easeful death', ist dies eine der Verbindungen nicht nur zu literarischen Vorbildern, sondern auch zu Wilsons erstem Roman, in dem solche Probleme in anderer Weise gestaltet sind; vgl. meine Ausführungen dazu oben.

24: Vgl. bes. die bildhaften Beschreibungen der Durchbrüche, inklusive der Vorstellung in 1925, p.192, hier werde -aus dem seelischen Brustkorb - brechen, im Verbund mit den Begriffen von Liebe/Bewegung/Bewegtheit, passim im Roman.

25: Hier scheint mir der sprachliche Bezug zu Bernard Sands' Rede in *Hemlock* deutlich; auch das Stichwort 'retribution' verbindet beide Textwelten. Die Bezugsmöglichkeit zu C.G.Jungs Arbeiten ist gerade an dieser Stelle besonders naheliegend im Kontext der Bilder des Meeres, der Strandsituationen im Hinblick auf Jungs Vorstellung, es handle sich um Grenzbereiche des Bewußtseins zum Unbewußten; vgl. z.B. Carl Gustav Jung, *Werke*. Bd 9/I.*Die Archetypen und das kollektive Unbewußte.* Olten, 1976, pp. 13-51 zum Begriff des Archetyps; s. bes. die Verbindung zu Platons *eidos*; sowie, a.a.O., pp. 69-123 speziell zur *anima* als dem weiblichen Archetyp und zum Mutter-Archetyp mit seinen ambivalenten, komplexen Aspekten.

26: Vgl. bes. das Echo zu ihrer ersten Tagebuchskizze: das Publikum, die Erwachsenen, die Haltung der Murmeltiere.

27: Vgl. passim Buch III.1937, sowie IV und V. Zu Margaret in III, z.B., pp.291-294; die faschistoide Versuchung, deren Auftakt die väterlichen Auslassungen zum 'Comic Spirit' vor der realen Bedrohung des Antisemitismus sind, s. Beginn des Buches III; wie in 1925 erhellen sich solche Aufteilungen auch inhaltlich thematisch wechselseitig.S. ferner bes.pp.320-327 zu Margaret und Gladys;pp.348-352 zu Ruperts Schauspielerproblemen wegen Malvolio; pp.363-367 Margarets Romanprojekt, speziell auch in Ruperts Kontext;pp.391-395 die Zusammenkunft der Künstler und Birnbaums Rede gegen den Faschismus; pp.396f Margarets Reaktion auf Ruperts Malvolio; bes. pp.406-408 die Geschwister bei Gladys' Prozeß.

28: S. William Shakespeare,*Twelfth Night or What you Will. Riverside.* Ed., 3.4. II. 127f; der Sprecher ist Fabian, in freudiger Erwartung der Exposition des Malvolio in seinem 'dark chamber', die bald folgt. Im komplexen Vexierspiels von Realität und Kunstproduktion in der erfundenen Romanwelt ist die Aufführung des Stückes von Shakespeare u.a. eine Erinnerung an die Tradition solchen Spiels auch mit Facetten textexterner Realität; im Kontext der historischen Explosion faschistischer und stalinistischer Gewalt, ist die erfundene Gewalt harmlos in ihrer Verrücktheit, gegenüber der realen Verrücktheit, als welche die Normalität jener Epoche aus heutiger Sicht erscheinen kann.

29: Vgl. die verniedlichende, aber gleichwohl kritisch distanzierte Haltung William Matthews' zu Hitler, der p.287 als "the world's most tedious and offensive housepainter" bezeichnet wird. Zu historischen Aspekten, vgl. z.B. Gerhard Schreiber, *Hitler-Interpretationen 1923-1983.* Darmstadt, 1984, passim; Hannah Ahrendt, *The Origins of Totalitarianism.*New York/London, 1973, passim; speziell zum Antisemitismus in England während der Kriegs- und Nachkriegsjahre, Marion Berghahn, *German-Jewish Refugees in England. The Ambiguities of Assimilation.* New York,1984, passim.

30: Zu den sprachlichen Verbindungen gehört neben Malvolios 'dark chamber' als Zeichen seiner Ignoranz auch die *Macbeth*-Beziehung zum Schlaf und Mord, wie sie 1919 mit Clara und William evoziert wird. Vgl. zu 1946 z.B. die semantische Verbindung von 'obtuse' mit Begriffen wie 'fat' 'butt' - das 'giftige Muster'; s. das Stichwort des alten Ahrendt, p.347: wenn es Hitler gelungen sei, sie zum Vertrauen in andere Menschen unfähig zu machen, habe er sie wahrhaft zerstört; aus Mißtrauen heraus, das verständlich, aber nicht ganz sachgerecht ist, werden die Ahrendts ihrerseits als beteiligt gezeigt am Prozeß gegen Gladys; 'inner poetry', 'love', 'trust' gehören zur unzerstörbaren Integritätsvorstellung dieser Textwelt; nach meinem Verständnis ist es ein Teil aller drei gezeigten Textwelten; das faschistoide Muster des Erbes von Margaret wird hier auch sprachlich evoziert z.B. in *Setting the World on Fire*, bes. in der Eigenart Marina Luzzis.

31: Nicht dem Überleben des 'comic spirit' allein, sondern dem umfassenderen des 'creative spirit' wird hier Ausdruck verliehen.

32: Zuletzt bei Gladys' öffentlichen Äußerungen 1937: "Why *did* she have to clown?", was in dem Augenblick ohne Antwort bleibt.

33: Debbies Worte zu Rupert können auch gelten für die Darstellungstechniken von *No Laughing Matter:* "You're looking for consistency, but he [i.e. Shakespeare, Autor von *Twelfth Night*] gives us something much more, he gives us poetry." (p.351; vgl. auch Kontext); jedenfalls dann, wenn man solche Facetten als 'Poesie' im Text bezeichnen möchte und gelten lassen kann.

34: Die verbale Resonanz zur Ehe der Sands' sr. in *Hemlock and After* ist sichtbar; sie ist auch thematisch mit den dortigen Fragestellungen verbunden und kehrt anders gestaltet in *Setting the World on Fire* wieder bei Piers und seinen Beziehungen sowohl zu Tom wie zu Frauen und Liebhabern. Das Ehebild in *Hemlock and After*, das in III.1. die Depression der beiden kennzeichnet, ist eine direkte Analogie zu der 'catastrophe'-Bildlichkeit und zugleich eine wichtige Variante, die gerade durch Margarets Ehe mit Douglas konturiert wird; wenn man, wie es in der Sekundärliteratur geschieht, das 'Pop'/'Motor'-Bild mit Beckett assoziiert, was zweifellos sinnvoll ist, so ist doch auch festzuhalten, bei Wilson eine eigene Bildlichkeit vorhanden ist; vgl. außer den zitierten Arbeiten zu *No Laughing Matter* auch Robert Burden, "The Novel Interrogates Itself:Parody as Self-Consciousness in Contemporary English Fiction", in: M. Bradbury, D. Palmer, eds., *The Contemporary English Novel.* London, 1979, pp.133-155; der Titel des Aufsatzes von Burden markiert eine typische Problematik, um die es m.E. auch in *No Laughing Matter* geht: nicht 'der Roman' 'befragt sich', oder 'hat ein Bewußtsein', oder kann 'agieren', sondern es wird impliziert, daß der Autor ein entsprechendes Bewußt-sein in seinem Werk gestaltet habe. Gleichsam folgerichtig hat man daher gerade im ersten Roman Wilsons – *Hemlock and After* – vor allem solche Elemente gesehen, die durch ander-weitige Äußerungen des Autors naheliegend schienen.

35: Im Kontrast vor allem auch zum Lebensweg des Quentin, der vermutlich im fatalen Absturz mündet, eines Weges, der begleitet ist von dem Motto aus Buch II 'our cause I fear is dying', ein Motto, das subtil mehrere Motive des Textes bündelt im Bild der Reise wie des Unter-gangs einer Epoche vor dem 'Hintergrund' von Facetten entsprechender textexterner Rea-lität.

1: Von besonderer Wichtigkeit ist mir dabei die Tatsache, daß der literaturwissenschaftliche Begriff 'plot' im Englischen die Übersetzung des griechischen Begriffs *mythos* bei Aristoteles ist; vgl. z.B. Preminger, *Encyclopedia*, p.622; vgl. dazu die *OED*-Einträge.

2: Diese Kirche hält der altersschwache Patriarch der Familie von Tothill House, Great Grandfather Mosson, für die Privatkirche seiner Familie; ihm ist das Mäzenatentum offenbar noch selbstverständlich, das der Zeit der Erbauung der Kirche entspricht; vgl. während des Mittagessens, II.7., pp.218-220, bes. seine patronisierend-wohlwollende Haltung gegenüber dem jungen Genie der Familie. Der historische Thomas Archer (ca. 1668-1743) arbeitete ungefähr zur gleichen Zeit wie der berühmtere englische Barockarchitekt, Vanburgh, der für diesen Roman besonders wichtig ist.

3: Vgl. z.B. in *Macropædia*. Vol.12,"Myth and Mythology", pp.793-804, bes. zur Architektur im Kontext von 'heiligen Gegenständen' der Religionen, Mythen, vor allem auch von 'Heiligen Texten', p.798; entsprechende Stichworte sind im Romantext durchgängig zu finden. Das unmittelbar relevante für die eine Heldenfigur, Piers Mosson, der sein Leben als Theaterregisseur dem Dienst an der Kunst 'weiht', lautet "the text, musical or otherwise, is sacred" p.78.

4: S. Godo Lieberg,*Poeta Creator*, die Einleitung, pp.1-3; sowie bes. Kapitel I, schon p.5; p.26 weist er darauf hin, daß zwar manche 'Sänger' besondere Gaben hätten, "Doch eine gewisse Schöpferkraft eignet jedem Dichter"; Orpheus ist einer der besonders 'Begabten': vgl. z.B. pp.34-45 zur Bedeutung des Hervorbringens durch das magische Singen schon bei der Figur des Orpheus und spätere Verwendungen dieser Vorstellung passim; s.a. Kapitel XVI, in dem Lieberg den Anschluß zur Neuzeit beschreibt und Shaftesbury als wesentlich traditionsbildend versteht, pp.159-173.

5: Vgl. zum Begriff des *mythos*, wie ich ihn hier im Roman als veranschaulicht deute, bes. Karl Kerényis Definition in seinem mit C.G.Jung verfaßten Buch *Einführung in das Wesen der Mythologie.Gottkindmythos - Eleusinische Mysterien*.Amsterdam/Leipzig, 1941; s. bes. pp.9-37; p.11, die Definition des *mythos* als Stoff und Bewegung wie als bildhafte Gestaltung; pp.17-25 die Ausführungen speziell zum (Stadt-)Gründungs-Ur-Bild.

6: Ich kann zur Angemessenheit solcher Aussagen nicht Stellung nehmen; mir kommt es darauf an, die Vorstellung des dichterischen, ontologischen 'Begründens' in *Setting the World on Fire* als dem Text selbst eingeschriebenes, anschauliches Bild aufzuzeigen.

7: Ian Nairn, *Nairn's London*.(repr.) London, 1967 p.44, in seiner Einleitung, z.B. p.13, spricht er vom Nationalcharakter Englands in Gestalt seiner Gebäude; diese Auffassung teilen andere Architekturspezialisten; ich vermag nicht zu beurteilen, inwieweit derartige Feststellungen sachlich gerechtfertigt sind; daß es sich in jedem Fall um Weisen der Wahrnehmung und des Kommunizierens über Wahrnehmungen handelt, ist indes offenkundig. Vgl. z.B. Nikolaus Pevsner, *The Englishness of English Art*. Harmondsworth, 1964, passim und mein Lit.verz. zu Quellen zur Architekturgeschichte Englands. Um solche Aspekte der Architektur als Sprachkonkretion im Wandel der Geschichte menschlichen Gestaltens überhaupt geht es nach meiner Lesart in diesem Roman.

8: Der Roman evoziert etwas von den sehr verwickelten historischen Beziehungen Englands gerade zu Frankreich im 17. und 18. Jahrhundert. Ferner wird in der Geschichte dieses Romans der Neigung zur Xenophobie und zur Überheblichkeit gegenüber anderen Nationen ironisiert; bei diesen Aspekten wie allen übrigen geht es immer um die enge Verbindung zwischen Lebensalltag, Kunst, insbesondere Architektur und Politik.

9: Vgl. Nairn, *London*, p.57

10: Pevsner, *Englishness*, p.51, Bildunterschrift

11: Vgl. bei Nairn die Angaben zu Westminster Hall, a.a.O., pp.57f; s. auch die Ausführungen z.B. in *Micropædia*. Vol.X, pp.632f. Vgl. zur Entwicklung des englischen Parlaments z.B. *Macropædia*. Vol.5,pp.96f; dazu Kurt Kluxen,*Geschichte Englands.Von den Anfängen bis zur Gegenwart*. Stuttgart, ²1976, bes. pp. 2-77; sowie *Macropædia*.Vol. 3, "Britain & Ireland, History of", pp.198-296.

12: Vgl. zu den Implikationen derartiger wechselseitiger Machtverhältnisse, z.B. die Darstellung in *Macropædia*.Vol.3, unter dem Eintrag "Britain and Ireland, History of", pp.199-296, zu Henry VIII; z.B. p.224 "Had those possessions remained in the possession of the crown, English history might have been very different, for the kings of England would have been able to rule without calling upon Parliament, and the constitutional authority that evolved out of the crown's fiscal dependence ... would never have developed. ... by 1603 three-fourths of the monastic loot had passed into the hands of the landed gentry." Es gab, so dieser Artikel, wenig Opposition gegen die Zerstörung und Enteignung der Klöster; der Kampf ging um reale

Macht im Land, der endgültig zugunsten der Krone entschieden werden sollte; Henry gebrauchte als ein Argument gegen die Klöster, das beeindruckte, sie seien "centres of vice and corruption", vgl. ebda..

13: Vgl. hierzu bes. Lawrence Stone, *The Family, Sex and Marriage in England 1500 - 1800.* Harmondsworth, 1984, für die Zeit der Regierung von James I, die in Teil III, der Handlungsklimax des Romans, eine Rolle spielt; vgl.dazu auch, ders., *The Crisis of the Aristocracy 1558-1641.* (repr.) Oxford, 1979; für meine Behauptung zum Patriarchat, s. z.B. in *The Family*, Kap. 5 passim; Stone zitiert u.a. eine Äußerung von James I, die unmittelbar für den Roman relevant ist: "In 1609 James I informed his somewhat dubious subjects that 'The state of monarchy is the supremest thing upon earth', one of his arguments being that 'Kings are compared to fathers in families: for a King is truly *parens patriae*, the politic father of his people.'..." p.110; zu entsprechenden Textstichworten, s. im Folgenden sowie weitere Details in der Darstellung der Hauptfiguren unten.

14: Vgl. bes. II.2., p.80 "'Reform Bills'... "'On the whole a mistake.' Piers smiled. He delighted in Uncle Hubert as Reaction in Person. 'No that's too easy. Whether we like it or not, our Parliament is one of the few forces restraining anarchy."Piers und Tom spielen in Teil I im 'Woodwork' Rollenspiele, bei denen sie als Vorlagen populärhistorische Darstellungen herrschaftlicher Ausschweifungen am Hof Charles' II benutzen, die Mutter Rosemary ihnen gelegentlich vorliest (wenn sie betrunken ist), deren Sinn den Söhnen nicht recht aufgeht, deren Reiz des Verbotenen aber offenbar die Spiellust motiviert; dem Treiben droht, wie Tom spürt, durch die heranahende strenge Großmutter Gefahr, aus der er sich und Piers retten muß; vgl. bes. pp.32-37. Solche Textsignale veranschaulichen die spannungsreichen Beziehungen, um die es im Roman insgesamt geht.

15: Die sprachlichen Bilder wie die lustvoll inszenierten Explosionen solcher 'plots' verbinden Facetten der Lebenswelt von *Setting the World on Fire* mit *No Laughing Matter* und *Hemlock and After*; vgl. bes. Margarets erste Tagebuchskizze der Murmeltierepisode, die 'Game'-Aspekte im Kontext der späteren Entwicklung zum Ernst; sowie in *Hemlock and After* die Funktion der 'rabbits' und der Bilder vom Sturz des Protagonisten, in Kents Vardon Hall -'Up at the Hall' - wodurch sprachlich wie auch räumlich-bildlich ein Kontext zur Great Hall dieses Romans mit ihren Konnotationen hergestellt erscheint.

16: S. dazu bes. Tom Mossons Reflexionen in II.7. "The Family Lunch", p.203 und Kontext, bes. die Conrad-Anspielung,p.234 und Kontext; verbunden sind diese Bilder u.a. durch das Bild der Themse, des Flusses als Medium der Verbindung, des Bergens und des Bedrohlichen. Vgl. den literarischen Kontext zu T.S. Eliots *œuvre*;hier zunächst aus dem Gedichtzyklus *Four Quartets*, darin die erste und die letzte Zeile von *East Coker*; Bildmuster von *The Waste Land*, bes. *The Fire Sermon* und *Death by Water*, mit dessen Bezug u.a. zu Spenser, bilden sprachlich und sinnbildlich Teil der Romanwelt,vgl. T.S. Eliot, *The Complete Poems and Plays.*(repr.) London,1975; *The Waste Land* (1922), bes. pp.67-71; dazu die Erläuterungen "Notes on the Waste Land", pp.76-80; das Motto zu *The Hollow Men* (1925)"Mistah Kurtz - he dead", p.81, das Gedicht selbst, pp.83-86; *Four Quartets*, bes. *Burnt Norton* (1935) und *East Coker* (1940), pp.171-176 und 177-183; vgl. auch die Ausführungen zu Eliots Texten von George Williamson, *A Reader's Guide to T.S. Eliot. A Poem-by-Poem Analysis.* (repr.) London, ²1970. Vgl. *Prothalamion, or A Spousall Verse*, in: *The Works of Edmund Spenser.* Ed. R. Morris. London, 1904, pp.605-607, bes. II."Against the Brydale day, which is not long: Sweete Themmes! runne softly, till I end my Song".

17: Vgl. *Hamlet*, 2.2., bes.II.603-605:"I'll have grounds/more relative than this - the play's the thing/Wherein I'll catch the conscience of the King."

18: Vgl. entsprechende Hinweise sowohl zu Vanburgh und Congreve, wie zu Ben Jonson, bes. III.2., pp.320f; das historische Vorbild Vanburghs, des vielseitigen Dramatikers und Barockarchitekten kann man als Teil des Fundamentes dieses Textgefüges ansehen. Vgl. Lit.verz. zu Angaben zum historischen Vanburgh und zu Jonsons Dramenkonvention.

19: Vgl. die entsprechenden Einträge in *OED*

1: Die Great Hall ist Teil des ganzen Hauses; das Haus Teil seiner Umgebung und Geschichte; die Geschichte Teil eines umfassenderen 'Ganzen'; Teil dieses umfassenderen 'Ganzen' sind u.a. die Werke der Dichter und der anderen Künstler - Maler, Musiker, Baumeister.

2: Verrio hat in Chatsworth House den Phaethon-Mythos gestaltet; vgl. in Nikolaus Pevsner, *The Buildings of England*.Vol. 8, *Derbyshire*, p. 89. Als Vorbild für Tothill House, insbesondere für die Great Hall, kann vor allem Castle Howard gelten, dessen Great Hall ursprünglich den von G. Pellegrini gemalten Phaethon-*mythos* enthielt; dieser fiel, wie weitere Teile des Gebäudes, 1940 einem Feuer zum Opfer; die jetzige Ausgestaltung des Lichtdoms wurde von dem kanadischen Maler Scott Medd nach historischen Vorlagen aus dem Original Pellegrinis nachgebildet. Vgl. zu G. Pellegrini (1675-1741), u.a.dessen Arbeit mit Vanburgh in Castle Howard, Ellis Waterhouse, *Painting in Britain 1530 to 1790.* Harmondsworth, [3]1954,pp.81-89, bes. p.85; zu Verrio finden sich weitere Hinweise, gerade auch zum Thema des Mäzenatentums, ebenfalls in diesem Abschnitt, pp.81-83. Zum Feuer und der Restauration, vgl. *Castle Howard.* Publ. Castle Howard Estate Ltd.. Birmingham, 1988, pp.24-29, mit Illustrationen sowie einem Auszug aus Addisons Ovid-Übersetzung zum Phaethon-Teil der *Metamorphosen*, p.26. Vgl. auch die Angaben zu Tothill House in Anne N. Thomas, *In Search of Self*, pp.250-259.

3: Vgl. Ovid, *Metamorphoses.* The Loeb Classical Library Ed. (With an English Translation by Frank Justus Miller.) 2 Vols.. London/Cambridge, Mass.,[2]1951,vol.1. Dazu auch Karl Kerényi, *Die Mythologie der Griechen.*Darmstadt, 1956, bes.pp.190-192; sowie *Paulys Realencyclopädie.* Ed. Wissowa.38. Halbband,Stuttgart, 1938, Spalten 1508-1515, und *Ausführliches Lexikon der griechischen und römischen Mythologie.*Ed. W.H. Roscher.Bd.3, Zweite Abt., Leipzig, 1902-1909; "Phanes"-Eintrag Spalten 2250-2271. Ovids Version, auf der die meisten mitteleuropäischen Versionen beruhen, findet sich im ersten Teil der *Metamorphosen.* In Ovids Geschichte ist Phaethon sich seiner göttlichen Abkunft vom Sonnengott ungewiß, sein Spielgefährte und Rivale provoziert ihn dazu, Gewißheit von der Mutter zu verlangen. Sie beruhigt ihn und schickt ihn zum Beweis hinauf ins Haus des Vaters. Dieser will zum Zeichen seiner Vaterschaft dem Sohn jeden Wunsch erfüllen. Phaethon wünscht sich, einen Tag den Wagen des Vaters fahren zu dürfen. Der entsetzte Vater kann nicht anders, als den Wunsch zu erfüllen und sehnt sich wider besseres Wissen danach, daß der Sohn Phaethon das Unmögliche gelingen möge, aufdaß aus dem väterlichen Geschenk nicht tödliches Leid werde. Das Unmögliche gelingt indes nicht - die Pferde des Sonnengespanns brechen sofort aus der Bahn, eine wilde Fahrt durch den Himmel setzt ein; Phaethon packt Entsetzen, er läßt die Zügel fahren, und der väterliche Wagen schleudert führerlos durch den Äther; die Erde beginnt zu verbrennen. Auf eindringliche Bitte der Erde schleudert Jupiter Phaethon mit einem Blitz zutode; die kosmische Ordnung, die Vater und Sohn durcheinander brachten und die der Sohn zu zerstören drohte, ist wiederhergestellt. Die Schwestern beweinen und begraben den Bruder, dessen Epitaph die Worte enthält: "although he greatly failed more greatly dared". Der untröstliche Vater grollt Jupiter ob dessen Strafe und willigt nur ungern ein, seiner Pflicht zu genügen, und die Sonne wieder aufgehen zu lassen. Vgl. Loeb Ed., Zitat p.83.

4: Vgl. Brooks Otis, *Ovid as an Epic Poet*.Cambridge, [2]1970. Otis führt aus, daß Ovid dieses Werk als 'carmen perpetuum' bezeichnet, als neues Schöpfungslied; vgl. bes. pp.45f. Brooks sieht die Phaethon-Episode des zweiten Buchs dieser Geschichte von den Göttern und ihren Beziehungen zu den Sterblichen als Teil einer komischen Episode, in der der Sonnengott Phoebus als Vater aus Unüberlegtheit seinem Knaben den Willen läßt, der alles in Gefahr bringt; dies wird beschrieben unter der Überschrift "The Divine Comedy", pp.91-127; bes. pp. 109-119 zur Phaethon-Episode;zu Phoebus heißt es, "divine folly" habe beinahe eine kosmische Katastrophe verursacht:p.116. Interessant ist auch im Hinblick auf Wilsons Werk, daß Otis seine Meinung von der zweiten Auflage seines Buches revidierte; er betont in der 2.Auflage, daß er viel stärker die humoristische Seite des Ovid-Werkes zu sehen gelernt habe; u.a. aufgrund der Kritik seines ersten Werkes; vgl. bes. die Einleitung zur 2. Aufl., pp. vii-x; bes. die Stichworte p.viii: "I now hold ... that the heroic and Augustan portions ... are fully Ovidian and in this sense intentionally anti-Augustan. Where I once saw 'bathos', I now see rather delightful or at any rate intentional parody or comedy." Die gestalterische Mehrsinnigkeit, insbesondere die Mischung des Tragischen und Komischen, gehört m.E. wesentlich zu dieser Wilsonschen Textwelt. S. dazu auch die Ausführungen zum Problem der Gestaltwahrnehmung allgemein als Erkenntnisproblem, bei L. Wittgenstein, *Philosophische Untersuchungen.* II. XI. pp.194ff

5: Vgl. E. Panofsky, *Studies in Iconology*, bes. pp.69-93; pp.171-230; darin u.a. zum ausdrücklich erotischen Aspekt dieser Figur; außerdem z.B. p.219 zur Auslegung des Phaethon im Kontrast u.a. zu christlichen Deutungsmustern, wonach Phaethon ein diabolisches Vermögen verkörpert; wie es möglicherweise in den Textvorlagen, die Piers inszeniert -Shakespeares *King*

Richard II und Lullys Phaéton - gemeint sein könnte, da für beide (neben Ovid) auch der 'Moralized Ovid' als Textvorlage im Sinne dieser christlichen Traditionen in Frage kommt. Vgl. zu Idealen des Lebens, Wissens und der Kunst der Renaissance, die für die im Roman wichtigen Architekten Pratt und Vanburgh historisch relevant sind, außerdem R.T.Gunther, ed., The Architecture of Sir Roger Pratt. Commissioner for the Rebuilding of London After the Great Fire. Oxford, 1928, ferner zu Pratt, in Colvin, Dictionary, pp.472-473; zu Pratts berühmtestem Haus, Clarendon House, u.a. Macropædia. Vol. 4, Eintrag zu Edward Hyde, First Earl of Clarendon, pp. 682f; Rudolf Wittkower, Collected Essays. London, 1974, passim die diversen Perioden von Inigo Jones zu den neuen Neoklassizisten Burlington und Kent; zum Verständnis des Palladio, ders., Architectural Principles in the Age of Humanism. London, 1962, bes. pp.57-76 seine Erläuterungen zum "uomo universale", s.a. zum Modellcharakter von Clarendon House, Mark Girouard, Life in the English Country House. A Social and Architectural History. Harmondsworth, 1980, bes. p.136. Vgl.E.H. Gombrich, "Icones Symbolicae" in: Journal of the Warburg & Courtauld Institutes. Vol.11. (1948), pp.163-192, bes. die Erläuterungen zur neuplatonischen Wissenslehre, pp.170ff; schließlich E. Panofsky, Idea. Ein Beitrag zur Begriffsgeschichte der älteren Kunsttheorie. Berlin, [2]1960 (Studien der Bibliothek Warburg. Bd. 5).

6: Im Kontext der Textwelt von Hemlock and After wäre es Lieblosigkeit und Egozentrik, die tötet, auch dann, wenn kreative Gaben kompensierend wirken; in diesem Roman werden entsprechende Schuldgefühle vermittelt über den thematischen Bereich der 'confession', mit Stichworten des 'life of hiding and double identity' in Teil III, bes. p.319.

7: Vgl. bes. in Teil I Piers' Verachtung für die Heliaden: "silly marble girls", "silly old cabbage stalks" p.12

8: Vgl. passim das Kapitel II.1." The First Performance", pp.47-76; im Sinne der Entwicklung der Figur als Kind zum Mann ist jede geplante bzw. aufgeführte 'Inszenierung' auch ein Schritt der Selbstentfaltung; der narrative 'plot' erlaubt diesem Phaethon eine Entfaltung zum Menschsein, ohne den impliziten Anspruch auf eine Vision, die womöglich dauerhafter sein könnte als das eigene sterbliche Leben, preiszugeben. Durchgängig erscheint in den Überschriften die komplexe Metaphorik der Inszenierungen, die der 'plot' als Teil der Lebenswelt veranschaulicht.

9: Piers' Glorifizierung des Richard erinnert an Walter Paters Bild dieses Königs als 'exquisite poet'; vgl. dazu die Weiterungen Paters, etwa die, daß es zur 'irony of kingship' gehöre, solche Herrschaft wie 'child's play' anzusehen; der Roman zeigt anschaulich Piers' kindliche Lust an der Herrschaft, deren 'brittle glory' ihn fasziniert und die materielle Macht seiner eigenen sozialen Stellung bildet hierzu die gleichfalls fragile 'Basis'; s. Walter Pater, Appreciations, With an Essay on Style. London,1924, pp.185-204.

10: Wenn Piers sich gleichgültig zeigt gegenüber dem, was er als falsches Nationalpathos versteht, so zeigt sich, daß er der komplexen Textgestalt des Shakespeare-Dramas nicht gerecht wird, wobei die Romanentwicklung seine Position als problematisch veranschaulicht. Vgl. zum Verständnis des Shakespeare-Textes im Kontext dieser Fragestellung, z.B. Stanley Wells, "The Lamentable Tale of 'Richard II'" in: Shakespeare Studies (Tokyo).Vol. XVII, 1982, pp.1-23; Philip Brockbank, "Richard II and the Music of Men's Lives", in: Leeds Studies in English. N.S. Vol. 14 (1983), pp.57-73; Michel Grivelet, "Shakespeare's 'War with Time':The Sonnets and 'Richard II'", in: Shakespeare Survey. Vol. 23 (1970), pp.69-78, bes.pp.72-74 zu Phaethon, der Tradition des Sonnen-Bildes, der Zeitvorstellung; einerseits gilt der glorreiche Anspruch, den Piers in Richard sieht; andererseits gilt das Destruktive "the notion of harm being done…" p.73. Was Piers nicht interessiert, ist das Spannungsverhältnis historischer Zeit mit historischen Machtkonflikten und der Dauer des Schönen der Poesie als Teil einer Unsterblichkeitsvorstellung; hierzu u.a. auch Grivelet, pp.74-76.

11: Vgl. bes. II.1., pp.47-49, dazu die selbstherrliche Arroganz mit nur gelegentlichen Ängsten vor der eigenen hybris, Piers' passim in Teil II. und auch noch III.1.: die vom Romantext paratgehaltenen auch politischen Perspektiven relativieren seine Haltung; am deutlichsten die Berufung auf Vorstellungen des Gottesgnadentums einerseits und Lady Mossons religiöse Haltung andererseits; s. passim I-III, dazu meine Ausführungen oben.

12: Piers' Produktion der Lully-Oper Phaéton wird hier ins Auge gefaßt; Ralph Tuckers scheinbar harmonische Indienstnahme für das Projekt, aus der sich dessen 'subplot' entwickelt, ergibt sich auch unter dieser Überschrift 'The First Performance'; Marinas Ehe mit Hubert, die schließlich platzt, nimmt hier konkrete Gestalt an, die unmittelbar mit ihrem Eifer zusammenhängt, sich auch Piers zunutze zu machen für ein eigenes Projekt.

13: Die historische Abfolge unterschiedlicher Möglichkeiten, Gelehrsamkeit zu verstehen und zum Ausdruck zu bringen, gehört selbst zum geschichtlichen Verständnis, das dieser Roman anschaulich macht; der gegenwärtigen Generation der Tothill-Mossons gebricht es an einem umfassenden Verständnis sowohl der Gegenwart wie der Vergangenheit, was auch als menschlicher Mangel anschaulich wird, weshalb dem Gebäude eben auch Gefahr von innen droht; was vom Text her damit auch typische Feindbildmechanismen relativiert.

14: Vgl. bes. *Macropædia*. Vol.12, pp.649-662; s. p.649 den Hinweis zur historischen Entwicklung "In the aristocratic world extending from Renaissance times to the end of the 18th century, collections of curiosities made by universities and wealthy individuals were the source of much scientific development. ..." Zur Idee des Museums entweder als 'tote, museale' Exposition von 'values', die "moral, religious, aesthetic, historical, and biological" sind, oder lebendige Präsentation, so daß sie für jede Gegenwart eine Perspektive auf das nicht gekannte Vergangene werfen, ebda; diese Diskussion ist für den Roman zentral im Machtkampf der beiden Frauen Marina Luzzi und Jackie Mosson; vgl. passim den Roman Teil II. Die relative Erstarrung Lady Mossons rächt sich so in Teil III, Marina Luzzis Lebenslust schlägt um in Zerstörungswut.

15: Vgl. passim Huberts Entwicklung; bes. seine vor allem auch Piers begeisternde Rede in II.5., pp.155-157

16: S. Philippe Quinault, *Théâtre. Contenant Ses Tragédies, Comédies et Opéras*. Nouv. Ed. Tomes I-V. (réimpr.) Genève, 1970, pp. 526-541: "Phaéton, Tragédie en Musique; représentée devant le Roi au mois de Janvier 1683, & ensuite par l'Académie de Musique le 27 Avril suivant." - alle Textzitate aus dieser einbändigen Ausgabe (Bd.5).

17: Vgl. bes. Robert M. Isherwood, *Music in the Service of the King. France in the Seventeenth Century*. Ithaca/London, 1973, passim; nach Isherwoods Porträt von Lullys Persönlichkeit könnte man annehmen, daß er das Vorbild für Piers als Figur ist, wobei eine Ironie darin läge, daß Piers gänzlich unmusikalisch ist; vgl. z.B. a.a.O., pp.204-207; die Fakten, die der Roman präsentiert, sind (nach Isherwood) korrekt; ebenso die wenigen Textzitate aus dem Libretto von Quinault; vgl. auch zu Quinault, bes. Etienne Gros, *Philippe Quinault. Sa Vie et Son Œuvre*. Paris, 1926, passim; s. zur Musik und Piers' Mangel, bes. auch Gombrich, "Icones", pp.163-192, seine Erläuterungen zur neuplatonischen Wissenslehre, u.a. zur besonderen Bedeutung der Musik seit Platon, pp.170ff.

18: Quinault, *Théâtre*, p.538, die letzten Zitate; vgl. Goethe, *Faust II*, die Manto der Klassischen Walpurgisnacht, die zu Faust sagt "den lieb ich, der Unmögliches begehrt"; vgl. *Goethes Werke*. Bd.3. Ed. E. Trunz, Hamburg, [2]1954, p.278, l.7488; dazu die Erläuterungen, p.567. Solche Bezüge zur Antike erlauben auch die Verbindung zur Textwelt von *Hemlock and After* herzustellen.

19: Vgl. das Echo in Jackies Äußerungen über Richard II als Figur und als König: der Unterschied spielt ihr keine Rolle: "God wants us to give love to everyone, but that does not mean that he loves a quitter. ..." II.1., p.58. Dieses 'Erbe' muß Piers erst noch abschütteln, wie die vielsinnigen Worte seines 'Uncle Useless', wie Mutters Bruder auch heißt, am Ende von Teil II lauten: II.8.p.264 "After all, Piers, you can't fly like Phaethon and carry your family on your back." Ein Mann wie 'Useless' gehört - wie andere Außenseiter dieser Textwelt - zum ganzheitlichen Lebensverständnis dazu, das auch diese Inszenierung anschaulich macht; auch da, wo er - wie in anderer Weise andere Personen - ethisch kritikwürdig erscheinen.

20: Vgl. zwei andere Deutungen dieser Textwelt, die Gemeinsamkeiten und Differenzen im Sinne meiner Einleitung erhellen mögen: James H. Haule, "*Setting the World on Fire*: Angus Wilson and the Problem of Evil", in: *Twentieth Century Literature*. Vol 28. No.4 (1982), pp. 453-466, und Averil Gardner, *Angus Wilson*, bes. pp.111ff. Haule sieht die Verbindung dieses letzten Romans mit Wilsons Werk unter dem Gesichtspunkt dessen, was er selbst als das 'transzendente Böse' sieht, welches in unserem Jahrhundert aufgrund anderer Erklärungsmuster als nicht mehr relevant erachtet werde, während Wilson es in seinen Texten als weiterhin wirksam zu zeigen versuche (pp. 453f). Haule schließt damit wieder an Cox' Position an, der glaubte, in dem Pessimismus der liberalen Humanisten einen Mangel an christlichem Glauben ausmachen zu können, der nicht überraschend in die Verzweiflung führe. Dabei stützt er sich auch auf Cox, *Free Spirit*, bes. die "Conclusion..." pp.154ff. Haule interessiert die schon in den ersten Kritiken sichtbare Faszination mit dem Realitätsgehalt von Wilsons Werken. Haule glaubt, daß es Wilson immer unmittelbar um die Frage gehe, "... that it is possible for art and England to be both right and evil, wrong and still good." (p.453) Das bilde als "peculiar moral view of England's immediate past and troubled present" "the structural base for many of Wilson's novels" (ebda.). Tothill House und das Bruderpaar sind für Haule Repräsentationen der "almost schizophrenic division of attitudes", die England derzeit auszeichne (p.457). Piers' Name assoziiert Haule mit *Piers Ploughman*, wobei er einräumt, daß Wilson keine christliche Antwort auf die Gewalt suche, die in der Gesellschaft herrsche, damals wie heute (p.457f). Piers' Deutung von Shakespeares *Richard II* ist für Haule eine Geste der bewußten Zurückweisung der Gewalt zugunsten eines künstlerischen Prinzips, bei dem der Niedergang

ein Zeichen der Größe ist und als Niedergang nur Großen erlaubt sei (pp.458f). Piers, so glaubt Haule, sei der 'neue Shakespeare', der zu England in seiner Zerstrittenheit zu sprechen vermöge: "Art has begun once again to speak to England." (p.459 und Kontext) Piers ist auf einem Lebensweg, der ihn zum 'Hermiten' der Kunst mache (pp.460f), der durch viele Versuchungen gehen müsse, (pp.461f), durch die Piers "the nature of evil" kennenlerne, was für Haule hauptsächlich auch mit Exzessen, besonders sexuellen, verbunden ist (p.460 und p.462). Er sieht eine direkte Verbindung zu *Othello*, zu Shaws *The Doctor's Dilemma*, Tschechows *Three Sisters* (pp.462f.), in denen jeweils eine bestimmte Form des Bösen behandelt werde, ehe er den Bezug zu Ibsens *Master Builder* einerseits und zu Ralph Tuckers Stück andererseits heranzieht, um zu sagen, daß Piers' Entwicklung der des Baumeisters gleiche: "Piers does indeed have a quarrel with God. He too, he well knows, will plunge like Solness, Richard, and Phaethon." Haule meint, es sei der Fall eines Agnostikers, der zum "artistic saint" geworden sei; als solcher sei er "a hero of a country already in flames"(p.465).
Wilson, so Haule, wolle zeigen, daß England nicht von innen zerstört werden müsse, vielmehr in der Lage sei, "anarchy" in "art" zu verwandeln, wie dies schon oft gelungen sei in Englands Vergangenheit. Indem England dem Bösen widerstehe, sei dieses zu bezwingen; dieser Roman sei die Parabel der Heilung aus Englands eigener Zerstörungskraft: "It [i.e. England] can defeat evil by defying it. This, perhaps, is the measure of Wilson's accomplishment, that he can, with increasing force throughout his work, turn the destructive violence of his country's recent history into a parable of its own salvation." (p.465)
Averil Gardner kritisiert zwar behutsam, aber erkennbar das 'setting' im realen Londoner *ambiente* als nicht recht gelungene Vereinnahmung der Realität für die fiktive Welt und umgekehrt als ungenügende Fiktionalisierung gegenüber eben dieser textexternen Wirklichkeit: "Wilson's imagination has annexed a part of the real world, demolished its buildings on it, and erected one of his own. The sense this makes in terms of story - a tunnel from such a house could lead to the Houses of Parliament - seems insufficient to explain the unusual literalness, ... By insisting that the reader see Tothill House where he knows it cannot be, Wilson makes it more shadowy than if left to the geographical approximations of the reader's mind." (p.111) Gardner sieht die eigentlichen Gegenpole in Tom Mosson und Marina Luzzi, die beide als Extreme am Ende sich gegenseitig aufheben -"the opposites cancel out" - während Piers als der eigentliche Kreative im Zentrum bleibe: "leaving Piers as the survivor, lonely, aware now of the dangers..., but still courageous." (p.115) So lautet ihr Fazit dessen, was der Roman zu zeigen versuche:"... *Setting the World on Fire* ... is a powerful and absorbing study of the creative impulse, a noble assertion of the artist's role, and of the truth and beauty he serves, in an unstable and often menacing world." (p.117)

8. Literaturverzeichnis

Primärwerke Angus Wilson (chronologisch)

Angus Wilson, *The Wrong Set and Other Stories.* London/New York, 1982 ([1]1949)

ders., *Such Darling Dodos.* London/New York, 1980 ([1]1950)

ders., "A Letter from London", in: *American Mercury.* Vol.72 (May 1951), pp.571-577

ders., *Hemlock and After.* London/New York, 1979 ([1]1952)

ders., *Emile Zola: An Introductory Study of His Novels.* London, 1952

ders., *For Whom the Cloche Tolls* . London/New York, 1982 ([1]1953)

ders., ed., *Hole in Heaven.* London, 1954 (British Science Fiction Library No.1)

ders., "Oscar Wilde", in: *London Magazine.* Vol.2, No.2 (Feb. 1955), pp.71-78

ders., *Anglo-Saxon Attitudes.* Harmondsworth, 1958 ([1]1956)

ders., *The Mulberry Bush.* London, 1956

ders., *A Bit Off the Map and Other Stories.* London/New York, 1982 ([1]1957)

ders., "The Revolt of Samuel Butler", in: *The Atlantic Monthly.* Vol. 200, No.5 (Nov. 1957), pp.190, 194,196,198

ders., *The Middle Age of Mrs Eliot.* London/New York, 1979 ([1]1958)

ders., "Bexhill and After", in: *Spectator.* Vol.200. 9 May 1958, pp. 583f

ders., *The Old Men at the Zoo.* London/New York, 1979 ([1]1961)

ders., "My Husband is Right", in: *Texas Quarterly* .Vol. 4, No.3 (Autumn 1961), pp.139-145

ders., "Skeletons and Assegais: Familiy Reminiscences", in: *Transatlantic Review.* Vol. 9 (Spring 1962), pp.19-43

ders., *Tempo: The Impact of Television on the Arts.* London, 1964

ders., "The Artist as Your Enemey is Your Only Friend", in: *Southern Review* . Vol. 2, No.2 (1966), pp.101-114

ders., *The Wild Garden, or: Speaking of Writing* . London/Berkeley, 1965 ([1]1963)

ders., *Late Call.* London/New York, 1982 ([1]1964)

ders., *W. Somerset Maugham. A Maugham Twelve.* (Sel. and Introd.) London, 1966

ders., *No Laughing Matter.* London/New York, 1979 ([1]1967)

ders., "Sexual Revolution", in: *The Listener.* Vol. 80, No.10 (Oct. 1968), pp.457-461

ders., *The World of Charles Dickens.* London, 1970

ders., "Introduction" in: *England.* London, 1971

ders., *As If By Magic.* London/New York, 1981 ([1]1973)

ders., *The Naughty Nineties.* London, 1976

ders., ed., *Writers of East Anglia.* London, 1977

ders., *The Strange Ride of Rudyard Kipling.His Life and Works.* London/New York, 1979 ([1]1977)

ders., "The Always-Changing Impact of Virginia Woolf", in: *Studies in the Literary Imagination.* Vol. 11, No. 2 (Fall 1978), pp.1-9

ders., *Setting the World on Fire.* London/New York, 1981 ([1]1980)

ders., *East Anglia. In Verse and Prose.* (ed. and introd.) London, 1982

ders., *Diversity and Depth in Fiction: Selected Critical Writings of Angus Wilson.* Ed. K. Mc-Sweeney. London, 1983

ders., *Reflections in a Writer's Eye. Travel Pieces.* London, 1987 ([1]1986)

Interviews und Äußerungen (alphabetisch)

M. Barber, "A Talk with Angus Wilson", in: *New York Times Book Review*. 16 Nov. 1980, pp.41-42

C.C. Barfoot, "Interview with Angus Wilson", in: *Dutch Quarterly Review of Anglo-American Letters* . Vol. 6, No.4 (1976), pp.279-290

C.W.E. Bigsby, "An Interview with Angus Wilson", in: *Literary Review*. (November 1980), pp.33-38

J. Biles, "An Interview in London with Angus Wilson", in: *Studies in the Novel* . Vol. 2 (Spring 1970), pp.76-87

M. Bradbury, *Angus Wilson in Conversation with Malcolm Bradbury*. London, 1977 (Literature Study Aids Series.British Council)

B. Draine, "An Interview with Angus Wilson", in:*Contemporary Literature.* Vol. 21 (Winter 1980), pp.1-14

Horst W. Drescher, "Angus Wilson-An Interview", in: *Die Neueren Sprachen*. Bd.17 (Juli 1968), pp.351-356

P. Firchow, "Angus Wilson", in: *The Writer's Place: Interviews on the Literary Situation in Contemporary Britain*. Minneapolis, 1974, pp.331-352

J. Hall, "Anglo-Indian Attittudes", in: *Guardian* (London). 2 June 1973, p.2

R. Hayman, "Angus Wilson in Interview",in: *Books and Bookmen*. Vol. 25, No.10 (July 1980), pp.17-20

F. Kermode, "The House of Fiction: Interviews with Seven Novelists", in: *The Novel Today: Contemporary Writers on Modern Fiction.* Ed. M. Bradbury. London/Totowa, N.J., 1977, pp.119-122

B. Leeson, "I'm a Radical But Cannot Cut My Links with the Past", in: *Morning Star* (London), 17 May 1968, p.4

M. Millgate, "Angus Wilson", in: *Writers at Work: The Paris Review Interviews.* (Sel. Kay Dick) Harmondsworth, 1972

M. Moorcock, "Angus Wilson Talks to Michael Moorcock", in: *Books and Bookmen*. Vol. 18, No.8 (May 1973), pp.22-28

L. Poston,"A Conversation with Angus Wilson",in: *Books Abroad.* Vol. 40 (Winter 1966), pp.29-31

J. Raban, "Profile: Angus Wilson", in: *New Review*. Vol. 1, No.1 (April 1974), pp.16-24

L. Sage, "Doing What Dickens Did", in: *Observer*. 6 July 1980, p.27

J. Stockwood, "The Potent Appeal of Dickens: An Interview With Angus Wilson", in:*Harper's Bazaar*. (New York) May 1970, pp.18-19

A. Wilson, "Untitled autobiographical comments", in: *Twentieth Century Authors*. Ed. St.J. Kunitz. (First Suppl.). New York, 1955, pp.1093-1094

A. Wilson, "A Conversation with E.M. Forster", in: *Encounter*. Vol.9 (Nov. 1957), pp.52-57

A. Wilson, (with others), "Homosexual Acts: Call to Reform Law", in: *The Times*, 7 March 1958, p.11 (a letter)

A. Wilson, o.Titel, in: *New Left Review*. No.29 (Jan/Feb. 1965) "The Condition of the Novel" (A Selection from a Conference of European Writers at Leningrad, Summer 1963, pp.19-40), pp.35-36

A. Wilson, "Involvement". "A Writer Replies.", in: *London Magazine*. N.S., vol. 8, No.8 (August 1968), pp.15-16; Frage: p.5

ders., "As if By Magic: Angus Wilson on His Own Novel", in: *Dutch Quarterly Review of Anglo-American Letters*. Vol. 6 (1976), pp.259-277

A. Wilson and A.E.Dyson, "Charles Dickens", in: *The English Novel*. Ed. C. Watts. London, 1976, pp.53-72

H. Ziegler, Ch. Bigsby, eds., *The Radical Imagination and the Liberal Tradition. Interviews with English and American Novelists*. London, 1982

Sekundärliteratur

Stephen Adams, *The Homosexual as Hero in Contemporary Fiction*. London/New York, 1980

Walter Allen, *Tradition and Dream. The English and American Novel from the Twenties to our Time.* London/New York, 1964

M. Amory, ed., *The Letters of Evelyn Waugh.* London, 1980

Bernard Bergonzi, *The Situation of the Novel.* London/Pittsburgh, 1970

Paul Binding, "Fruitful Tensions: The World of Angus Wilson", in: *The European Gay Review.* Vol. 5, (o.J.), pp.38-51

John Bowen, "One Man's Meat. The Idea of Individual Responsibility", in: *Times Literary Supplement.* (7 August 1959), Special Section, pp.xii-xiii

Malcolm Bradbury, *Possibilities. Essays on the State of the Novel.* London, 1973

ders., ed., *The Novel Today. Contemporary Writers on Modern Fiction*. Manchester/Totowa, N.J., 1978

ders., "Coming Out of the Fifties", in: *Twentieth Century Literature.* Vol.29, (1983), pp.179-189

ders., D. Palmer, eds., *The Contemporary English Novel.* London, 1979

Anthony Burgess, "Powers that Be", in: *Encounter.* Vol. 24, No.1 (Jan. 1965), pp.71-76

ders., *The Novel Now: A Guide to Contemporary Fiction.* New York, 1967

A.O.J. Cockshut, "Favoured Sons: The Moral World of Angus Wilson", in: *Essays in Criticism.* Vol. 9, (Jan. 1959), pp.50-60

ders., "Wilson, Angus (Frank Johnstone)", in: *20th-Century Fiction* . Ed. J. Vinson. London, 1983, pp.744-746

Peter Conradi, "Three Critics and the Sublime", in: *Critical Quarterly.* Vol. 27, No.1, (Spring 1985), pp.25-42

C.B. Cox, "The Humanism of Angus Wilson: A Study of *Hemlock and After* ", in: *Critical Quarterly.* Vol.3 (Autumn 1961), pp.227-237

ders., *The Free Spirit: A Study of Liberal Humanism in the Novels of George Eliot, Henry James, E.M. Forster, Virginia Woolf and Angus Wilson.* London, 1963

ders., A.E. Dyson, eds., *The Twentieth Century Mind: History, Ideas and Literature in Britain.* 3 Vols.. London/New York, 1972

Margaret Drabble, "'No Idle Rentier': Angus Wilson and the Nourished Literary Imagination", in: *Studies in the Literary Imagination.* Vol. 13, No.1 (Spring 1980), pp.119-129

dies., "Angus Wilson and the Family Romance", in: *The European Gay Review.* Vol. 5, (o.J.), pp.30-36

Horst W. Drescher, Bernd Kahrmann, "Wilson, Angus (1913)", in: *The Contemporary English Novel: An Annotated Bibliography of Secondary Sources.* Frankfurt a.M., 1973, pp.193-199

Arthur Edelstein, "Angus Wilson: The Territory Behind", in: *Contemporary British Novelists* . Ed. Ch. Shapiro. Carbondale/Edwardsville, 1965, pp.144-161

ders., *Realism and Beyond: Essays on Twentieth-Century Fiction*. Diss. Stanford University, 1977

Jürgen Enkemann, *Die satirische Darstellung gesellschaftlicher Desintegration bei Aldous Huxley, Evelyn Waugh und Angus Wilson. Untersucht am Motiv der Party und an ähnlichen Gruppensituationen.* Diss. Berlin, 1970

Danielle Escudié, *Deux Aspects de l'aliénation dans le roman anglais contemporain 1945-1965: Angus Wilson et William Golding.* Diss. Paris, 1975

Peter Faulkner, *Humanism in the English Novel.* London/New York, 1975

ders., *Angus Wilson: Mimic and Moralist.* London/New York, 1980

John Fletcher, *Claude Simon and Fiction Now.* London, 1975

G.S. Fraser, *The Modern Writer and His World: Continuity and Innovation in Twentieth-Century English Literature.* (rev. ed.) New York/Washington, 1965

Averil Gardner, *Angus Wilson*. Boston, 1985 (Twayne's English Authors Series)

James Gindin, "The Reassertion of the Personal", in: *Texas Quarterly*. Vol. 1, No.4(Winter 1958), pp.126-134

ders., *Postwar British Fiction. New Accents and Attitudes*. Berkeley/Los Angeles,1962

ders., *Harvest of a Quiet Eye: The Novel of Compassion*. Bloomington, 1971

Liselotte Glage, "Angus Wilsons *The Old Men at the Zoo*", in: *Germanisch-Romanische Monatsschrift*, N.F. 26 (1976), pp.185-199

K.W.Gransden, *Angus Wilson*. London, 1969 (British Council and National Book League's Writers and their Work Series)

Thomas Hahn, "Medievalism, Make-Believe, and Real Life in Wilson's *Anglo-Saxon Attitudes* ", in: *Mosaic*. Vol. 12, No.4 (Summer 1979), pp.115-134

Jay L. Halio, *Angus Wilson*. London/Edinburgh, 1964 (Writers and Critics Series)

ders., ed., *Critical Essays on Angus Wilson*. Boston, 1985

M.R. Harris, *Self-Awareness and Family Influence in the Works of Angus Wilson*. Diss. Georgia State University, 1974

James H. Haule, "*Setting the World on Fire*:Angus Wilson and the Problem of Evil", in: *Twentieth Century Literature*. Vol. 28, No.4 (1982), pp.453-466

Ronald Hayman, *The Novel Today 1967-1975*. London, 1976 (British Council)

Jim Herrick, "Angus Wilson", in: *New Humanist*. Vol. 96 (Jan. 1981), pp.67-70

Grace O'Neill Hovet, *The Bildungsroman of the Middle-Aged Woman: Her Emergence as Heroine in British Fiction Since 1920*. Diss. University of Kansas, 1976

Rüdiger Imhof, Annegret Maack, eds., *Der englische Roman der Gegenwart*. Tübingen, 1987

Alan Jenkins, "Hemlock-and Before", in: *Spectator*. Vol.193 (17 Sept. 1954), p.331

F.R. Karl, *The Contemporary English Novel*. New York, 1962

ders., *A Reader's Guide to the Contemporary English Novel*. (rev.ed.). New York, 1972

Frank Kermode, *Puzzles and Epiphanies: Essays and Reviews 1958-1961*. New York, 1962

J. Kissane, ed., *Twentieth Century Literature* . Vol.29, No.2, *Angus Wilson Issue* (Summer 1983)

G. Kums,"Reality in Fiction: *No Laughing Matter*",in: *English Studies*. Vol. 53,(Dec. 1972),pp.523-531

ders., *Fiction, or the Language of our Discontent. A Study of the Built-in Novelist in Novels by Angus Wilson, Lawrence Durrell and Doris Lessing*. Frankfurt, a.M., 1985

R. Lengeler, ed., *Englische Literatur der Gegenwart, 1971-1975*. Düsseldorf, 1977

David Lodge, *The Modes of Modern Writing. Metaphor, Metonymy, and the Typology of Modern Literature*. London, 1977

Annegret Maack, "Angus Wilsons Auseinandersetzung mit Charles Dickens", in: *Literatur in Wissenschaft und Unterricht*. Bd. 12 (1979), pp.267-286

John Mander, *The Writer and Commitment*. London 1961

Neil McEwan, *The Survival of the Novel: British Fiction in the Later Twentieth Century*. London/Totowa, N.J., 1981

Kerry McSweeney, "The Novels of Angus Wilson", in: *Wascana Review*. Vol.12, No.2 (Fall 1977), pp.3-24

Robert K. Morris, ed., *Old Lines New Forces: Essays on the Contemporary British Novel, 1960-1970*. Rutherford/London, 1976

John Oakland, "Angus Wilson and Evil in the English Novel", in: *Renascence. Essays on Values in Literature*. Vol. 26, No.1 (Autumn 1973), pp.24-36

Horst Oppel, ed., *Der moderne englische Roman: Interpretationen*. Berlin, 21971

Norman Page, *Speech in the English Novel*. London, 1973

V.S. Pritchett, *The Tale Bearers: Essays on English, American and Other Writers* . London/New York, 1980

M.R. Proctor, *The English University Novel*. Berkeley/Los Angeles, 1957

J. Raban, *The Technique of Modern Fiction. Essays in Practical Criticism.* London, 1968

Rubin Rabinovitz, *The Reaction Against Experiment in the English Novel, 1950-1960.* New York/ London, 1967

Edwin Riddell, "The Humanist Character in Angus Wilson", in: *English*. Vol.21, No.109 (Spring 1972), pp.45-53

Brigitte Scheer-Schäzler, "Angus Wilson", in: Horst W. Drescher, ed., *Englische Literatur der Gegenwart in Einzeldarstellungen.* Stuttgart, 1970, pp.104-132

Kurt Schlüter, *Kuriose Welt im modernen englischen Roman. Dargestellt an ausgewählten Werken von Evelyn Waugh und Angus Wilson.* Berlin, 1969

Helmut Schrey, *Didaktik des zeitgenössischen englischen Romans. Versuch auf der Grenze von Literaturkritik und Fachdidaktik.* Wuppertal, 1970

Bruno Schulze, "Das Bild der Wirklichkeit in den Romanen Angus Wilsons", in: *Die Neueren Sprachen.* 72 (N.F.22), H.4 (1973), pp.210-220

Ian Scott-Kilvert, "Angus Wilson", in: *Review of English Literature.* Vol.1, No.2 (April 1960), pp.42-53

Herman Servotte, "A Note on the Formal Characteristics of Angus Wilson's *No Laughing Matter*", in: *English Studies.* Vol.50 (1969), pp.58-64

Alan Sinfield, *Society and Literature 1945-1970.* London, 1983 (The Context of English Literature)

Catherine S.Smith, *The Other Angus Wilson: Fantasy in His Fiction.* Diss. Georgia State University, 1980

Stevie Smith, "Succès de Scandale", in: *World Review.* N.S. 44 (Oct.1952), p.72

William J. Smith, "Angus Wilson's England: the Novelist as Social Historian", in: *Commonweal.* Vol.82, No.1 (26 March 1965), pp.18-21

Ekkehard Spann, *'Problemkinder' in der englischen Erzählkunst der Gegenwart.(Greene-A. Wilson-Wain-Amis- Murdoch-Golding-Braine-Sillitoe).* Augsburg, 1970

Robert J. Stanton, "Angus [Frank Johnstone] Wilson (Born in Bexhill, Sussex 1913)", in: *A Bibliography of Modern British Novelists.* 2 Vols.. Troy, 1978. Vol. 2, pp. 997-1071 und 1110-1123

J.H. Stape & Anne N. Thomas, *Angus Wilson. A Bibliography 1947-1987.* London, 1988

J.C. Stine, ed., *Contemporary Literary Criticism.* Vol.25. Detroit, 1983, pp.458-465

Jean Sudrann, "The Lion and the Unicorn: Angus Wilson's Triumphant Tragedy", in: *Studies in the Novel.* Vol.3, no.3 (Winter 1971), pp.390-400

Patrick Swinden, *The English Novel of History and Society, 1940-1980: Richard Hughes, Henry Green, Anthony Powell, Angus Wilson, Kingsley Amis, V.S. Naipaul.* London, 1984

Julian Symons, "Politics and the Novel", in: *Twentieth Century.* Vol. 170 (Winter 1962), pp.147-154

Judit Szabó-Pap, "The Lonely Man in Angus Wilson's Fiction", in: *Hungarian Studies in English.* (Debrecen) Vol.9 (1975), pp.87-101

Anne N. Thomas, *In Search of Self: Art as Awareness in the Later Novels of Angus Wilson.* Diss. Drew University, 1984

Rachel Trickett, "Recent Novels: Craftsmanship in Violence and Sex", in: *Yale Review.* Vol.57, No.3 (March 1968), pp.438-452

Helmut Viebrock, *Theorie und Praxis der Stilanalyse. Die Leistung der Sprache für den Stil, dargestellt an Texten der englischen Literatur der Gegenwart.* Heidelberg, 1977

Evelyn Waugh, "A Clean Sweep", in: *Month* (London), N.S. Vol.8 (1952), pp.238-240

Raymond Williams, *The Long Revolution.* London, 1961

ders., *The English Novel from Dickens to Lawrence.* London, 1971

Edmund Wilson, *The Bit Between My Teeth. A Literary Chronicle of 1950-1965.* New York, 1966

Karin Wogatzky, *Angus Wilson: Hemlock and After. A Study in Ambiguity.* Bern, 1971 (Schweizer Anglistische Arbeiten, Bd.62)

Allgemeine Sekundärliteratur

M.H. Abrams, *The Mirror and the Lamp: Romantic Theory and the Critical Tradition*. New York, 1958

Theodor W. Adorno, Else Frenkel-Brunswik, et.al., *The Authoritarian Personality*. New York, 1950

Gordon Willard Allport, *Prejudice: a problem in psychological and social causation*. New York, 1967 (repr.The Journal of Social Issues. Suppl. Ser. Nr.4, 1950)

Robert Alter, *Partial Magic. The Novel as Self-Conscious Genre*. Berkeley/London, 1975

Hannah Arendt, *The Origins of Totalitarianism.*(New ed.) New York/London, 1973

Ingeborg Bachmann, *Die Wahrheit ist dem Menschen zumutbar. Essays, Reden, kleinere Schriften*. München, 1981

H. Becker, *Outsiders: Studies in the Sociology of Deviance*. New York, 1963

Marion Berghahn, *German-Jewish Refugees in England. The Ambiguities of Assimilation*. New York, 1984

S. Blasche, ed., *Enzyklopädie Philosophie und Wissenschaftstheorie*. Mannheim/Wien/Zürich,1984

Hans Blumenberg, "Wirklichkeitsbegriff und Möglichkeit des Romans", in: H.R. Jauß, ed., *Nachahmung und Illusion*. München, 1964, pp.9-27; pp.219-227 Diskussion dieser Vorlage (Poetik und Hermeneutik)

Wayne C. Booth, *The Rhetoric of Fiction*. Chicago/London, 1961

Fredson Th. Bowers, *Elizabethan Revenge Tragedy 1587-1642*. Princeton, N.J., 1959

ders., "Hamlet as Minister and Scourge", in: *Publications of the Modern Language Association*. Vol. 70, No.4, Part 1 (Sept. 1955), pp.740-749.

John Bowlby, *Attachment and Loss*. 3 Vols.. New York, 1969ff

Gisela Brinker-Gabler, ed., *Zur Psychologie der Frau*. Frankfurt a.M., 1978

Richard Brinkmann, ed., *Begriffsbestimmung des literarischen Realismus*. Darmstadt, 1987

Philip Brockbank, "*Richard II* and the Music of Men's Lives", in: *Leeds Studies in English*. N.S. Vol. 14, 1983, pp.57-73

James L. Calderwood, Harold E. Toliver, eds., *Perspectives on Fiction*. New York/Toronto, 1968

Lewis Carrol, *Alice in Wonderland and other Favorites*. New York, 1967

Ernst Cassirer, *Individuum und Kosmos in der Philosophie der Renaissance*. Leipzig/Berlin, 1927 (Studien der Bibliothek Warburg. Bd.10)

Castle Howard. Publ. Castle Howard Estate Ltd.. Birmingham, 1988

Stanley Cavell, *The Claim of Reason. Wittgenstein, Skepticism, Morality, and Tragedy*. Oxford/New York, 1979

David Cecil, *Visionary and Dreamer. Two Poetic Painters - Samuel Palmer and Edward Burne-Jones*. London, 1969

Geoffrey Chaucer, *Canterbury Tales*. Ed. F.N. Robinson, *The Works of Geoffrey Chaucer*. London, ²1974

Phyllis Chesler, *Women and Madness*. New York, 1972

Norman Cohn, *Europe's Inner Demons*. St. Albans, 1976

E.A.M. Colman, *The Dramatic Use of Bawdy in Shakespeare*. London, 1974

H.M. Colvin, ed., *A Biographical Dictionary of English Architects 1660-1840*. London, 1954

Joseph Conrad, *Youth, Heart of Darkness and The End of the Tether*. London, 1956

Francis M. Cornford, *Before and After Socrates*. Cambridge, 1958

Paul Crane, *Gays and the Law*. London, 1982

M. Dannecker, R. Reiche, *Der gewöhnliche Homosexuelle. Eine soziologische Untersuchung über männliche Homosexuelle in der Bundesrepublik*. Frankfurt a.M.,²1974

Barbara S. Deckard, *The Women's Movement: Political, Socioeconomic, and Psychological Issues.* New York/London, 1975

Jacques Derrida, *Disseminations.* (Transl. and introd. Barbara Johnson) London, 1981

Bonamy Dobrée, R. Morris, G. Webb, eds., *The Complete Works of Sir John Vanburgh.* 4 Vols.. London, 1927ff

Kenneth J. Dover, *Greek Popular Morality in the Time of Plato and Aristotle.* Oxford, 1974

ders ., *Greek Homosexuality.* London, 1978

Colette Dowling, *The Cinderella Complex. Women's Hidden Fear of Independence.* New York, 1981

Der große Duden. 9 Bde..Ed.Wiss.Rat d. Dudenredaktion. Bd. 5. *Fremdwörterbuch.* Mannheim, 1966

R. Eisler, ed., *Wörterbuch der Philosophischen Grundbegriffe.* 3 Bde.. Berlin, 1927ff

Norbert Elias, *Über den Prozeß der Zivilisation. Soziogenetische und psychogenetische Untersuchungen.* 2 Bde.. München/Bern, ²1969

T.S. Eliot, *The Complete Poems and Plays of T.S. Eliot.* London, 1975

John d'Emilio, *Sexual Politics, Sexual Communities. The Making of a Homosexual Minority in the United States 1940-1970.* Chicago/London, 1983

K. Fann, *Wittgenstein's Conception of Philosophy.* Oxford, 1969

E.M. Forster, *Aspects of the Novel.* Harmondsworth, 1971

Michel Foucault, *The Order of Things: An Archaeology of the Human Sciences.* London, 1970

Roger Fowler, ed., *A Dictionary of Modern Critical Terms.* London/Boston, 1973

Manfred Frank, "Was heißt "einen Text verstehen"?" in: Ulrich Nassen, ed., *Texthermeneutik, Aktualität, Geschichte, Kritik.* Paderborn/Zürich, 1979, pp.58-77

ders., *Die Unhintergehbarkeit von Individualität.* Frankfurt a.M., 1986

Sigmund Freud, *Gesammelte Werke.* London, 1940ff

Betty Friedan, *The Feminine Mystique.* (With an introd. and epilogue by the author) New York, 1980

E. Fromm, M. Horkheimer, et.al., *Autorität und Familie.Forschungsberichte aus dem Institut für Sozialforschung.* 2 Bde.. Paris, 1936

Ian Gibson, *The English Vice. Beating, Sex and Shame in Victorian England and After.* London, 1979

René Girard, *Violence and the Sacred.* (Transl. Patrick Gregory). Baltimore/London, 1977

Mark Girouard,*Life in the English Country House. ASocial and Architectural History.* London, 1980

Johann Wolfgang Goethe,*Faust. Eine Tragödie.* Ed. E.Trunz, *GoethesWerke.* Bd. 3. Hamburg, ²1954

Erving Goffman, *The Presentation of Self in Everyday Life.* Harmondsworth, 1969

ders., *Asylums. Essays on the Social Situation of Mental Patients and Other Inmates.* Harmondsworth, 1976

E.H. Gombrich, "Icones Symbolicae. The Visual Image in Neo-Platonic Thought", in: *Journal of the Warburg & Courtauld Institutes.* Vol.11 (1948), pp.163-192

Michel Grivelet, "Shakespeare's 'War with Time': The Sonnets and 'Richard II'", in: *Shakespeare Survey.* Vol. 23 (1970), pp.69-78

Etienne Gros, *Philippe Quinault. Sa Vie et Son Oeuvre.* Paris, 1926

Susan Gubar, Sandra M. Gilbert, *The Madwoman in the Attic. The Woman Writer and the Nineteenth-Century Literary Imagination.* New Haven/London, 1979

R.T. Gunther, ed., *The Architecture of Sir Roger Pratt.* Oxford, 1928

Andrew Gurr, ed., *William Shakespeare: King Richard II.* Cambridge, 1984 (The New Cambridge Shakespeare)

W.K.C. Guthrie, *A History of Greek Philosophy.* 3 Vols.. Cambridge, 1962 ff.

Jürgen Habermas, *Theorie des kommunikativen Handelns.* 2 Bde.. Frankfurt a.M.,³1985

W.J.Harvey, *Character and the Novel.* London, ³1970

Arnold Hauser, *Sozialgeschichte der Kunst und Literatur.* 2 Bde.. München, 1953

ders., *Kunst und Gesellschaft.* 2 Bde.. München, 1973

Hoffman R. Hays, *The Dangerous Sex. The Myth of Feminine Evil.* New York, 1964

Carolyn C. Heilbrun, *Reinventing Womanhood.* New York, 1979

dies., *Towards Androgyny. Aspects of the Male and Female in Literature.* London, 1973

Adolf Hitler, *Mein Kampf.* München, 1937

Norman N. Holland, *The I.* New Haven, 1985

Claudia Honegger, ed., *Die Hexen der Neuzeit. Studien zur Sozialgeschichte eines kulturellen Deutungsmusters.* Frankfurt a.M., 1978

Karen Horney, *Neurosis and Human Growth. The Struggle Toward Self-Realization.* London, 1951

dies., *Feminine Psychology.* London, 1967

Johan Huizinga, *Homo Ludens. Vom Ursprung der Kultur im Spiel.* Hamburg, 1956

Herbert Hunger, *Lexikon der griechischen und römischen Mythologie.* Hamburg, 1985

K. Hurrelmann, D. Ulich, eds., *Handbuch der Sozialisationsforschung.* Weinheim, 1980

Henrik Ibsen, *Werke.* Ed. G. Brandes. *Henrik Ibsens sämtliche Werke in deutscher Sprache.* Bde. 7, 8. Berlin, 1901

Wolfgang Iser, *Die Appellstruktur der Texte. Unbestimmtheit als Wirkungsbedingung.* Konstanz, 1970 (Konstanzer Universitätsreden. Bd.28)

ders., *Der implizite Leser. Kommunikationsformen des Romans von Bunyan bis Beckett.* München, 1972

ders., *Der Akt des Lesens. Theorie ästhetischer Wirkung.* München, 1976

ders., *Laurence Sternes »Tristram Shandy«. Inszenierte Subjektivität.* München, 1987

Robert M. Isherwood, *Music in the Service of the King. France in the Seventeenth Century.* Ithaca/London, 1973

Th.E. James, *Prostitution and the Law.* London, 1951

K.-U. Jäschke, *Die Anglonormannen.* Stuttgart, 1981

Edward E. Jones, Amerigo Farina, et. al., *Social Stigma. The Psychology of Marked Relationships.* New York, 1984

Gabriel Josipovici, ed., *The Modern English Novel: The Reader, the Writer and the Work.* London, 1976

Carl Gustav Jung, *Gesammelte Werke.* Zürich/Stuttgart, bzw. Olten/Freiburg, 1958ff

ders., Karl Kerényi, *Einführung in das Wesen der Mythologie. Gottkindmythos - Eleusinische Mysterien.* Amsterdam/Leipzig, 1941

Karl Kerényi, *Der große Daimon des Symposion.* Amsterdam/Leipzig, 1942 (Albae Vigiliae. H.13)

ders., *Die Mythologie der Griechen.* Darmstadt, 1956

Karl Klein, *Vorformen des Romans in der englischen Prosa des 16. Jahrhunderts.* Heidelberg, 1969

ders., *Aspekte des Tragischen im Drama Shakespeares und seiner Zeit.* Darmstadt, 1979 (Erträge der Forschung. Bd.114)

Kurt Kluxen, *Geschichte Englands. Von den Anfängen bis zur Gegenwart.* Stuttgart, 21976

Hansjoachim Koch, *Der Sozialdarwinismus. Seine Genese und sein Einfluß auf das imperialistische Denken.* München, 1973

Stephan Kohl, *Realismus: Theorie und Geschichte.* München, 1977

J. Laplanche, J.-B. Pontalis, *Das Vokabular der Psychoanalyse.* Frankfurt a.M., 71986

Heinrich Lausberg, *Handbuch der literarischen Rhetorik.* 2 Bde.. München, 1960

Theodor Lewandowski, *Linguistisches Wörterbuch.* 3 Bde.. Heidelberg, 1973ff

Godo Lieberg, *Poeta Creator. Studien zu einer Figur der antiken Dichtung.* Amsterdam, 1982 ders., *Zu Idee und Figur des dichterischen Schöpfertums.* Bochum, 1985

Annegret Maack, *Die Rezeption französischer Literatur in England nach dem Zweiten Weltkrieg.* Bonn, 1978

Molly M. Mahood, ed., *William Shakespeare: Twelfth Night.* Harmondsworth, 1973 (The New Penguin Shakespeare)

Herbert Marcuse, *Eros and Civilization. A Philosophical Inquiry into Freud.* (With a new Preface by the author) London, 1972

ders., A. Rapaport, et. al., *Aggression und Anpassung in der Industriegesellschaft.* Frankfurt a.M., 1968

Odo Marquard, Karlheinz Stierle, eds., *Identität.* München, 1979 (Poetik und Hermeneutik.Bd.8)

Hans Mayer, *Außenseiter.* Frankfurt a.M., 1975

George Meredith, *An Essay on Comedy and the Uses of the Comic Spirit.* London, 1919

A. Mitscherlich, *Krankheit als Konflikt. Studien zur psychosomatischen Medizin I.* Frankfurt a. M., ⁶1971

John Money, Anke A. Ehrhardt, *Man & Woman, Boy & Girl. The Differentiation and Dimorphism of Gender Identity from Conception to Maturity.* Baltimore/London, 1972

Ian Nairn, *Nairn's London.* London, 1967

Renate Noll-Wiemann, *Der Künstler im englischen Roman des 19. Jahrunderts.* Heidelberg,1977

Martha Nussbaum, *The Fragility of Goodness. Luck and Ethics in Greek Tragedy and Philosophy.* Cambridge/Sidney, 1987

Brooks Otis, *Ovid as an Epic Poet.* Cambridge, ²1970

Kurt Otten, *Der englische Roman vom 16. zum 19. Jahrhundert.* Berlin, 1971

Ovid, *Metamorphoses.* (Lat.-Engl., Frank J. Miller) 2 Vols. London/Cambridge, Mass., ²1956 (Ed.Loeb Classical Library)

The Oxford English Dictionary. (re-issued) Oxford, 1987 (Compact Ed.)

Erwin Panofsky, *Studies in Iconology. Humanistic Themes in the Art of the Renaissance.* New York, 1967

ders., *Idea. Ein Beitrag zur Begriffsgeschichte der älteren Kunsttheorie.* Berlin, ²1960 (Studien der Bibliothek Warburg.Bd. 5)

Eric Partridge, *Shakespeare's Bawdy. A Literary & Psychological Essay and a Comprehensive Glossary.* London, 1968

Walter Pater, *Appreciations.* London, 1924

Charles Peacock, *Samuel Palmer. Shoreham and After.* London, 1968

Nikolaus Pevsner, ed., *The Buildings of England.* Harmondsworth, 1951 ff

ders., *The Pelican History of Art.* Harmondsworth, 1954 ff

ders., *The Englishness of English Art.* Harmondsworth, 1964

ders., *Studies in Art, Architecture and Design.* Vol.1. London, 1968

ders., John Fleming, et. al., *Lexikon der Weltarchitektur.* Darmstadt, 1971

George Pitcher, *The Philosophy of Wittgenstein.* Englewood Cliffs, N.J., 1964

Platon, *Symposion.* Ed. E. Grassi. *Sämtliche Werke.* Bd.2. Hamburg, 1974

Kenneth Plummer, *Sexual Stigma.* London, 1975

ders., ed., *The Making of the Modern Homosexual.* London, 1981

Mario Praz, *The Neurotic in Literature.* Victoria, 1965

ders., *The Romantic Agony.* London 1970

Warren E. Preece, ed., *The New Encyclopædia Britannica.* Chicago/London, ¹⁵1976

A. Preminger, ed., *Encyclopedia of Poetry and Poetics.* Princeton, N.J., 1965

Luise F. Pusch, ed., *Feminismus. Inspektion der Herrenkultur. Ein Handbuch.* Frankfurt a.M., 1983

Philippe Quinault, *Théâtre. Contenant Ses Tragédies, Comédies et Opéras.* Nouv. éd. (réimpr.) Genève, 1970

Adolf Reinle, *Zeichensprache der Architektur.* Zürich/München, 1976

Paul Reiwald, *Society and its Criminals.* (Transl. Th.E.James) London, 1949

Joachim Ritter, ed., *Historisches Wörterbuch der Philosophie.* 6 Bde.. Darmstadt, 1971ff

Katherine M. Rogers, *The Troublesome Helpmate. A History of Misogyny in Literature.* Seattle/London, 1966

W.H. Roscher, ed., *Ausführliches Lexikon der griechischen und römischen Mythologie.* Leipzig, 1884ff

Lillian B. Rubin, *Women of a Certain Age. The Midlife Search for Self.* New York/London, 1979

dies., *Intimate Strangers. Men and Women Together.* New York, 1983

Charles Rycroft, *Anxiety and Neurosis.* London, 1968

Stanley Sadie, ed., *The New Grove Dictionary of Music and Musicians.* London, 1980

Gerhard Sauder, "Argumente der Fiktionskritik 1680-1730 und 1960-1970", in: *Germanisch-Romanische Monatsschrift.* N.F. Bd. 26 (1976), pp.129-140

Ina Schabert, ed., *Shakespeare-Handbuch.Die Zeit - Der Mensch - Das Werk - Die Nachwelt.* Stuttgart, 1972

Jochen Schmidt, *Die Geschichte des Genie-Gedankens in der deutschen Literatur, Philosophie und Politik 1750-1945.* 2 Bde.. Darmstadt, 1985

Siegfried J. Schmidt, *Texttheorie.* München, 1973

S. Schoenbaum, *William Shakespeare. A Documentary Life.* Oxford, 1975

Robert Scholes, Robert Kellogg, *The Nature of Narrative.* London/New York, 1966

Gerhard Schreiber, *Hitler-Interpretationen 1923-1983. Ergebnisse, Methoden und Probleme der Forschung.* Darmstadt, 1984

Alfred Schütz, *Der sinnhafte Aufbau der sozialen Welt. Eine Einleitung in die verstehende Soziologie.* Frankfurt a.M., 1974

ders., Thomas Luckmann, *Strukturen der Lebenswelt.* Neuwied, 1975 (Soziologische Texte. Bd.82)

Ernest de Selincourt, ed., *The Poetical Works of Wordsworth.* London, [2]1956

William Shakespeare, *Works.* Ed. G.B. Evans, *The Riverside Shakespeare.* Boston/London, 1974

Percy B. Shelley, *A Defense of Poetry,* in: M.H.Abrams, ed., *The Norton Anthology of English Literature.* (Rev. ed.) Vol. 2.. New York, 1968, pp.488-500

ders., "On Love", in: *Shelley's Prose.* Ed. David Lee Clark. London, 1988, pp. 169-171

Edmund Spenser, *Works.* Ed. R. Morris, *The Works of Edmund Spenser.* London, 1904

Jürgen Sprute, "Der Begriff des Moral Sense bei Shaftesbury und Hutcheson", in: *Kant-Studien.* Bd.71, H.2 (1980), pp.221-237

Franz Stanzel, *Die typischen Erzählsituationen im Roman.Dargestellt an* Tom Jones, Moby-Dick, The Ambassadors, Ulysses *u.a..* Wien/Stuttgart, 1955 (Wiener Beiträge zur Englischen Philologie. Bd.63)

ders., *Typische Formen des Romans.* Göttingen, [3]1967

Jean Starobinski, *Das Leben der Augen.* Frankfurt a.M./Wien, 1984

Philip Stevick, ed., *The Theory of the Novel.* New York/London, 1967

Karlheinz Stierle, *Text als Handlung.Perspektiven einer systematischen Literaturwissenschaft.* München, 1975

Robert J. Stoller, "Symbiosis Anxiety and the Development of Masculinity", in: *Archives of General Psychiatry.* Vol.30 (Feb. 1974), pp.164-172

Lawrence Stone, *The Family,Sex and Marriage in England 1500-1800.* Harmondsworth, 1984

ders., *The Crisis of the Aristocracy 1558-1641.* Oxford, 1979

Herbert A. Strauss, Norbert Kampe, eds., *Antisemitismus: von der Judenfeindschaft zum Holocaust.* Frankfurt a.m./New York, 1985

J.L. Styan, *Drama, Stage and Audience.* London, 1975

Klaus Theweleit, *Männerphantasien.* 2 Bde.. Frankfurt a.M., 1979

Elfriede W. Tielsch,"Was ist und was heißt."Autorität"?", in: *Kant-Studien.* Bd. 71, H.1 (1980), pp.78-108

G.M. Trevelyan, *Illustrated English Social History.* 4 Vols.. Harmondsworth, 1964

Laszlo Versényi, *Socratic Humanism.* New Haven/London, 1963

Ellis Waterhouse, *Painting in Britain 1530-1790.* Harmondsworth, 31954

Ian Watt, *The Rise of the Novel. Studies in Defoe, Richardson, and Fielding.* Harmondsworth, 1966

Jeffrey Weeks, *Coming Out: Homosexual Politics in Britain from the 19th Century to the Present.* London, 1977

ders., *Sex, Politics and Society. The Regulation of Sexuality since 1800.* London/New York, 1981

Wolfgang Weiß, *Das Drama der Shakespeare-Zeit.Versuch einer Beschreibung.* Stuttgart 1979

Stanley Wells," The Lamentable Tale of 'Richard II'", in: *Shakespeare Studies.* (Tokyo) Vol. 27. (1982), pp.1-23

Raymond Williams, *The Country and the City.* St. Albans, 1975

ders., *Culture and Society 1780-1950.* Harmondsworth, 1977

George Williamson, *A Reader's Guide to T.S. Eliot. A Poem-by-Poem Analysis.* London, 21970

William Wimsatt, Cleanth Brooks, *Literary Criticism. A Short History.* London, 1957

Peter Winch, *The Idea of a Social Science and its Relation to Philosophy.* London, 1958

Georg Wissowa, ed., *Paulys Realencyclopädie der Classischen Altertumswissenschaft.* Stuttgart, 1893ff

Ludwig Wittgenstein,*Philosophische Untersuchungen-Philosophical Investigations.* (Transl. G.E.M. Anscombe) Oxford, 21958

ders., *Über Gewißheit-On Certainty.* Ed. G.E.M. Anscombe & G.H. von Wright. (Transl. Denis Paul & G.E.M. Anscombe) Oxford, 1969

Rudolf Wittkower, *Collected Essays.* London, 1974

ders., *Architectural Principles in the Age of Humanism.* London, 1962

Rudolf und Margot Wittkower,*Künstler-Außenseiter der Gesellschaft.* (Übers. Georg Kauffmann) Stuttgart, 1965

Christa Wolf, *Kassandra. Erzählung.* Darmstadt, 31986

dies., *Voraussetzungen einer Erzählung: Kassandra. Frankfurter Poetik-Vorlesungen.* Darmstadt, 101986

Wolfenden, J.F., *Report of the Committee on Homosexual Offences and Prostitution.* London, 1956/57 (Parliamentary Papers)

Erwin Wolff, *Shaftesbury und seine Bedeutung für die englische Literatur des 18. Jahrhunderts. Der Moralist und die literarische Form.* Tübingen, 1960

ders., *Der englische Roman im 18. Jahrhundert. Wesen und Formen.* Göttingen, 1964